马克思主义与当代屯垦

MAKESI ZHUYI YU
DANGDAI TUNKEN

王瀚林/著

人民出版社

目录 CONTENTS

"中国梦"内涵的哲学考察

　　凝聚着几代中国人的夙愿,传承着一百多年来中华儿女矢志不渝的奋斗目标,彰显着中国人民的跨世纪梦想,"中国梦"已经成为我们这个时代的最强音。然而,无论是从理论上还是从实践上,谈论"中国梦",研究"中国梦",实现"中国梦",最迫切需要思考和解决的问题还是如何完整准确深刻理解"中国梦"的科学内涵,这个问题具有基础性和前提性,如果这个问题不弄清楚,就不可能真正凝聚全体人民的智慧和力量,为实现中华民族伟大复兴,进而为实现伟大的"中国梦"共同奋斗。本文拟对"中国梦"的内涵进行剖析。

一、对"中国梦"内涵主体的考察。

　　研究"中国梦",第一位的就是要对"中国梦"的主体进行考察,这个问题之所以重要,是因为它,规范着"中国梦"的政治、文化和社会属性,这是"中国梦"的本质和灵魂,离开了这些带有本质属性、带有方向性的东西,"中国梦"就没有了灵魂。因此,很有必要对此进行深入考察。这里的"中国"至少有以下几个层次的含义。第一个层次,"中国梦"的主体指的是"中华人民共和国",这使得"中国梦"具有区别"美国梦"和其他梦的属性,这个主体有如下特定的内涵:(1)它是工人阶级领导的、以工农联盟为基础的人民民主专政的中国,这就突显了"中国梦"是人民的梦。(2)它是坚持公有制为主体、多种所有制经济共同发展的基本经济制度,坚持按劳分配为主体、多种分配方式并存的分配制度的社会主义国家,这就规定了"中国梦"是社会主义的梦。(3)它是各民族一律平等的国家,这就规定了"中国梦"是五十六个民族共同的梦。第二个层次,"中国梦"的主体指的是中华民族,"中国梦"指的就是中华民族的"梦",这个"中华民族"至少有以下三个方面的内涵:(1)这里的"中华民族"以华夏民族为种族,它包括中华大地上的中国人,也包括移居世界各地的炎黄子孙,不可把那些加入居住国的国籍的海外华人排除在"中华民族"之外,他们仍然属于中华民族的范畴。(2)这里的"中华民族"以炎黄二帝为始祖,它反映中华各民族儿女以及海外华人都以炎黄二帝为祖先、祖根,尽管民族学和历史学已经证明华夏民族并非单一祖先,而后人都一直把炎黄二帝作为中华民族始兴和统一的象征便是有力的证明。(3)这里的"中华民族"以中华文化为纽带。中华文化是中华各民族人民共同创造的,中华民族都以中华文化为自己的文化。因此,"中国梦"就是"同种"、"同根"、"同文"的中华民族的梦,是包括海外华夏儿女在内的全体中华民族共同的梦。第三个层次,"中国梦"的主体指的是"中国共产党",它包含以下内涵:(1)她是作为中国工人阶级的先锋队以及中国人民和中华民族的先锋队的党。(2)她是中国特色社会主义事业的领导核心的党,(3)她是以马克思列宁主义、毛泽东思想、邓小平理论、"三个代表"重要思想和科学发展观作为自己的行动指南的党。(4)她是把实现共产主义作为最高理想和最终目标的党。这些界定规定了"中国梦"与几代中国共产党人所追求的目标的内在一致性,规定了"中国梦"与中国特色社会主义事业之间内在一致性的关系,规定了"中国梦"与共产主义理想和目标之间一脉相承的关系。第四个层次,"中国梦"的主体指的是"中国社会的各阶层",根据中国社会科学院的研究,当代中国主要有十大社会阶层,这些阶层是:国家与社会管理者阶层,经理人员阶层,私营企业主阶层,专业技术人员阶层,办事人员阶层,个体工商户阶层,商业服务业员工阶层,产业工人阶层,农业劳动者阶层和城乡无业、失业、半失业者阶层。因此,"中国梦"指的就是上述十个阶层群众共同的梦,它不是哪一个阶层或几个阶层独有的梦,这个界定规范了"中国梦"具有广泛的群众基础。第五个层次,"中国梦"的主体指的是"中国每一个公民"。宏大的国家梦也是具体的个人梦,"中国梦",最终是由一个个鲜活生动的个体梦想汇聚而成。更好的教育、更稳定的工作、更满意的收入、更可靠的社会保障、更高水平的医疗卫生服务、更舒适的居住条件、更优美的环境……这些都是"中国梦"最富生命力的构成,个人梦想和国家梦想高度融合在一起。这个界定反映了以人为本的思想,正如《共产党宣言》表述的那样,"代替那存在着阶级和阶级对立的资产阶级旧社会的,将是这样一个联合体,在那里,每个人的自由发展是一切人的自由发展的条件",这也是科学发展观的具体体现。

二、对"中国梦"内涵的立体考察。

"中国梦"是内容与形式的统一体,"中国梦"不是一般意义上的梦,而是一种特定的、整体性的思想意识、价值追求和目标指向的高度融合统一,是中华民族正万众一心、努力奋斗的共同理想。内涵与形式具有内在统一性,丰富的内涵也必然通过相应的形式体现出来,因此,"中国梦"的形式也具有多样性。对"中国梦"必须进行全方位的理解。

第一,从"中国梦"的内涵来看,至少有以下八个层面的内涵:一是经济内涵,随着"中国梦"的实现,市场经济体制更加完善,经济结构更加优化,城乡发展更加协调,科技创新能力更加强劲;二是政治内涵,随着"中国梦"的实现,民主的范围和途径将不断拓展,民主的内容和形式将不断丰富,宪法和法律的权威将进一步凸显;三是国防内涵,随着"中国梦"的实现,我们的国防更加强大,强大的国防也将支撑"中国梦"的实现;四是文化内涵,随着"中国梦"的实现,人民群众的基本文化权益得到切实保障,公民思想道德素质和科学文化素质全面提高,文化事业全面繁荣,文化产业快速发展,中华文化的创造力和世界影响力不断提升;五是社会内涵,随着"中国梦"的实现,人民最关心的现实利益问题切实解决,居民收入在国民收入分配中的比重持续增加,公共服务体系不断健全,维护群众权益机制不断完善;六是生态内涵,随着"中国梦"的实现,人口资源环境的均衡发展,人与自然的和谐相处,资源节约集约利用,能源资源消耗强度大幅降低,建设资源节约型和环境友好型社会;七是法治内涵,这是一个法治社会"中国梦"。随着"中国梦"的实现,法治的权威真正得到维护,权利公平、机会公平、规则公平真正得以实现,人民群众平等参与、平等发展的权利真正得到保证;八是人文内涵,随着"中国梦"的实现,个人的奋斗与民族的发展得到统一,人民群众的主体地位得到充分尊重,人民群众的积极性主动性创造性得到充分发挥,每个人享有同祖国和时代一起成长与进步的机会,真正实现每个人自由而全面的发展。以这八个层面的任何一个或几个要素,虽然都是"中国梦"不可或缺的组成部分,但都不是"中国梦"的全部内涵,这八个层面可能还有其他内涵的完美组合,才是"中国梦"的完整内涵。到此,我们可以做一个小结,"中国梦"从它的政治内涵来讲,既是我们的国家走向民主富强繁荣和谐的国家梦,又是中华各民族更加团结进步平等和谐之梦,也是每个中华儿女实现个人理想和价值的个人梦,既是中华民族伟大复兴之梦,又是中国特色社会主义成功之梦,从一定意义上讲,也是共产主义事业向前推进并更加接近成功之梦。

第二,对"中国梦"表现形式的考察。我认为"中国梦"至少有以下四种形态:第一种形态,"中国梦"是一个要达到的目标,具体讲,就是要实现到2020年国内生产总值和城乡居民人均收入在2010年的基础上翻一番,全面建成小康社会;到本世纪中叶建成富强民主文明和谐的社会主义现代化国家,实现中华民族伟大复兴的奋斗目标。实现"中国梦",就是要紧紧咬住这个目标不动摇。第二种形态,"中国梦"是一条通向目的地的道路,这条道路就是中国特色社会主义道路,正是这条道路,使中国连续30多年保持近10%的经济增长,城乡居民收入增长30倍以上,也正是这条道路,让我们十年间构筑起一些西方国家近百年才完成的基本社保网,不到20年里就为全球减贫事业作出超过70%的贡献,让我们比历史上任何时候都切近民族复兴的伟大梦想。实现"中国梦",就是要坚持在这条通向光明的道路上走下去,直到最终目标的实现。第三种形态,"中国梦"是一种实现目标的精神,"中国梦"植根于伟大的中华民族精神,中国精神为中华儿女构建了永久的精神家园,为各族同胞提供了牢固的价值认同,为每个国人注入了强烈的家国情怀,中国精神是凝心聚力的兴国之魂、强国之魂。以爱国主义为核心的民族精神,以改革创新为核心的时代精神,这些都是这个"梦"的重要内涵,实现"中国梦"就是要凝成这样的精神。第四种形态,"中国梦"是一种战无不胜的力量,这个力量,就是中国各族人民大团结的力量,就是13亿人心往一处想、劲儿往一处使,汇集起来的力量,实现"中国梦"就是要形成这样的力量。有了这种力量,无论面对多少挑战、多大困难,它给人们以希望、信心和向前发展动力,正是这种力量,使我们赢得了革命年代战争的胜利,赢得了社会主义建设的巨大成就,赢得了改革发展的辉煌,也正是这个力量,将成为我们实现中华民族伟大复兴的不竭动力。

三、对"中国梦"内涵的动态考察

世界上一切事物都是发展、变化的,没有绝对静止和永恒不变的东西,静止只是相对的,是运动的一种特殊表现形式;事物的运动和发展不仅仅是量的增加和减少;而且也包含着飞跃和质变;事物运动的根源主要不在事物外部,而在于其自身所必然包含的矛盾性。(1)从事物内在发展变化的规律来讲,"中国梦"的内涵在不同历史时期具有特定的含义。"中国梦"既包含着中华民族各个时期的共同理想,但在不同历史阶段有着不同的内容。中国近代在遭受世界列强侵略而不能自保的历史背景下,"强国富民、救亡图存"成为"中国梦"的主要内容,中国革命的先行者孙中山提出"振兴中华"的目标,为了实现这个梦想,他提出实行民族主义、民主主义和民生主义。毛泽东确立的新民主主义道路,民族独立、人民解放,使中国由落后的农业国变成先进的工业国,实现工业、农业、科学文化和国防的现代化,从不发达的社会主义过渡到比较发达的社会主义。改革开放以后,我们经历了和将要经历从解决温饱到小康水平,从小康生活到小康社会,从总体小康到全面小康,从全面建设小康社会到全面建成小康社会,这样一个阶段到又一个阶段的实践历程。要在中国共产党成立100年时全面建成小康社会,在新中国成立100年时建成富强民主文明和谐的社会主义现代化国家。"全面建成小康社会"和"建成富强民主文明和谐的社会主义现代化国家"是"中国梦"的两个相互联系而有所区别的阶段。(2)从认识主体来讲,我们是在现有知识水平和认识能力基础上来认识"中国梦"的内涵的,必然会受到我们所处的条件和认识水平的限制,随着认识水平的提高,我们对"中国梦"的科学内涵的理解会随着自身认识水平的提高而不断发展和丰富。比如,对于中国特色社会主义的总体布局从二位一位到五位一体,我们党就经历了一个认识发展的过程。党的十一届三中全会以来,以邓小平为核心的党的第二代中央领导集体提出了物质文明建设与精神文明建设二位一体的总体布局思想。1997年10月,江泽民在党的十五大报告中,明确了建设中国特色社会主义的经济、政治和文化的基本目标和基本要求,实现了中国特色社会主义建设总体布局由二位一体到三位一体的转变。2005年2月,在省部级主要领导干部提高构建社会主义和谐社会能力专题研讨班上,胡锦涛把社会建设与经济建设、政治建设、文化建设并列提出来,初步提出中国特色社会主义建设四位一体总体布局的思想。2012年11月,党的十八大报告进一步把建设社会主义生态文明纳入中国特色社会主义道路的科学内涵,实现了中国特色社会主义建设总体布局由四位一体向包括生态文明建设在内的五位一体的转变。我们有理由相信,我们对于"中国梦"的内涵的认识也会随着中国特色社会主义事业的推进而发展和丰富。(3)从中国与世界的关系来讲,"中国梦"内涵的变化也会随着世界的发展变化而变化。中华民族伟大复兴,一方面具有自身特定的内涵,一方面还与世界发展水平有关。中华民族伟大复兴的检验标准有很多，但有一点，这个复兴是在与世界力量的对比中进行检验的，世界发展变化必须会影响到"中国梦"实现目标具体检验标准的变化。我们现在讲要建成现代化国家，这并不是说建成现代化国家就意味着我们已经实现了"中华民族的伟大复兴"。因为"中华民族的伟大复兴"并不是恢复中国历史上曾经的盛世，而是要走在世界发达国家的前列。如果我们把"中华民族的伟大复兴"定位为"建成现代化国家"，那么，我们在发展，发达国家也在他们现在的基础上继续发展，我们实现了现代化，发达国家可能会实现更高级的现代化。因此，"复兴"的目标不仅是实现现代化，而是走在世界发达国家的前列。因此，"中国梦"的具体内容会随着世界发达国家的发展而做具体的调整，"中国梦"是否实现是在与世界发达国家的比较中确定的，而不能离开与世界的联系孤立地去谈"中国梦"。

把兵团打造成凝聚各族群众的大熔炉

在新疆这个多文化交汇、多民族并存、多宗教共生的特殊地区,如何以先进文化为引领,构建多元一体文化,实现新疆社会稳定和长治久安,这是一个影响深远而又刻不容缓的重大课题。习近平总书记考察新疆时要求兵团要成为凝聚各族群众的大熔炉,可谓思想深邃,立意高远,提供了认识和解决这个问题的金钥匙。

一、从实现长治久安、维护国家最高利益和中华民族根本利益的战略高度,凝聚发挥"大熔炉"作用的共识

只有达成共识,才能形成合力,在涉及全局性、根本性和长远性的战略问题上,必须在思想上、政治上形成高度共识,否则,发挥兵团"大熔炉"作用就没有思想基础。

1. 发挥"大熔炉"作用,是更好发挥兵团"三大作用"的应有之义。随着国际社会民族宗教问题日益突出,周边国家"三股势力"活跃,新疆民族分裂活动呈升级态势,新疆处在暴力恐怖活动的活跃期、反分裂斗争的激烈期和干预治疗的阵痛期,民族团结问题成为新疆最难最长远的问题,民族团结和宗教和谐成为新疆最大的群众工作。兵团作为维护祖国统一、维护民族团结、维护社会稳定的中流砥柱,理应成为凝聚新疆各族群

众的大熔炉。

2. 发挥"大熔炉"作用，是实现兵团战略目标的必要手段。把兵团打造成凝聚各族群众的大熔炉，固然需要提高兵团的地位，强化兵团的作用，扩大兵团的影响，但这些只是手段，而不是目的，更不是终极目标。因为兵团作为党和国家治国安邦的一颗战略棋子，服务于国家的最高利益和中华民族的根本利益。发挥兵团"大熔炉"作用的终极目标就是更好地履行党和国家赋予的屯垦戍边使命，实现新疆的长治久安，正如习近平总书记要求的，"做好新疆工作，必须把兵团工作摆在重要位置，在事关根本、基础、长远的问题上发力"，要站在这样的高度来认识兵团的"大熔炉"作用。

3. 发挥"大熔炉"作用，是由兵团文化的特点决定的。兵团文化的多元因子，具有极大的包容性和开放性，而非排他性，能够与新疆各民族相互取长补短，这种包容性和开放性，使兵团文化具有了与时俱进和兼容并蓄的特征，这就决定了兵团具备在新疆发挥凝聚各族群众的"大熔炉"作用的内在优势。

4. 发挥"大熔炉"作用，必须坚持"四个认同"的前提。对伟大祖国、中华民族、中华文化和中国特色社会主义道路的认同，这是人们思想认识最深层次的问题，要把对这些认同的共识作为兵团发挥"大熔炉"作用的思想基础和最根本的政治信念。

5. 发挥"大熔炉"作用，应当是全方位多层次的。发挥"大熔炉"作用，要求兵团对新疆的经济发展起到引领、示范、辐射和推动作用，在军警兵民"四位一体"维稳戍边中发挥中流砥柱作用，特别是兵团文化作为一种文化生产力，其因子应渗透到新疆政治经济文化的方方面面，形成经济融合发展、文化交融共建、维稳责任共担、民族团结共创的局面。

二、用推进"三化"建设的实际成效，积累发挥"大熔炉"作用的实力

经济基础决定上层建筑，"大熔炉"作用的发挥归根到底要以实力作

支撑,只有这样,凝聚新疆各族群众才有基础,长治久安才有实现的可能性。

1.始终把城镇化作为增强实力的"牛鼻子"。把推进城镇化作为兵团的首要任务和长远大计,做优做强兵团现有城市,选择战略地位重要、经济基础较好、发展潜力大的垦区中心城镇再规划建设一批县级市,适度发展兵地共建城区和师部城区,促其成为兵地融合发展的有效载体;建设兵团特色的团场城镇,使其成为转变职工群众生产生活方式的加速器、现代文明的聚集地、维稳戍边的新堡垒;通过提高城镇规划建设管理水平,促进产城融合,增加职工收入,更新职工消费观念,带动相关产业发展,转移富余劳动力,节约土地资源,转变经济增长方式,从而获得经济发展的持久动力。

2.着力发挥新型工业化的支撑作用、农业现代化的基础作用、信息化的带动作用、现代科技的推动作用。坚持兵团党委确定的信息化贯穿其中的"三化"发展道路,真正实现快速发展、健康发展和可持续发展,这是兵团经济发展的必由之路。

3.坚持从新疆和兵团的实际出发,既遵循经济发展客观规律,又体现屯垦戍边的时代特点。这是在对兵团所处发展阶段作出准确定位的基础上,加速推进新型工业化和农业现代化的必然选择。

4.加快转变经济增长方式,实现兵团经济增长方式从粗放型向集约型转变。这是兵团经济又好又快发展的一个带有全局意义的根本性转变。

5.积极构建符合国家产业方向、体现兵团特色的现代产业体系,加快农业"三大基地"建设,积极参与"丝绸之路经济带"建设,实现兵地经济融合发展,促进地区协调发展。这既是经济问题,更是政治问题,它不仅关系到新疆经济社会的全局,也关系到新疆社会稳定和长治久安。

6.积极主动参与新疆资源开发,发挥好生态卫士作用,培养实用和高素质人才。这是兵团经济和社会发展所必需的资源保障、环境支撑和人才支持。

三、以先进文化为引领，铸造"大熔炉"的灵魂

兵团文化是兵团职工群众的精神家园和思想灵魂，是社会主义先进文化在屯垦戍边实践中的具体体现，是屯垦戍边综合实力的重要组成部分。发挥兵团凝聚新疆各族群众"大熔炉"作用，其根本和灵魂在于先进文化的引领。

1. 铸造"大熔炉"灵魂，要以先进文化为引领。这个先进文化，就是中国特色社会主义文化，在这个前提下建设"一体多元"的新疆文化，这个"体"，就是中华文化这个共同体；这个"多元"，就是兼蓄和包容在中华文化共同体之中的各族优秀文化，中华文化共同体是新疆各民族文化的最大公约数。

2. 铸造"大熔炉"灵魂，要增强文化自觉。突出的问题是端正文化方向，转变文化理念，理清文化思路，加强顶层设计，加大保障投入，建设过硬队伍，筑就坚固阵地，牢牢把握新疆历史的解读权、新疆文化的引导权和新疆舆论的话语权，为凝聚新疆各族群众提供文化条件。

3. 铸造"大熔炉"灵魂，必须加强对宗教文化的引导。要防堵并重，积极引导，构建规范、健康的宗教文化；要以人为本，加强培训，大力加强爱国宗教工作队伍建设；要创新管理，示范引导，规范宗教活动。

4. 铸造"大熔炉"灵魂，必须大力弘扬兵团精神。坚持用兵团精神教育、凝聚、鼓舞和激励广大干部职工群众，真正把兵团精神塑造成兵团人的主流价值观，转变为职工群众的自觉追求，为发挥兵团"大熔炉"作用筑牢思想基础、凝聚强大合力、提供不竭动力。

5. 铸造"大熔炉"灵魂，必须始终保持兵团文化的先进性。要立足于新中国屯垦戍边事业的实践，着眼于弘扬社会主义文化发展的现实、着眼于吸收各地各民族文化精髓，这是发挥兵团凝聚新疆各族群众的"大熔炉"作用的必然要求。

6. 铸造"大熔炉"灵魂，必须增强兵团文化的吸引力。大力发展健康

向上、丰富多彩、具有兵团风格、兵团特色的军垦文化,用正确的思想观念武装职工群众,不断提高职工群众的思想道德水平,满足职工群众日益增长的精神文化需求。

7.铸造"大熔炉"灵魂,必须筑牢阵地。坚持以筑牢主阵地、唱响主旋律、打好主动仗、放大正能量为要求,积极开展意识形态领域反分裂斗争,牢牢把握思想舆论的主导权;坚持以健全完善公共文化服务体系为抓手,大力实施文化兴疆稳疆工程,加强对主流媒体建设和网络等新兴媒体的管控力度,不断提高引导力,牢牢掌握话语权。

四、以维稳戍边队伍为抓手,壮大"大熔炉"的力量

高素质的维稳戍边队伍是发挥"大熔炉"作用的实践主体,建设一支适应新形势需要的干部职工队伍是一项带有根本性、战略性的任务,对于发挥兵团凝聚新疆各族群众的"大熔炉"作用具有十分重要的意义。

1.必须建设高素质干部职工队伍,切实强化发挥特殊作用的组织保证。习近平总书记要求建设高素质兵团队伍,明确指出:"对兵团干部职工要从政治上多关心、工作上多支持、生活上多关爱,吸引更多地方各族干部人才到兵团工作。"

2.必须高度重视维稳戍边队伍可持续发展,使兵团事业薪火相传。创造条件积极吸引兵团子女扎根兵团,吸引内地高素质人才和劳动力落户兵团,吸引地方各族干部人才到兵团工作;通过城镇建设和产业发展,大规模吸纳复转退伍军人、大中专毕业生和城乡其他劳动者在兵团建功立业。

3.必须强化群众工作意识,凝聚群众力量。增强群众工作本领,创新群众工作机制,不断提高干部队伍素质、提高基层党组织战斗力、提高新形势下群众工作能力、建立完善的群众工作机制,凝聚"大熔炉"的强大群众力量。

4.必须加强屯垦戍边意识教育,强化"大熔炉"意识。坚持开展干部

职工冬季军事训练活动,着力在提高总量、提高素质、提高能力上下功夫,全面提升兵团职工队伍素质,通过吸纳各类优秀人才,逐步优化兵团职工队伍年龄结构、知识结构和队伍构成,着力提升兵团的应急处突能力、日常防控能力、矛盾调处能力和社会管理创新能力,把兵团打造成一支政治意识强、军事素质硬、特别能战斗的坚强队伍。

论"三个代表"重要思想的理论创新

马克思主义诞生以来,之所以能够始终保持旺盛的生命力,一直成为无产阶级认识世界和改造世界的锐利武器,就是因为它善于根据发展变化的实际不断进行理论创新;"三个代表"重要思想之所以被称作当代中国的马克思主义,能够成为建设中国特色社会主义的行动指南,就是因为它继承了马克思主义的这一理论品格,从国内国际的新情况、新问题和当代中国社会的新发展出发,解决了中国当代社会发展中的一系列根本性的问题,丰富、发展了马克思主义宝库,开辟了马克思主义理论的新境界。

一、"三个代表"重要思想理论创新的条件

1.反映新情况、指导新实践、促进新发展的客观需要是"三个代表"重要思想理论创新的时代条件。马克思曾经深刻指出,"一切划时代的体系的真正的内容都是由于产生这些体系的那个时期的需要而形成起来的"。"三个代表"重要思想理论创新的源泉,可以说是深藏在建设中国特色社会主义的实践中,深藏在当代国际国内形势发展的内在因素中。理论的活力来源于实践,理论的偏差要在实践中修正,理论指导实践的效果要由实践来检验。把握时代主题的新变化是理解"三个代表"重要思想理论创新的关键。第一,从国际局势来看,冷战与对抗虽然已经成为历

史,但在转向和平、缓和、稳定的总趋势中,与恐怖主义斗争不断;两霸相争虽然不复存在,但世界多极化与单极化的较量、称霸与反霸的斗争还在继续;传统安全的种种因素虽然依然存在,但非传统安全因素不断增加,国际安全形势更加复杂。所有这些新的时代特点客观上要求有新的理论给予阐述。第二,从国内形势来看,改革开放20多年,我国社会经济成分、组织成分、就业方式、利益关系和分配方式的多样化日趋明显,并且仍然处在不断的变化发展之中,人们的思想观念已经发生并正发生着巨大变化,昨天的理论只能指出一些基本的和一般的东西,这些新变化客观上要求有新的理论对其进行深入的考察和剖析。第三,从我们党自身来看,它已经从一个为夺取政权奋斗的党变为一个在和平与发展的时代条件下掌握全国政权并长期执政的党,由一个在计划经济条件下领导建设的党变为一个在对外开放和发展社会主义市场经济条件下领导国家建设的党。如何进一步增强党的凝聚力和战斗力,如何增强抵御风险和拒腐防变的能力,成为我们的理论不可回避和必须认真解答的新问题。

总之,所有这些新情况需要有新的理论加以解释,所有这些新实践,需要有新的理论加以指导。如果离开了对于中国实际的客观需要,即使是主观上想进行理论创新,那也只能是一厢情愿的事情。"三个代表"重要思想正是应中国当代社会发展的客观需要而产生的,当然它也将在指导和推动中国特色社会主义事业的实践中去修正、发展和完善。

2. 中国共产党人的理论勇气和探索精神是"三个代表"重要思想理论创新的主观条件。我们党是一个高度重视理论指导作用的党,也是一个善于进行理论创新的党。中国共产党80多年的发展史,就是不断开拓马克思主义理论发展新境界的历史,"三个代表"重要思想是以江泽民同志为核心的中央第三代领导集体把马克思主义的基本原理运用到中国当代的实际,既旗帜鲜明地坚持马克思主义,又勇于在不断变化的社会生活实践中丰富和发展马克思主义从而推动理论创新的结果。江泽民同志指出:"要使党和国家的发展不停顿,首先理论上不能停顿,否则,一切新的发展都谈不上"。党的第三代领导集体理论创新的思想和实践主要体现在:第一,以发展的态度对待马克思主义。江泽民同志强调:"用发展的观点对待马克思主义,在坚持中发展,在发展中坚持,就是按规律办事,也是对待马克思主义唯一正确的态度",这种对待马克思主义的正确态度成为"三个代表"重要思想理论创新的强大内在推动力量。第二,强调理论与新的实践的结合。江泽民同志说:"理论是对实践的总结。一个科学的理论,总是从实践中来,又回到实践中去,接受检验,指导实践,同时又在实践中丰富和发展自己"。他号召:"全党同志要坚持马克思主义的科学原理和科学精神,善于把握客观情况的变化,善于总结人民群众在实践中创造的新鲜经验,不断丰富和发展马克思主义理论,善于把握客观情况的变化,善于总结人民群众在实践中创造的新鲜经验,不断丰富和发展马克思主义理论"。以江泽民同志为核心的党的第三代中央领导集体身体力行,带头深入群众、深入实践、调查研究、探索规律,形成了"三个代表"重要思想中一系列的新观点、新论述。第三,密切关注环境的变化以及这种变化带来的影响。江泽民同志在十六大报告中提出"三个一定要",即一定要看到《共产党宣言》发表150多年来世界政治经济文化科技发生的重大变化,一定要看到我国社会主义建设发生的重大变化,一定要看到广大党员干部和人民群众工作、生活条件和社会环境发生的重大变化,充分估计这些变化带来的影响。这种历史唯物主义的观点成为"三个代表"重要思想理论创新不可缺少的又一个重要因素。第四,强调解放思想、与时俱进。江泽民同志提出要坚持"三个解放",即自觉地把思想认识从那些不合时宜的观念、做法和体制中解放出来,从对马克思主义的错误的和教条式的理解中解放出来,从主观主义和形而上学的桎梏中解放出来。正是第三代领导集体具备良好的理论品质以及在正确理论指导下对现实的大胆探索,从而找到了符合时代需求的理论"突破点"和"增长点",实现了"三个代表"重要思想对前人达到的理论高度的超越。

3.马克思主义理论与时俱进的品质是"三个代表"重要思想理论创新的根本条件。马克思主义经典作家只能在特定历史条件下认识问题,他们认识达到的程度必然受到特定条件发展程度的限制,因此,他们理论中的一些观点,只有在一定的条件下在一定的范围内才是正确的,因此,马克思主义理论具有随着时代发展而发展的个性。这种与时俱进的品质是马克思主义理论创新的强大内在驱动力。"三个代表"重要思想的提出,是马克思主义与时俱进理论品格在新的历史条件下达到的认识的新高度。第一,马克思主义理论具有的鲜明时代性,决定了它自身不断创新的必然性。马克思主义是具体时代的产物,而不是哪个天才头脑的主观臆造。这种时代性决定了马克思主义理论的内容必须随着实际生活的发展而发展,马克思主义理论的形态必然随着时代的变化而变化。马克思主义经典作家只能在特定历史条件下认识问题,他们认识达到的程度必然受到特定条件发展程度的限制,因此,他们理论中的一些观点,只有在一定的条件下在一定的范围内才是正确的,因此,马克思主义理论具有随着时代发展而发展的个性。这种与时俱进的品质是马克思主义理论创新的强大内在驱动力。"三个代表"重要思想的提出,是马克思主义与时俱进理论品格在新的历史条件下达到的认识的新高度。第一,马克思主义理论具有的鲜明时代性,决定了它自身不断创新的必然性。马克思主义是具体时代的产物,而不是哪个天才头脑的主观臆造。这种时代性决定了马克思主义理论的内容必须随着实际生活的发展而发展,马克思主义理论的形态必然随着时代的变化而变化。"三个代表"重要思想理论创新最根本最深层次的内在因素,就在于马克思主义理论具有与现时代充分结合的性质,"三个代表"重要思想的理论创造,也正是把马克思主义理论与当代中国实际进行了创造性的结合。第二,马克思主义理论具有强烈的实践性,它要求自己始终跟上时代的步伐,也就是要保持主观与客观的统一,认识与实践的统一。它不苛求变化了的时代来适应自己,而要求自己去适应不断变化的时代,它不用现成的剪刀去裁剪现实生活,而是用现实生活中的事实来塑造自己。不同时代的社会实践具有那个时代的特点,它必然要求马克思主义理论跟上实践的发展步伐。第三,马克思主义理论具有尖锐的批判性,它不承认有"任何最终的东西"和"永恒的真理",而宣称"我们的理论是发展的理论"。它"不想教条式地预料未来,而只是希望在批判旧世界中发展新世界"。它不承认除实践以外还有什么更高的权威,而要求任何理论和学说都必须严格接受实践的检验。这种批判的态度不仅仅是对于整个客观世界的态度,也包含了对自身理论形态的自我否定。第四,马克思主义理论具有高度的开放性,它不把自己已经形成的理论封闭起来,作为发展的终极,而是向外界敞开思想的大门,随时准备吸取人类一切文明的成果来丰富自己。因此,它不仅成为无产阶级争取自身解放的革命学说,而且成为向人类文明成果开放的思想体系,这个思想体系在开放的过程中不断吸取和借鉴人类文明的全部成果,使自身更加完善、更加科学、更加符合变化着的实际,而不是停滞在原有的水平。在今天,与时俱进的马克思主义也必然借鉴当代社会发展中取得的一切优秀成果,为自己的理论创新提供充足的养分。第五,马克思主义理论具有严格的科学性,它的发展只有起点而没有终点,是一个"自然的历史过程",这种过程完全是客观的,完全不以任何个人的意志为转移。马克思主义不是教义,而是科学的方法,是行动的指南。它提供的不是现成的教条,而是进一步研究问题的出发点和供这种研究使用的方法。为了保持科学性,马克思主义理论必然在原有的科学基础上、在社会的发展进程中不断更新自己的内容,不断完善自己的理论形态。

总之,"三个代表"重要思想是以江泽民同志为核心的第三代中央领导集体在和平与发展为主题的历史条件下,在总结建设中国特色社会主义事业基本经验的基础上,在继承马克思主义基本理论和基本思想的过程中,经过艰苦努力和科学探索逐步形成和发展起来的。

二、"三个代表"重要思想理论创新的内涵

"三个代表"重要思想的理论创新不是单层面而是多层次的,不是单向度而是全方位的。以江泽民同志为核心的第三代领导集体以巨大的政治勇气和理论勇气,从中国当代的实际出发提出了一系列的新思想和新观点,形成了"三个代表"重要思想新体系。这里择其要点谈谈四个方面

内涵的创新:

1."三个代表"重要思想创新了马克思主义唯物论思想。这种创新主要体现在:第一,从对生产力的一般性理解到提出先进生产力的发展要求,"三个代表"重要思想创新了马克思主义关于生产力的观点。马克思主义经典作家从来都是把生产力作为分析各时代历史现象的基本范畴。按照传统的观点,对于生产力的理解是人类征服和改造自然的物质力量或能力,并且强调的是发展生产力。改革开放后邓小平同志强调"解放生产力"和"发展生产力",他认为:"过去,只讲在社会主义条件下发展生产力,还没有讲通过改革解放生产力,不完全。应该把解放生产力和发展生产力两个讲全了"。邓小平同志关于解放和发展生产力的观点在原有理论基础上前进了一步。从20世纪中叶之后,科技革命的浪漫席卷着整个世界,江泽民为核心的领导集体敏锐地觉察到这一点,在阐述生产力的历史作用时,并不主张盲目发展一切生产力,而是要发展"先进"生产力,很明显这个"先进生产力"指的是生产力系统中代表历史前进趋势的那部分生产力,是对社会进步推动力最强劲的那部分生产力,是对国家和民族前途命运起决定作用的那种生产力。它既包括了作为起决定作用的主体性要素的劳动者,也包括了作为实体性要素的劳动资料、劳动对象,既包括了作为渗透性要素的科学技术,也包括了作为媒介性要素的教育,既包括了作为运筹性要素的生产运输和管理,也包括了作为流通性要素的经济信息和资本。江泽民同志所讲的先进生产力的"发展要求",指的不仅是先进生产力的现实状况,更重要的指的是现实先进生产力的发展趋势,包括了与生产力相关联、被生产力决定又对生产力发生反作用的生产关系和上层建筑的方方面面。第二,从承认生产力与生产关系、经济基础与上层建筑的互相作用,到强调生产关系、上层建筑的自觉调整,"三个代表"重要思想丰富了马克思主义关于解决生产力与生产关系矛盾方法的思想。马克思主义经典作家认为任何一种社会形态的更替,都是由于生产力与生产关系、经济基础与上层建筑的互相作用的结果。毛泽东同志把这种现象概括为社会的基本矛盾,指出这两对矛盾仍然是社会主义社会的基本矛盾,只是同旧社会的基本矛盾有着不同的性质,表现为既适应又相矛盾。邓小平充分肯定了这一提法,进一步提出改革是解决社会主义基本矛盾的根本途径和根本方法。江泽民同志则进一步指出经济基础与上层建筑的互相作用的结果。毛泽东同志把这种现象概括为社会的基本矛盾,指出这两对矛盾仍然是社会主义社会的基本矛盾,只是同旧社会的基本矛盾有着不同的性质,表现为既适应又相矛盾。邓小平充分肯定了这一提法,进一步提出改革是解决社会主义基本矛盾的根本途径和根本方法。江泽民同志则进一步指出要"根据社会生产力的现实水平和进一步发展的客观要求,自觉调整生产关系中与生产力不相适应的部分,调整上层建筑中与经济基础不相适应的部分",要在"坚持社会主义基本制度的前提下,自觉调整生产关系和上层建筑的各个方面和环节,来适应初级阶段生产力发展水平和实现现代化的历史要求"。江泽民同志的论述充满时代精神,更贴近中国当代的实际。第三,从提出一切为了群众、向人民负责、相信群众自己解放自己、向人民群众学习,到强调最大多数人的利益是最紧要最具有决定性的因素,"三个代表"重要思想创新了马克思主义的群众观点。这种创造主要表现在以下方面:一是在过去强调人民群众是物质文明和精神文明创造者的基础上,进一步强调了人民群众同时也应当首先是拥有者和享有者,强调拥有者与享有者的高度统一。二是从更宽广的视野来探讨实现人民利益的方法,强调"三个一致性",江泽民同志指出:"任何时候我们都必须坚持尊重社会发展规律与尊重人民历史主体地位的一致性,坚持为崇高理想奋斗与最广大人民谋利益的一致性,坚持完成党的各项工作与实现人民利益的一致性,坚持完成党的各项工作与实现人民利益的一致性"。三是强调最大多数人的利益的重要性。江泽民同志作出了"最大多数人的利益是最紧要最具有决定性的因素"的重要论断,要求妥善处理各方面的利益关系,使全体人民朝着共同富裕的方面前进。这些论述是对党的群众观点的重大发展。第四,从强调每个人的自由全面发展到把人的全面发展作为社会发展的综合性目标,"三个代表"重要思想创新了马克思主义人的全面发展的观点。马克思恩格斯指出,共产主义是以每个人全面而自由的发展为基本原则的社会形式。并把它作为共产主义社会的内容。后来,人们对于这个问题的理解发生了偏差,在我们的理论上和实践中把人的发展常常是寓于社会的发展之中的,以为社会发展了,每个人也就自然而然地得到了发展。很多时候把发展简单理解为经济文化的发展,而没有强调人的全面发展。江泽民同志指出:"我们进行的一切工作,既要着眼于人民现实的物质文化生活需要,同时又要着眼于促进人民素质的提高,也就是要努力促进人的全面发展"。人的发展越全面,创造的社会物质文化财富就越多,人民的生活就越能得到更好的改善;而物质文化条件越充分,就越能推进人的全面发展。在"三个代表"重要思想中,人的全面发展既是社会发展的必要手段,也是社会发展的目的,人的发展与社会发展不是一种包含与被包含的关系,而是相互并列、相对独立的两个方面,创新了马克思主义人的全面发展的理论。

2."三个代表"重要思想创新了马克思主义的党建理论。围绕"建设一个什么样的党、怎样建设党"这一时代课题,"三个代表"重要思想对党的性质、宗旨、历史任务作出的新概括,涵盖了党的建设各个方面,全面创新了马克思主义的党建理论。第一,从"忠实代表"到"三个代表","三个代表"重要思想深化了对党的性质的认识。以往谈到党的先进性时,一般是从阶级的先进性和政党的历史使命来认识的,"三个代表"重要思想第一次把党过去宣示的"忠实代表"扩展为"三个代表"重要思想,全面地、整体地、从更高层次上对党的先进性进行了概括,把三个方面作为一个完整的有机体进行论述,完整体现了党的先进性。特别重要的是,江泽民同志强调"党的先进性是具体的、历史的,必须放到推动当代中国先进生产力和先进文化的发展中去考察,放到维护和实现最广大人民根本利益的奋斗中去考察,归根到底要看党在推动历史前进中的作用",把对党的性质的阐释上升到了认识论的层面。第二,从一个先锋队到"两个先锋队","三个代表"重要思想深化了对党的先进性认识。我们党成立之日起,就把自己定位为中国工人阶级的政党,为保持自身的先进性奠定了基础。随着改革开放以来经济的发展和社会的进步,党的阶级基础需要增强。同时,改革开放以来,我国社会阶层的结构出现了新变化,出现了许多新的社会阶层,他们也是中国特色社会主义事业的建设者。江泽民同志一方面强调重点在工人、农民、知识分子、军人和干部中发展党员,壮大党的队伍最基本的组成部分和骨干力量,增强党的阶级基础,一方面提出,要把承认党的纲领和章程、自觉为党的路线和纲领奋斗、经过长期考验符合党员条件的其他社会阶层的先进分子吸收到党内来,增强党在全社会的影响力和凝聚力,扩大党的群众基础。党的阶级基础决定着我们党与其他政党的本质区别,党的群众基础是我们党除了自己的阶级基础之外必须拥有的力量源泉。用江泽民同志的话来讲,就是出现了许多新的社会阶层,他们也是中国特色社会主义事业的建设者。江泽民同志一方面强调重点在工人、农民、知识分子、军人和干部中发展党员,壮大党的队伍最基本的组成部分和骨干力量,增强党的阶级基础,一方面提出,要把承认党的纲领和章程、自觉为党的路线和纲领奋斗、经过长期考验符合党员条件的其他社会阶层的先进分子吸收到党内来,增强党在全社会的影响力和凝聚力,扩大党的群众基础。党的阶级基础决定着我们党与其他政党的本质区别,党的群众基础是我们党除了自己的阶级基础之外必须拥有的力量源泉。用江泽民同志的话来讲,就是"我们党要始终成为中国工人阶级的先锋队,同时成为中国人民和中华民族的先锋队","两个先锋队"的提法,深刻反映了党面对新形势、新任务、新挑战和新考验,对自身性质更完整、更深刻、更科学的认知和把握。第三,从"生产力标准"到"三个代表"标准,"三个代表"重要思想创新了检验党的建设成败得失的标准。毛泽东同志曾提出衡量党的建设成就的生产力标准,他说:"中国一切政党的政策及其实践在中国人民中所表现的作用的好坏、大小,归根到底,看它对于中国人民的生产力的发展是否有帮助及其帮助之大小,看它是束缚生产力的,还是解放生产力的"。邓小平同志结合改革开放以来的新形势进一步提出了"三个有利于"的标准。"三个代表"重要思想则是生产力标准、"三个有利于"标准的进一步深化和具体化。这个标准既包括了代表先进生产力的发展要求,也包括了代表先进文化的前进方向,还包括了代表最广大人民的根本利益。这三个方面的有机统一,成为衡量党的领导水平和执政水平的重要标准。

3. "三个代表"重要思想创新了科学社会主义理论。第一,从"第一阶段"到"长期处于社会主义初级阶段","三个代表"重要思想深化了社会主义发展阶段的理论。马克思在预料共产主义社会的发展阶段时,曾经把它分为第一阶段和高级阶段。后来列宁把第一阶段称为社会主义社会,把高级阶段称为共产主义社会。关于社会主义的阶段划分,列宁曾经提出过"低级阶段"、"中级阶段"、"发达的社会主义"和"完全的社会主义"等概念,至于更具体的发展阶段和过渡办法,列宁说他不知道。毛泽东经过探索指出,社会主义可能分为两个阶段,"第一阶段是不发达的社会主义,第二阶段是比较发达的社会主义"。1981年党的十一届六中全会通过的《关于建国以来党的若干历史问题的决议》第一次明确提出"我们的社会主义制度还处于初级阶段"。后来邓小平同志对于社会主义初级阶段做了进一步的论述。在这样一个基础上江泽民同志提出:"我国现在处于并将长期处于社会主义初级阶段。社会主义初级阶段,是整个建设有中国特色社会主义的很长历史过程中的初始阶段"。他指出"在这个长期过程中,我们已经经历了若干具体的发展阶段,还要继续经历若干个具体的发展阶段"。在十五届五中全会上他明确提出:"从新世纪开始,我国将进入全面建设小康社会,加快推进社会主义现代化建设的新的发展阶段"。在十六大又进一步提出,在本世纪头20年,集中力量,全面建设惠及十几亿人口的更高水平的小康社会。经过这个阶段的建设,再继续奋斗几十年,到本世纪中期基本实现现代化,把我国建成富强民主文明的社会主义国家。这些论述使得初级阶段的理论更加具体、更加清晰。第二,从"两个文明"到"三个文明","三个代表"重要思想深化了对社会主义建设特征和内涵的认识。关于社会主义建设的特征和内涵,长期以来我们强调的是物质和精神两个文明,邓小平同志指出,物质文明和精神文明都搞好,才是中国特色的社会主义。还提出一手抓物质文明,一手抓精神文明,"两手抓,两手都要硬"。江泽民同志在此基础上创造性提出了三大文明的观点,并以三大文明的协调发展对中国特色社会主义的特征和内涵给出了新的概括。物质文明为政治文明和精神文明提供物质条件和实践经验,政治文明为物质文明和精神文明从法律上政治上提供政治保证,精神文明为物质文明和政治文明提供思想引导、精神动力和智力支持。江泽民同志提出社会主义社会是一个物质文明、政治文明和精神文明全面发展的社会,社会主义建设的实践是大力发展社会主义物质文明、政治文明和精神文明的伟大实践。这是我们党在社会主义理论认识上的一个新进展。第三,从"发展是硬道理"到"第一要务","三个代表"重要思想丰富了马克思主义关于发展问题的理论。一是深化了关于发展重要性的认识。邓小平同志把发展称为硬道理,江泽民同志进一步强调,"党要承担起推动中国社会进步的历史责任,必须始终紧紧抓住发展这个执政兴国的第一要务"。江泽民同志把发展与执政兴国联系起来,表达了中国共产党人以发展为己任,以兴国为目标,阐明了发展与执政、执政与兴国的内在联系。把发展放在执政兴国"第一要务"的位置,说明我们党在所有重大任务中,发展始终是第一位的任务,是中心任务,是根本任务,是压倒一切的任务。党和国家的其他任何事务都必须围绕这一要务进行。二是深化了对发展内涵的认识。江泽民同志讲的发展,是社会主义物质文明、精神文明、政治文明的协调发展,是人与自然相和谐的可持续发展,是一种全面的发展观。第四,从"基本方针"到"治国方略","三个代表"重要思想丰富了马克思主义的法制思想。邓小平同志明确指出:"发展社会主义民主,健全社会主义法制。这是三中全会以来中央坚定不移的基本方针,今后也不允许有任何动摇"。党的十一届三中全会以来我们党始终强调加强社会主义法制建设这一基本方针。在这个基础上江泽民同志明确提出:"进一步扩大社会主义民主,健全社会主义法制,依法治国,建设社会主义法治国家",从而把法治提到了治国方略的高度。在此基础上,江泽民同志进一步提出:"我们必须建立与之相适应的社会主义法律体系,同时也必须在全社会形成与之相适应的社会主义思想道德体系"。"我们要把法制建设与道德建设紧密结合起来,把依法治国与以德治国紧密结合起来",这一重要思想在强调依法治国的同时,把加强思想道德建设提到了治国方略的高度,发展了邓小平"两手抓,两手都要硬"的战略思想,进一步强化了对德治重要性的认识。这一系列的论述无不继承和发展了科学社会主义的基本原理,把对"怎样建设社会主义"的探索提高到了一个新的水平。

4. "三个代表"重要思想发展了马克思主义经济理论。第一,从否定劳动者的财产所有权到承认劳动者拥有自主财产的合理性,"三个代表"重要思想丰富和发展了马克思主义劳动价值论理论。马克思主义政治经济学揭示的是当时资本主义生产方式的运行特点和基本矛盾。由于建设中国特色社会主义的实践是在新的条件下进行的,我们过去对于劳动者的财产所有权的认识是存在片面性的,一个重要的表现就是否认劳动者对于财产的所有权,宣传的是全民所有制和集体所有制。改革开放后,邓小平同志提出富民思想,认为贫穷不是社会主义。随着改革的深化,江泽民同志深化了对这个问题的认识,他指出:"随着经济和社会发展,广大人民群众的生活水平不断提高,个人财产也逐渐增加。在这种情况下,不能简单地把有没有财产、有多少财产当作判断人们政治上先进与落后的标准,而主要应该看他们的思想政治状况和现实表现,看他们财产怎么得来以及对财产怎么支配和使用,看他们以自己的劳动对建设有中国特色社会主义事业所作的贡献"。这一论断阐明了在社会主义条件下劳动者拥有自主财产的合理性。这是一个历史的进步,对于发展先进生产力、增强党的阶级基础和扩大党的群众基础具有十分重大的意义。第二,从只承认占统治地位的生产关系才能构成社会经济制度,到倡导公有制实现形式的多样化,"三个代表"重要思想创新了关于社会主义经济制度的理论。马克思曾经指出:"这些生产关系的总和构成社会的经济结构,即有法律的和政治的上层建筑竖立其上并有一定的社会意识形式与之相适应的现实基础",这是一个历史唯物主义的观点。但后来人们把这句话理解为是一种生产关系自身的生产、分配、交换、消费关系的总和,而不承认是几种所有制的结构、几种生产关系的总和。由此进一步认为,在社会主义社会,只有生产资料公有制的生产关系,才能构成社会主义社会经济制度,其他占非统治地位、非主体地位的生产关系,都不能成为社会经济制度的组成部分。后来斯大林把这种观点进一步凝固化了,成为一种传统的观念。随着改革开放的深入,这个深层次的问题被提出并且被逐步澄清。江泽民同志在深刻总结国内外社会主义建设的历史经验后,明确指出:"根据解放和发展生产力的要求,坚持和完善公有制为主体、多种所有制经济共同发展的基本经济制度"。他还强调:"公有制实现形式可以而且应当多样化。一切反映社会化生产规律的经营方式和组织形式都可以大胆利用。要努力寻找能够极大促进生产力发展的公有制实现形式"。在"三个代表"重要思想中,毫不动摇地巩固和发展公有制,不同于过去强调坚持公有制时具有的排他性;毫不动摇地鼓励、支持和引导非公有制经济发展,不同于过去把非公有制经济仅仅作为公有制的补充,当然更不同于主张私有化;它强调坚持公有制为主体,促进非公有制经济发展,统一于社会主义现代化建设的进程中,不能把两者对立起来。第三,从以按劳分配为唯一形式到倡导以按劳分配为主、多种分配方式并存,"三个代表"重要思想丰富了社会主义分配理论。在计划经济时期只承认按劳分配的原则,到1984年《中共中央关于经济体制改革的决定》才明确提出了社会主义经济是有计划的商品经济,要发展多种经济成分。之后中央提出"个人收入分配要坚持以按劳分配为主体、多种分配方式并存的制度"。1992年十四大明确了我们改革的目标是建立市场经济体制之后,逐步提出了劳动力和其他生产要素参加分配的问题。江泽民同志在十五大报告中指出"把按劳分配与按要素分配结合起来",他在十六大报告中再一次明确强调:"确立劳动、资本、技术和管理等生产要素按贡献参与分配的原则,完善按劳分配为主体、多种分配方式并存的分配制度"。这是对马克思劳动创造价值理论的新发展。创造价值的唯一来源是劳动,但其他必要条件是劳动创造价值不可缺少的,其他生产要素的投入也是创造价值不可缺少的,因此,生产要素参与分配完全符合建设中国特色社会主义的要求。这个理论对于促进社会主义市场经济的发展、调动广大群众的积极性、保护社会各个方面的切身利益具有重要意义。

三、"三个代表"重要思想理论创新的特点

1. "三个代表"重要思想对马克思主义经典作家的思想观点进行了创造性的新综合。第一,"三个代表"重要思想渊源于马克思主义经典作家,马克思经典作家曾在不同的时间和不同的场合,阐述过类似的思想和观点,但江泽民同志根据时代发展的新要求和新特征,以互相联系、互相贯通的战略思想和理论观点,将"三个代表"并列提出,形成了一个高度概括的新概念,成为一个完整的新体系。在"三个代表"重要思想的科学体系中,代表中国先进生产力的发展要求占有首要地位,它是我们党成为中国先进文化的前进方向和中国最广大人民根本利益的代表的前提;代表先进文化的前进方向具有不可替代的重要作用,只有代表先进文化的前进方向,才能更好地代表中国先进生产力的发展要求,更好地代表中国最广大人民的根本利益。先进生产力的发展离不开先进文化的引导,最广大人民根本利益也包括了文化利益、政治利益和经济利益。坚持"三个代表"的统一性具有不同寻常的意义,处于上升时期的阶级和政党都曾代表过先进生产力的发展要求,但不一定都代表了最广大人民的根本利益。反之,如果只在主观上希望代表人民的根本利益,而不能真正代表先进生产力的发展要求和先进文化的前进方向,也不可能真正代表最广大人民的根本利益,因此,从"三个代表"重要思想的统一性上把握其科学内涵是深刻理解这一伟大思想的关键。第二,"三个代表"重要思想对马克思主义的哲学、经济学、科学社会主义等方面的理论进行了综合性的运用。在哲学领域,"三个代表"重要思想把唯物史观创造性地运用到党建领域,回答了新时期党的建设最根本的指导方针问题;在经济学领域,"三个代表"重要思想丰富和发展了关于社会主义初级阶段所有制形式和经济运行调节方式的理论、关于社会主义初级阶段所有制结构和所有

制实现形式的理论、关于社会主义社会劳动和劳动价值理论;在科学社会主义领域,"三个代表"重要思想把建设一个什么样的党、怎样建设党"以及"什么是社会主义、怎样建设社会主义"的问题作为最重要的战略问题进行研究和探讨。第三,"三个代表"重要思想对党成立以来的历史经验和党领导人民建设中国特色社会主义事业的新鲜经验进行了高度综合和科学概括。江泽民同志指出,联系党成立以来的全部历史经验,总结我们党领导人民建设中国特色社会主义事业必须坚持的基本经验,归结起来就是,我们党必须始终代表中国先进生产力的发展要求,代表中国先进文化的前进方向,代表中国最广大人民的根本利益。这种综合性的概括不仅仅是一种形式上的创造,更重要的是它反映了我们党对自己几十年经验的认识升华到了一个新的高度。这种综合性的概括不仅仅是一种形式上的创造,更重要的是它反映了我们党对自己几十年经验的认识升华到了一个新的高度。

2. "三个代表"重要思想观察分析当代中国问题有着科学的新视角。第一,"三个代表"重要思想从人类社会发展的最根本动力的层次上、从唯物史观最基本的逻辑层次上来观察当今世界和中国的现状,研究中国当今社会的实际问题。江泽民同志指出,"生产力与生产关系、经济基础与上层建筑的矛盾,构成社会的基本矛盾。这个基本矛盾的运动,决定着社会性质的变化和社会经济政治文化的发展方向"。基于这个原理,江泽民同志强调,全党要认真研究不同时期、不同阶段生产力发展的规律,要不断为解放和发展生产力注入新的动力。江泽民同志把代表先进生产力的发展要求与党的先进性联系起来,与代表中国先进文化的前进方向统一起来,并把最大多数人的根本利益看作是最紧要和最具有决定性的因素。第二,"三个代表"重要思想从人民群众创造历史的视角分析中国社会实际。江泽民同志指出:"人民群众是先进生产力和先进文化的创造主体,也是实现自身利益的根本力量",进而提出:"人是生产力中最具有决定性的力量,包括知识分子在内的我国工人阶级,我国农民阶级和其他劳动群众,同工人阶级紧密团结,是推动我国社会生产力发展的重要力,是推动我国社会生产力发展的重要力量",因此,"必须尊重劳动、尊重知识、尊重人才、尊重创造,这要作为党和国家的一项重大方针在全社会认真贯彻"。并进一步提出要把人民的利益作为各项工作的出发点和归宿,要在社会不断发展进步的基础上,使人民群众不断获得切实的经济、政治、文化利益,从而得出了立党为公、执政为民的必然结论。第三,"三个代表"重要思想从科学社会主义的视角分析当今的世界和中国的实际。江泽民同志指出:"在革命、建设和改革的各个历史阶段中,我们党既有每个阶段的基本纲领,也有确定长远奋斗目标的最高纲领。我们是最低纲领和最高纲领的统一论者。"据此,确定了到2010年、建党一百年和新中国成立一百年的发展目标,他指出:"我国正处于并将长期处于社会主义初级阶段,现在达到的小康还是低水平的、不全面的、发展很不平衡的小康"。"我们要在本世纪头二十年,集中力量,全面建设惠及十几亿人口的更高水平的小康社会"。为共产主义理想奋斗,表现在当代就是脚踏实地地为党的基本纲领而奋斗,就是脚踏实地地做好每一项工作。第四,"三个代表"重要思想从辩证思维的视角研究问题。十六大报告回顾过去五年工作,既突出强调八个方面的成就,也清醒地看到我们工作中存在的困难和问题;总结十三年的经验,既有对邓小平理论的继承,即我们应当坚持的内容,又有这些年来的创新,即对邓小平理论的发展部分;关于全面贯彻"三个代表"重要思想,提出要"坚持马克思主义基本原理和推进理论创新相统一,坚持党的优良传统和弘扬时代精神相统一,坚持增强党的阶级基础和扩大党的群众基础相统一";关于党的先进性,强调既要加强党的领导,也要改善党的领导,既要增强党的阶级基础,也要扩大党的群众基础,坚持党的先进性与群众性的统一;关于党的奋斗目标,强调坚持社会主义现实政策与追求共产主义远大理想的辩证统一。"三个代表"重要思想处处闪烁着辩证思维的火花。

3."三个代表"重要思想在思想理论和认识水平上达到了当代社会的新高度。"三个代表"重要思想是从战略的高度观察世界和思考问题的,它继承马克思主义经典作家的基本精神,并且结合当代社会发展的实际,创造性地把它们发展到一个新境界和新高度。第一,"三个代表"重要思想是从"建设一个什么样的党和怎样建设党"的战略高度研究党建问题的,这是一个统揽全局、着眼长远,关系党和国家命运的战略思想。对于任何一个政党,始终存在着建设一个什么样的党和怎样建设党的问题。战争时期我们党提出要把党建设成为能够领导人民推翻旧政权的战斗队伍,"文革"时期受极"左"思想的影响片面强调把党建设成为与阶级敌人进行战斗的先锋队组织。"三个代表"重要思想根据时代发生的深刻变化特别强调,要把党建设成为能够始终代表中国先进生产力的发展要求、代表中国先进文化的前进方向、代表最广大人民的根本利益的党。这是一个高瞻远瞩的大思路、大论断。第二,"三个代表"重要思想是站在怎样执政和执政干什么的战略高度思考中国建设重大问题的。"三个代表"重要思想认为,我们党执政的任务就是要不断解放和发展中国社会的先进生产力,就是不断发展民族的科学的大众的社会主义的文化,就是发展好维护好中国最广大人民的根本利益,不断满足人民日益增长的物质和文化需要。中国共产党执政的法源也正是在于它代表着先进生产力的发展要求,代表着先进文化的前进方向,代表着中国最广大人民的根本利益。第三,"三个代表"重要思想站在保持党的先进性、始终走在时代前列的战略高度思考党的建设问题。我们党能够始终保持生机和活力的源泉,就在于它能够正确把握生产力与生产关系的矛盾运动,代表先进生产力的发展要求;能够正确把握物质与精神的辩证关系,代表中国先进文化的前进方向;能够正确把握党与人民群众的血肉联系,代表最广大人民的根本利益。第四,"三个代表"重要思想是从对共产党执政规律、社会主义建设的规律和人类社会发展规律的战略高度考虑党的事业的立足点和发展要求的。"三个代表"重要思想把马克思主义的立场观点方法与党的建设实际相结合,坚持党的先进性与时代性的统一,党的阶级性与时代性的统一、改造客观世界与改造主观世界的统一,把党对执政规律的认识提到了一个新的高度;"三个代表"重要思想把马克思主义基本原理与中国具体实际相结合,坚持发展先进生产力与发展先进文化的统一、完成党的各项工作与实现人民根本利益的统一、坚持党的建设与社会主义建设的统一,把党对社会主义建设规律的认识提到了一个新的高度;"三个代表"重要思想把马克思主义关于社会基本矛盾的原理运用到社会历史领域,坚持社会发展规律与人民历史主体地位的统一、社会全面发展与人的全面发展的统一、党的最低纲领与最高纲领的统一,把党对人类社会发展规律的认识提到了一个新的高度。

"三个代表"重要思想的理论创新具有划时代的意义,但"三个代表"重要思想之后理论创新的步伐不会停止。正如江泽民同志指出的:"实践没有止境,创新也没有止境。我们要突破前人,后人也必然会突破我们"。只要我们始终保持与时俱进的精神状态,紧紧把握中国社会发展的脉搏,一定能够不断开拓马克思主义理论发展的新境界。

邓小平对毛泽东屯垦思想的重大贡献

毛泽东屯垦思想是以毛泽东为代表的中国共产党人集体智慧的结晶,作为我党第一代领导集体的重要成员,邓小平为毛泽东屯垦思想的形成提供了宝贵经验,作出了重要贡献;作为我党第二代领导集体的核心,邓小平创造性地丰富和发展了毛泽东屯垦思想,而且形成了独具特色的邓小平屯垦理论。邓小平屯垦理论与毛泽东屯垦思想是一脉相承的,毛泽东屯垦思想是邓小平屯垦理论逻辑和历史的出发点,邓小平屯垦理论是毛泽东屯垦思想在新的历史条件下的运用和发展。毛泽东屯垦思想为邓小平屯垦理论奠定了坚实基础,而邓小平屯垦理论用新的思想、观点,新的时代内容丰富和发展了毛泽东屯垦思想,生动地体现了马列主义与时俱进的基本规律和理论品格。

一、邓小平对毛泽东屯垦思想的形成作出了突出贡献

(一)作为我党最早探索发挥部队"生产队、工作队、战斗队"作用的领导人之一,邓小平在军事斗争异常激烈的环境中,对"三个队"形式的成功实践,为毛泽东屯垦思想中关于"三个队"的内容提供了实践依据,也成为邓小平屯垦理论的源头之一。早在 1932 年,邓小平任中共会(昌)寻(乌)安(远)中心县委书记兼第三作战区政委时,就十分注重组

建和加强不脱产的群众性武装,兼及生产、宣传和作战,产生了良好的效果。在秣马厉兵战太行的极端困难时期,时任 129 师政治委员的邓小平同志,一面率领部队对日作战,一面开展轰轰烈烈的大生产运动,借以减轻人民的负担,打破敌人的封锁,度过了 1942—1943 年太行山百年不遇的自然灾害,粉碎了日寇的进攻。邓小平领导的 129 师于 1940 年专门设立了生产部,部队开荒种田、兴修水利,除改善自身生活外,还向群众支援牲畜和劳力,为群众代制农具、巡回医疗、节粮济贫、保卫春耕夏收,充分发挥"三个队"的功能,取得了丰硕成果。千里跃进大别山之后,为了在敌占区站住脚跟,邓小平十分注重将部队战斗队功能与工作队、生产队功能结合起来,带领部队自己动手,解决了建设一个新的根据地所遇到的行政重重困难,使根据地不断发展壮大。毛泽东在"七大"前后多次对邓小平领导的生产救灾、劳武结合的经验加以肯定。

(二)作为我党早期探索将经济管理手段引入部队军事化管理的领导人之一,邓小平在革命战争的实践中进行大胆探索,为毛泽东屯垦思想中关于劳武结合,发展各项经济事业,减轻国家和人民负担的理论提供了实践经验。邓小平 1943 年在《太行区的经济建设》一文中特别强调经济战线斗争的胜利是太行山抗日根据地得以战胜强敌的最重要保障。他认为军事斗争与经济建设相互支持、正确的政策、人民的积极参与和大批得力干部是经济建设取得成功的根本原因。邓小平 1943 年所做的《努力生产,渡过困难,迎接胜利》的讲话,要求部队各级党委"必须加强对生产工作的领导,今后应把生产当作一切工作的中心环节",邓小平在率领 129 师开展太行山大生产运动中,针对部队官兵重军事轻生产的倾向,提出和制定了奖勤罚懒的措施,采取了"变工办法"、"分段包工制"等生产制度和劳动竞赛制度,支持并带头执行《滕代远杨立三手订总部伙食单位生产节约方案》,使太行山的大生产运动达到了高潮。这些思想体现出邓小平屯垦理论的萌芽,也丰富了毛泽东屯垦思想的内容。

(三)作为毛泽东屯垦戍边战略决策的坚定支持者,邓小平积极参与我党关于屯垦戍边事业的各项重大决策,为实践毛泽东屯垦思想作出了重大贡献。邓小平同志曾长期领导一个根据地或一个大区的军政工作，善于把经济斗争、军事斗争和政治斗争有机结合起来，他创造了在敌后异常艰苦的环境中从事"三个队"工作的经验，在毛泽东屯垦思想的形成中发挥了重大作用。仅以新疆生产建设兵团（以下简称兵团）的发展历程为例，党中央第一代领导集体决定成立兵团的时候，邓小平作为党中央第一代领导集体的成员，是这一决定的积极参与者；当中央决定恢复兵团的时候，邓小平作为党的第二代领导集体的领导核心，是这一决定的直接决策者；当党的第三代领导集体对兵团实行计划单列、进一步发展壮大兵团的时候，邓小平是这项决策的有力支持者。兵团作为当代成功典型的屯垦组织形式，其兴衰与邓小平的政治生涯有着惊人的一致性：当邓小平处在政治核心的时候，兵团的事业就前进就辉煌，当邓小平离开政治核心的时候，兵团也就出现了停滞、挫折甚至遭到解体，这绝非是一种偶然现象，从中可以非常清楚地看出邓小平同志对于屯垦事业的关怀和支持是多么重要。

二、邓小平对毛泽东屯垦思想的发展作出了创造性贡献

十一届三中全会之后，我们党形成了以邓小平为核心的第二代领导集体。在全面推进改革开放的同时，也提出了关于发展屯垦事业的一系列思想、理论、制度和措施；在形成作为党的指导思想的邓小平理论的同时，也形成了邓小平屯垦理论，创造性地丰富和发展了毛泽东屯垦思想。

（一）从创办农场实行屯垦到倡导建立农工商联合企业，邓小平屯垦理论丰富了毛泽东屯垦思想关于国营农场发展方向的内容。毛泽东1951年12月17日在《对王震〈关于新疆军区1952年生产计划的报告〉的批复》中指示："各军区和各地方，凡已有用机器耕种收割的国营农场和个别集体农庄（例如河北天津县廊坊地方的农民集体农庄），或准备这样做的国营农场或集体农庄，均望将这看作一件大事，用力经营，随时总结经验报告中央。"1955年10月11日，在中共七届六中全会上，他号召

大家研究国营农场问题。他说:"这一次没有人讲国营农场的问题,是个缺点。希望中央农村工作部和农业部研究国营农场的问题。将来国营农场的比重会一年一年大起来。"毛泽东倡导创办国营农场是破了题,邓小平则在此基础上进一步强调要把国营农场办成农工商联合企业,1978年9月邓小平视察黑龙江垦区时指出:"农场不仅要搞粮食,要变成农工商联合企业,基本是农业加工,农业的技术改造,它可以搞种子基地,可以搞种子工厂,搞肥料厂,农业最终是要工业化的。"毛泽东也曾提出过工农商学兵一体化的思想,但毛泽东强调的是多个方面的"结合",邓小平强调的是"合一"的组织形式,"结合"是各组织之间的协调与合作,"合一"则是一个组织生产经营功能的系统化。农、工、商联合企业这种新兴的组织经营形式有利于改变农场生产、加工、销售相互脱节的不合理状况,使三者有机地联结成为一个整体,相互作用,相互促进,有利于国营农场由"单纯的生产型"向"生产经营型"转变,具有旺盛的生命力和广阔的发展前景。农、工、商联合企业这种组织形式,是邓小平同志对毛泽东关于工、农、商、学、兵"五位一体"思想的继承与发展,是对农垦企业组织经营体制的创新。这种一体化组织形式不仅适应了世界经济集团化、一体化发展的趋势,而且是我国当前社会主义市场经济发展中,实行跨地区、跨所有制、跨部门、跨单位组建大集团、大公司战略的具体实践,它是我国国营农场发展的方向。总之,它顺应了经济发展的客观规律,具有远大的发展前途。

(二)从"五业并举"到"多种经营",邓小平屯垦理论丰富了毛泽东屯垦思想关于国营农场经营方式的内容。1942年12月,毛泽东在《经济问题与财政问题(节录)》一文中指出:"边区留守兵团各部队中,以三五九旅的生产自给工作做得比较更好些。首先,三五九旅的领导同志掌握了以农业为第一位,以工业与运输业为第二位,商业为第三位的方针……建立了农业、工业、运输业与商业的一系列的比较完备的企业,打下了一个能够达到完全自给的经济基础;特别是他们掌握了农业为主这一点,使得他们的经济基础建设在稳固的地盘之上。"1943年10月,他还强调:

"党委、政府和军队,必须于今年秋冬准备好明年在全根据地内实行自己动手、克服困难(除陕甘宁边区外,暂不提丰衣足食的口号)的大规模生产运动,包括公私农业、工业、手工业、运输业、畜牧业和商业,而以农业为主体。"我国边疆地区的国营农场,从建场伊始就是以屯垦戍边为己任,大力发展农业是各农场的主业。但是随着机械化水平的提高,使原来从事农业的劳动力出现剩余,如何解决剩余劳动力问题,1958年毛泽东提出"从农业方面转移到工业方面",这为各农场指出了农业与工业相结合的发展方向。后来,随着形势的发展,又提出农、林、牧、副、渔"五业并举"的方针。邓小平在实践中继承发展了这一思想,根据邓小平同志的意见,中央于1979年9月作出决定:"1985年以前,国营农场利润不上缴,用以扩大再生产,搞好多种经营,兴办农畜产品加工,发展推销自己产品的商业,尽快建成农工商联合企业,在农业现代化中发挥示范带头作用。"1983年邓小平在黑龙江友谊农场视察时指出:"你们分离出这么多劳动力,要注意大搞多种经营哟,要多发展林业、林果业、畜牧业、渔业、加工业,全面提高劳动生产力。"毛泽东讲的"全面发展"是就全国而言的,是一个大的原则,而邓小平"多种经营"是具体针对国营农场讲的,更具有操作性,它指明了国营农场发展的方向。当前,在社会主义市场经济条件下,这一理论对国营农场的发展仍具有重要的指导意义。

(三)从"公私兼营"到社会主义生产关系"不存在一套固定模式",邓小平屯垦理论丰富了毛泽东屯垦思想中关于国营农场生产关系实现形式的内容。1942年12月,毛泽东指出:"我们党的正确的口号,就是'发展经济,保障供给'。在公私关系上,就是'公私兼顾',或叫'军民兼顾'。我们认为只有这样的口号,才是正确的口号。只有实事求是地发展公营和民营的经济,才能保障财政的供给。"1943年10月,他指出:"除各大小单位一律发展集体生产外,同时鼓励一切个人(军队除外)从事小部分农业和手工业的个人业余生产(禁止做生意),以其收入归个人所有。"他批评:"把共产党员为着供给家庭生活(农村党员)和改善自己生活(机关学校党员)以利革命事业,而从事家庭生产和个人业余生产,认为不光荣不道德的观点,是错误的。"邓小平在此基础上又向前推进了一大步,党的十一届三中全会后,邓小平反复强调,在坚持公有制为主体的前提下,要发展多种经济成分。邓小平主持起草的《关于建国以来党的若干历史问题的决议》指出:"社会主义生产关系的发展并不存在一套固定的模式,我们的任务是要根据我国生产力发展的要求,在每一个阶段上创造出与之相适应和便于继续前进的生产关系的具体形式。"根据邓小平和党中央的指示,边疆垦区的农垦企业在坚持公有制为主体的前提下,大力发展非公有制经济成分,从而打破了公有制一统天下的局面。从 1979 年起,在边疆垦区开始发展个体经济、私营经济,在边疆垦区开始发展个体经济、私营经济和"三资"企业。在国营农场内部发展个体经济和私营经济,个体经营者同农场职工一样,享有同等的政治权利和社会地位,这在边疆国营农场是从未有过的事。在边疆垦区国营农场发展非公有制经济是以邓小平为核心的党中央第二代领导集体对毛泽东屯垦思想的一大创造,它完全符合我国社会主义初级阶段屯垦事业发展的实际,具有强大的生命力。

（四）从"建立经济核算制"到划小核算单位,邓小平屯垦理论丰富了毛泽东屯垦思想中关于国营农场经济管理的内容。1942 年 12 月,毛泽东指出:"建立经济核算制,克服各企业内部的混乱状态。"加强国营农场的管理,是邓小平屯垦理论的重要内容。新中国建立初期,由国家对国营农场职工实行供给制和工资制,农场实行"统收统支"的财政管理体制,缺乏严格的企业经济核算和管理,致使国营农场连年亏损。为扭转这种状况,1962 年 5 月 15 日,邓小平在中央书记处主持讨论国营农场工作方针问题时指出:"国营农场的家当已经不小了,就是没有管好,看来是管理问题。"关于管理的具体方式,他指出,"农场必须有几定:有定员、定额和责任制、经济核算制,才算办企业。""农场以两级制为好,除大型农场外,一般不要搞三级制。核算单位可以划小一点,要照顾到农业生产的特点。"1978 年 9 月 29 日他还指出:我们对于企业,一定要按照国际先进的管理方法,管理好连队、班组,并与"定包奖"的责任制有机地结合起来,从而大大地调动了农场干部和职工的积极性,使经济效益得到全面提高,全国农垦企业扭转了连年亏损的局面,而后出现了连年赢利的大好形势。同时,也为国营农场经营体制的深化改革探索出一条成功之路。再之后,在全国国营农场实行的家庭联产承包责任制、租赁制、两费自理制、股份制、股份合作制等多种形式的经营体制,这是新形势下对毛泽东屯垦思想中关于经营管理思想的新发展。亏损的局面,而后出现了连年赢利的大好形势。同时,也为国营农场经营体制的深化改革探索出一条成功之路。再之后,在全国国营农场实行的家庭联产承包责任制、租赁制、两费自理制、股份制、股份合作制等多种形式的经营体制,这是新形势下对毛泽东屯垦思想中关于经营管理思想的新发展。

(五)从国营农场发展论到国营农场优势论,邓小平屯垦理论丰富了毛泽东屯垦思想中关于国营农场战略地位的内容。由于时代主题的差异,毛泽东强调的是建立和发展国营农场,毛泽东1955年指出:"我国已经有了少数社会主义的国营农场。……国营农业在第二、第三个五年计划时期将有大规模的发展。"毛泽东强调了国营农场要发展的思想。在国营农场已经有了一定发展的基础上,邓小平则更进一步强调要发挥国营农场的优越,他1962年5月指出:"农场是有优越性的,现在的问题是如何发挥它的优越性。"那么,国营农场到底有哪些优越性呢?其一,它是由国家投资建立起来的国有企业,可根据国家和市场的需要,生产经营国计民生的大宗农副产品,为国家提供大量的商品粮和副食品。其二,国营农场是实行地域化管理、区域化布局、专业化生产、一体化经营、社会化服务,形成了市场牵龙头,龙头带基地的"贸、工、农一体化"、"产、加、销一条龙"的经营方式和产业组织形式,对农村的改革和发展起到示范和推动作用。其三,自然资源丰富,人均占有耕地高于全国8—14倍,还有广阔的山林、水面、草原、滩涂和地下矿藏。其四,农副产品原料充足,可就地发展食品、饲料加工、棉纺、制革、制糖等工业,工业品的成本较低,具有较强的市场竞争力。其五,机械化水平较高,20世纪80年代,国营农场每万亩大中型拖拉机、联合收割机、农用汽车拥有量是全国的5—10

倍,机械耕作水平达 82%(高于全国 26.7%)。其六,技术力量较雄厚,20世纪 80 年代,国营农场每万人中科技人员的比例高出全国 10 倍以上。以上这些优势,是农村难以比拟的。那么,国营农场如何发挥其优越性,使资源优势转化为商品优势和经济优势,这是边疆地区国营农场必须解决好的大问题。建立强大的商品生产基地,则是发挥国营农场优越性的重要途径。为此,邓小平 1959 年就作出了明确的指示,他说:"凡能生产合乎出口需要的产品的农场,都不打杂,全部作为出口产品基地,专门生产出口需要的大豆、油料、花生、猪、牛、鸡、鸭、鹅、肉、蛋、奶制品等农畜产品,并且使供应出口的产品种类和数量逐年增加。"1983 年 8 月他在听取黑龙江垦区友谊农场的生产和建设情况汇报时又说:"你们不仅要作商品粮基地,还要大力发展畜牧业、饲料工业……"根据邓小平以上指示,党中央和国务院要求国营农场在社会主义农业现代化的建设中充分发挥"三个基地,一个中心"的功能。"三个基地"是"内外贸商品生产基地","农业专业化、商品化、现代化示范基地","城市和工矿区的副食品生产基地"。"一个中心"是"农场要成为当地农村先进技术和良种推广、农产品加工、运输、销售的中心"。根据邓小平要加快商品生产基地建设的指示精神,我国几大边疆垦区的农垦部队经过 40 多年的艰苦奋斗,已建立了一大批商品生产基地,如东北地区的黑龙江垦区已建立了粮食、大豆商品生产基地;西北地区的新疆生产建设兵团已建立了棉花、粮食商品生产基地;华南地区的云南垦区建立了天然橡胶和热带作物商品生产基地;其他垦区开垦荒地、荒山、滩涂建立了农畜产品和土特产品商品生产基地。目前,发展创汇农业已成为边疆地区国营农场的重要任务之一。

(六)从执行"三个队"任务到成为"稳定新疆的核心",邓小平屯垦理论丰富了毛泽东屯垦思想中关于兵团战略地位的内容。兵团是当代屯垦戍边最典型的组织形式,也是中国共产党人一个伟大的创举,从它诞生的那天起,毛泽东就赋予它"生产队"、"工作队"和"战斗队"三项任务。面对新的形势邓小平更强调兵团稳定的功能,"伊犁事件"后,邓小平陪同周恩来接见兵团领导,指示兵团实行"三代"(代耕、代牧、代管),他特别强调兵团的值班连队"上去了就不要下来。"1981年8月邓小平视察石河子垦区时指出:"兵团肩负着屯垦戍边的重任,要为新疆的稳定和发展作出新的贡献"。1981年10月,王恩茂同志重返新疆工作,离开北京前夕邓小平同王恩茂在谈话指出:"新疆生产建设兵团,就是现在的农垦部队,是稳定新疆的核心。新疆生产建设兵团要恢复。"由于历史的原因,兵团在"文革"中被错误撤销,王震1981年6月30日给主持军委工作的邓小平写信,提出恢复兵团的建议。7月1日,邓小平作出批示:"请王震同志牵头,约集有关部门领导同志对恢复生产建设兵团的必要性,作一系统的报告,代为中央拟一决议,以凭决定。"为了恢复兵团,是年8月13日至14日,邓小平在王震、王任重陪同下视察了石河子垦区,接见了团以上干部和老红军、劳动模范代表。邓小平在听取了新疆党、政、军主要负责同志对恢复新疆生产建设兵团的意见后指出:"新疆生产建设兵团就是现在的农垦部队,是稳定新疆的核心,生产建设兵团恢复起来确有必要。"当年12月3日,党中央根据邓小平的意见,决定恢复兵团,在恢复兵团的决定中充分肯定:"生产建设兵团在过去长期的建设边疆、保卫边疆的斗争中,做出了很大的成绩。"同时指出:"生产建设兵团屯垦戍边,发展农垦事业,对于发展自治区各民族的经济、文化建设,防御霸权主义侵略,保卫祖国边疆,都有十分重要的意义。这里,邓小平对兵团的地位做了高度的概括,从执行"三个队"任务到成为"稳定新疆的核心",这些都标志着以邓小平为代表的第二代领导集体对兵团这种组织形式战略地位认识上的新飞跃,为兵团的存在与发展指明了方向。从1800多年前的魏武曹操称屯田为"定西域之良式"到毛泽东的"三个队"思想,再到邓小平的"稳定核心"理论,无不体现出卓越战略家们"定西域"的共识,也反映出邓小平在新的历史时期为毛泽东屯垦思想的理论宝库增添新的内容。

以上六个方面是邓小平对毛泽东屯垦思想的新发展,这些也是邓小平屯垦理论的核心内容,由此形成了邓小平屯垦理论的基本构架。

三、邓小平屯垦理论为新时期运用和发展毛泽东屯垦思想指明了方向

邓小平不仅为毛泽东屯垦思想的形成和发展作出了重大贡献,邓小平屯垦理论的形成也为新时期运用和发展毛泽东屯垦思想指明了方向。当前农垦战线面临着改革发展的很多新课题,存在许多迫切需要解决的重大的理论问题。由于邓小平屯垦理论与毛泽东屯垦思想是一脉相承的科学体系,深入开展邓小平屯垦理论的研究,用邓小平屯垦理论的立场、观点和方法观察、分析和研究屯垦实践,用邓小平屯垦理论指导中国的屯垦实践,是屯垦人的神圣使命,也必将对新时期运用和发展毛泽东屯垦思想作出独特的贡献。

(一)从国家特别是边疆地区的稳定角度来讲,邓小平屯垦理论关于维护稳定的思想,对于新时期丰富毛泽东屯垦思想中关于国家的长治久安,特别是对于边疆地区的长治久安的思想具有重要意义。现在世界上真正大的问题,带全球性的战略问题,一个是和平问题,一个是经济问题或者说发展问题。世界和平与发展这两大问题,至今一个也没有解决。在我国的周边存在的不安定因素,随时对我国的稳定和安宁提出挑战,特别是民族分裂主义所进行的分裂活动,更是时时对我国边疆的稳定提出挑战,维护边疆稳定的任务十分繁重。正如江泽民同志在视察新疆和兵团时反复强调的:2000 多年的新疆屯垦史充分证明,屯垦兴,则西域稳;屯垦废,则西域乱。这是一条历史的定律。1998 年江泽民同志视察新疆和兵团时强调指出:生产建设兵团这种既屯垦又戍边的特殊组织形式,符合我国国情和新疆实际,其作用是其他任何组织难以替代的。他提出要把屯垦戍边的工作放到边疆历史长河中,放在当前国际国内形势发展变化中,放在新疆稳定和发展的大局中加以观察,其意义可以看得更加清楚。1994 年李瑞环同志在考察新疆时指出:"直到今天,我们还是认为,新疆生产建设兵团这样一种方式仍然是适合我们这样一个国防边境线长

的国家巩固国防的方式。"胡锦涛同志2001年考察兵团时要求,在高举民族团结、维护祖国统一的旗帜,在保证社会稳定、反对民族分裂中,兵团要充分发挥中流砥柱的作用。从以上论述我们可以体会到,在邓小平屯垦理论关于兵团是稳定新疆的核心的思想的指引下,新一代中央领导集体在新的历史时期,在新的形势下进一步丰富了毛泽东屯垦思想。

(二)从经济发展的形势来讲,邓小平屯垦理论关于农垦企业经济建设的思想,对西部大开发,特别是对于边境团场建设具有指导意义。现在的西部大开发,是继新中国几十年边疆开发之后,在建设社会主义市场经济体制的新形势下进行的一次全方位、大规模的新一轮开发。从某种意义上讲,邓小平屯垦理论是产生于开发之中并用以指导开发的科学理论,可以说,邓小平屯垦理论过去是新中国边疆开发的指导思想,今天它对新时期西部大开发同样具有重要的指导意义。

党和国家在作出关于恢复兵团的战略决策时指出:"兵团要实行企业管理,积极推行经济责任制,整顿和发展各项生产事业,办好社会主义农业,实行农、林、牧、副、渔综合经营,发展农工商联合企业,大力兴修水利灌溉和水力发电,大力植树造林,不断提高森林覆盖率,继续搞好农业机械化,提高经济效益。"江泽民同志视察兵团时要求,要高度重视基层建设,特别是边境一线的团场建设,不断增加屯垦戍边的实力。胡锦涛同志考察兵团时指出,要进一步增强市场观念,深化经济体制改革,更多地用经济办法管理经济。要把调整产业结构与开发新产品、创名牌、提高市场竞争力、注意生态效益结合起来。在邓小平屯垦理论关于发展屯垦经济的思想,特别是他关于"两个大局"的思想的指引下,新一代中央领导集体在新的实践中进一步丰富了毛泽东"三个队"思想中关于生产队思想的内容。

(三)从兵团改革的角度讲,邓小平屯垦理论关于屯垦企业改革的思想,为边疆地区农垦企业,特别是为兵团提供了改革的方向。邓小平屯垦理论体现了屯垦事业在社会主义市场经济新形势下进一步发展的具体要求,体现了兵团屯垦事业改革的方向。社会主义市场经济对兵团的体制提出了严峻而全面的挑战,兵团在哪些方面要继承? 哪些方面要发展? 哪些方面要改革? 怎样才能更好地适应党和国家对于屯垦的要求,更好地发挥屯垦组织的特殊功能? 这是摆在兵团人面前亟待解决而又必须解决的问题。邓小平关于屯垦事业一系列的精辟论述,为新时期指明了改革的战略方向。胡锦涛同志视察兵团时指出,尽管兵团的经济职能有所变化,但中央赋予兵团的屯垦戍边的历史使命没有变,兵团的性质、任务和特殊作用没有变。胡锦涛同志强调指出,兵团实行的是党政军企合一的特殊体制,党组织是领导核心,坚持发挥党组织的核心领导作用,切实加强党的建设,是促进兵团各项事业健康发展的关键所在。在邓小平屯垦理论关于屯垦企业实行改革思想的指引下,新一代中央领导集体进一步提出了新形势下兵团改革发展的方向,丰富了毛泽东屯垦思想中关于屯垦组织形式的思想内容。

综上所述,邓小平屯垦理论极大地丰富和发展了毛泽东屯垦思想,也为我们完整理解毛泽东屯垦思想提供了重要途径。邓小平屯垦理论是毛泽东屯垦思想在新形势下的新发展,是毛泽东屯垦思想在屯垦戍边这一特殊事业中的具体运用,具有强烈的时代特点。把毛泽东屯垦思想、邓小平屯垦理论和新一代中央领导集体关于屯垦的政策联系起来加以研究,就能更全面、更深刻地理解毛泽东屯垦思想,更完整地把握毛泽东屯垦思想,更进一步用毛泽东屯垦思想的立场、观点和方法指导当前屯垦戍边的伟大实践,有效地应对在任何时间、任何地点和任何情况下发出的任何挑战和考验,更好地担负起党和国家赋予我们的屯垦戍边的光荣历史使命。

试论毛泽东屯垦思想

毛泽东屯垦思想是研究中国共产党人领导的屯垦实践及其规律的科学,是博大精深的毛泽东思想的有机组成部分,是以毛泽东、邓小平、江泽民为核心的三代中央领导集体,运用马克思主义基本原理总结我国历代屯田的经验教训,特别是总结中国共产党领导屯垦实践的经验,紧密结合当代国内外政治经济军事实际所创立的关于在全国特别是在边疆地区大力发展社会主义屯垦事业的理论观点和指导思想,是中国共产党人屯垦经验与集体智慧的结晶,是我党制定屯垦事业的方针政策、法律法规的理论依据。

一、毛泽东屯垦思想的渊源

(一)毛泽东屯垦思想的历史渊源。中国的屯垦已经有 2000 多年的历史。在漫长的历史过程中,一些有识之士提出的一些重要的屯垦理论,成为毛泽东屯垦思想产生的历史渊源。这些思想主要有以下几个方面:一是高度重视并积极推行屯垦。三国时的曹操认为屯垦是定国之术,他说:"夫定国之术,在于强兵足食。秦人以急农兼天下,孝武(指汉武帝)以屯田定西域,此先代之良式也。"明朝的朱元璋更是把屯田作为基本国策,1363 年他给诸将下令:"兴国之本,在于强兵足食……若兵食尽资于民,则民力重困,故令将士屯田,且耕且战。"二是以屯垦为主要形式进行积极防御。公元前 169 年,晁错给汉文帝上《募民实边书》,提出积极防御的屯垦理论:"守边备塞,劝农力本,当世急务二事"。特别值得一提的是赵充国上屯田书,阐述了边疆军屯可以不战而破叛敌的军事思想。《汉书·赵充国传》记载:公元前 61 年秋,赵充国上屯田策,先陈述应在边疆军屯的原因。他认为驻军粮草支出浩大,民族矛盾一时难以解决,对各种叛乱不宜单用军事镇压,而可派军屯田解决。赵充国不久再上屯田书,论证在边疆多民族地区兴办军屯有 12 大好处,结论是:留军屯田得十二便,出兵失十二利。这次上书体现的基本思想为我们在边疆地区发展屯垦事业、解决民族矛盾提供了宝贵的历史经验。三是主张对屯垦实行优惠政策。晁错曾在上书中强调对屯戍军民要认真实行厚惠政策。《汉书·晁错传》记载:晁错指出要使屯民扎根边疆,热爱边疆,屯官必须真正实行厚惠政策,关心屯民,帮助他们解决生活中的具体困难,并要兴办公共福利事业,建城筑路,植树养畜,开办医所,甚至修建祭祀庙宇等。四是提出把发展农业经济同军事工作结合起来,从而形成了"农战理论"。五是重视西域的屯垦。《汉书·西域传》记载,公元前 89 年,为扭转汉朝在西域的不利局面,桑弘羊给汉武帝上奏扩大轮台屯田书:"臣愚以为可遣屯田卒诣故轮台以东,置校尉三人,各举图地形,通利沟渠,务使以时,益种五谷。田一岁,有积谷,募民壮健有累重敢徙者诣田所,就畜积为本业,益垦溉田。稍筑列亭,连城而西,以威西国,辅乌孙,为便"。康熙帝也重视西北地区的屯垦戍边。1690—1697 年,康熙帝亲自率军彻底平定准噶尔之乱。为防止准噶尔军向东攻掠,供给前线清军急需的粮草,1716年,康熙帝开始派苏尔德率军,到新疆东北地区的哈密、巴里坤、木垒屯田。六是主张兵民结合、劳武结合。《旧五代史·张全义传》记载张全义曾经组织民兵且田且守,范仲淹要求招募壮农民为卫士,三时务农,一时教战,亦兵亦农,以农养兵,以节省国家军费。历史上这些屯垦理论与实践无疑是毛泽东屯垦思想形成的历史渊源。

(二)毛泽东屯垦思想的理论根据。马克思主义作为毛泽东屯垦思想的理论渊源,主要体现在以下几个方面:一是马克思主义经典作家关于社会主义的论述为中国共产党领导的屯垦事业在生产力问题、公有制问题以及分配方式问题提供了基本的原则。二是马克思主义经典作家关于兴办国营农场的理论,为毛泽东屯垦思想中屯垦的组织形式的理论提供了借鉴。三是马克思主义经典作家关于农业在国民经济中地位问题的论述,为中国的屯垦经济从农业入手、以农业为主提供了理论依据。马列主义经典作家至少在以上三个方面的论述,成为毛泽东屯垦思想的重要的理论来源。

（三）毛泽东屯垦思想的实践经验。中国共产党领导的现代屯垦实践积累了丰富的经验,为毛泽东屯垦思想的形成和发展提供了实践依据。这些经验主要是:(1)以国营农场为载体的经验。国营农场是屯垦事业的主要载体,抗日战争中比较有名的国营农场有 1939 年冬陕甘宁边区政府在延安创办光华农场,1941 年边区留守兵团在直罗镇创办的农场,三五九旅在延安东南创办的南泥湾农场、金盆湾农场、临镇农场、马坊农场、九龙泉农场等。这些农场是社会主义国营农场的初始阶段,为发展我国社会主义屯垦事业积累了经验。(2)军队执行"三个队"任务的经验。1927 年 10 月,毛泽东领导红军初上井冈山,他要求部队开展群众工作,打土豪筹集经费,得到群众拥护,很快在茶陵县建立了第一个苏维埃政权。毛泽东总结茶陵经验,明确提出工农红军要执行"三大任务",即"打仗消灭敌人","打土豪筹款子","做群众工作"。通过打土豪筹款,解决红军的给养经费,这是毛泽东关于军队生产自给思想的起点。在抗日时期把"三个队"的任务称为"战争"、"生产"、"做群众工作",在解放战争末期又把"三个队"称为"战斗队"、"生产队"、"工作队"。"三个队"既是以革命军队为主体的屯垦实践,也是毛泽东屯垦思想的重要内容,在屯垦经济发展中实行以农业为主、多种经营的经营方针的经验。(3)毛泽东1942 年 12 月指出:"我们党的正确的口号,这就是'发展经济,保障供给'。在公私关系上,就是'公私兼顾',或叫'军民兼顾'。我们认为只有这样的口号,才是正确的口号。只有实事求是地发展公营和民营的经济,

— 46 —

才能保障财政的供给。"对于集体和个人经营的民营经济,毛泽东主张实行鼓励发展的政策。1943 年 10 月,他指出:"除各大小单位应一律发展集体生产外,同时鼓励一切个人(军队除外)从事小部分农业和手工业的个人业余生产(禁止做生意),以其收入归个人所有。"这一指导思想是完全符合中国实际的,只可惜在执行过程中出现了单一的全民所有制的"左倾"现象。(4)在屯垦实践中实行劳武结合的经验。在根据地开展的大生产运动中,部队一面生产,一面战斗,劳武结合,军民结合,共同保卫陕甘宁边区和抗日根据地。八路军三五九旅指战员的口号是:"一把镰头一枝枪,生产自给保卫党中央。"1945 年 1 月,毛泽东表彰晋察冀部队称赞他们:"实现了劳力和武力相结合的原则,把战斗任务和生产任务同样看重。"抗日战争时期,人民军队坚持劳武结合,人民群众组织民兵配合作战和生产,这些都为毛泽东屯垦思想的形成积累了有益的经验。(5)形成了以南泥湾精神为代表的屯垦精神。中国共产党人在领导中国革命的斗争中,特别是在领导延安时期的屯垦实践中,形成了以自力更生、艰苦奋斗为核心内容的南泥湾精神。这个精神是对中国革命军人这些屯垦实践者精神风貌和高尚情操的总结,也是新中国屯垦事业精神的历史起点。所有这些在屯垦实践中产生的宝贵经验,都为毛泽东屯垦思想的形成提供了有力的根据。

二、毛泽东屯垦思想的发展过程

毛泽东屯垦思想从起源到形成再到进一步丰富和发展,是和中国共产党领导的屯垦实践息息相关的,有其自身的客观内在规律和特定的发展轨迹。

(一)毛泽东屯垦思想的起点。抗日战争以前的屯垦实践与新中国建立以来中国共产党领导的大规模的屯垦实践相比,无论从广度或深度来讲,都还只是处于一种初级形态,远不是全面展开的实践。由这种实践所决定,在这个基础上产生的反映这个时期屯垦实践的屯垦理论也只是一种初级形态的内容。但这个"起点"很重要,它是这个理论以后发展的一块基石,一个出发点,它为这个理论后来的发展打下了扎实的基础。它主要有以下几个方面的内容:一是强调作为屯垦主体的人民军队要执行"三大任务"。红军早期的"三大任务",毛泽东同志把它表述为"打仗"、"筹款"、"做群众工作",这里的"三大任务"虽然还是从军事理论的角度来阐述的,还没有从真正意义上形成毛泽东的屯垦思想,但正是这一点为以后"三个队"思想做了准备。二是提出革命根据地经济建设的思想。毛泽东在主持中华苏维埃共和国中央工农民主政府工作期间,领导中央根据地的经济建设并总结当时经济工作的经验,1933 年 8 月在江西南部17 县经济工作会议上做的《必须注意经济工作》的演讲,以及 1934 年 1月在瑞金第二次全国工农代表大会上做的《我们的经济政策》的报告和《关心群众生活,注意工作方法》的讲话,都反映了毛泽东关于经济建设的基本思想:发展经济,开辟财源,保障革命战争的供给;在战争环境中有计划地进行各种必要的和可能的经济建设;把农业生产放在经济建设工作的第一位;根据生产力发展的需要,开展互助合作运动,适当改革生产关系,进一步推动农业生产的发展;尽可能地发展必要的国营经济和大规模地发展合作社经济并且与奖励私人经济同时并进;关心群众生活,注意工作方法,依靠群众进行经济建设;发展国民经济增加财政收入与根据节省的方针控制财政支出等。这些思想既是毛泽东早期经济思想的内容,也是毛泽东屯垦思想的萌芽,它随着以后屯垦事业的发展,进一步形成了毛泽东屯垦思想《我们的经济政策》的报告和《关心群众生活,注意工作方法》的讲话,都反映了毛泽东关于经济建设的基本思想:发展经济,开辟财源,保障革命战争的供给;在战争环境中有计划地进行各种必要的和可能的经济建设;把农业生产放在经济建设工作的第一位;根据生产力发展的需要,开展互助合作运动,适当改革生产关系,进一步推动农业生产的发展;尽可能地发展必要的国营经济和大规模地发展合作社经济并且与奖励私人经济同时并进;关心群众生活,注意工作方法,依靠群众进行经济建设;发展国民经济增加财政收入与根据节省的方针控制财政支出等。这些思想既是毛泽东早期经济思想的内容,也是毛泽东屯垦思想的萌芽,它随着以后屯垦事业的发展,进一步形成了毛泽东屯垦思想中"生产队"的内容。三是提出以"征收""发展经济""节省支出"为主要内容的财政思想。如何奠定革命战争的基础?对此,毛泽东当时的思想基本上有三个方面:首先是发展生产。1934年1月,毛泽东在第二次全国工农代表大会的报告中进一步指出:"从发展国民经济来增加我们财政的收入,是我们财政政策的基本方针。"其次是节省开支。毛泽东明确提出:"财政的支出,应该根据节省的方针。"再次是向剥削者征收。在第二次全国工农代表大会上所做的《中华苏维埃共和国中央执行委员会与人民委员会的报告》在谈到财政收入的来源时写道:"向一切封建剥削者进行征收或征发",也就是常说的打土豪筹款。在这三个方面,毛泽东强调以发展经济作为增加财政收入的主要来源。毛泽东在这里虽然主要是从经济的角度谈财政工作的方针政策的,但确实为毛泽东的屯垦思想奠定了理论基础。

(二)毛泽东屯垦思想的形成。1937年7月至1949年10月,是中国历史上的抗日战争和解放战争时期,为克服严重的经济困难,保卫解放区,争取中国革命的胜利,中国共产党领导广大军民进行了前所未有的大规模的生产建设,同时也进行了大规模的屯垦,以毛泽东同志为代表的中国共产党人对这个时期的屯垦实践进行科学总结,形成了毛泽东屯垦思想的理论体系。它主要有以下几个方面的内容:一是开展大生产运动,实行军队生产自给的思想。1943年11月,毛泽东在《组织起来》一文中论述了军队开展生产自救的重大意义。他说:"我们有打仗的军队,又有劳动的军队。打仗的军队,我们有八路军新四军;这支军队也要当两支用,一方面打仗,一方面生产。我们有了这两支军队,我们的军队有了这两套本领,再加上做群众工作一项本领,那么,我们就可以克服困难,把日本帝国主义打垮。"二是发展经济,保障供给的思想。1942年12月,毛泽东在《抗日时期的经济问题和财政问题》一文中指出:"发展经济,保障供给,是我们经济工作和财政工作的总方针。"三是创办农、牧场进行屯垦的思想。1945年1月,他在《必须学会做经济工作》一文中指出:"部队和机关,除利用战斗、训练和工作的间隙积极参加生产之外,应组织专门从事生产的人员,创办农场、菜园、牧场、作坊、小工厂、运输队、合作社,或者和农民伙种粮、菜。"四是在屯垦实践中以农为主、多种经营的思想。1943年10月,他还强调:"党委、政府和军队,必须于今年秋冬准备好明年在全根据地内实行自己动手、克服困难(除陕甘宁边区外,暂不提丰衣足食的口号)的大规模生产运动,包括公私农业、工业、手工业、运输业、畜牧业和商业,而以农业为主体。"五是实行劳武结合的思想。1945年1月,毛泽东表彰晋察冀部队屯垦的业绩,称赞他们:"实现了劳力和武力相结合的原则,把战斗任务和生产任务同样看重。"六是自力更生、艰苦奋斗、勤俭节约的思想。1939年2月,毛泽东向边区军民发出"自己动手,自力更生,艰苦奋斗,克服困难"的号召。以上六条内容表明,毛泽东屯垦思想的基本内容已经形成,毛泽东屯垦思想的理论框架已经建立。

(三)毛泽东屯垦思想的发展。随着社会主义革命和建设时期的开始,毛泽东屯垦思想也随之发展到一个崭新的历史阶段。毛泽东屯垦思想在社会主义革命和建设时期的发展主要在以下几个突出方面:一是创造了"生产军"这种独特的形式。毛泽东在关于军队参加生产建设工作的指示中明确提出:"我人民解放军不仅是一支国防军,而且是一支生产军。"这表明作为屯垦主体的人民军队在夺取政权之后的任务发生了根本性的变化。据统计,当时中国人民解放军有31个师分别转为农业生产建设师和工程建设师。1953年新疆军区根据毛泽东主席的命令,将驻疆人民解放军分别改编成国防军和生产军,编入生产军的有11个师之多,是当时驻疆部队的绝大部分。"生产军"的出现标志着毛泽东屯垦思想中关于屯垦的主体更加专业化。生产军的地位和作用的确定,把开始为"战斗队"服务的"生产队"转变为为社会主义革命和建设服务。它意味着人民军队已从战争状态向和平建设时期过渡,意味着"生产队"作为经济基础地位的加强,意味着毛泽东屯垦思想作为一个完整的科学体系又进一步趋于完善。二是创建"生产建设兵团"这种前所未有的屯垦组织形式。1954年是国家进入有计划地进行社会主义经济建设的第二年,为适应国家经济建设和国防建设的新情况,完成新任务,解决新矛盾,经中央军委批准,把新疆军区的生产部队组建成"中国人民解放军新疆军区生产建设兵团"。生产建设兵团虽然是在生产军的基础上成立的,但它成立不久,不但10多万官兵除极少数高级将领外,全部办理复员、转业手续,由国务院统一颁发复员、转业军人证书。当时,新疆军区生产建设兵团的几十万屯垦大军,虽已不佩带军衔、帽徽,不食军饷,但仍然要继续贯彻执行人民军队"战斗队""工作队""生产队"三位一体的任务。生产建设兵团是毛泽东屯垦思想的又一伟大实践,这一实践使毛泽东屯垦思想发展到一个更新的阶段。三是提出加快发展社会主义国营农场的思想。国营农场虽然不是新中国成立之后才有的,然而大规模地创办国营农场却是在新中国建立以后的事情。新中国建立以后,毛泽东比以往任何时候都更加重视国营农场建设。1951年12月17日,他在《对王震〈关于新疆军区1952年生产计划的报告〉的批复》中指示:"各军区和各地方,凡已有用机器耕种收割的国营农场和个别集体农庄(例如河北天津县廊坊地方的农民集体农庄),或准备这样做的国营农场或集体农庄,均望将这看作一件大事,用力经营,随时总结经验报告中央。"1952年,各省大办国营农场,全国国营农场从1949年的26个迅速增到562个。在中共七届六中全会上,他号召大家研究国营农场问题。他说:"这一次没有人讲国营农场的问题,是个缺点。希望中央农村工作部和农业部研究国营农场的问题。将来国营农场的比重会一年一年大起来。"四是提出屯垦戍边的历史使命。新中国成立后,毛泽东在1949年12月《中央人民政府人民革命军事委员会关于1950年军队参加生产建设工作的指示》中:"号召全军,除继续作战和服勤务者而外,应当负担一部分生产任务,使我人民解放军不仅是一支国防军,而且是一支生产军,借以协同全国人民克服长期战争所遗留下来的困难,加速新民主主义的建设"。1958年9月,朱德同王震谈新疆生产建设兵团时说:那个地方屯垦戍边非常重要。1979年8月,《国营农垦工作条例(草案)》第四条规定:"地处边疆的国营农场,要坚持'屯垦戍边'的方针,建设边疆,保卫边疆"。这样,屯垦戍边就成为边疆国营农场的历史使命。五是动员内地青年支援边疆建设。为发展边疆屯垦事业,开发建设边疆地区,毛泽东多次动员内地转业官兵、知识分子和广大青壮年到边疆加强和发展屯垦事业。1958年8月,中共中央发出《中共中央关于动员青年前往边疆和少数民族地区参加社会主义建设的决定》。当年来到边疆的青年有43万之多。1959—1961年,内地青壮年到边疆国营农场工作的达93万人,随迁家属43.8万人。1967—1976年,全国上山下乡知识青年1400万人,其中到国营农场的220万人,有60万人安置在边疆各省、区农场。六是增强民族团结和兵地团结。屯垦戍边是在祖国边疆地区进行的。边疆地区又多是我国少数民族聚居的地区。因此必须搞好汉族和少数民族的关系、农场和地方的关系,屯垦事业才能顺利进行。为搞好兵地团结,1949年12月,毛泽东告诫军垦战士:"在进行农业生产时,必须注意不要因为开荒引起水灾,不要因为争地而引起人民不满"。在生产建设中,"不得与民争利"。并规定:"所有军队生产事业必须照章纳税,并遵守人民政府一切法令,不得违犯。"1962年7月24日,《国营农场工作条例(草案)》第50条也规定:在兄弟民族地区,屯垦职工要尊重兄弟民族的风俗习惯和利益,增进各族人民的团结。上述情况充分说明,党的中央领导集体在各个不同时期,根据时代发展的需要,又把毛泽东屯垦思想发展到一个更加成熟、更加完备的新阶段。

三、毛泽东屯垦思想的体系

毛泽东屯垦思想是一个严密的科学体系,这个体系由以下系统组成。

(一)关于屯垦事业的目标。在不同的历史时期,屯垦目标是随着党的中心工作的转移而变化的,但其根本的目标却有其历史的内在一致性。中国共产党领导的屯垦,特别是新中国成立后的屯垦目标主要有以下几点:一是经济目标,要开发和建设边疆;二是军事目标,要保卫边防、维护国家统一;三是政治目标,要促进民族团结,反对民族分裂,保持边疆稳定,实现各民族共同繁荣。在毛泽东屯垦思想的理论体系中,屯垦目标是核心,是屯垦事业一切工作的出发点和归宿,理解这个屯垦目标是理解毛泽东屯垦思想的关键。

(二)关于屯垦事业的宗旨。中国共产党的根本宗旨是全心全意为人民服务。这些根本原则反映到屯垦事业中,决定了屯垦事业的宗旨是在屯垦的地区在政治、经济、文化等各个方面直接为那里的各族人民服务,同时为全国各族人民的利益服务。毛泽东同志多次谈到这个问题,20世纪50年代初在给王震同志的指示中就明确指出:"你们到新疆去的任务,是为新疆各族人民多办好事"。毛泽东同志指出,那种"不顾人民困难,只顾政府和军队的需要,竭泽而渔,诛求无已"的办法,"是国民党的思想,我们决不能承袭"。这个宗旨也正是现代屯垦事业的生命力所在,它是屯垦事业能够长期发展的强大推动力。

(三)关于屯垦事业的任务。共产党人进行屯垦的任务用一句话概括,就是屯垦戍边。具体讲,就是执行"生产队""工作队""战斗队"的任务。"三个队"的任务既是实现屯垦事业战略目标的客观要求,也是履行全心全意为所在地区的各族人民服务这一屯垦宗旨的应有之义。在革命战争年代,屯垦事业为服务于革命战争、夺取全国政权的需要,规定了屯垦的任务是"战斗队""工作队""生产队","战斗队"是放在第一位的;在社会主义建设时期、特别是在改革开放的新的历史时期,为最大限度地发展社会主义国家的生产力,增强社会主义国家的综合实力,屯垦的任务变为"生产队""工作队""战斗队",将"生产队"放在基础性的地位,这是由新的历史时期屯垦任务的本质所规定的。"三个队"是实现屯垦目标所必需的,但这三个方面又是不可分开的,它是作为一个整体而存在于屯垦事业之中的,这就是屯垦事业的根本任务。

(四)关于屯垦事业的发展战略。屯垦事业怎样发展?遵循什么思路发展?对此,毛泽东屯垦思想在发展战略方面的内容强调:以经济建设为中心,同时发展其他各项社会和文化事业,在经济建设这个中心点上,坚持一业为主,多种经营。中国共产党领导下的屯垦早期是服从于军事任务而产生,但是在屯垦事业中以经济建设为中心任务却是一贯的,特别是十一届三中全会后更是如此。

(五)关于屯垦事业的组织形式。屯垦需要一种能够较好地完成屯垦戍边的政治、经济、军事和社会发展等综合性目标的组织形式,因此,中央规定屯垦组织应当实行党、政、军、企结合的特殊的领导体制和管理体制。这个组织是一个完整的系统,以其整体向国家负责。这样做便于理顺屯垦组织内部以及与方方面面的关系,便于屯垦组织在政治、经济和军事上的集中统一,发挥整体优势,使其充分发挥特殊作用的要求得到体现和落实。完成屯垦任务的组织形式有许多,但实践证明,最有效的组织形式之一,就是曾一度在全国发展到 10 多个并且现在新疆地区还存在和发挥着重要作用的生产建设兵团。兵团是一种特殊的组织形式,不能以某种固定的模式去套它,它既不是简单的经济实体,也不是纯粹的部队,它的兵团、师两级建制是具有一定行政职能的党政机关,它虽然行使一定的政府职能但又不是一级政府,赋予它行政职能的目的在于使其更好地"自行管理内部的行政司法事务",更有效地实现屯垦戍边的目标。它的基层单位具有企业的属性,兵团除国营农场外,经营上包括工、交、建、商、企业,却又不是单纯的经济组织,这部分经济组织存在的目的是为更好地发展经济以服务于屯垦戍边的目标。它有军队的特点和部分军队的职能,一旦出现不测事件,它要冲锋在前,为维护国家的统一和边疆的稳定发挥作用。总之,它是特殊条件下执行屯垦戍边使命,实行"党、政、军、企合一"的特殊组织。

(六)关于屯垦事业的实践载体。在新的历史时期,中央对边疆地区的屯垦载体——生产建设兵团提出了更高的要求,这就是他们要保持"战斗队"的本领,有快速反应的能力,而且战之能胜,同时又需具有较高的综合素质。它不是一支单纯的生产部队或者战斗部队,而是一支寓兵于农、兵农结合的能够担负屯垦和戍边、建设和保卫边疆任务的特殊队伍;它保持着人民解放军的组织形式,具有严格的组织纪律和雷厉风行的战斗作风;它保持着人民解放军的政治工作制度和光荣传统作风,能够在最艰苦的环境中将革命的传统发扬光大;它最忠实、最有效地执行中央赋予的"生产队"、"工作队"和"战斗队"的光荣任务;这支队伍有较强的劳动技能,因而能够创造出较高的劳动生产率;特别值得一提的是,这支队伍在经济发展的集团化、集约化等方面具有其他任何组织无可替代的优势。

(七)关于屯垦事业的实现途径。劳力与武力结合、屯垦与戍边结合的方式是完成屯垦事业的有效形式,不是一种权宜之计,它将会长期存在。这是因为:其一,国家是阶级矛盾不可调和的产物,只要国家存在,屯垦事业就会存在;只要屯垦存在,就必然以屯垦与戍边结合、劳力与武力结合的方式实现屯垦的目标。其二,国内外的环境以及分裂主义的本性决定了分裂主义的活动不可能自行消失,它是危害祖国统一和社会稳定的主要因素。我们对付分裂主义的重要手段之一,就是在民族地区加强屯垦,而屯垦目标的实现就必然要将屯垦与戍边结合,将"劳"与"武"结合。其三,社会主义的根本任务是解放和发展生产力,在边疆地区和民族地区,发展经济的最有效手段就是发展屯垦事业、屯垦与戍边结合、劳力与武力结合,从而带动整个边疆地区经济的发展,这是我国几十年行之有效的宝贵经验。

(八)关于屯垦事业的精神特征。在继承中华民族勤劳勇敢优良传统的基础上,在长期艰苦卓绝的屯垦实践中,在新的历史条件下将我党我军的政治本色和光荣传统加以发扬,进而形成以屯垦戍边、自力更生、艰苦奋斗、开拓奋进为核心内容的屯垦精神。屯垦精神是就全国而言的,不同的垦区有各自的表述,其中最有代表性的是新疆生产建设兵团的兵团精神,它的政治灵魂是社会主义的方向、为人民服务的宗旨和爱国主义的精神,它的神圣使命是实行屯垦戍边,它的精神特征是自力更生、艰苦奋斗、与时俱进,开拓向前。

四、研究毛泽东屯垦思想的意义

研究毛泽东屯垦思想,既有重大的理论意义,又有巨大的实践意义;

既有重大的历史意义,又有巨大的现实意义。具体体现在以下几个方面:
第一,研究毛泽东屯垦思想有助于准确理解毛泽东思想的科学体系。对
于毛泽东屯垦思想的研究,将会在一个新的领域对毛泽东思想的研究作
出独特的贡献。第二,研究毛泽东屯垦思想有助于理解和把握第二代领
导集体的屯垦理论和第三代领导集体有关屯垦的指示和决策。第三,研
究毛泽东屯垦思想有助于推动现代屯垦事业的发展。在新的社会历史条
件下,通过对毛泽东屯垦思想进行研究,对于科学地总结中国屯垦戍边的
经验教训,用科学的思维方式考察中国屯垦实际,研究新时期屯垦戍边的
内涵,研究屯垦戍边与建立社会主义市场经济体制的关系,解决屯垦戍边
事业遇到的新问题都具有十分重要的现实意义。第四,研究毛泽东屯垦
思想有助于做好新时期民族团结工作。以毛泽东为代表的中国共产党
人,用马克思主义民族理论研究中国屯垦事业中民族关系问题的特点和
规律,建立了巩固和发展社会主义的平等、团结、互助、共同发展与繁荣的
民族观。这对于我们在新时期做好民族团结工作,建立团结和睦的民族
关系,为开发边疆,保卫边防,维护祖国统一,增强民族团结,反对民族分
裂,维护边疆稳定,实现各民族共同繁荣都具有重要的指导意义。

党中央重大战略思想
对社会主义理论的丰富和创新

随着中国特色社会主义从总体小康向全面小康社会迈进,党的理论创新步伐不断加快,以胡锦涛同志为总书记的党中央提出了科学发展观、构建社会主义和谐社会等一系列重大战略思想,极大地丰富发展了社会主义理论。深入把握这一丰富创新,对于我们推进各项事业具有重大的指导意义。

一、社会主义本质论的丰富和发展

社会主义理论是理论同实践紧密结合的完整科学的理论体系,从理论层面到实践层面,可以分为本质论、目标论、方略论;其中本质论是社会主义理论最核心的层面,指导和制约着社会主义目标论和方略论的形成和发展。党中央重大战略思想作为中国特色社会主义的重大理论创新,突出体现在对社会主义本质论的丰富和发展上。

1. 明确社会主义本质的重要性

我们党对社会主义本质的认识,经历了一个曲折的探索过程。直到改革开放,对社会主义的理解,偏重生产关系调整,强调越公越好、越超前越好;强调以阶级斗争为纲,而对生产力这一最革命和起决定作用的力量认识不足、重视不够;直接导致了党的指导方针和建设方向上的失误,导致社会主义建设长期停滞和曲折发展。

改革开放后,我们党经过艰苦探索,明确了社会主义的本质是"解放和发展生产力、消灭剥削、消除两极分化,最终实现共同富裕",第一次从社会主义发展的根本方式"解放和发展生产力"和根本目标"共同富裕"上界定了社会主义的本质。要求社会主义社会的生产关系必须有利于生产力的解放和发展,有利于人民群众历史创造性的发挥,不能脱离生产力发展的现实;要求社会主义建设必须充分适应人民群众对物质精神财富不断增长的需求、适应共同富裕的需要;体现了根本目标和根本手段上的统一,揭示了社会主义本质的内在一致性,这是社会主义本质论上的重大发展和突破;标志着党对"什么是社会主义,如何建设社会主义"作出了科学回答,标志着邓小平建设中国特色社会主义理论的正式形成。

邓小平对社会主义本质论的确立,使社会主义重新落脚于生产力的解放和发展上,极大地打破了束缚生产力进步的各种绳索,调动了人们追求幸福和富裕的热情和积极性,人民群众迸发出空前的活力与创造性,生产力这一最革命的力量得到了充分的释放,推动中国取得了举世瞩目的建设成就。可以说,没有邓小平理论对社会主义本质论的确立,就不会有中国特色社会主义的辉煌成就;明确社会主义的科学本质,对于指导和推进中国特色社会主义事业具有核心作用。

2. 中央重大战略思想对社会主义本质论的创新

发展是当代中国的主旋律和社会主义理论的核心问题,邓小平理论确立的社会主义本质观,就是从发展的视角界定的。党的十六大以来,以胡锦涛为总书记的党中央,从中国特色社会主义发展的新形势、新实践、新要求出发,提出了科学发展观和构建社会主义和谐社会,进一步揭示了中国特色社会主义的发展本质,标志着我们党对社会主义本质论的认识上升到一个新的高度。

科学发展观的提出,进一步丰富和发展了社会主义本质论中关于根本发展方式的思想。科学发展观创造性地回答了"发展的根本力量、发展的根本要求、发展的根本理念"等问题,深化了对"如何建设社会主义"

的认识。在发展的根本力量上,创造性地提出了"以人为本"的思想,强调最广大人民群众是发展的根本力量,解放和发展生产力要落脚于调动发挥人民群众的历史创造性上面;在发展的根本要求上,创造性地提出了"全面、协调、可持续的发展"的思想,强调只有通过这种发展才能不断解放和发展生产力,才能建设好社会主义;在发展的根本理念上,创造性地提出了"科学发展"的思想,强调发展必须是又好又快的发展,只有通过这种发展我们才能最终建成社会主义。

这一系列丰富和创新,是对改革开放以来发展经验的科学总结,使我们进一步深化了对"解放和发展生产力"、"如何建设社会主义"和社会主义本质论的理解,深化了中国特色社会主义建设规律的认识。

社会主义和谐社会的提出,进一步丰富了社会主义本质论中关于根本发展目标的思想。社会主义和谐社会创造性地回答了"社会主义的根本追求、社会主义的根本属性、社会主义的根本标志"等问题,深化了对"什么是社会主义"的认识。在社会主义的根本追求上,创造性地提出中国特色社会主义是追求人自身、人与人、人与自然的全面和谐的社会,强调"共同富裕"不仅包括人的物质财富的极大满足,而且包括人的精神境界的极大提高和社会的极大和谐;在社会主义的根本属性上,创造性地提出"社会和谐是中国特色社会主义的本质属性"的思想,强调社会和谐是"消除剥削、消灭两极分化、实现共同富裕"的必然体现和本质属性,是国家富强、民族振兴、人民幸福的重要保证;在社会主义的根本标志上,创造性地提出"社会主义和谐社会是民主法治、公平正义、诚信友爱、充满活力、安定有序、人与自然和谐相处的社会",进一步描绘了社会主义的发展蓝图。这一系列丰富和创新,使我们深化了对"消灭剥削、消除两极分化,最终实现共同富裕"、"什么是社会主义"和社会主义本质论的理解和认识,进一步明确了中国特色社会主义的发展趋势和方向。

科学发展观和社会主义和谐社会思想的提出,也使社会主义建设根本方式和根本目标之间的联系更加紧密;科学发展观是从发展的角度求和谐,社会主义和谐社会是从和谐的角度促发展;只有树立和落实科学发展观,才能实现社会和谐;而社会是否和谐,又是检验是否落实科学发展观的标准。科学发展观强调的"以人为本",既指明了发展的根本依靠力量,又回答了"为谁发展"的问题,揭示了发展的根本目的和价值追求;既体现了社会发展方式又体现了社会发展目的。

社会主义和谐社会同样强调以人为本,强调人自身、人与人、人与自然的和谐,这既是一种社会目标,又回答了"需要什么样的发展"和"走什么样的发展道路"的问题,揭示我们所要求的发展,是科学、和谐的发展;我们所要走的发展道路,是人的发展和社会进步相统一的和谐道路、是人与自然和谐发展的道路;人民群众既是落实科学发展观的实践主体和价值主体,又是构建社会主义和谐社会的实践主体和价值主体。因此,社会主义和谐社会与科学发展观统一于以人为本和人民群众的实践中,统一于中国特色社会主义进程中和社会主义本质的不断展现上。这种统一性,使两者之间紧密联系、互相贯穿,共同在一个新的理论层面上丰富和发展了社会主义本质论。

3. 社会主义本质论创新的重大现实意义

党的重大战略思想对社会主义本质论的创新,进一步丰富了对我国社会基本矛盾、中国特色社会主义发展规律和根本奋斗目标的认识。明确了在社会主义社会同样存在着社会基本矛盾,但同资本主义及以前社会不同,它是在根本利益一致基础上的、非对抗性的矛盾,和谐是社会的本质属性、内在根据和基本特征。它的不和谐之处不是根本性的,可以通过改革和发展而自我完善,通过科学发展得到解决;并不表现为剧烈的大规模的冲突和对抗。因此,中国特色社会主义建设过程,就是社会基本矛盾从根本和谐走向全面和谐的运动过程,就是不断展现社会和谐这一本质的过程,是社会和谐的合目的性与科学发展的合规律性相统一的过程。只有坚持科学发展观和社会主义和谐社会目标,才能代表先进生产力的要求、先进文化的方向和人民群众的根本利益,也才能最大程度地解放和发展生产力、实现共同富裕的目标。因此,党的重大战略思想同邓小平理论、"三个代表"重要思想既一脉相承又与时俱进,集中体现了中国特色社会主义在发展问题上总的看法和成果,是我们党关于社会主义建设指导思想的继承和发展,使我们树立了更明确的奋斗方向,指导我们形成了更科学的发展思路,对中国特色社会主义建设事业将起到巨大的指导作用。

二、社会主义目标论的具体和深化

社会主义目标论是社会主义理论向实践转化的重要层面,是从社会主义本质论到社会主义方略论的中间层面。社会主义目标论中的各项目标任务,是社会主义本质论中中国特色社会主义建设的根本目的的具体化。党中央重大战略思想作为中国特色社会主义的重大理论创新,突出体现在对社会主义目标论的具体和深化上。

1.明确社会主义建设目标的重要性

社会主义建设目标是社会主义本质的具体化。社会主义本质明确了社会主义建设的根本目的;这一根本目的,是在一系列具体阶段性目标任务的完成过程中逐步实现的。社会主义建设目标体系既包括各个阶段性的发展目标,又包括各个方面的建设目标;体现了社会发展最高理想与各阶段具体发展纲领的统一。

我们党对社会主义建设目标的确立,是建立在社会主义发展阶段的基础上的;只有明确所处的发展阶段和历史方位,才能有针对性地提出切合实际的具体建设目标。党的十一届三中全会以来,我们党准确把握基本国情,作出我国现在处于并将长期处于社会主义初级阶段的科学论断;明确这是建设中国特色社会主义的很长历史过程中的初始阶段,是我国逐步摆脱不发达状态、基本实现社会主义现代化的历史阶段,从20世纪50年代社会主义制度确立直到21世纪中叶,要经历100多年的奋斗。在初级阶段,社会的主要矛盾是人民日益增长的物质文化需要同落后的社会生产之间的矛盾;我们确立具体建设目标和作出各项发展部署,都必须紧紧立足于解决这一矛盾上。社会主义初级阶段理论的确立,使我们在坚持根本发展目的的基础上,进一步明确了具体的阶段性发展目标。

从社会主义初级阶段的基本国情出发,我们党提出了农业、工业、科技和国防四个现代化目标,明确了建设富强、民主、文明的社会主义现代化国家的奋斗目标;设计了分"三步走"基本实现现代化的宏伟蓝图。目前,我国已经胜利实现了现代化建设"三步走"战略的前两步目标,进入了实现第三步战略目标的新阶段。在党的十五大上,我们党明确了实现现代化建设第三步战略目标仍分"三步走",21世纪第一个十年实现国民生产总值比2000年翻一番,第二个十年再翻一番,然后继续奋斗几十年,到21世纪中叶基本实现现代化。党的十六大进一步阐明本世纪前20年我国要全面建设小康社会,把全面建设小康社会作为实现现代化建设第三步战略目标的必经阶段,并提出了"经济更加发展、民主更加健全、科教更加进步、文化更加繁荣、社会更加和谐、人民生活更加殷实"等目标。这些目标的提出,使社会主义理论既包含根本目的,又包含各阶段性目标和各方面建设目标,向全国人民展示了关于社会主义的发展蓝图,更全面地回答了"什么是社会主义"这一根本问题,动员激励全党全社会为此努力奋斗。

2. 中央重大战略思想对社会主义目标论的创新

中央重大战略思想通过准确把握我国经济社会发展的阶段性特征,进一步丰富和发展了社会主义目标论。十六大以来,党中央准确把握未来的发展趋势,认真分析面临的矛盾和问题,认识到我国经济社会发展中面临五个重大新变化:社会领域出现新矛盾,经济增长面临新制约,社会心理出现新变化,改革攻坚出现新特点,和平发展面临新环境。这些新的变化表明,当前我国正在进入经济社会发展的关键阶段,既是一个"黄金发展期",同时又是一个"矛盾凸显期",影响社会和谐的因素增多、处理难度加大,成为我们党执政兴国不容回避的重大问题;要抓住战略机遇,迫切需要妥善处理好各种影响社会和谐的矛盾;只有解决好这些矛盾,才能实现科学发展,建成全面小康社会。对经济社会发展阶段性特征的准确把握,深化了党的社会主义初级阶段理论,迫切要求我们党从这些新特点出发,提出切合实际的阶段性目标和任务。

中央重大战略思想明确提出了构建社会主义和谐社会这一具体的阶段性目标。社会和谐是社会主义的本质追求和社会主义制度的内在特征。但这一特征也不是突然出现、不再变化的,而是随着社会主义改革、建设和发展而不断增强的过程,是从社会主义社会的根本和谐、初步和谐到共产主义社会的全面和谐、高度和谐的不断发展的过程。对我国来说,由于我们社会主义制度的建立,不是如马克思设想的从高度发展的资本主义中产生,而是在经济社会极其落后的半殖民地半封建社会中产生,因此虽然社会制度在根本上具有和谐性,但面临着更多的不和谐因素的影响,社会和谐程度比较低;社会和谐成为全国人民的迫切要求。因此,社会和谐既是社会主义本质论中的重要内容,又是社会主义目标论中的重要内容。党中央创造性地把握了这一现实要求,明确把构建社会主义和谐社会作为当前重要建设目标提到全党全国人民面前,拓展了社会主义目标论的内涵。

根据经济社会发展的重要阶段性特征,党中央着眼于构建社会主义和谐社会,进一步确立了建设富强、民主、文明、和谐的社会主义现代化国家的目标;并提出了九大具体目标任务:社会主义民主法制更加完善,依法治国基本方略得到全面落实,人民的权益得到切实尊重和保障;城乡、区域发展差距扩大的趋势逐步扭转,合理有序的收入分配格局基本形成,家庭财产普遍增加,人民过上更加富足的生活,社会就业比较充分,覆盖城乡居民的社会保障体系基本建立;基本公共服务体系更加完备,政府管理和服务水平有较大提高;全民族的思想道德素质、科学文化素质和健康素质明显提高,良好道德风尚、和谐人际关系进一步形成;全社会创造活力显著增强,创新型国家基本建成,社会管理体系更加完善,社会秩序良好;资源利用效率显著提高,生态环境明显好转。这些目标任务,进一步丰富和深化了中国特色社会主义目标体系。

3.社会主义目标论创新的重大现实意义

党中央重大战略思想对社会主义目标论的创新,进一步丰富了对我国社会主要矛盾、中国特色社会主义发展方向和奋斗方向的认识。中国社会的主要矛盾,是人民日益增长的物质文化需要同落后的社会生产之间的矛盾,这一矛盾将伴随着社会主义初级阶段的整个过程,是我们全部工作的现实出发点。随着我国从总体小康向全面小康的过渡,人民群众对物质文化需求的增长更加迅速和急迫;随着改革开放进入攻坚阶段,各种社会矛盾日益成为制约社会生产发展的主要因素。只有立足于对这一基本国情、当前社会特殊矛盾关系和经济社会重大阶段性特征的分析把握之上,紧紧围绕解决这一特殊矛盾确立各项具体发展目标,才能更好地推进中国特色社会主义事业。党中央重大战略思想提出的构建社会主义和谐社会的目标和各项具体建设目标,都紧紧围绕着解决社会主要矛盾。只有从社会主要矛盾入手,我们才能更深入地理解中央重大战略思想的创新,更有效地推进各项建设目标的完成。这些重要建设目标的提出,丰富了社会主义目标体系,进一步明确了全党全国人民的奋斗目标和工作方向,使中国特色社会主义蓝图更加清晰,同人民群众的根本利益和现实利益的联系更加紧密,必将极大地鼓舞全社会投身到实现这些建设目标上来。

三、社会主义方略论的提出和完善

社会主义理论作为一个来源于实践并指导实践、为实践服务的思想理论体系,方略论是其中十分重要和最具有实践操作性的组成部分。社会主义目标论是形成科学的建设方略的基础,方略论则是本质论和目标论在实践中的落实。党中央重大战略思想作为中国特色社会主义的重大理论创新,突出体现在社会主义方略论的提出和完善上。

1. 明确社会主义发展方略的重要性

社会主义发展方略,是社会主义理论不可缺少的重要内容,社会主义本质通过实施发展方略而展现,社会主义建设目标要靠具体的发展方略来落实。发展方略又是社会主义理论同实践联系最紧密、理论向实践转化最关键的环节。只有用科学的发展方略支撑各项建设目标,社会主义理论和实践才能不断发展、相互促进、共同深化。

我们党形成科学的社会主义发展方略,经过了长期曲折的探索。

早在20世纪60年代,党就提出建设现代化国家的目标,但由于缺乏相应的发展方略,这一目标没有落到实处。直到改革开放后,我们党开始有意识地探索"怎样建设社会主义"这一中国特色社会主义事业的首要问题,逐渐形成了一整套建设社会主义的科学方略。我们党果断将党和国家工作重心转移到经济建设上来,围绕社会主义现代化建设的总目标,确立了"一个中心,两个基本点"(坚持以经济建设为中心,坚持四项基本原则,坚持改革开放)的基本路线,把解放和发展生产力、增强综合国力、改善人民生产水平作为判断工作的标准,提出了"三步走"的发展战略,形成了物质文明和精神文明"两手抓、两手都要硬"的工作思路,注重正确处理改革发展稳定的关系,作出了建设社会主义市场经济的重大部署,形成了包括经济富强、政治民主、精神文明在内的"三位一体"的现代化建设总体格局和建设中国特色社会主义的基本纲领,推动我国经济社会迅速进入到总体小康的阶段,开辟了一条中国特色社会主义的发展道路。

我国社会主义建设史和我们党的历史充分表明,有了对社会主义本质的理解,有了前进的具体方向和目标,还必须找到科学的发展道路、提出切合实际的发展战略、动员全社会各方面力量大力推进发展战略。社会主义发展战略既是社会主义本质论中关于社会主义建设根本方式的具体化和实践化,又是围绕社会主义目标论中每一个具体发展目标而提出的具体思路、步骤、措施和纲领。只有把社会主义本质落脚于具体的、经过努力可以实现的建设目标上,把社会主义各项建设目标落脚于切合实际、具有可操作性的发展方略上,中国特色社会主义事业才能成为充分调动人民群众积极参与的生机勃勃的实践,成为不断展示社会主义本质、向着共产主义前途迈进的宏伟事业。

2. 中央重大战略思想对社会主义方略论的创新

党中央的重大战略思想,是一个完整科学的思想体系,既包括社会主义本质的丰富创新、社会主义建设目标的具体深化,也包括社会主义新的发展方略的提出和完善。这些新的发展方略,深刻总结了改革开放以来建设中国特色社会主义的各方面经验,形成了新的发展思路,提出了许多重大的发展举措,是对科学发展观的全面贯彻,是对构建社会主义和谐社会的科学落实。

中央重大战略思想创造性地提出了构建社会主义和谐社会的要求,使中国特色社会主义事业的总体布局,更加明确地由社会主义经济建设、政治建设、文化建设"三位一体"发展为社会主义经济建设、政治建设、文化建设、社会建设"四位一体",拓展深化了现代化建设的战略格局;强调在坚持以经济建设为中心的同时,整体推进政治、经济、文化、社会建设,特别要重点推进社会主义社会建设;要求把社会主义物质文明、政治文明、精神文明、社会文明建设统一起来,做整体把握,通过发展社会主义社会的生产力不断增强和谐社会的物质基础,通过发展社会主义民主政治不断加强和谐社会建设的政治保障,通过发展社会主义先进文化不断巩固和谐社会的精神支撑,同时又通过和谐社会建设为社会主义物质文明、政治文明、精神文明建设创造有利的社会条件。这种四位一体的布局,使我们对于中国特色社会主义战略规划和整体布局的谋划更加全面、更加协调、更加均衡,表明我们对中国特色社会主义发展规律的认识和运用更加深入、更加科学,反映了我们党对执政规律、执政能力、执政方略、执政方式新的认识成果。这对推进建设中国特色社会主义、实现中华民族伟大复兴具有里程碑的意义。

中央重大战略思想着眼于构建和谐社会和促进经济社会又好又快发展,积极创新发展方式,强调发展为了人民群众、发展依靠人民群众、发展成果由人民群众共享,注重发展的协调性、科学性与和谐性,形成了以人为本、全面、协调、可持续发展的思想,并贯穿到所有发展战略、发展过程、发展任务、发展举措中。要求统筹兼顾、协调发展,提出了"五个统筹"的发展要求,强调统筹城乡发展、统筹区域发展、统筹经济社会发展、统筹人与自然和谐发展、统筹国内发展和对外开放;强调工业反哺农业、城市支持农村,推进西部大开发、振兴东北地区等老工业基地,促进中部地区崛起,鼓励东部地区率先发展,形成以东带西、东中西互动、优势互补、相互促进、共同发展的区域发展格局;促进生产力和生产关系、经济基础和上层建筑相适应,经济发展与人口、资源、环境相协调,经济、政治、文化、社会各个环节、各个方面相一致,经济总量、经济结构、人与自然、国内经济与对外经济相平衡,使科学发展、协调发展、和谐发展思想覆盖发展各个层面,走生产发展、生活富裕、生态良好的文明发展道路。中央重大战略思想从发展社会事业、促进社会公平正义、建设和谐文化、完善社会管理、增强社会创造活力等方面,对构建社会主义和谐社会作出了重要部署。明确要坚持协调发展、扎实推进社会主义新农村建设,落实区域发展总体战略,实施积极的就业政策,坚持教育优先发展,加强医疗卫生服务,加快发展文化事业和文化产业,加强环境治理保护;加强制度建设、保障社会公平正义,完善民主权利保障制度、法律制度、司法体制机制、公共财政制度、收入分配制度、社会保障制度;建设和谐文化、巩固社会和谐的思想道德基础,建设社会主义核心价值体系,树立社会主义荣辱观,培育文明道德风尚,营造积极健康的思想舆论氛围,广泛开展和谐创建活动;完善社会管理、保持社会安定有序,建设服务型政府,推进社区建设,健全社会组织,统筹协调各方面利益关系,完善应急管理体制机制,加强安全生产,加强社会治安综合治理,加强国家安全工作和国防建设;激发社会活力、增进社会团结和睦,发挥人民群众的首创精神,巩固和壮大最广泛的爱国统一战线,维护香港、澳门长期繁荣稳定,推进祖国统一大业,坚持走和平发展道路。

3. 社会主义方略论创新的重大现实意义

中央重大战略思想对社会主义方略论的创新,进一步明确了对我国社会结构矛盾、中国特色社会主义建设思路和发展重点的认识。中央提出的社会主义发展方略,从社会动力、社会发展、社会进步层面进一步丰富发展了中国特色社会主义理论体系,解答了社会主义的价值取向和发展方式问题,发展完善了社会主义社会平衡机制和动力机制。社会主义方略论的创新,把治国理政的视野拓展到社会各个方面,运用经济、法律、行政、政策和道德等手段,统筹各种社会资源,综合解决社会协调发展、社会全面进步的问题,为我们从更广阔的视野来审视和处理现代化建设的各种问题提供了新的更为完整、更加科学的坐标体系,在中国特色社会主义的实践中,社会结构的核心是由不同利益划分的阶层(包括知识分子在内的工人阶级和广大农民,及在社会变革中出现的新的社会阶层)形成的社会阶层结构,矛盾表现形式是人民内部矛盾,当前我国面临的各种不和谐现象,更多地表现为不同阶层、不同群体利益之间的结构性矛盾。党中央提出的构建社会主义和谐社会的各项发展方略,是化解各种社会结构矛盾的良方,深化了对社会结构矛盾的理解。要求我们科学分析影响社会和谐的矛盾和问题及其产生的原因,以社会主义方略论为指导,积极主动地正视社会结构矛盾、探索化解社会结构矛盾的科学思路和方法,最大限度地增加和谐因素、减少不和谐因素,努力形成适应社会结构矛盾发展变化的新型社会治理模式,形成全体人民各尽所能、各得其所而又和谐相处的局面。

兵团三十年改革实践的重大启示

历史上被称为"计划经济航母"的新疆生产建设兵团(下称兵团),在市场经济大潮扑面而来的时候之所以能够成功转向,在驶入市场经济海洋之后之所以能够在实践中迅速掌握市场海洋的习性并逐步适应它的潮起潮落,到今天能够扬帆出海,一路乘风破浪凯歌高奏,一个重要原因就是兵团坚定不移地推行改革、不失时机地深化改革并且始终坚持改革的正确方向不动摇。深刻认识并科学总结兵团改革开放的历史经验,对于在新世纪进一步解放思想,在新的历史条件下不断深化改革开放,更好地适应经济全球化的发展趋势、应对来自各个方面的风险和挑战,更好地处理"三大关系"[1]尤其是兵团特殊管理体制与市场机制的关系,更好地发挥建设大军、中流砥柱和铜墙铁壁"三大作用"[2],实现兵团党委提出的率先在西北地区实现全面建设小康社会的奋斗目标,无疑具有巨大的启示和借鉴意义。

---

[1] 指屯垦与戍边、特殊管理体制与市场机制、兵团与地方这"三大关系"。这是胡锦涛同志2006年9月视察新疆时要求兵团处理好的关系。转引自《屯垦戍边理论热点面对面》,新疆生产建设兵团出版社2008年6月版,第89页。

[2] 具体指推动改革发展、促进社会进步的建设大军作用,增进民族团结、确保社会稳定的中流砥柱作用,巩固西北边防、维护祖国统一的铜墙铁壁作用。这是胡锦涛同志2006年9月视察新疆时对兵团提出的希望。转引自《屯垦戍边理论热点面对面》,新疆生产建设兵团出版社2008年6月,第68页。

一、必须把中国特色社会主义理论体系以及中央关于兵团工作的指示精神作为行动指南,这是兵团改革坚持正确方向并取得成功的根本保证

实践中行动的自觉源于思想的明确,而思想上的明确源于理论上的清醒和坚定。改革初期在没有现成经验可以借鉴的情况下我们也曾"摸着石头过河",但那是不得已而为之。改革是一项牵动全局而又影响深远的社会实践,离不开科学理论的引航指路。尤其是在实行特殊体制的兵团实行改革,更是一项前无古人的事业,所遇到的特殊困难和矛盾就更多,更加需要科学理论的导航。在这方面我们有教训,兵团改革的不同时期,时常伴随着要不要改革、怎样改革的争论,也不是没有走过任何弯路,如果没有中国特色社会主义理论体系指导和中央关于兵团工作的指示精神为指导,兵团的改革是不可能卓有成效地稳步推进的。

我们党在领导 30 年改革的实践中,形成了一系列被实践证明是完全正确和极其重要的改革思想,包括强调改革开放是党带领人民进行的新的伟大革命的"改革性质论",强调改革目的是解放和发展社会生产力、建设和发展中国特色社会主义、确保党始终走在时代前列的"改革目的论",强调改革包括经济体制、政治体制、文化体制、社会体制、党的体制等方面内容的"改革具体目标论",强调改革要立足基本国情、着眼国际国内形势变化、把握改革规律的"改革思想方法论",强调改革是几代中国共产党人带领人民不断深化和接力推进的"改革进程论",强调改革符合党心民心、顺应时代潮流,方向和道路完全正确,成效和功绩不容否定,停顿和倒退没有出路的"改革决心论",由十七大报告概括的"十个结合"所体现的"改革经验论"等。这些都是中国特色社会主义理论体系的有机组成部分,体现了我们党运用科学发展观对 30 年改革实践的科学总结,体现了改革发展的一般规律,也是兵团今后推进改革仍然需要始终遵

循的指导原则。在兵团半个多世纪的发展中,党的三代领导集体和以胡锦涛同志为总书记的党中央历代中央领导集体主要成员从国家改革战略全局的高度,对兵团改革开放给予了高度重视和系统指导,形成了一脉相承又与时俱进的屯垦戍边的战略方针和政策措施。邓小平在恢复兵团时指出,"新疆生产建设兵团,就是现在的农垦部队,是稳定新疆的核心"①,兵团"组织形式与军垦农场不同,任务还是党政军结合"②,为兵团的改革指明了方向;江泽民指出"把兵团屯田戍边的工作放到新疆历史的长河中,放到当前国际国内形势发展变化中,放到新疆稳定和发展的大局中考察,其深远意义可以看得更加清楚"③,着眼于在新的历史条件下"更好地担负起屯垦戍边的历史使命"而推进改革,使兵团在新的历史时期成为"生产建设的模范、安定团结的模范、民族团结的模范,以及稳定新疆和巩固边防的模范"④。胡锦涛总书记要求兵团新时期要处理好屯垦和戍边、特殊管理体制和市场机制、兵团和地方"三个重大关系","更好地发挥推动改革发展、促进社会进步的建设大军作用,增进民族团结、确保社会稳定的中流砥柱作用,巩固西北边防、维护祖国统一的铜墙铁壁作用",这些指示是党中央关于兵团工作的新要求,体现了我们党对屯垦戍边改革发展的规律性认识,指出了兵团进一步深化改革的着力点和着眼点,对兵团的改革具有直接的指导作用。30 年来,兵团人始终把兵团建设和发展放在新疆这个特定的大环境中,自觉把这些重要的战略思想作为改革的根本指导原则,准确把握和处理好屯垦戍边实践中服从国家大局需要与按经济规律办事的关系,准确把握和处理好履行屯垦戍边使命的内在需要与适应市场经济及开放型经济普遍要求的关系,始终着眼于更好地发挥"三大作用"制定方案、推动工作,确立改革

---

① 引自《王恩茂同志关于新疆生产建设兵团工作的讲话》第80 页,中共新疆生产建设兵团委员会办公厅编。
② 引自谢高忠《铁流挥戈五千里》,新疆人民出版社 1994 年版,第 17 页。
③ 《党的文献》2004 年第 6 期第 6 页,中央文献研究室编。
④ 《党的文献》2004 年第 6 期第 7 页,中央文献研究室编。

发展的着力点,明确改革的方向,坚定改革的决心,形成新的改革思路和卓有成效的改革举措,同时又用发挥"三大作用"的实绩来检验改革的成效,使兵团克服了改革发展中的巨大困难,完成了党政军企合一的特殊组织形式与市场经济的接轨,保证了屯垦戍边事业在改革开放新时代不断取得新的成绩。

二、必须打破一切习惯势力和主观偏见的束缚,在解放思想中统一思想,这是推进兵团改革的强大动力

改革是一种打破习惯势力、主观偏见或者错误观念的约束、使主观与客观相符合特别是与变化了的客观实际相符合的过程,更是一种自我反思、自我否定从而实现自我发展自我完善的过程。在实践中兵团重点抓住四个关键问题,实现了思想上的飞跃。一是按照"三个解放出来"(即自觉地把我们的思想认识从不合时宜的观念、做法和体制中解放出来,从对马克思主义的错误的和教条式的理解中解放出来,从主观主义和形而上学的桎梏中解放出来的)的思想,要求兵团全体干部职工要做到"四个抛弃",即要抛弃那些对兵团不正确甚至是教条式的理解,抛弃那些对兵团不科学甚至是扭曲的认识,抛弃那些停滞不前甚至僵化的观点,抛弃那些认为兵团的体制机制与应市场经济不能结合甚至将其对立起来的错误做法。在强调"抛弃对兵团不正确甚至教条式的理解"的时候,要求人们抛弃对兵团党政军企合一的特殊体制和担负的屯垦戍边特殊使命教条化的认识,认真解决好团办企事业单位和团场干部职工吃团场大锅饭的问题,杜绝"生之者寡,食之者众"等不符合科学发展的要求、增加团场职工负担的现象;在强调"抛弃对兵团不科学甚至扭曲的认识"的时候,要求人们抛弃脱离兵团实际、贪大求洋、盲目决策的错误做法,认真解决好团场面临的现实困难,把精力放在挖掘潜力、科学管理上;在强调"抛弃停滞不前甚至僵化的观点"的时候,要求人们抛弃对兵团农业现代化的故步自封、满足现状、不求进取的思想,认真解决好团场在调整农业内部结

构、转变发展方式上力度不大、措施不多、不愿意跳出农业去发展二三产业的问题，积极主动开辟农场增收的新渠道；在强调"抛弃认为兵团特殊体制和市场机制不能结合甚至将其对立起来的错误做法"的时候，要求人们抛弃在团场体制机制创新上满足现状、浅尝辄止、不求深入的做法，按照胡锦涛总书记认真处理好"三个重大关系"特别是特殊管理体制和市场机制的关系的要求，解决习惯于主要靠行政计划配置团场资源、落实团场基本经营制度不力等突出问题，建立依托市场、依靠服务加快团场改革发展的长效机制。二是在改革中认识到，思想是否真正解放以及解放的程度，绝不是看其主观夸张的程度，而是看其的言行符合实际的程度，符合实际才是思想统一的目标，具体讲就是要把思想统一到党的思想理论和路线方针以及中央和各级党委的中心工作上去，当前最重要的，就是要用中国特色社会主义理论体系武装头脑，要把思想统一到科学发展观和胡锦涛同志关于兵团工作的重要讲话的要求上来，统一到中央关于国际局势的重要判断和重大决策上来，统一到中央和兵团党委对兵团工作的总体要求和战略部署上来，不断提高贯彻和实践科学发展观的自觉性坚定性。三是明确深化改革是与兵团事业的发展相伴随的，体现在兵团发展的方方面面，不可能一蹴而就，也不可能一劳永逸，新的改革实践必然提出许多需要解决的新问题；因而，解放思想可以说是一个永无止境的过程。四是认识到，解放思想不是简单的否定，而是一种辩证的否定或扬弃，是一种自我改革、自我扬弃的过程。新的实践和新的发展要求我们与时俱进，同时党的本质、兵团事业的本质要求我们必须守住根本的东西，比如坚持中国特色的社会主义的本质属性，牢记全心全意为人民服务的宗旨，履行好屯垦戍边的使命，发挥好建设大军、中流砥柱和铜墙铁壁三大作用，处理好屯垦和戍边、特殊管理体制和市场机制、兵团和地方三大关系等，如果忘记这些，就丢掉了根本，这就是解放思想的底线，是不可以突破的。只有抓住这些根本，才能推动兵团改革事业不断朝着正确的方向发展。

三、必须遵循屯垦戍边事业固有的客观规律深化改革,这是兵团改革顺利推进的有效途径

任何事物都有其自身发展的规律,唯有依照事物固有的规律去解决问题,才能取得好的效果。兵团党委遵循屯垦戍边事业内在的客观规律深化改革,主要表现在遵循政治规律和遵循经济规律两个方面。

遵循屯垦戍边的政治规律,主要注意把握了三个问题:一是始终把握屯垦戍边事业发展的正确方向。兵团人深深懂得,组建兵团是党中央治国安邦的战略决策和一个重大举措,党和人民的需要就是兵团改革的方向,新疆各族群众的愿望就是兵团改革的价值所在。因此,我们在改革的实践中始终坚持把发挥建设大军、中流砥柱和铜墙铁壁作用作为根本方向,始终坚持把职工群众作为屯垦戍边的主力军和根本依靠力量。二是改革始终把握屯垦戍边事业的重点。兵团人自觉地把兵团特殊性放在新疆特殊性这个大背景中去认识,把握和处理好兵团管理体制特殊性和市场机制普遍性的关系、在屯垦戍边实践中服从国家大局与按经济规律办事的关系、坚持特殊管理体制不能变和适应社会主义市场经济必须变的关系,把处理好"三大关系"特别是特殊体制和市场机制的关系作为兵团发展的重点,探索在社会主义市场经济中调动发挥兵团、团场和职工积极性的新的经营管理制度。三是改革始终把握屯垦戍边事业的发展特色。兵团人清醒地认识到,兵团事业是一项不断发展变化和充满生机活力的新兴事业,特别是随着改革开放的深入,兵团在履行屯垦戍边使命、维护祖国最高利益和中华民族根本利益不变的前提下,各个方面都在不断发展变化,兵团的改革一定要体现兵团事业与时俱进的特色,用屯垦戍边理论创新引领兵团各方面创新,不断赋予屯垦戍边理论新的实践特色和时代特色。

遵循屯垦戍边事业的经济规律主要体现在兵团人遵循从易到难的规模稳步推进改革。在1979年改革之初,由于当时处于典型的计划经济甚

至是准军事化状态,人们的思想处于一种僵化或半僵化状态,基本上不能接受市场经济的观念,不具备全面彻底实行改革的氛围,我们只能在农牧团场实行"财务包干"和"定包奖"责任制,重点解决企业和团场吃国家"大锅饭"的问题。到1983开始在农牧团场推行以"一主两翼"为主要内容的改革,逐步建立大农场套小农场、统分结合的双层经营体制。在此基础上,到1988年兵团先后在工交建商企业和农牧团场推行了承包经营责任制,同时在企业内部加大了劳动、人事和分配三项制度改革的力度,有力地促进了企业内部机制的转换。随着改革的逐步深化,1993年以后兵团党委把兵团经济体制改革由简政放权的一般政策性调整,转入以建立现代企业制度和社会主义市场经济新体制为目标的制度创新,兵团进入了以建立社会主义市场经济新体制为目标改革阶段。进入新世纪,兵团党委制定和出台了以"固定、自主、服务、分配"为核心内容的深化农牧团场改革文件。以贯彻兵团党委《关于深化团场改革意见》和《关于加快兵团国有企业改革和发展的意见》为主要标志的深化农牧团场改革和工交建商企业配套改革,使兵团各项改革进入历史性突破的新阶段。这一阶段的深化改革实质性地涉及了过去一直未能很好解决的体制太计划、管理太集中、结构太单一、机制太死板等一些深层次问题,推动兵团经济进入了稳步、快速、健康发展的轨道。有些难度较大的改革,如果放在改革之初来进行,成功的可能性极为渺茫,但是当我们依照先易后难的策略,当环境与条件具备和有利时,便不失时机加大改革的力度;当环境与条件变化而于改革不利时,就及时调整改革步伐,一步步把兵团的改革引向"深水区"。原本难的问题变得相对容易了,原本成功希望不大的事情现在变得比较可能成功了,原本难以推进的工作变得比较容易推进了。随着难题逐步破解,随着改革连续不断取得成效,也使得各方面的人甚至包括原本对改革持怀疑态度甚至是持反对态度的人,对改革的态度也发生了变化,改革信心大大增强,减少了改革的阻力,降低了转型的痛苦和成本,提高了改革成功的可能性。

四、必须立足兵团的实际制定改革方案和出台改革措施，这是兵团实行改革的客观依据

兵团的特殊体制机制之所以能够在市场经济的条件下长期存在，是因为它符合新疆的实际需要，符合党中央治国安邦的战略需要。从这个意义上说，兵团的改革必须从兵团的实际出发，兵团全部改革的答案只能从兵团的实际中去寻找，任何脱离兵团实际的改革是不可能成功的。

经过三十年的改革，虽然兵团在各个方面已经发生了不小的变化，但兵团处于社会主义初级阶段的不发达阶段这个事实没有变，贯穿这一阶段的主要矛盾是人民群众日益增长的物质文化需要同落后的社会生产力之间的矛盾没有变。这就决定了兵团改革中出现的一些问题、矛盾和冲突是发展中的、非对抗性的、体制内的，比如我们的经济结构还不十分合理、改革措施不完全到位、我们的能力还不完全适应市场经济发展的需要，这些应当也可以通过创新机制、改革体制、完善制度等来解决。为确保所制定的各项改革措施的正确性，确保改革的有效性，就必须一切从兵团的这些实际出发。兵团党委主要负责同志指出，兵团与地方相比较有共性之处，并将其归纳为"六个一样"，但兵团也有其区别于地方的个性，又将其归纳为"六个不一样"，这就是兵团存在的特殊性。从兵团实际出发，就是要深入了解新疆民族宗教及社会发展和兵团发展的历史，把握新疆稳定发展面临的新形势新特点，把握兵团事业发展的阶段性特征，就是要深刻理解兵团的这些共性与个性，从而更加深入地理解兵团的性质、地位、作用和任务，弄清楚兵团所处的环境特点、兵团发展的优势和制约因素所在。这就要求我们的改革必须以改革发展的实质问题和兵团党委的重大决策为中心，着眼于党的屯垦戍边理论的运用，着眼于兵团实际问题的理论思考，着眼于兵团新的实践和新的发展。当兵团在改革中出现了某些具体举措的失误的时候，有人不加分析地归咎于兵团特殊体制与市场经济之间的矛盾和改革带来的结果，因而对改革产生不理解甚至是困

惑。其实这些矛盾和问题的存在,不是因为改革才产生,而是因为改革没有从兵团的实际出发造成的。

兵团的改革历程表明,一切从兵团实际出发,需要做到"三个正确对待":一是正确对待上级指示。上级在对其管辖领域和范围进行调查研究后提出的指导性原则,具有普遍指导意义,我们要认真学习、深刻领会、坚决贯彻执行。但涉及兵团的具体情况的时候,必须善于将上级指示与兵团的实际情况相结合,创造性地开展工作。二是要正确对待外界的经验。要以开放的心态和宽广的眼界,重视对外地改革的措施办法、成功经验和成果的了解、学习、研究和借鉴。但对外界的成功经验,我们既不能盲目排斥,也不能盲目地崇拜并简单地照抄照搬。一定要对兵团有用、有利、有效,具有启示和借鉴作用,能促进兵团的改革、发展和稳定,经过实践证明有实际效果。如果对兵团的改革毫无启示和借鉴意义,就不能生搬硬套。同时,我们还要以兵团的经验充实、丰富和发展它。三是要正确对待兵团过去的成功经验。在长期的改革实践中我们积累了一些成功的经验,这些经验在已往特定的条件下是行之有效的,随着新的实践的发展和环境的变化,其中某些经验可能已经不完全或者完全不适用已经变化的情况,不能把自己过去的认识和做法当成一成不变的真理,必须对过去的经验进行鉴别,区分哪些可以借鉴,哪些已经过时,绝不能囫囵吞枣,否则,就可能犯经验主义的错误。

五、必须着眼于更好地发挥"三大作用",从维护国家利益的战略高度推进改革,这是兵团改革最根本的价值取向

兵团是履行党和国家赋予的屯垦戍边使命的特殊社会组织,着眼国家的长治久安和新疆的长远发展,这是兵团处理各种问题的根本依据和根本立足点。遵循这种战略思维推进改革,要认真把握好几种情况:第一,要深刻理解兵团利益与国家利益的根本一致性。兵团没有自己的特殊利益,完全是为了共和国的最高利益和中华民族的根本利益而存在而

发展。中央肯定兵团是稳定新疆的核心,指出兵团是党中央治国安邦战略中的重要棋子,要求兵团发挥好"三大作用"、处理好"三大关系"。兵团在维护国家利益中所处的地位和所发挥的作用,决定了兵团与国家利益无论是从眼前还是从长远看,在本质上都具有完全的一致性,凡属这一类既有利于维护国家利益又有利于兵团发展的改革是需要我们全力推进的方面。第二,由于兵团作为国家改革发展总体战略的一个局部,在特定的历史时期和一定的历史条件下,国家的长远发展要求兵团暂时作出局部付出甚至是牺牲,凡属这一类改革也是需要我们毫不犹豫地加以推进的,兵团精神强调的"无私奉献"讲的就是这个问题。第三,由于兵团自身的特殊性,决定了兵团在特定的时间和条件下不可避免地具有其局部利益,有时从兵团这个局部看或者从眼前看,可以实现一时的发展,但不一定利于国家的长远发展,如过去有人提到的过度开发的问题,涉及这一类问题的改革,需要从大局和战略的高度加以判断,毫不犹豫地放弃一些局部利益而赢得国家全局的更好发展。第四,对于既不利于国家全局利益,又有碍兵团自身发展的事情,如过去兵团体制的撤销之类的事情,必须坚决避免。

兵团的改革必须从这样的立足点和这样的战略高度去推进。兵团不改革肯定不行,但无论怎样变,兵团的性质、任务和作用不能变,必须把发挥好"三大作用"作为兵团的立身之本、兴业之基、发展之途、力量之源,作为兵团人永远高举的旗帜;在这个前提下对管理体制、经营机制以及履行职能的方式进行改革和完善。兵团出台的《关于深化兵团农牧团场改革的意见》、《关于加快兵团工交建商企业改革和发展的意见》和《关于进一步完善"1+3"文件若干政策的补充意见》,提出以建设屯垦戍边新型团场为目标,以完善团场基本经营制度为重点的改革思路和目标框架,以改革体制机制为切入点和着力点,坚决改革不适应屯垦戍边事业发展新需要、长期制约兵团经济社会发展的体制机制,从根本上解决长期积累的深层次矛盾和问题,努力形成有利于发挥"三大作用"的发展方式、能够更好地履行屯垦戍边使命的体制机制,这些重大改革思路和措施都是从兵团实际出发制定的。衡量兵团的改革是否科学可行,是否富有实际成效,既要看对兵团自身的发展,更要看是否有利于维护国家和最高利益和中华民族的根本利益。改革思想的提出,改革政策的制定,改革措施的实施,都必须站在国家长治久安的战略高度去认识去行动,这是兵团人讲政治最集中最重要的体现。

六、必须正确处理改革发展稳定三者的关系,这是兵团改革应当始终坚持的基本原则

改革、发展与稳定是全面推进兵团屯垦戍边事业中必须处理好的几个重要方面,要在社会政治稳定中推进改革、发展,在改革、发展中实现社会政治稳定。有的人对于这三者的关系常常产生一些误解,有的人赞成发展,是因为他们并不能理解发展的终极目标,而仅仅把发展与个人利益上的获得联系在一起,有的人之所以在某些范围内不赞成改革,也是因为他们不能正确理解改革在最深层次上的含义,而是把改革与自己个人利益的丧失联系在一起,有人有保留地赞成稳定,还是因为他们片面理解了稳定与改革发展的统一性从而夸大了稳定与改革发展对立性。

正确处理三者的关系,要把握好改革的力度。改革是保持兵团事业具有强大生命力的法宝,也是解决兵团一切问题的希望,但是改革涉及人们权力和利益的再分配,必然要对人们的思想、行为及生活产生重大的影响,因而改革必然存在风险。改革初期各单位都采取放权让利的办法,也就是人们常说的"普遍做加法"的改革方式。但发展到今天,出台一项改革措施,有人做了加法,也有人暂时因利益损失而做了"减法"。因此,这就需要在实践中把握好改革的力度,它要求我们的改革必须有利于兵团经济社会的健康发展,有利于兵团前进中矛盾问题的根本解决,有利于与市场经济相适应的体制机制的建立,有利于涉及兵团职工根本利益问题的解决。改革绝对不能偏离更不能背离这些重要的原则,当改革的力度不足或过大而与上述原则出现矛盾的时候,就必须对改革的力度进行调

整。要把这个思想落实到兵团实践的各个环节,既要毫不动摇地坚持改革方向,又要提高改革决策的科学性,增强改革措施的协调性。

正确处理三者的关系,要把握好发展的速度。就像有人提出的"骑自行车原理"一样,自行车骑得过快,栽跟头的可能性就加大,但是如果骑得过慢或者干脆不动,自行车最终还是会倒下来,改革也是这个道理,只有保持一个合适的速度,才能稳步前进而不摔倒。发展是不断增强兵团综合实力和竞争力的最有效办法,兵团前进中出现的各种问题只能通过加快发展来解决,任何停滞不前或者急躁冒进从来没有成功的先例。在稳定中推进改革,在稳定中寻求发展,在发展中寻求稳定,在发展的基础上推进新一轮的改革,这是极为重要的经验。以往我们既有急躁冒进方面失误,也有改革滞后方面的教训。因此,我们既不能头脑发热,急躁冒进,也不能满足现状,不思进取。判断发展的速度是否合适,就是要看它是否有利于维护安定团结的局面,是否有利于今后进一步深化改革加快发展,是否能够实现以人为本、全面协调可持续的科学发展,能否实现各方面事业有机统一、社会成员团结和睦的和谐发展,能否在发展中统筹好个人利益和集体利益、局部利益和整体利益、当前利益和长远利益,确保在稳定中健康发展。

正确处理三者的关系,要把握好社会可承受的程度。稳定是压倒一切的头等大事,没有安定团结的政治局面,不可能搞建设,更不可能成功地推进改革。因此,在推进改革时,要十分注意把握改革方案出台的时机和社会可以承受的程度。这些年来兵团十分注重做好稳定内部、稳定边防和稳定社会的工作,最大限度地调动一切积极因素,为改革发展营造了良好的环境。当然,我们要求的稳定不是那种一成不变的一潭死水,而是充满生机活力、有利于解放思想、推进改革、促进发展的生动活泼的局面,要在稳定社会、促进社会整合、缓解社会矛盾、避免社会失序的前提下推进改革与发展。

正确处理三者的关系,要找准三者的结合点,这就是实现好、维护好、发展好职工群众的利益。民生状况改善的程度,是衡量改革发展稳定三者是否有效实现一体化的一个关键因素。民生基本状况是改革发展稳定的基本目的,民生状况改善得不快或者得不到根本的改善,会在一定程度上抵消改革发展稳定的成果。改革、发展、稳定这三者有机而辩证地统一起来并形成良性互促,这是兵团改革顺利推进并取得成效的重要基础。

七、必须把职工群众作为兵团发展的主力军和根本依靠力量,这是兵团改革必须遵循的根本宗旨。

群众观点是马克思主义的基本观点,如何对待群众,是一个根本的立场问题。在兵团改革中坚持党的群众观点,就要坚持在改革的方向、改革的动力、改革得失的判断、改革的目的上都要把广大职工群众作为主体,做到改革为了职工群众、改革依靠职工群众,改革成效取决于职工群众,改革成果由职工群众共享。改革越深化,越要正确认识和处理各种利益关系,把最广大人民群众的根本利益实现好、维护好、发展好,只有这样,兵团的改革才能始终获得最广泛最可靠的群众基础和力量源泉。

要坚持把职工群众的根本利益作为改革的出发点和归宿。兵团的改革具有经济、政治、文化和社会多重目标,但从本质上讲,我们推进改革的全部任务就是带领人民实现自己的根本利益。因此在改革指导思想上要把实现好、维护好、发展好最广大人民的根本利益作为出发点和归宿,在决策上要以大多数群众是否受益为依据,在工作中要把大多数群众关心的热点难点作为重点,在作风上要保持与群众的紧密联系,及时体察群众的疾苦。要避免改革中见物不见人的倾向,彻底摒弃为发展而发展、片面追求增值速度和积聚规模最后导致偏离甚至背离职工根本需要的做法,真正树立以民为根、以民为本、以民为天的思想,把实现最广大职工的经济、政治、文化和社会利益作为兵团发展的终极目标。

要坚持把职工群众作为兵团事业的根本依靠力量。在根本上依靠谁却是区别真假马克思主义的一个分水岭。职工群众是兵团改革的主力军和力量的源泉,一切改革的课题只能根据职工群众的利益和需要提出,所有改革中的难题最终要由职工群众去破解,改革中最困难的堡垒必然依靠职工群众而突破。必须始终坚持党的一切相信群众、一切依靠群众,从群众中来、到群众中去的群众路线,尊重职工群众的创造,倾听职工群众的呼声,反映职工群众的意愿,集中职工群众的智慧和力量去推进兵团的改革事业。

要坚持由职工群众评判兵团改革的得失。兵团改革从本质上讲是职工群众自己的事业、是依靠职工群众推进的事业、是为了职工群众的事业,改革是非得失之处职工群众最清楚,他们积极性发挥了没有、发挥得怎样自己最明白,他们利益实现的程度自己最有发言权。兵团改革思路是否正确、举措是否得当、结果是否圆满,不是少数精英说了算,只能由广大职工群众判定,也就是邓小平同志反复强调的人民拥护不拥护、人民赞成不赞成、人民高兴不高兴、人民答应不答应。职工群众对兵团改革是非得失的判断权,是没有人能够代替行使的。

要坚持让广大职工群众共享兵团改革的成果。在利益结构日益多元化的情况下,尤其要坚持多数人利益最大化的原则,这是党领导改革的合法性来源之所在。要让广大职工群众共享经济改革的成果。把致富的权利与机会应该给予兵团每一个人,而不能只是少数人的特权。通过发展增加社会物质财富,逐步提高居民收入在国民收入分配中的比重,提高劳动报酬在初次分配中的比重,创造条件让更多职工群众拥有财产性收入、不断改善职工生活,保护合法收入、调节过高收入、取缔非法收入,使兵团大多数人能够受益,而不是只少数人或某些利益群体受益;要让广大职工群众共享政治体制改革的成果。在政治上扩大人民民主,保证职工群众当家做主,特别是发展基层民主,保障职工群众享有更多更切实的民主权利;要让广大职工群众共享社会领域改革的成果。着力保障和改善民生,推进社会体制改革,扩大公共服务,完善社会管理,促进社会公平正义,努力使兵团所有人学有所教、劳有所得、病有所医、老有所养、住有所居,推动建设和谐兵团;要让广大职工群众共享文化体制改革的成果。不断提高全民族文明素质,建立覆盖全兵团的公共文化服务体系,不断提高文化产业占国民经济比重,创造出更多的适应职工群众需要的文化产品。改革越深化,越要正确认识和处理各种利益关系,把个人利益与集体利益、局部利益与整体利益、当前利益与长远利益正确地统一和结合起来,把最广大人民群众的切身利益实现好、维护好、发展好,只有这样,兵团的改革才能始终获得最广泛最可靠的群众基础和力量源泉。

兵团三十年改革成效斐然,站在新的历史起点上,兵团人深感责任重大、任务艰巨、使命光荣。胡锦涛总书记视察新疆的讲话阐明了党中央对兵团工作的新要求,体现了以科学发展观指导屯垦戍边实践的新精神。我们要把更好地发挥"三大作用作为兵团高举中国特色社会主义伟大旗帜、贯彻落实党的十七大精神的立足点,作为兵团的核心价值追求和引领兵团人团结奋斗的共同思想基础,紧紧围绕更好地发挥"三大作用"来研究问题、谋划发展、推进工作,用发挥"三大作用"的实绩来检验兵团改革发展和各项工作的成效,不断提高领导屯垦戍边事业的能力和水平,把屯垦戍边事业不断推向前进。

在屯垦戍边新实践中体现
共产党员的先进性

　　新疆生产建设兵团(以下简称"兵团")执行着党和国家赋予的屯垦戍边使命,这一使命要求兵团更充分地体现共产党员的先进性、更充分地发挥共产党员的先锋模范作用。如何把共产党员先进性与现阶段屯垦戍边历史任务统一起来? 如何在屯垦戍边实践中更充分地体现共产党员先进性? 这是兵团开展先进性教育活动的重要课题。兵团党委从兵团所处的历史方位和社会环境、从兵团肩负的使命和兵团自身状况出发,着眼于屯垦戍边能力的提高,着眼于屯垦戍边实力的增强,着眼于屯垦戍边目标的实现,把建设屯垦戍边新型团场作为先进性教育活动的主题,极大地增强了广大党员屯垦戍边的责任感和使命感,使建设屯垦戍边新型团场成为广大党员的自觉行动。

一、引导广大党员深刻领会发展党的边疆事业与履行屯垦戍边使命之间的内在联系,使先进性教育活动的过程成为准确把握屯垦戍边目标的过程。

　　屯垦戍边事业是党的边疆事业的重要组成部分,兵团共产党员的先进性也必然在屯垦戍边实践中得到体现。在先进性教育活动中,我们把准确理解新形势下屯垦戍边事业的发展目标,作为开展大讨论的主要内容。一是深化了屯垦戍边事业发展目标与党的边疆事业发展目标内在一致性的认识。党的边疆事业发展目标,包括边疆地区政治、经济、科技、文化、社会等各项事业目标。屯垦戍边事业既是党的边疆事业的重要内容,又关系到边疆地区政治、经济、科技、文化、社会等各项事业的发展。对于兵团人来讲,屯垦戍边事业发展目标的实现过程,就是党的边疆事业发展目标在屯垦戍边这个重要领域、在兵团这个特殊组织中得到具体化和贯彻落实的过程。兵团事业的发展目标与党的边疆事业的紧密联系体现在:兵团不是为了自身利益而存在的,而是为了国家的最高利益和中华民族的根本利益而存在的,是为了完成党所赋予的神圣使命而存在的。只有站在党和国家利益的高度,才能准确认识和把握屯垦戍边事业的本质;只有充分体现党的先进性、发挥党员的先锋模范作用,才能不负党和国家的重托,真正履行好屯垦戍边的历史使命。二是深化了对屯垦戍边事业发展过程中具体目标的认识。屯垦戍边事业发展目标是一个综合性的目标体系。这个目标体系体现在经济上,是开发和建设边疆,以屯垦戍边、造福新疆各族人民为己任。半个多世纪以来,兵团按照"不与民争利"的原则,在天山南北两大沙漠的前沿,在绵延数千公里的边境线上,兴修水利,植树造林,防风固沙,建起一个个田陌连片、渠系纵横、林带成网、道路畅通的新绿洲,奠定了屯垦戍边的物质基础。体现在军事上,是坚持劳武结合,在抵御和打击境内外分裂势力的破坏、渗透活动,保卫祖国边疆的稳定和安全等方面,发挥了不可替代的特殊作用。20世纪60年代以来,兵团在数千公里的边防线上建立起边境团场带,在多个争议地区种"政治田"、放"主权牧",维护祖国的领土完整,被人们誉为"永不移动的生命界碑"。体现在政治上,是在做好自身稳定、不断巩固民族团结大好局面的同时,按照中央和自治区党委关于维护稳定工作的统一部署,对境内外分裂主义势力、极端宗教势力和暴力恐怖势力时刻保持高度警惕,确保在关键时刻拉得出、干得好、打得赢。兵团共产党员的先进性就是在完成这一个个具体目标的过程中体现出来的。三是深化了建设屯垦戍边新型团场目标与屯垦戍边事业之间关系的认识。

屯垦戍边事业的基础在基层,主要载体是团场,主力军是广大职工群众。团场建设是实现屯垦戍边事业发展目标的重心。在先进性教育活动中,兵团党委提出以"经济发展、生活富裕、场风文明、环境良好、管理科学"为主要内容的建设屯垦戍边新型团场的目标,这需要我们在实践中打赢一个又一个战役,完成一项又一项指标,克服一个又一个困难,创造一个又一个奇迹。为此,兵团党委在春节期间向农牧团场广大党员发出争做建设屯垦戍边新型团场模范倡议书,号召党员做带头增强团场综合实力,带头调整经济结构、发展优势经济,带头发展二三产业,带头提升团场经济发展水平和发展质量的模范。同时,兵团党委制定了包括经济、社会、可持续发展和生活质量在内的,以在西北地区率先实现全面建设小康社会为主要内容的"十一五"期间建设屯垦戍边新型团场的阶段性发展目标,提出到2010年兵团的生产总值达到560亿元,人均达到2400美元,城镇化水平达到50%以上。这些目标的实现,将在中国以至世界的屯垦史上写下辉煌的篇章。经过先进性教育活动大讨论,广大党员进一步理解了屯垦戍边事业的深刻内涵、发展方向和主要任务,增强了发展党的屯垦戍边事业的责任感和使命感。

二、引导广大党员把屯垦戍边实践从感性认识上升到理性认识,使先进性教育活动的过程成为形成屯垦戍边规律性认识的过程。

屯垦戍边实践是一个内容丰富、涉及领域众多、历史源远流长、同时代发展和人民群众利益紧密相关的复杂过程,对这一过程的本质的把握,需要随着时代的发展而发展,随着实践的深化而深化。在先进性教育活动中,我们着眼于以科学的世界观方法论分析屯垦戍边实践中遇到的新情况新问题,总结规律性的认识,推进当前的工作。一是引导党员提高对屯垦戍边一般规律性的认识。经过党员先进性大讨论,我们从中国长期的屯垦历史中,从中国共产党领导的屯垦实践中,特别是从新中国成立后兵团在新疆的屯垦戍边经历中,总结出一些带有规律性的认识,包括:必须把屯垦戍边工作放到历史发展的长河中,放到国际国内形势的发展变化中,放到全国稳定和发展的工作大局中加以观察;屯垦戍边的组织形式与当时政治经济发展状况、与当时政权组织的执政智慧具有内在的一致性;屯垦戍边的兴衰取决于中央政府的强弱,当国家经济发展、社会稳定、军事强大的时候,屯垦戍边事业就兴盛,当经济衰退、社会动荡、军力减弱的时候,屯垦戍边事业就发展缓慢甚至停滞;综合实力决定一切,有实力才能履行好职责、维护好稳定;等等。二是引导党员深化对党中央关于兵团工作一系列指示精神的理解。在先进性教育活动中,我们把中央关于兵团工作的一系列指示精神作为重要的学习讨论内容,作为党的路线方针政策在屯垦戍边实践中的具体运用和对我们工作的直接指导,分专题引导党员反复学习,不断深化理解。通过深入学习大家认识到:党的基本理论、基本路线、基本纲领、基本经验和中央各个时期关于新疆及兵团的一系列重要指示,是兵团事业胜利前进的行动指南;中央的高度重视和亲切关怀,自治区党委、自治区人民政府的正确领导和有力支持,是兵团事业发展壮大的根本保证;全国人民特别是新疆各族人民对兵团事业的充分理解和大力支持,是兵团事业富有生机活力的重要基础;兵团在加快发展、提高职工群众物质文化生活水平的同时,应多为各族人民办好事办实事,真正做到与新疆各族人民实现"边疆同守、资源共享、优势互补、共同繁荣";推动兵团各项事业全面健康的发展,履行好肩负的历史使命,关键在于加强党的建设、发挥党的领导核心作用;兵团精神始终是屯垦戍边综合实力的重要组成部分,对于促进发展、维护稳定、凝聚人心具有不可估量作用。三是引导党员在具体工作实践中运用这些规律性的认识指导自己的工作。在已往的屯垦戍边实践中,我们经历的和感觉到的东西不少,由于没有从理性的高度深刻地认识它们,或者很少从屯垦戍边规律的高度加以把握,因此在实践中屡遭挫折,兵团的体制一度被撤销就是一个沉痛的教训。在这次先进性教育活动中,我们把提高广大党员的理性思维和战略思维水平作为一个重要目标,引导党员从科学的世界观和方法论入手,把屯垦戍边实践上升到理性的高度加以认识,并且积极用规律性认识指导工作,提高工作的科学性和预见性。实践证明,这样做无论对提高党员素质,还是对进一步做好兵团各项工作,都有重要的促进作用。

三、引导广大党员认识屯垦戍边的丰富资源,使先进性教育活动的过程成为不断巩固和扩大屯垦戍边资源的过程。

屯垦戍边事业的发展离不开方方面面的支持,离不开对兵团内外各种屯垦戍边资源的充分调度和科学运用。兵团人在半个多世纪的实践中积累了丰富的屯垦戍边资源,保护好、开发好和使用好这些资源事关屯垦戍边事业的兴衰成败,也在一定程度上影响着党的先进性在屯垦戍边事业中的体现。

在先进性教育活动中,我们对此重点做了三个方面的努力。一是注重保护、扩大和使用好屯垦戍边的组织资源。兵团履行屯垦戍边使命,一刻也离不开高素质的职工队伍。我们在坚持屯垦戍边使命重于一切的同时,注重正确处理职工群众利益与团场利益、国家利益、民族利益的关系,最大限度地满足广大职工的利益要求。在先进性教育活动中,兵团以提高团场、企业职工的科技文化素质和岗位技能为主,广泛开展职工"绿色证书"培训和职业技能培训工作,普遍增强了职工的就业能力、创业能力和创新能力;从兵团所属高校、科研院所选派专业技术人才到团场担任科技副职,鼓励大中专毕业生到团场生产一线工作,壮大了团场基层人才队伍;在发展团场经济的同时,注重确保职工就业和稳定的收入来源,采取各种措施减轻职工负担,增加职工经济收入,保护了职工的积极性;注重加强基础设施建设,改善了职工的生产生活条件;注重加大对农业新科技、新技术的推广应用力度,减轻了职工劳动强度。这些措施,对于稳定和壮大屯垦戍边队伍产生了积极效应。二是注重巩固和运用好屯垦戍边的精神资源。兵团人在长期的实践中形成了以"热爱祖国、无私奉献、艰苦创业、开拓进取"为主要内涵的兵团精神。在先进性教育活动中,针对市场经济条件下经营活动追求利润最大化与兵团多数团场所处的不具备发展市场经济环境的矛盾,针对社会上"人向往高处"、追求舒适安逸的片面取向与屯垦戍边需要牺牲奉献的矛盾,针对兵团职工的政治、经济和社会地位与其所承担的使命不相适应从而导致一些人心理失衡的矛盾,我们开展了弘扬兵团精神的大讨论,对兵团精神的时代内涵、当代价值进行了深入探讨。通过讨论,大家达成了共识:在屯垦戍边实践中物质生产固然发挥着决定性作用,但精神活动也能够起到巨大的能动作用。过去兵团精神是我们战胜困难、夺取胜利的力量源泉,今天在一些领域和地方道德失范、是非界限混淆、极端个人主义抬头、腐败现象比较严重的情况下,兵团精神就显得更加珍贵;兵团精神不但没有成为历史,而是需要在新的实践中不断丰富和发扬光大。三是注重巩固和使用好兵团的历史资源。在先进性教育活动中,我们把兵团历史作为一项学习内容。兵团在半个多世纪的实践中,涌现了众多先进人物,创造了许多典型经验,这些历史资源,对于我们在新时期履行屯垦戍边的使命,具有积极的借鉴作用,我们十分珍惜它们,精心维护它们,科学使用它们,使之在新的实践中发挥最大效能。

四、引导广大党员把先进性教育活动激发出来的活力落实到推进屯垦戍边事业的实践中去,使先进性教育活动的过程成为不断增强屯垦戍边实力的过程。

先进性教育激发了广大党员发展屯垦戍边事业的极大热情和强大活力,怎样把这种热情和活力转化为屯垦戍边事业发展的强大动力,实现屯垦戍边事业的大发展,这是我们在先进性教育活动中一直关注和着力解决的重要问题。在先进性教育活动中,我们一是重点把握了为什么要壮大兵团实力这一问题。我们把"发展壮大兵团,致富职工群众"作为党委的主要工作目标,教育广大党员认识到,只有兵团实力增强了,才有能力完成党和国家赋予的神圣使命,才有能力应对西方敌对势力"西化"、"分化"新疆的图谋和"三股势力"的挑战，才有能力应对兵团事业发展中遇到的各种风险，也才有可能实现在西北地区率先进入全面小康社会的奋斗目标。同时，教育广大党员自觉从最广大职工的根本利益出发，团结带领职工群众实现加快发展，不断满足职工群众日益增长的物质文化需要，让发展的成果惠及全体职工。二是重点把握了靠谁壮大兵团实力这一问题。我们牢记兵团的基础在基层，兵团的载体是团场，职工群众是兵团发展的主力军。在先进性教育活动中教育广大党员牢固树立群众观点和群众意识，自觉把职工群众作为发展屯垦戍边事业的基本主体，把最广大职工的积极参与贯穿屯垦戍边事业发展的全过程，把最广大职工的满意度作为检验屯垦戍边事业发展成果的根本标准。引导党员通过自身的模范带头作用，密切党群关系，增强职工群众对党组织的信心和对党员的信任。兵团党委根据职工群众的迫切需要，提出建设"经济发展、生活富裕、场风文明、环境良好、管理民主"的屯垦戍边新型团场的发展目标，大力加强团场、连队经济建设、政治建设、文化建设、社会建设和党的建设，让职工群众切实感受到和享受到发展的成果，以此激励职工群众积极投身到屯垦戍边事业发展中来。根据一线职工队伍的变化，我们把为新职工排忧解难作为对党员先进性的重要要求，在广大党员中开展了以"进万家门、解万家难、暖万家心"为主要内容的保持共产党员先进性主题实践活动，初步建立了"一帮一"等对口帮扶的长效机制，增强了职工群众投身兵团事业的信心。三是重点把握了怎样壮大兵团实力这一问题。我们始终强调以发展经济为中心，同时注重政治文明建设、精神文明建设和和谐社会建设。在经济发展上，我们既重视经济总量的增长，也重视经济结构的优化、收入分配的改善、职工生活质量的提高以及经济制度和经济体制的完善。在兵团经济社会发展过程中，我们始终注重正确处理屯垦与戍边的关系，正确处理国家利益与兵团自身利益的关系，正确处理政治戍边与经济兴边的关系，既不固守过去在计划经济体制下行之有效但今天已经不合时宜的东西，也不忽视兵团的特点丢掉自身的传统优势。在市场经济大潮中奋力搏击的时候，不忘记保卫祖国、巩固边防、稳定新疆的神圣职责;在执行戍边任务的时候,不忘记我们的戍边是在市场经济条件下进行的,自觉按照市场经济的规则行事。我们尤其注重用发展的眼光、发展的思路和发展的办法解决屯垦戍边中的新问题。现在兵团正在从过去的偏重经济发展走向更加重视经济政治社会文化的全面发展,从过去的偏重于眼前的发展走向更加重视可持续发展,从过去的偏重于GDP的增长走向更加注重经济增长质量的提高,从全民所有制一统天下走向注重公有与非公经济有共同发展,从过去的棉花"一花独秀"走向种植养殖林果"三足鼎立"。兵团的发展正实现着历史性的跨越,兵团人正在为率先在西北地区全面实现小康而奋斗。

先进性教育活动激发出的热情极大地推进了兵团屯垦戍边事业的发展,同时,屯垦戍边的实践成果又检验着兵团先进性教育活动的成效。对兵团来讲,先进性教育活动是一个难得的契机。我们将不断巩固和扩大先进性教育活动的成果,进一步履行好党和国家赋予的屯垦戍边的历史使命,忠实维护国家的最高利益和中华民族的根本利益,为新疆经济发展、社会稳定、民族团结、文化繁荣和边防巩固作出新贡献,在新的历史条件下把屯垦戍边事业推向新阶段。

万方乐奏有于阗

——党中央三代领导集体与新疆生产建设兵团

 新疆生产建设兵团之所以能够从无到有、从小到大，历经波折却不断发展壮大；之所以能够不负党和人民的重托，在新疆的经济建设、民族团结、政治稳定和国防建设中发挥不可替代的作用，因素是多方面的，其中非常关键的一条是党中央三代领导集体和以胡锦涛同志为总书记的新一代领导集体对兵团事业始终如一的亲切关怀和巨大支持。他们准确分析兵团发展中遇到问题的原因，科学总结兵团事业的成功经验，深刻揭示兵团事业发展的规律，为兵团的发展注入了强大的动力。正如李岚清同志在庆祝兵团成立40周年座谈会上指出的："党中央、国务院、中央军委历来十分重视兵团事业的发展。毛泽东、周恩来、刘少奇、朱德、邓小平等老一辈无产阶级革命家和以江泽民同志为核心的党的第三代领导集体，对发展兵团事业都十分关怀，作过多次重要指示。"

一、"组建生产建设兵团，一开始是王震同志、恩茂同志向中央积极建议的，最后是毛主席亲自作的决定。"第一代党中央领导集体创建了兵团。

 屯垦这种组织形式古已有之，中国历史上比较典型的就有军屯、民屯、商屯、犯屯等，但是以兵团这种特殊的组织形式进行大规模、立体式、全方位的屯垦,却是从中国共产党人组建新疆生产建设兵团开始的。

新疆拥有166万平方公里土地亟待进行综合性开发,新疆拥有几千公里边境线需要守卫,新疆靠近国际各大政治、宗教势力交汇中心而事态频发,需要应对。在这种情况下,建立一支寓兵于民、兵民合一,以劳养武、劳武结合的特殊组织,担负建设边疆和保卫边疆的任务就显得尤为重要,兵团就是在这样的背景下组建的。兵团的组建从一开始就得到了党中央的关怀。新中国成立不久,毛泽东要求驻疆部队担负建设边疆和保卫边疆的两大任务。1949年12月5日,他在《中央人民政府革命军事委员会关于1950年军队参加生产建设工作的指示》中指出:人民革命军事委员会号召全军,除继续作战和服勤务者而外,应当负担一部分生产任务,使我人民解放军不仅是一支国防军,而且是一支生产军。根据这个指示,除一部分人员担任国防任务外,驻疆部队大部分人员投入生产运动,边开荒,边生产,当年做到粮食自给,肉食大部分自给,食油蔬菜全部自给。这实际上拉开了组建兵团的序幕。不久,毛泽东又批准部分部队转业:“你们现在可以把战斗的武器保存起来,拿起生产建设的武器。当祖国有事需要召唤你们的时候,我将命令你们重新拿起战斗的武器,捍卫祖国。”遵照毛泽东的改编命令,1953年5月,驻疆部队分别整编为国防部队和生产部队,这就使得兵团的雏形呼之欲出。

1954年7月15日,中共中央新疆分局和新疆军区根据毛泽东的战略思想,给西北军区和中央军委总参谋部发报,提出组建新疆军区生产建设兵团。8月6日,经毛泽东主席亲自决定,中央军委总参谋部复电新疆军区,同意二十二兵团与新疆军区生产管理部合并,成立新疆军区生产建设兵团。正如江泽民同志1990年8月视察兵团时指出的:“组建生产建设兵团,一开始是王震同志、恩茂同志向中央积极建议的,最后是毛主席亲自作的决定。”

我们从中可以清楚地看到,兵团的成立是实践毛泽东屯垦戍边战略思想的产物,兵团成立过程中每一个重要步骤都是由中央特别是由毛泽东主席决定的。

二、"新疆生产建设兵团,就是现在的农垦部队,是稳定新疆的核心。新疆生产建设兵团要恢复。"第二代党中央领导集体恢复了兵团。

历史总是在曲折中前进的。"十年动乱"中兵团被撤销,新疆的屯垦戍边事业步入低谷,历史上屯垦的悲剧似乎又要在新疆重演。党的十一届三中全会后,为了新疆经济的发展和社会的稳定,以邓小平为核心的第二代中央领导集体坚决主张恢复新疆生产建设兵团。为了恢复兵团,1981年1月至8月间,王震同志受中央的派遣先后4次视察新疆。1月12日至13日,王震接见石河子垦区、奎屯垦区和其他垦区负责人,了解兵团的情况。2月,他在自治区厅局长以上干部会议上讲话指出:"解散新疆生产建设兵团是完全错误的。生产建设兵团是新疆军区的生力军,是保卫边疆、建设边疆的重要力量"。根据当时形势发展的要求,6月30日,王震给邓小平写信,建议恢复兵团。1981年7月1日,邓小平批示:"请王震同志牵头,约集有关部门领导同志,对恢复生产兵团的必要性,作一系统报告,并为中央拟一决议,以凭决定。"8月10日,邓小平偕王震、王任重同志视察新疆。邓小平在听取新疆党政军主要负责人的汇报后指出:"新疆生产建设兵团,就是现在的农垦部队,是稳定新疆的核心。新疆生产建设兵团要恢复。"邓小平回北京不久,在中南海一次重要会议上指出:"新疆生产建设兵团恢复起来确有必要。组织形式与军垦农场不同,任务还是党政军相结合"。根据邓小平的几次指示精神,9月22日,国家农委党组和新疆维吾尔自治区党委给党中央、国务院和中央军委写了《关于恢复新疆生产建设兵团的报告》,报告从防御霸权主义入侵、维护祖国领土完整和建设社会主义的富强、文明的新疆的战略考虑出发,建议恢复新疆生产建设兵团的体制。1981年12月3日,以邓小平为核心的第二代中央领导集体作出了关于恢复新疆生产建设兵团的决定,决定指出:"中共中央、国务院、中央军委同意国家农委党组、新疆维吾尔自治区党委《关于恢复新疆生产建设兵团的报告》"。决定简述了恢复兵团的重大意义："生产建设兵团屯垦戍边,发展农垦事业,对于发展自治区各民族的经济、文化建设,防御霸权主义侵略,保卫祖国边疆,都有十分重要的意义。"

兵团在被撤销后能够得到恢复,完全是以邓小平同志为核心的第二代中央领导集体从国家最高利益的战略高度英明决策的结果。正如王震同志在庆祝兵团恢复大会上指出的："中央军委主席邓小平同志去年来新疆视察工作期间,根据广大农垦干部、职工和新疆各族军民的愿望和要求,对恢复兵团作了指示。去年 12 月份,中共中央、国务院、中央军委正式作出恢复新疆生产建设兵团的决定。这是完全正确的。"

三、"国务院各经济综合部门和各行业主管部门,以及社会事业主管部门,都要按照国务院文件精神,把新疆生产建设兵团的改革、发展和稳定问题列入本部门的工作议程,作为一个单独的、特殊的问题对待,在计划和政策上尽力予以支持,帮助新疆生产建设兵团顺利完成'屯垦戍边'任务。"第三代党中央领导集体理顺兵团体制,从而为兵团的发展铺平了道路。

兵团成立后,在党中央和国务院的关怀下,在自治区党委和政府的领导下,兵团的各项事业迅速恢复和发展。但由于兵团管理体制不顺,外部管得过死,统得过紧,渠道不通,经营机制不活,生产后劲不足,经济效益较差,不少企业负债经营,自我改造能力较弱。为了帮助兵团克服各种困难,充分发挥兵团在屯垦戍边、稳定全局中的重要作用,党和国家领导人多次到兵团视察,指导工作。1982 年 11 月,乔石同志视察石河子垦区,对兵团的农垦事业给予高度评价,他说:"看来兵团是个很好的形式。你们有很多很好的经验,你们的潜力还很大。如果体制问题解决好了,发展会更快些"。

以江泽民同志为核心的第三代中央领导集体从国际和国内战略的高度思考兵团的问题,把兵团放到国际国内大背景中,放到历史发展的长河中,放到新疆稳定的大局中去观察,于1990年3月下发了《国务院关于调整新疆生产建设兵团计划管理体制和有关问题的通知》,批准对新疆生产建设兵团实行计划单列。内容包括:新疆生产建设兵团的国民经济和社会发展计划按行业纳入国务院有关部门计划,实行计划单列;国务院统一管理的粮(大米除外)、棉、油、商品肉、糖、煤炭、棉纱等产品,以1987年实际交售量为基数;商品猪肉按计划任务,继续由兵团统一交新疆维吾尔自治区;兵团享有外贸出口权;兵团享有国家给新疆维吾尔自治区同样的优惠政策等8条。1994年5月20日在谈到对兵团实行计划单列时,邹家华同志指出:"计划单列的意思,就是说各个方面都要解决兵团的问题。不光是计委计划一下,就是我们各个部门,不管是综合部门也好,专业部门也好,跟它有关的财政也好,经贸委也好,计委也好,银行也好,各个有关部门要把兵团这件事作为单独的问题,今后要不断加以考虑,要把兵团的工作放到自己的工作日程里头去研究,作为一个重要的方面来研究。这不是为了兵团本身,这是为了国家边境的安全,要从这个角度考虑它的工作"。1994年8月12日,国家计委发出《关于继续贯彻国务院决定,进一步理顺和完善新疆生产建设兵团计划体制的通知》,指示:"在今年内理顺,使新疆生产建设兵团与国务院各部委、直属机构建立通畅的计划单列渠道"。《通知》强调:"国务院各经济综合部门和各行业主管部门,以及社会事业主管部门,都要按照国务院文件精神,把新疆生产建设兵团的改革、发展和稳定问题列入本部门的工作议程,作为一个单独的、特殊的问题对待,在计划和政策上尽力予以支持,帮助新疆生产建设兵团顺利完成'屯垦戍边'任务。"《通知》要求:"兵团要进一步加强同国务院各部门的联系,主动报告工作。国务院各部门要加强与新疆生产建设兵团的对话和有关业务指导。"对兵团实行计划单列,在当时的历史条件下理顺了兵团与各方面的关系。此后,中央又根据国内国际形势的变化,制定和下发了一系列对于兵团的改革发展和稳定具有重大指导意义的文件,使兵团在市场经济的条件下不断克服来自各方面的困难,较好地解决了出现的各种问题,从而出色地担负起党和国家赋予的屯垦戍边的使命。

四、"毛泽东曾经对你们提出了三个要求:一个是生产队,一个是工作队,一个是战斗队。后来中央领导同志归结起来,要起到四个方面的作用:就是生产建设的作用,保卫边防的作用,安定团结的作用,促进民族团结的作用。"党中央三代领导集体明确了兵团的使命。

在策划创建兵团时,毛泽东就明确赋予兵团执行"生产队""工作队""战斗队"三个队的任务。江泽民同志 1990 年在考察兵团时指出:"毛泽东曾经对你们提出了三个要求:一个是生产队,一个是工作队,一个是战斗队。后来中央领导同志归结起来,要起到四个方面的作用:就是生产建设的作用,保卫边防的作用,安定团结的作用,促进民族团结的作用。"1965 年,周恩来为兵团题词,要求兵团"高举毛泽东思想的胜利红旗,备战防边,生产建设,民族团结,艰苦奋斗,努力革命,奋勇前进"。同年 6 月,朱德给兵团题词:"建设边疆,保卫边疆"。1978 年,王震回忆说:"兵团和全国的国营农场都处于国防前线,它们的任务,毛主席过去用了一个成语叫'屯垦戍边'"。

在改革开放和现代化建设的新形势下,以邓小平同志为核心的党中央第二代领导集体同样重视和强调兵团屯垦戍边的历史使命。1982 年 6 月 1 日,在乌鲁木齐召开了恢复新疆生产建设兵团的庆祝大会。王震出访罗马尼亚归来,不顾旅途劳累,专程赶来出席了庆祝大会,并发表了热情洋溢的讲话。他说:"生产建设兵团是一支产业大军,是一支有组织、有训练的强大警备新疆的国防军的后备力量。"1985 年,王震同志为兵团题词:"军队转业,劳武结合,建设祖国,保卫边疆"。

以江泽民同志为核心的党中央第三代领导集体,多次明确强调指出:不论兵团经济体制如何改革,兵团屯垦戍边的任务不能变;兵团应该努力开发和健全执行屯垦戍边使命的必要功能。李岚清同志在庆祝兵团成立40周年座谈会上讲话时指出:"兵团坚持屯垦戍边,寓兵于民,劳武结合,锻炼成为一支驻守边疆的坚强的国防后备力量。"1990年,江泽民同志视察兵团时要求兵团"能够做生产建设的模范,做安定团结的模范,做促进民族团结的模范,如果一旦需要,还要做保卫边疆的模范"。江泽民同志反复告诫大家:稳定和发展是新疆工作的主题。没有稳定,谈不上发展;没有发展,从长期看,也很难保持稳定。保持边疆的稳定和安定团结是十分重要的。我们必须保持高度的清醒和警惕,旗帜鲜明地向破坏稳定和团结的敌对势力做斗争,不能有丝毫的疏忽和懈怠。在这场维护国家安全和统一、捍卫新疆各民族根本利益和维护安定团结的政治局面的斗争中,兵团"三个队""四个作用"是其他任何组织难以替代的。江泽民同志为兵团题词,要求兵团"艰苦奋斗,屯垦戍边,建设边疆,保卫边疆,维护祖国统一,增强民族团结,促进各民族共同繁荣"。

2001年6月,胡锦涛同志视察新疆时指出,兵团要"在保持社会稳定,反对民族分裂中充分发挥中流砥柱的作用",强调"要加强兵团政法机关和政法队伍建设,使其在确保兵团内部社会治安稳定的同时,积极支援地方开展同'三股势力'的斗争"。

今天国际形势发生了重大变化,兵团的任务也有了新的变化,即由过去的防御国外敌对势力的渗透、骚扰和侵略,转变为建设一个友好、和睦、繁荣、昌盛的新边界。兵团保卫边疆的任务,由防御外敌入侵为主,转变为维护新疆稳定和祖国统一、防止民族分裂主义破坏为主。但有一条没有变,就是党和国家赋予兵团的屯垦戍边的使命没有变,也永远不会变。

五、"兵团事业取得伟大成就有六条重要经验。"党中央领导集体深刻总结兵团屯垦戍边的历史经验。

我们党是一个善于总结历史经验的党,也是一个珍视历史经验并在实践中不断丰富历史经验的党。兵团屯垦戍边事业是在不断总结经验中发展起来的,在兵团成立 30 周年的时候,王恩茂同志总结概括了兵团事业取得伟大成就有六条重要经验:"在新疆组建生产建设兵团,屯垦戍边,是我们党的一个伟大创举,是我党老一辈无产阶级革命家、政治家具有远见卓识的决策;坚决执行党的民族政策,增强民族团结,是兵团各项事业发展的根本保证;大力兴修水利是兵团建设事业发展的命脉;农林牧副渔全面发展,农工商联合经营是兵团发展的正确方向;兵团的发展离不开中央的关怀和自治区的支持;继承和发扬兵团艰苦奋斗、自力更生的光荣革命传统"。在兵团成立 40 周年的时候,王恩茂同志再次指出:"10 年后的今天,在我国建立社会主义市场经济体制的新的历史时期,我认为这些经验对兵团继续履行党中央、国务院、中央军委赋予兵团屯垦戍边使命,不断发展和壮大兵团事业,取得新的、更大的成就,仍然是重要的,应继续坚持和发扬。我今天还要再增加一条,就是要坚持改革,正确处理改革、发展、稳定三者的关系,这对肩负屯垦戍边特殊使命的兵团来讲尤为重要"。

在兵团成立 40 周年庆祝大会上,王恩茂同志发表讲话进一步总结了兵团的经验,"新疆生产建设兵团成立 40 年来,所以能够取得这样重大的成就,发挥这样重大的作用,最主要的是因为有党中央、国务院、中央军委的领导、关心和支持;有中央各部门和兄弟省、自治区、直辖市等的关心和支持;有新疆各级党委、各级政府、各族人民的关心和支持;有新疆生产建设兵团的全体同志 40 年来流血流汗,艰苦奋斗"。李瑞环同志 1994 年来新疆视察时指出:"兵团的同志也一定会继承和发扬老一辈的革命传统,认真研究新问题,总结新经验,创造一些适应新的形势下兵团建设包括组织、体制及经营管理上的这样一套经验","石河子的经验、兵团的经验今后一定会在全国许多地方开花结果"。这些经验具有鲜明的时代性,是对屯垦戍边事业上升到规律的阐述,是共产党人屯垦事业中十分宝贵的财富,对于兵团人在新形势下全面建设小康社会,更好地履行好屯垦戍边的使命具有极大的指导意义。

六、"兵团精神······是兵团最宝贵的精神财富,是兵团事业发展的强大动力。"党中央三代领导集体对兵团精神给予高度赞扬。

伟大的事业需要伟大的精神,伟大的事业创造伟大的精神。在半个世纪屯垦戍边的实践中,兵团人创造了可贵的精神财富。中央领导集体也给予了及时总结。在谈到什么是兵团精神的时候,王恩茂同志指出:"兵团精神,是保持和发扬社会主义、爱国主义和全心全意为人民服务的精神,屯垦戍边、自力更生、艰苦创业、开拓奋进的精神,是南泥湾精神、延安精神的继承和发扬,是兵团最宝贵的精神财富,是兵团事业发展的强大动力,是兵团社会主义精神文明建设的重要内容,也是新疆社会主义建设事业胜利的有力保证"。

王恩茂同志对兵团精神的内涵做了深刻的阐述,他指出:"保持和发扬社会主义精神,我们生产建设兵团的建设事业要坚持社会主义方向"。"保持和发扬爱国主义精神,我们要热爱祖国,热爱新疆。热爱祖国和热爱新疆是完全一致的。要安心新疆,扎根新疆,建设新疆,保卫新疆。要坚决反对民族分裂主义。""保持和发扬全心全意为人民服务的精神。我们兵团的前身是中国人民解放军。中国人民解放军的宗旨是全心全意为人民服务。我们现在虽然集体转业成为生产建设兵团,但我们的宗旨没有变,仍然是全心全意为人民服务。我们在新疆进行社会主义生产建设事业,就要全心全意为新疆各族人民服务。我们必须支持地方社会主义建设事业的发展,一切为了新疆各族人民的利益,而不能违反新疆各族人民的利益。""屯垦戍边,这是我们长期的艰巨的而又光荣的任务。我们既要发展生产建设,又要保卫祖国边疆,发挥兵团稳定新疆,增强民族团结,维护祖国统一,保卫祖国边防的重要作用。生产建设兵团要成为中国人民解放军的战略预备队。""自力更生。我国革命的胜利是靠自力更生取得的,建设的胜利,也要靠自力更生来取得。""兵团的建设,需要有中央的支援,兄弟省、市、自治区的支援,但立足点要放在自己力量的基础上,主要依靠自力更生来求得发展。""艰苦创业。革命和建设的胜利,都是经过艰苦奋斗得来的。兵团取得这样大的建设成就也是经过艰苦奋斗才有今天的局面。今后要发展兵团的建设事业,仍然必须长期坚持艰苦奋斗精神。""开拓奋进。兵团的建设事业四十一年来已经取得了巨大的成就。但我们应该看成正如毛主席说过的,夺取全国胜利,这只是万里长征走完了第一步。中国的革命是伟大的,但革命以后的路程更长,工作更伟大,更艰苦。我们还必须不懈地开拓奋进,去夺取一个又一个新的更大的胜利。"新一届兵团党委在此基础上,对兵团精神进行了进一步提炼,提出了以"热爱祖国、无私奉献、艰苦创业、开拓进取"为主要内涵的兵团精神。"热爱祖国"是兵团精神的灵魂,"无私奉献"是兵团人的精神境界,"艰苦创业"是兵团人的光荣传统,"开拓进取"表示兵团人在前进的道路上永不懈怠、与时俱进、敢于创新。

兵团精神是屯垦戍边保持生命力的源泉,具有增强凝聚力和创造力的功能。今天弘扬兵团精神,就能把社会方方面面的力量积聚起来,把全体兵团人的思想和行动统一到"三个代表"重要思想上来,把智慧和力量凝聚到实现党的十六大确定的各项任务上来;就能使全体干部职工始终保持昂扬向上的精神状态,解放思想,实事求是,与时俱进;就能使人们充分发挥主观能动性和创造性,艰苦奋斗,顽强拼搏,锐意创新,开拓进取,克服各种艰难险阻,经受住各种考验,为实现全面建设小康社会的目标而奋斗。

七、"兵团应该把第二产业、第三产业的比重加大一点,真正要使兵团进一步发展的话,需要在二、三产业方面加强一点。"党中央三代领导集体确立了兵团的发展方针。

早在 1950 年,朱德同志明确指示部队要尽快建立家业,要求驻疆部队的生产要走农工并重、机械化和工业化之路,指出部队生产"要善于使用机器为人类服务",要通过节约,改进生产工具,做好生产计划,增加出口产品,发展工业及建筑业,搞好生产生活设施,以努力建立大家务。他强调:"以农业作先导转以工业化,才能建立起大家务。"1958年9月9日,朱德视察兵团时,要求兵团利用综合性组织的优势发展经济,通过"不断增产、节约、积累、多养牲畜。要大中小结合,工农商学兵结合,脑力劳动与体力劳动结合"。以及"管理好工厂","开展技术革命,扩大再生产,争取多生产食油出口"。以多创外汇,增加对国家、对自治区的贡献。

党和国家在作出关于恢复兵团的战略决策时指出:"兵团要实行企业管理,积极推行经济责任制,整顿和发展各项生产事业,办好社会主义农业,实行农、林、牧、副、渔综合经营,发展农工商联合企业,大力兴修水利灌溉和水力发电,大力植树造林,不断提高森林覆盖率,继续搞好农业机械化,提高经济效益。"1989年,李鹏同志在视察兵团时指出:"希望新疆生产建设兵团在现有的基础上,进一步发展经济,进一步科学种田,使我们的农业再上一个新台阶。你们是农林牧副渔全面发展。实际上你们是一个农工商结合包括学、兵的综合性经济组织。"

邹家华同志1994年5月20日在听取新疆生产建设兵团情况汇报时指出:"兵团过去长期以来就是搞农业,这一条还要继续坚持。因为兵团的粮食也好,棉花也好,其他的农作物也好,已经在我国经济中占有相当的位置,特别是粮食和棉花。这个方向不要变,还要组织好。在农业本身还要提高单位面积产量,提高劳动生产率,采用新技术,能够不断地再提高。这里面包括科学技术等等,还有许多工作要做。现在问题是兵团应该把第二产业、第三产业的比重加大一点,真正要使兵团进一步发展的话,需要在二、三产业方面加强一点。这作为一个总的方向,请计委进一步考虑。"

中央领导不仅对兵团的大政方针给予指导,还对兵团的具体工作作出了指示:王震同志在1990年1月15日下午接见兵团刘双全同志的谈话中谈到了"兵团要解决住房的问题","要重视科学技术","要写连史、团史","要加强政治思想工作,不要向钱看","要发扬艰苦奋斗精神","还要有长远规划"。关于兵团的土地划界问题,邹家华同志1994年5月20日在听取新疆生产建设兵团情况汇报时指出:"兵团土地的范围,有没有一个比较明确的界线?"当听到"大部分有"的回答后,他说:"大部分有,假如有,就划定;假如说有的地方还没有,也给它划定。将来扩大的时候,我们再划定,再扩大,再划定。将来划定地域以后,土地部门跟你们商量好,该是什么文件,就是什么文件"。"兵团的整个土地范围,经度是多少,纬度是多少,区线是怎么走的,定下来。"

王恩茂同志1994年10月4日在兵团成立40周年座谈会上指出:"兵团要坚持做好民族团结工作。我曾反复强调过,民族团结是安定团结的关键,是新疆的大局,是兵团事业顺利发展的保证。新疆的主要危险来自民族分裂主义。无论形势怎样变化,兵团全心全意为新疆各族人民服务的宗旨不能变。只要全心全意为新疆各族人民服务了,就一定能得到新疆各族人民全心全意的支持,兵团的事业就一定会立于不败之地。兵团要继续模范执行党的民族政策,牢固树立'两个离不开'的思想,发展良好的民族关系,旗帜鲜明地反对民族分裂主义,增强民族团结。"

江泽民同志1990年9月在新疆视察工作时指出:"据说近几年来,生产建设兵团的人员外流比较严重","要从根本上解决好这类问题,关键还是要把兵团的建设搞好,特别是要把经济搞上去,同时大力加强思想政治工作,引导大家回顾当年艰苦创业的历程,立足现实,放眼未来,看到兵团和整个新疆的发展前景,从各个方面鼓舞信心,增强凝聚力"。

在过去的半个世纪中,兵团事业每前进一步都离不开党中央、国务院和中央军委的关怀和支持。面对国际国内形势发生的巨大变化,面对更加复杂的国际环境和新的挑战,兵团人绝不辜负党的期望和全国人民的重托,一定会更好地担负起屯垦戍边的历史使命。

兵团文化建设三题

兵团文化是兵团职工群众的精神家园和思想灵魂,是社会主义先进文化在屯垦戍边实践中的具体体现,是屯垦戍边综合实力的重要组成部分。先进的文化可以创造生产力、提高竞争力、增强凝聚力,是引导社会进步的精神火炬。当今世界,文化日益成为政治、经济活动中的重要内容,文化的力量深深融入民族的生命力和创造力之中。兵团经济社会事业的发展、创造力的发挥、竞争力的提高和凝聚力的增强,都离不开兵团文化的支持。如果忽视文化建设,兵团经济和社会事业也难以搞上去,即使一时上去了,最终也要掉下来。大力发展兵团文化,是兵团事业长期而重要的任务,也是深化兵团改革开放、促进兵团经济社会事业发展的重要保证。在新世纪新阶段,党中央要求兵团认清形势、牢记使命,扎实工作,开拓奋进,注重处理好屯垦和戍边、特殊管理体制和市场机制、兵团和地方三个重大关系,更好地发挥推动改革发展、促进社会进步的建设大军作用,更好地发挥促进民族团结、维护社会稳定的中流砥柱作用,更好地发挥巩固西北边防、维护祖国统一的铜墙铁壁作用。这既是对兵团人的精神要求,又是对兵团理论创新的要求,也是对用文化服务于兵团经济社会发展和服务于国家治国安邦战略的要求。如何按照党和国家的要求,创造性地繁荣和发展兵团文化,不断巩固马克思主义在意识形态领域的指导地位,不断用兵团文化丰富人们的精神世界,是兵团屯垦戍边事业面临的重大而紧迫的课题。

一、兵团的性质是兵团文化建设的出发点

1. 兵团的性质规定着兵团文化的基本性质。兵团文化是兵团屯垦戍边事业不可缺少的重要内容,文化不仅是兵团屯垦戍边事业中的一项相对独立的事业,同时它影响着、制约着在一定意义上讲还决定着兵团人的思维方式和行为方式,规范着兵团人的精神和价值观念体系,又为兵团经济社会发展提供强大的理论指导、精神动力、舆论氛围。因此,兵团文化是为兵团事业发展、为更好地履行党和国家赋予的屯垦戍边使命而存在的,也是在服务兵团工作的大局中,随着兵团事业的不断发展而同步发展壮大的。可以说,兵团文化事业的性质从来都是由兵团屯垦戍边事业的性质所决定的,兵团文化的存在和发展,也从来都是为着兵团的性质服务的。在新的历史时期必须从兵团的根本属性出发,推进兵团的文化建设。兵团是党和国家治国安邦战略决策的产物和重要举措,直接服从于、服务于党和国家的长治久安,服务于祖国的最高利益和中华民族的根本利益,这是对兵团的根本要求,是决定兵团存在和发展的前提。兵团屯垦戍边事业是党的事业的重要组成部分,党的根本性质决定了兵团屯垦戍边事业的根本性质。党的根本性质在于她的先进性,在于她既是中国工人阶级的先锋队,同时又是中华民族的先锋队,在于她的全心全意为人民服务的根本宗旨。中国共产党的先进性质和领导地位的确立,不仅在于它是先进社会生产力和最大广大群众根本利益的代表,而且在于它是用科学的世界观武装起来的党,始终代表中国先进文化的前进方向。我们党自创立之日起,就与中国文化发展的前进方向联系在一起。我们党的成立,得益于五四新文化运动准备的思想和文化条件,得益于世界先进文化的结晶——马克思列宁主义在中国的广泛传播。中国化了的马克思主义——毛泽东思想和中国特色社会主义理论体系,植根于中华民族优秀文化传统的沃土之中,顺应了中国先进文化的发展要求。党的这一根本

性质,决定了作为党的事业组成部分的兵团屯垦戍边事业的根本性质,即兵团是为祖国的最高利益和中华民族的根本利益而服务的,以全心全意为新疆各族人民服务为根本宗旨,以履行好党和国家赋予的屯垦戍边使命为根本任务。兵团的这一根本性质,决定了兵团文化的深层内核和本质特征:即兵团文化是马克思主义科学文化在屯垦戍边实践中的具体体现,具有高度的科学性;兵团文化既渊源于中华民族五千年文明史,特别是2000多年的屯垦戍边史,又植根于中国特色社会主义实践,特别是新中国屯垦戍边的伟大实践,具有鲜明的民族性和实践性;兵团文化反映了兵团经济和政治体制的基本特征,又对兵团经济和政治的发展起巨大的促进作用;兵团文化是面向现代化、面向世界、面向未来的文化,具有鲜明时代性;兵团文化融汇了全国各地各民族的地域人文风情,具有鲜明的开放性;兵团文化是把250多万兵团职工群众紧紧地团结在屯垦戍边事业中的大众文化,是凝聚和激励职工群众的精神力量,是兵团屯垦戍边综合实力的重要标志。兵团的根本性质要求兵团的各个方面、各项事业都必须紧紧围绕着维护祖国的最高利益和中华民族的根本利益、为新疆各族人民多办好事这一目标进行、按照这一目标的要求开展。同样也要求兵团的文化事业、文化活动也必须紧紧围绕服务于国家的最高利益和中华民族的根本利益进行、按照国家长治久安的要求、按照服务新疆各族人民的根本利益的宗旨开展。在国家安全中,文化安全具有突出的地位,是国家安全系统中的重要方面,涉及国家的意识形态和社会制度、价值观念,关系到国家的稳定和发展,关系到一个民族的生命力、凝聚力和创造力,关系到一个民族的前途和命运。随着综合国力竞争的加剧和经济全球化,文化越来越成为一个国家综合国力的重要组成部分,文化的交流和传播越来越成为各国相互联系的重要内容,文化的矛盾和冲突也越来越成为国际竞争和国际冲突的一个方面。一个国家强大与否,既取决于经济的实力,也取决于文化的实力。因此,我们不仅要发展生产力,在经济上提高自己的竞争能力,而且要大力发展先进的文化,巩固自己的文化阵地,在大力吸收外来文化的精华的同时坚决抵制国外文化渗透进来的腐朽没落的东西。文化在国家安全中的这一突出地位,使得兵团文化在服务兵团根本性质上的地位愈加突出,成为维护国防安全统一最深厚的战略资源。

2. 兵团的性质规定着兵团文化的核心内容。服务党和国家治国安邦战略决策、服务祖国最高利益和中华民族根本利益,始终坚持先进生产力的发展要求和先进文化的前进方向,全心全意为新疆各族人民服务这一根本性质,直接规定了作为兵团文化内核的兵团精神的核心内涵,它要求兵团人具备"热爱祖国,无私奉献,艰苦创业,开拓进取"的精神风貌。这是党中央从履行好屯垦戍边使命的高度,对兵团职工群众明确提出的素质要求。只有热爱祖国,才能有效服务祖国最高利益和中华民族根本利益;只有无私奉献,才能自觉把服务新疆各族人民作为自己的不懈追求;只有艰苦创业,才能推动兵团事业健康发展;只有开拓进取,才能确保兵团始终坚持先进生产力的发展要求和先进文化的前进方向。可以说,没有这种特殊的精神文化内涵,就无法保证兵团的根本性质得到实现,也就无法履行兵团的使命。1965 年,周恩来同志在给兵团题词中就强调兵团要"艰苦奋斗,努力革命,奋勇前进",指出"艰苦奋斗","这是新疆生产建设兵团的作风"(《党的文献》1996 年第二期,第 30 页)。1965 年,贺龙同志在视察兵团时要求兵团"要经常向同志们介绍这支部队的红色历史,要讲革命斗争传统,使青年一代都知道我们的事业来之不易,要防止骄傲自满情绪,克服固步自封陋习。"(《农一师志》,第 599 页,新疆人民出版社,1994 年)1981 年兵团恢复后,党中央继续将自力更生、艰苦奋斗作为兵团发展的精神保证。1988 年,彭真同志在兵团视察时题词要求兵团:"继续发扬艰苦创业精神,开拓前进。继续发扬艰苦创业的优良传统,把石河子建设得更好。"(1988 年 9 月 14 日《石河子报》)1990 年,江泽民同志视察兵团时指出:要从根本上解决兵团发展中遇到的问题,除了搞好经济之外,"同时大力加强思想政治工作,引导大家弘扬当年艰苦创业的精神。立足现实,放眼未来,使大家看到兵团和整个新疆的发展前景,从各个方面鼓舞信心,增强凝聚力"。(《党的文献》1996 年第二期,第 31 页)

1998 年,江泽民视察兵团时要求兵团,在新的形势下,继续发扬艰苦奋斗的精神,不断创造新的业绩。1982 年,王恩茂同志指出:"要总结兵团政治工作的经验,发挥思想政治工作的作用。要保持和发扬兵团的优良传统和作风,艰苦创业的精神,勤俭办农垦事业的精神。兵团的发展,没有这些精神是发展不起来的。"(《王恩茂在兵团恢复后第一次党委常委会议上的讲话》1982 年 2 月 9 日)1991 年,王恩茂同志审定了"兵团精神"的内容:"坚持和发扬社会主义、爱国主义和全心全意为人民服务的精神,屯垦戍边,自力更生,艰苦奋斗,开拓奋进。"并强调:"兵团的建设,需要有中央的支援,兄弟省、市、自治区的支援,但立足点要放在自己力量的基础上,主要依靠自力更生来求得发展",指出"今后要发展兵团的建设事业,仍然必须长期坚持艰苦奋斗精神"。(转引自《建设有中国特色的社会主义》(修订本),第 24—26 页,学习出版社,1995 年)2001 年,胡锦涛同志视察兵团时,要求兵团"结合新的实际,大力弘扬党在长期实践中形成的优良传统和作风,尤其要大力弘扬解放思想、开拓创新的作风,深入实际、联系实际的作风,艰苦奋斗、清正廉洁的作风,认真解决当前思想作风、工作作风、领导作风、学风和干部生活作风等方面的突出问题"。(摘自 2001 年 6 月 18 日《石河子报》第一版)2006 年,胡锦涛总书记再次来新疆和兵团视察,明确要求兵团认清形势、牢记使命、扎实工作、开拓进取。这些指示说明,保持和弘扬热爱祖国、无私奉献、艰苦创业、开拓进取的精神,是履行屯垦戍边使命的重要内容,是兵团根本性质决定的。由兵团根本性质规定的兵团精神的核心内容,直接构成了兵团军垦文化的独特内核,规定了兵团军垦文化与其他文化样式不同的特点,并从根本上推动着兵团文化不断发展壮大。因此,在建设兵团文化中,必须从兵团性质出发,不断丰富和发展作为兵团军垦文化核心内容的兵团精神,通过丰富和发展兵团精神,进而不断丰富和发展兵团文化的独特内涵,不断繁荣兵团军垦文化。

3. 兵团的性质规定着兵团文化的发展规律。社会发展的基本规律决定文化发展的规律。文化是一种精神现象,是自然的人化,是人和社会的存在方式,是一定社会政治、经济在观念形态上的反映,并将随着社会政治、经济的发展而发展。先进文化主要是指科学的、健康的、符合最广大人民群众根本利益、有利于社会进步和代表未来发展方向的文化。它是人类文明进步的结晶,也是人类精神文明的载体。在当代中国,发展先进文化,就是发展具有中国特色的社会主义文化,就是建设社会主义的精神文明。文化作为观念形态的东西是与一定的经济体制和政治体制相联系的。在社会发展基本规律中,文化属于上层建筑中的最上层部分,因此,文化的存在和发展,不仅由一定时期的经济基础所决定,同时还由这一时期的政治制度所决定,正如马克思所指出的,一定社会的文化都是这一社会占统治地位的阶级的思想和意志的反映。但文化也对经济基础和政治等体制类上层建筑具有反作用,而且社会越是发展,文化的力量就越大;文化的力量越大,所起的反作用的力量也越大。因此可以说,是否拥有先进文化,是否代表先进文化的前进方向,在一定意义上决定着一个政党、国家和民族的兴衰存亡。同时,文化作为社会最上层的力量,也是人类社会的精神灵魂,是人类社会发展的内在驱动力和凝聚力,是人类社会不断进化发展、实现自身本质力量的重要手段。因此在文化发展中必须强调坚持文化的性质和方向,这是一个政党在思想上和精神上的一面旗帜,也是"始终代表中国先进文化前进方向"的基本要求。屯垦文化反映着屯垦事业的本质,它是中国共产党人领导的屯垦事业区别于历史上任何时代屯垦的本质所在。它规定着兵团的未来和发展方向,它决定着兵团屯垦事业的前途,是兵团屯垦事业的生命力和希望之所在。兵团的根本性质直接体现在兵团使命和组织形式上,这种使命和组织形式作用于兵团文化,决定着兵团文化发展的具体规律。这是社会基本矛盾规律在兵团文化发展中的具体体现。兵团事业的本质要求兵团军垦文化坚持以马克思列宁主义、毛泽东思想和中国特色社会主义理论体系为指导思想,用党的屯垦戍边理论指导兵团实践,牢牢把握中国先进文化的发展趋势和要求;要求立足于建设有中国特色社会主义实践、立足于新中国屯垦戍边事业的实践,着眼于弘扬社会主义文化发展的现实、着眼于吸收各地各民族文化精髓,这是把握兵团文化的必然要求;要求建立和发展健康向上、丰富多彩的,具有兵团风格、兵团特色的军垦文化,用正确的思想观念武装职工群众,不断提高职工群众的思想道德水平,满足职工群众日益增长的精神文化的需求,这是把握兵团文化发展的方向和目标,也是兵团事业的先进性在文化建设上的根本体现和根本要求。按照兵团的根本性质的要求建设兵团文化,首先,必须坚持以马克思列宁主义、毛泽东思想和中国特色社会主义理论体系为指导,坚持以党的屯垦戍边理论为指导,这是兵团事业之本,也是兵团军垦文化建设的根本,决定着兵团文化建设的性质和方向。其次,必须不断加强职工群众的思想道德建设。社会主义思想道德是中国特色社会主义文化的核心和灵魂,也是兵团文化建设的核心和灵魂,集中体现着兵团文化建设的性质和方向,对兵团经济社会的发展具有巨大的能动作用。要坚持物质文明、精神文明、政治文明、社会文明齐抓共管的方针,在推进兵团文化建设中,始终把培养"四有"职工队伍作为根本目标,努力提高职工群众的思想道德素质。其三,必须坚持"二为"方向和"双百"方针,唱响兵团文化的主旋律。"为人民服务、为社会主义服务",是新时期党的文化工作的方向,是兵团文化建设必须坚持的根本原则。"百花齐放、百家争鸣",符合社会主义文化发展的内在规律,是促进兵团文化繁荣和发展的基本方针。其四,必须深化兵团文化领域的改革,多出精品,多出人才。积极探索建立符合社会主义精神文化建设要求、与社会主义市场经济体制相适应、遵循文化发展规律的兵团文化体制和工作机制,激发兵团文化工作者的积极性、创造性,促进精品战略的实施和优秀人才的涌现,促进兵团文化事业的繁荣和文化产业的发展。其五,必须处理好兵团军垦文化与新疆文化、内地文化和世界文化的关系。

文化的多样性,不仅使社会发展充满活力,也使不同文化相互激荡,从而使先进文化获得向前发展的动力。在当今社会,各种思想文化相互激荡的氛围中,必须立足自身,着眼新疆,面向世界,立足当代,总结过去,以我为主,为我所用,开展多种形式的文化交流,博采各地区、各民族乃至世界各国文化之长,向国内外展示兵团文化的建设成就。

二、国家的大局是兵团文化建设落脚点

1. 要有大局眼光,把兵团的文化放到党和国家工作大局中去观察和推进。兵团文化之所以具有服务党和国家赋予的屯垦戍边使命、服务新疆各族人民这一根本性质,不仅是由新疆在国家安全中的政治经济战略地位决定的,而且是由新疆在国家文化安全中的战略地位决定的。新疆是我国少有的中西方文化交汇地区,历史上受国外思想文化影响很大。新疆的文化形态受宗教文化影响很深,文化传播方式落后,由于帝国主义的支持煽动,解放初新疆民族分裂主义思潮盛行,对中华民族文化中爱国、团结和统一的优良传统和精神追求产生了严重的消解作用。特别是境内外的民族分裂主义势力、宗教极端势力和暴力恐怖势力利用新疆特殊地缘条件和周边环境进行勾结,对新疆境内进行文化渗透,宣传分裂主义思想。西方敌对势力也把新疆视为进行"西化"、"分化"的主攻目标,极力在新疆实施其"西化"、"分化"的政治图谋。这些情况,成为维护我国文化安全必须面对的重大课题。新疆的屯垦戍边活动,从根本上说就是为了应对这一威胁、维护国家政治文化安全。文化关系到屯垦戍边事业发展的生命力和创造力,屯垦戍边活动从形式上说是一种政治经济活动,但从长期来说,是弘扬中华主流文化价值观的活动,在于用先进的文化取代封闭狭隘的落后文化,在于用中华统一文化抵御、消灭分裂文化,在于创造并发扬独特的军垦文化特色。兵团的屯垦戍边活动是我们党所领导的社会主义政治经济活动的重要组成部分,代表中国先进文化的前进方向,是我们党的本质追求之一。作为党的事业的重要组成部分,兵团屯垦戍边事业也必然地要以代表中国先进文化的前进方向作为自身的本质要求。屯垦戍边从根本上说,在于争取群众、团结群众,共同维护祖国的稳定和谐,共同争取祖国的最高利益和中华民族的根本利益。要实现这一目标,需要在新疆各族群众中牢固树立对祖国、对党、对社会主义、对

中华文化的认同感。这种认同感，要通过对先进文化的追求而形成，通过对中华传统优秀文化的继承而产生，通过繁荣兵团军垦文化得到弘扬。这些充分表明，屯垦戍边活动从根本上说是一种文化现象，是在先进文化前进方向的指引下开展的一种爱国主义文化活动，是满足新疆各族群众精神文化需要的一种重要的文化现象。面对这种形势，弘扬中华统一和谐文化，就成为党和国家的工作大局，成为兵团文化的主题。兵团从组建之日起，就以促进中华民族多元一体文化、营造新疆和谐的文化环境为己任，大力宣传以爱国主义、集体主义为主要内容的社会主义文化，广泛开展同各民族之间的文化交流，增强了各族群众对祖国、对社会主义的认同感，促进了内地文化同新疆当地文化的交流、借鉴和融合。兵团人来自祖国各地，在屯垦戍边事业的实践中，创造了融汇全国各地各民族风情的军垦文化，形成了以"热爱祖国，无私奉献，艰苦创业，开拓进取"为主要内容的兵团精神，成为新疆多民族文化中一道亮丽的风景，丰富了新疆各族人民的精神文化生活，繁荣了祖国的边塞文化。兵团人坚持开展意识形态领域反分裂斗争，用先进文化占领意识形态阵地，积极回击"三股势力"的煽动攻击和西方敌对势力的欺骗宣传，揭露其分裂破坏和"西化"、"分化"的阴谋，抵御了西方敌对势力和"三股势力"在思想文化上的侵袭，维护了国家的文化安全。兵团的屯垦戍边活动，不仅是一种政治经济现象，从更根本的意义上说，主要的是一种文化现象。文化不仅是屯垦戍边事业不断发展的重要纽带和保证，而且是屯垦戍边不可缺少的重要内容和重要形式。随着知识经济的到来和社会政治经济文化的一体化发展趋势不断加强，文化在经济社会发展中的地位和作用日益突出，对屯垦戍边事业发展的推动和促进作用越来越明显。随着世界反恐形势的发展、新疆周边地区局势的复杂化和反分裂斗争中意识形态斗争不断加强的新特点，文化建设在屯垦戍边中越来越具有重要地位，成为兵团新时期的必然选择。在这种形势下，进一步推进兵团文化建设，必须牢牢把握国际国内形势发展变化，把握同"三股势力"和"西化"、"分化"斗争的新要求，不断增强兵团文化服务稳定和发展大局、服务国家长治久安的能力。

2. 要有历史眼光,把兵团的文化放到屯垦戍边的历史长河中去观察和分析。新疆自古以来就是祖国不可分割的一部分,新疆地区是东西方文化碰撞融合汇聚的地区,古代著名的丝绸之路横贯全新疆,不仅成为古代东西方经济交流的重要通道,更是古代东西方文化交流的重要通道,也是多民族、多宗教文化的交汇之处。西汉以来,新疆各族人民作为祖国大家庭的成员与全国人民一道抵御外来入侵,为反对民族分裂、维护祖国统一作出了重要贡献。古代新疆地区屯垦戍边活动的一个重要任务,就是为了维护丝绸之路的安全。新疆特殊的地理位置和周边复杂环境一方面对"一体多元"的中华民族文化的丰富、发展、创新和传播产生了积极影响,另一方面也对维护中华民族文化的安全带来不利影响,使得新疆容易为国外文化所入侵和渗透,进而危害国家的文化安全。屯垦戍边在新疆已经有2100多年历史,已经成为中华文化不可缺少的重要组成部分。这就使得新疆的屯垦戍边活动体现出一种深刻的文化底蕴,成为新疆一种重要的历史文化传承。历史上的屯垦戍边活动虽然代代相传,但每一代的屯垦都因为政局的变化而导致规模的缩减、人员的流失、组织的涣散和形式的中止。但到了新一个朝代建立并稳定后,屯垦戍边活动又重新开始进行。在这种周而复始的不断循环中,屯垦戍边作为一种文化传承却始终保存了下来,成为影响和推动新疆历史发展的重要因素,成为新疆文化的一种重要表现,也成为屯垦戍边活动连绵不断的重要纽带。兵团的屯垦戍边活动,正是这种历史文化在新的历史条件下的继承和发展。1998年,江泽民同志指出,把兵团这种既屯垦又戍边的形式,放在新疆历史的长河中,意义可以看得更加清楚。这说明,屯垦戍边是新疆历史长河中具有重要意义的历史文化现象。新疆自古以来就是祖国不可分割的一部分。西汉以来,新疆各族人民作为祖国大家庭的成员与全国人民一道抵御外来入侵,反对民族分裂、维护祖国统一,作出了重要贡献。这种维护祖国统一的历史,作为新疆文化的重要内容,得到了不断的继承和弘扬。屯垦戍边作为维护祖国统一和促进新疆发展的重要形式,在这一历史斗争中具有重要地位,也因此使得屯垦戍边成为受新疆各族人民所欢迎的一种重要发展方式,成为维护新疆稳定的重要形式,成为新疆历史发展中的一种重要现象,成为新疆历史文化传承的重要内容。屯垦戍边活动还是应对新疆复杂形势的重要举措和产物。历史中新疆就处于中华文化、印度文化、西方文化、阿拉伯文化等多种文化相互影响、交融的特殊环境中,历史上儒教、道教、佛教、火祆教、伊斯兰教、基督教等各种宗教都在这里留下过印记。这种复杂的人文环境既是新疆复杂的政治经济形势的反映,同时又对新疆的政治经济形势产生着深刻的影响。这种影响使得屯垦戍边活动打上了深深的文化印记。兵团的屯垦戍边活动也同样是在这种一种复杂的文化环境中产生、并对现实环境具有重大影响的文化活动;承载着新疆历史文化的深厚底蕴,打上了新疆文化的深刻烙印,文化成为屯垦戍边事业发展的重要纽带。历朝历代的屯垦戍边活动都同文化交流融合密不可分,历代在新疆的屯垦戍边活动,带来了内地先进的生产技术和生产经验,带来了内地不同地域、不同民族、不同风俗文化背景下的生活方式,带来了具有中原文化特色的精神文化产品,更好地满足了新疆当地各族群众的精神文化需要,推动新疆形成了开放和融合的文化,促进了东西方文化的交流。因此历朝历代的屯垦戍边活动,不仅对我国边疆地区的开发建设和国防巩固发挥了重要作用,而且对边疆与内地、汉族与少数民族、少数民族相互之间文化的碰撞、交流、吸纳、融通、汇合,促进一体多元、水乳交融、多姿多彩的中华民族文化的不断丰富发展发挥了重要作用。推进兵团文化,必须在继承历史上屯垦戍边丰富经验的基础上不断创新,使兵团文化从源远流长的屯垦戍边历史文化中不断汲取丰富的养分。

3. 要有发展眼光,把兵团的文化放到国际国内形势的发展变化中去观察和分析。屯垦戍边是一种综合性的政治经济文化社会活动,文化是其中不可分割的重要内容。随着系统化战略思想的形成并逐渐占据主导地位和世界政治经济军事形势的一体化发展,单纯的政治活动、经济活动、军事活动越来越少见,大量出现的都是一种融政治经济军事文化于一体的综合性活动。危害国家安全的形式,也不单纯是传统意义上对国防安全的危害,而在不断向经济、政治、文化、科技、金融等领域拓展。即便是对国防安全的威胁,也同时伴随有文化斗争和外交斗争的内容。从新疆发展的历史可以清楚地看到,分裂与反分裂、渗透与反渗透斗争的形势十分严峻,西方敌对势力有意识、有目的、有计划地对我实施"西化"、"分化"战略,"三股势力"在遭到国际反恐力量的打击后,也在变换手法,加强意识形态领域的争夺。美国"自由亚洲电台"开设了维吾尔语播音;近年来,美国又启动了"新疆工程",鼓吹"新疆地位未定","新疆的问题主要是人权问题"等。境外"东突"组织也在建立自己的宣传体系,"东突厥民族中心"在慕尼黑开设"解放电台"。"东突"组织还出版《东突之声》等十多种报刊,"东突信息中心"、"维吾尔联盟"等组织还建立了自己的网站。美国及"东突"组织通过这些"媒体",通过输送图书、传单、音像制品等对新疆大肆进行分裂宣传。鼓吹"圣战",进行"西化"、"分化"渗透,而且这种渗透活动已指向大中专院校和中小学。西方敌对势力和"三股势力"极力通过意识形态手段扰乱国民的思想意识,鼓励煽动反社会、反政府、反社会主义的思想和行为,颠覆我国国民的基本价值观念,灌输分裂意识和宗教极端思想,蓄意歪曲历史,攻击党和国家的民族宗教政策和各项政策,制造不利于社会稳定和民族团结的各种谣言等,极力同我们争夺群众、争夺阵地、争夺青少年。"法轮功"邪教组织也在极力通过卫星攻击等形式破坏我文化设施,攻击我国政府和人民,散布其邪教思想。这些活动,给我国文化安全造成了严重的威胁。境内外的民族分裂主义势力、宗教极端势力和暴力恐怖势力利用新疆特殊地缘条件和周边环境进行勾结,对新疆境内进行文化渗透,宣传分裂主义思想。西方敌对势力也把新疆视为进行"西化"、"分化"的主攻目标,极力在新疆实施其"西化"、"分化"的政治图谋。这些情况,成为维护我国文化安全必须面对的重大课题。在这种新的情况下,屯垦戍边实践在意识形态领域抵御"西化"、"分化"和"三股势力"渗透的斗争中,在维护国家文化安全中发挥的作用就更加凸显出来。屯垦戍边不仅是一种政治经济军事活动,从更深层的意义上说,同时也是一种文化活动。兵团文化随时代变化不断获得新的内涵、新的形态和新的活力,通过屯垦戍边,促进了不同地域、不同风俗、不同民族文化的交流和融合,推动了国家文化的进步和繁荣,增强了对腐朽落后文化和国外侵略文化的抵抗力,促进了国家的文化安全。通过兵团的屯垦戍边活动,带来了内地先进的生产技术和生产经验,带来了内地不同地域、不同民族、不同风俗文化背景下的生活方式,带来了具有中原文化特色的精神文化产品,弘扬了中华民族精神和社会主义精神、加大了先进文化在新疆的传播,形成了独具特色的军垦文化,丰富了新疆的文化品种,促进了边疆与内地、各兄弟民族乃至东西方文化的交流,更好地满足了新疆当地各族群众的精神文化需要,推动新疆形成了开放和融合的文化,丰富发展了统一的中华文化,维护了国家的文化安全,对进一步增强中华民族的凝聚力、生命力和创造力,维护和巩固多民族国家的团结、统一发挥了重要作用,成为对新疆地区政治经济发展起着强大反作用和推动作用的重要文化现象。面对国际国内形势的发展变化,面对我国文化安全面临的日益严重的威胁,建设屯垦戍边文化,必须坚持发展的眼光、发展的思路、发展的办法,始终从国际国内形势发展变化中把握文化在屯垦戍边事业中的地位和重要作用,有针对性地发展兵团文化,大力弘扬先进文化和中华民族统一文化、团结教育新疆各族群众,维护好国家的文化安全。

三、时代的要求是兵团文化建设的着力点

1. 要按照科学发展观的要求推进兵团文化建设。屯垦戍边是一种有计划、有组织地组织军民进行大规模开发的综合性的政治经济文化社会活动,需要全面科学统筹政治、经济、军事、文化、社会各方面资源服务于屯垦戍边目标。特别是在市场经济条件下推进这项伟大的事业,对兵团的执政能力、创新能力和领导水平提出了新的、更高的要求。无论任何时代,离开物质的纯粹的文化是不存在的,必须以物质为其表现形式,离开物质的文化就会变得虚无缥缈,历史上屯垦文化最发达的时代,必定是精

神文明与物质文明同时发达的时代。文化作为屯垦戍边事业中不可缺少的组成部分，不仅是一项相对独立的事业，同时贯穿于政治、经济、军事、社会各项事业之中；能不能有效推进文化建设，体现于能够统筹各项资源，全面推进文化建设，实现兵团文化全面、协调和可持续发展。为此，发展兵团文化特别需要科学发展观的指导。科学发展观为发展屯垦戍边文化、推进军垦文化建设提供了马克思主义理论指导。以人为本，全面、协调、可持续的发展观，是以胡锦涛同志为总书记的党中央在新的历史条件下，在邓小平理论和"三个代表"重要思想指导下，根据新的形势和任务提出的重大战略思想。科学发展观坚持以经济建设为中心，强调在经济发展的基础上，促进社会全面进步和人的全面发展，是解决当前经济社会发展中诸多矛盾必须遵循的基本原则，是我们党对社会主义现代化建设规律认识的进一步深化和党的执政理念的一次升华。牢固树立和认真落实科学发展观，是全面贯彻"三个代表"重要思想和党的十六大精神的具体体现，是全面建设小康社会、推进文化建设的锐利思想武器。在新的发展阶段，只有树立科学的发展观，才能走出一条全面、协调、可持续的文化建设之路，推动屯垦戍边文化的繁荣。科学发展观的核心是以人为本。文化建设根本上是人的建设，关键是全面提高人的素质、促进人的全面发展。树立科学发展观就要求把以人为本作为屯垦戍边文化建设的重点，通过繁荣屯垦戍边文化促进人的全面发展。树立科学发展观，必须促进经济与文化、不同单位文化建设协调发展。长期以来，兵团各单位文化发展水平不一，不同单位在经济建设和文化建设上存在着较大的差距。这种状况不扭转，在西北地区率先实现全面建设小康目标就是一句空话。发展繁荣兵团文化、推进文化戍边，必须尽量缩小这种差距，求得兵团经济和文化、文化发展内部的均衡发展；按照统筹文化建设的要求，加大对贫困团场、连队文化建设的扶持力度，改变这些单位文化贫困的现状，以文化建设为龙头，统筹发展兵团社会各项事业，促进文化产业与其他产业相互融合，推动"文化经济"的发展。科学发展观要求全面发展，不仅要大力发展经济，同时要大力发展政治、文化和社会事业，使屯垦戍边文化建设同兵团经济社会发展相协调、相促进。科学发展观要求可持续发展，实现兵团经济社会的可持续发展，不仅是经济的持续发展，也是文化的持续发展。如果不珍惜自然资源和文化资源，不按市场规律和文化发展规律办事，文化建设就不能得到持续发展。可持续发展要求今天的发展有利于未来的发展，不仅不能耗尽或毁掉未来发展的基础，而且要为未来发展提供更好的条件。因此，在建设兵团文化中，不仅要加强能够带来现时效益的文化建设，也要加强具有长远效益的文化建设。要按照可持续发展的原则统筹文化建设与资源、与自然环境的关系，文化建设上的任何铺张浪费，都是对资源的破坏，是对人与自然关系的破坏。兵团地处西部，经济发展水平不高，在文化建设中更要求坚持科学发展观，因地制宜，从经济社会发展的需要出发，从当地群众的文化需要出发，量力而行，厉行节约，把财力、物力用在真正需要的地方，发挥出最大的文化效益。因此，科学发展观的提出，对兵团文化建设提供了全方位的指导作用，使兵团文化建设进入一个新的水平上。兵团文化建设需要长期的努力，需要按照科学发展观精心规划，而不可能一蹴而就。按照科学发展观建设兵团文化，必须使兵团文化的发展同兵团政治经济社会发展的水平相一致。兵团的文化发展离不开对发展阶段的定位，离不开对兵团发展现状的科学分析，既不能超越兵团经济社会的发展阶段，更不能落后兵团政治经济社会的发展阶段，这是兵团文化发展的现实依据。要考虑兵团不同发展阶段的特点和要求，针对不同阶段文化发展出现的问题，有针对性地确定兵团文化在不同发展阶段的具体发展战略和思路，明确兵团文化建设的重点、难点和突破口，要分阶段、有步骤地进行兵团文化建设，立足兵情，在对兵团不同发展阶段的基本矛盾进行分析的基础上，提出兵团文化建设的方略。

2. 要着眼职工群众的新需要推进兵团文化建设。毛泽东同志指出："为什么人的问题，是一个根本的问题，原则的问题。""这个根本问题不解决，其他许多问题也就不易解决。"胡锦涛同志强调："相信谁、依靠谁、为了谁，是否始终站在最广大人民的立场上，是区分唯物史观和唯心史观的分水岭,也是判断马克思主义政党的试金石。""实现人民的愿望、满足人民的需要、维护人民的利益,是'三个代表'重要思想的根本出发点和落脚点。"促进兵团经济持续快速健康发展,满足兵团广大干部职工日益增长的精神文化需求,是建设屯垦文化的出发点和归宿。兵团职工队伍,是新中国成立以后,以中国人民解放军复转军人为主组建起来的。因此从成立时起,就具有人民军队政治信仰坚定、纪律严明、具有较强吃苦耐劳精神和无私奉献精神、热爱祖国等良好素质。这些优良素质在兵团事业的发展中得到了很好的继承和发扬,有力地推动了兵团事业的蓬勃发展。但在当前,兵团职工队伍的素质发生了令人忧虑的变化。随着兵团老职工队伍进入退休高峰期,一大批具有较高思想政治素质的兵团老职工、特别是基层一线的职工退出了兵团职工队伍,许多老职工的子女们通过考学、去外地打工等方式也离开了团场和连队。与此同时,大量内地贫困地区的农民为着经济利益的需要落户兵团,在兵团职工中所占的比重已经不小并且还在逐渐增加,他们的文化程度普遍不高,对文化发展的要求更加迫切,同时也对推进文化工作构成了严峻的挑战。团场职工是兵团屯垦戍边事业的主力军,肩负"屯垦"与"戍边"双重任务。只有一支规模适宜、结构合理、相对稳定、素质较高的职工队伍,才能实现兵团的奋斗目标和战略任务,进而不断提高兵团的凝聚力和战斗力,确保兵团始终成为"稳疆兴疆、富民固边"的坚强柱石和坚固堡垒。如何尽快提高新职工的素质、培育一支"有理想、有道德、有文化、有纪律"的高素质的职工队伍,使之适应发展屯垦戍边事业、全面建设小康社会和建设屯垦戍边新型团场的需要,已经成为兵团文化工作面临的一项刻不容缓的重要任务,成为迫切需要解决的一项重要课题。屯垦文化对职工群众具有强大的凝聚力。一方面,它通过屯垦文化的独特的力量和作用,增强兵团人的归属感,提升兵团屯垦戍边的综合实力,为兵团事业的发展提供强大的精神动力。它把百万军垦战士的注意力集中到为实现"发展壮大兵团,致富职工群众"的目标而奋斗的组织活动中,从而加强了兵团这个特殊屯垦组织的统一性和协调性。另一方面,屯垦文化本身就是一种力量,正如物质需要推动着人们发展出各种本质上属于物的力量形式一样,屯垦文化推动着广大军垦战士发展出各种只属于人的力量,政治力量通过垄断暴力展示出来,经济力量通过占有财富而产生出来,而文化的力量通过知识和信念表现出来。人的需要是一个整体,精神的需要是物质需要的一种延伸,物质的需要也在不同程度上渗透着各种精神的需要,而且是在精神需要的作用下呈现出不断增长的趋势。随着兵团经济社会由总体小康向全面小康的转变,职工群众对文化的需求迅速增长,全面建设小康社会的重要目标之一就是文化更加繁荣,没有繁荣的文化,就不能实现人的全面发展和社会全面进步;通过发展繁荣屯垦戍边文化,不断丰富职工群众的精神生活,进而提升职工群众的素质、协调社会关系、激发职工群众的创造潜能,最终促进人的全面发展和社会的全面进步。因此能不能建设繁荣的屯垦戍边文化,不仅关系到能否实现兵团在西北地区率先实现全面建设小康社会的目标,同时关系到能否满足职工群众日益增长的精神文化需求。这就要求我们在建设屯垦戍边文化、推进兵团文化建设中,必须充分体现兵团最广大职工群众的利益和愿望,使最广大职工群众不断获得切实的文化利益。要适应社会主义市场经济下职工群众文化发展的新要求,积极发展文化事业和文化产业,不断丰富文化发展的内容、形式和途径。要逐步提高广大干部职工的政治素质、文化科学素质、军事素质和健康素质,为屯垦戍边事业提供强有力的精神动力和智力支持。要通过理论指引和舆论引导,营造良好的社会环境,保证兵团经济和社会发展的正确方向;通过发展健康向上、丰富多彩的,具有兵团风格、兵团气派的屯垦文化,丰富广大干部职工的精神文化生活,不断提高他们的思想境界和审美水平,促进兵团人的全面发展。更加自觉地坚持以人为本,把服务于职工群众作为首要任务,义不容辞地保障职工群众的文化权益,千方百计地满足职工群众的精神文化需求,迅速提高广大职工群众的思想道德素质、科学文化素质和身心健康水平,帮助他们树立起正确的理想、信念和价值取向,大力弘扬兵团精神,吸收借鉴古今中外优秀的文化成果,不断繁荣兵团文化,更好地满足职工群众的精神文化需求。

3. 要立足屯垦戍边的新实践推进兵团文化建设。立足于改革开放和当代屯垦的伟大实践,与时俱进,开拓创新,是建设文化戍边的内在要求。创新是屯垦戍边事业发展的灵魂。屯垦实践没有止境,屯垦文化的创新也没有止境。屯垦戍边事业是不断发展变化的,我们的认识要深化,我们的文化发展必须跟上时代和实践发展的步伐,发展屯垦文化必须充分体现时代精神和创新精神。屯垦戍边的实践发展没有止境,屯垦文化的与时俱进也不应该有止境。当前,兵团屯垦戍边事业正面临着新的发展机遇。兵团提出了"发展壮大兵团,致富职工群众"的工作目标和在西北地区率先实现全面建设小康社会的奋斗目标,提出了建设屯垦戍边新型团场、推进新型工业化、加快农业产业化和城镇化、构建和谐兵团等战略任务,这对文化发展提出了新的更高的要求。全面建设小康社会,经济、政治、文化必须协调发展,必须把物质文明、政治文明和精神文明都搞好。如果没有物质文明的发展,政治文明建设和精神文明建设就失去了物质基础;没有政治文明和精神文明的进步,物质文明建设就没有动力,经济发展目标就难以实现。只有建设面向现代化、面向世界、面向未来,民族的科学的大众的社会主义先进文化,才能满足人民日益增长的物质文化生活的需要,不断促进广大人民群众思想道德素质和科学文化素质的提高,才能为经济发展提供坚实的思想保证、强大的智力支持,也才能真正实现全面小康。全面建设小康社会是人与自然和谐相处的社会,随着兵团经济的快速发展,经济对资源的需求不断攀升,为了克服环境恶化、生态危机等问题,必须通过积极的文化宣传和文化教育,确立和弘扬科学的发展观,树立和谐的文化发展理念,妥善处理好经济发展与人口、资源和环境的关系,建构有利于人与生态环境共存共荣的生产方式和生活方式,从而有效地改善经济结构,减少对自然资源的消耗,实现人与自然的和谐发展。文化是兵团屯垦戍边实力的重要内容,屯垦戍边实力中凝聚力和爱国奉献精神离不开兵团文化的培育。职工群众的根本需要既包括物质需要,也包括文化需要,文化是职工群众不断增长的根本需要之一。发展壮大兵团、致富职工群众,不仅要求发展壮大兵团的经济科技军事实力,同时需要发展壮大兵团的文化实力;不仅要求以丰富的物质成果致富职工群众,同时要求以丰富的精神文化成果致富职工群众。为此,必须围绕屯垦戍边的新实践发展独特的屯垦戍边文化,通过屯垦戍边文化打造出有吸引力的屯垦戍边人文环境,激励和调动职工群众的历史创造性和积极性,形成使人才得以发挥作为的人文舞台和广阔空间,为各种人才创造"拴心留人"的良好环境,使屯垦戍边活动的参与者和各种有志之士产生对屯垦戍边事业的热爱和向往,以吸引并留住屯垦戍边事业发展必需的各种人才和劳动力;必须围绕促进经济发展的要求发展繁荣兵团文化,为屯垦戍边活动需要营造一种有凝聚力的氛围,让经济发展目标、前景和各项举措深入人心,为职工群众所理解和拥护,及时解决职工群众的各种思想认识疑虑,纾解他们的情绪,调动他们的热情和积极性,发挥他们的主动精神和历史创造精神;必须围绕促进安定团结的要求发展兵团文化,弘扬积极健康向上的社会主流文化价值观念,强化社会的经济文化纽带,发展和谐文化,营造一种缓解和消除各种社会矛盾、促进社会团结的社会环境,强化各民族、不同地域、不同风俗和不同社会集团之间联系和交往,推动社会的和谐进步;必须围绕促进社会稳定的要求推进兵团文化建设,大力弘扬中华民族主流文化,巩固和加强意识形态阵地,认真做好对群众、特别是对青少年的宣传工作,揭露"三股势力"分裂破坏的阴谋,消除分裂思想对各族群众的影响,弘扬热爱祖国、热爱中华民族文化的价值风尚,针对分裂势力、恐怖势力和极端势力的分裂破坏活动,针对"三股势力"制造民族矛盾、煽动民族仇视、与我们争夺阵地、争夺群众、争夺青少年,切实巩固好基层反分裂斗争阵地,维护好民族团结,做好青少年工作。必须围绕促进边防巩固的要求推进兵团文化建设,使职工群众牢固树立热爱祖国、无私奉献、守边固边的意识,发展边疆地区的经济社会科技文化事业,提高职工群众政治军事科技文化素质,抵御境外的文化渗透,使职工群众扎根边疆、为国戍边,发展边疆经济,巩固边疆经济基础;提高对敌斗争、反蚕食、反渗透的警惕性,增强军事斗争能力。只有紧紧立足于屯垦戍边新的伟大实践,兵团文化建设才能始终把握先进文化的前进方向,不断从新的时代、新的实践中获得新的发展生机和活力,才能不断达到新的繁荣,也才能更好地适应和服务于屯垦戍边事业发展的新需要。

论毛泽东的发展观

　　自从我们党成立以来,发展问题一直是摆在我们党面前的一个重大问题,成为执政党以后,特别是改革开放以来,这个问题就显得比以往任何时候都更加突出、更加重要、更加紧迫。我们党是一个非常重视理论武装的政党,我们所从事的一切实践都是在一定理论指导下进行的。毛泽东作为我们党第一代领导集体的核心,他关于发展的重要思想全面系统地反映了我们党在一定历史时期关于发展的基本理论和基本原则。研究毛泽东关于发展的重要思想,对于更好地理解我们党在不同历史时期的发展思想,对于更加深刻地理解现在全国上下正在认真践行的科学发展观,对于全面推进中国特色社会主义的伟大事业,都是具有重大意义的。毛泽东关于发展的思想内容十分丰富,归纳起来主要有下几个方面。

一、关于发展的目的,毛泽东的发展思想主要包含生产力的发展、人民的富裕和国家现代化三个方面的主要内容

　　毛泽东发展思想中关于发展的目的可以从多方面进行解读,但最主要内容体现在以下三个方面。第一,从发展与生产力的关系来讲,毛泽东在革命战争时期讲发展主要着眼于生产力的发展。他认为地主阶级和买办阶级之所以是革命最主要的敌人,是因为他们"代表中国最落后的和

最反动的生产关系,阻碍中国生产力的发展",①他高度赞扬历史上的农民起义,"因为每一次较大的农民起义和农民战争的结果,都打击了当时的封建统治,因而也就多少推动了社会生产力的发展"②。他说,"如果我们不能发展生产力,老百姓就不一定拥护我们"③。他认为夺取政权后的主要任务是发展生产力,他强调,"我们的根本任务已经由解放生产力变为在新的生产关系下面保护和发展生产力"。④ 他从规律论的角度说明发展生产力是我们工作的最终目标,"首先制造舆论,夺取政权,然后解决所有制问题,再大大发展生产力,这是一般规律"。⑤ 第二,从发展与人民利益的关系来讲,毛泽东讲发展显然是着眼于实现人民的根本利益。早在 1944 年他就指出,"我们这个队伍完全是为着解放人民的,是彻底地为人民的利益工作的","为人民利益而死,就比泰山还重"。⑥ 他说,"中国共产党英勇坚决地领导了中国的革命战争,在十五年的漫长岁月中,在全国人民面前,表示了自己是人民的朋友,每一天都是为了保护人民的利益,为了人民的自由解放,站在革命战争的最前线。"⑦第三,从发展与国家的前途的关系来讲,毛泽东的发展观经历了由国家工业化到国家现代化的过程。新中国成立前夕,毛泽东就提出"由农业国进到工业国,由新民主主义社会进到社会主义社会和共产主义社会"的发展目标。⑧ 在毛泽东修改定稿于 1953 年 12 月发布的《关于党在过渡时期总路线的学习和宣传提纲》中,又进一步提出了国家发展现代化的目标,即"实现国家的社会主义工业化,就可以促进农业和交通运输业的现代化,就可以建立和巩固现代化的国防。"1954 年 9 月 15 日,毛泽东在第一届全国人民代

---

① 《中国社会各阶级的分析》(《毛泽东选集》第一卷)
② 《中国革命和中国共产党》(《毛泽东选集》第三卷)
③ 在中共中央办公厅为陕甘宁边区工厂厂长及职工代表会议举行的招待会上讲话(《毛泽东文集》第三卷)
④ 《关于正确处理人民内部矛盾的问题》(《毛泽东文集》第七卷)
⑤ 《读苏联〈政治经济学教科书〉的谈话》(节选)(《毛泽东文集》第八卷)
⑥ 《为人民服务》(《毛泽东选集》第三卷)
⑦ 《中国革命战争的战略问题》(《毛泽东选集》第一卷)
⑧ 《论人民民主专政》(《毛泽东选集》第四卷)

表大会第一次全体会议的开幕词中提出："准备在几个五年计划之内，将我们现在这样一个经济上文化上落后的国家，建设成为一个工业化的具有高度现代文明程度的伟大的国家"的目标。1957 年 2 月，毛泽东又把社会主义建设目标更加具体化了："将我国建设成为一个具有现代工业、现代农业和现代科学文化的社会主义国家。"①1959 年底到 1960 年初，他又一次讲到关于社会主义建设的发展目标，他说，"建设社会主义，原来要求是工业现代化、农业现代化、科学文化现代化，现在要加上国防现代化"，这样就形成了"四个现代化"的建设发展目标。②

二、关于发展的动力，毛泽东做了多方面的探索，他认为矛盾是发展的根本动力。

作为哲学家和思想家的毛泽东，对于发展动力的探索具有浓厚的哲学思辨的色彩，当然也是具有相当深度的。第一，他认为"任何现象自身的矛盾性引起事物发展，这是唯物辩证法的发展观的基本要素。"③针对有人把批评与自我批评作为发展的动力，他指出，"说批评和自我批评是社会主义社会发展的强大动力，这个说法不妥当。矛盾才是动力，批评和自我批评是解决矛盾的方法"。④ 他批评"许多人不敢公开承认我国人民内部还存在着矛盾，正是这些矛盾推动着我们的社会向前发展。"⑤第二，他不仅提出矛盾是发展的动力，还进一步分析道，"事物发展的根本原因，不是在事物的外部而是在事物的内部，在于事物内部的矛盾性。任何事物内部都有这种矛盾性，因此引起了事物的运动和发展。事物内部的这种矛盾性是事物发展的根本原因，一事物和他事物的互相联系和互相影响则是事物发展

---

① 《关于正确处理人民内部矛盾问题》(《毛泽东文集》第七卷)
② 《读苏联〈政治经济学教科书〉的谈话》(节选)(《毛泽东文集》第八卷)
③ 《读米丁等著沈志远译〈辩证唯物论与历史唯物论〉(上册)一书的批注》(一九三七年七月以前)《毛泽东哲学批注集》)
④ 《读苏联〈政治经济学教科书〉的谈话》(节选)(《毛泽东文集》第二 2 卷。)
⑤ 《关于正确处理人民内部矛盾的问题》(《毛泽东文集》第七卷)

的第二位的原因"。① 第三,他认为发展的全部过程都伴随矛盾的存在,"事物发展过程的自始至终的矛盾运动,列宁指出马克思在《资本论》中模范地作了这样的分析。这是研究任何事物发展过程所必须应用的方法,列宁自己也正确地应用了它,贯彻于他的全部著作中"。② 第四,"一个大的事物,在其发展过程中,包含着许多的矛盾","这些矛盾,不但各有其特殊性,不能一律看待,而且每一矛盾的两方面,又各有其特点,也是不能一律看待的。我们从事中国革命的人,不但要在各个矛盾的总体上,即矛盾的相互联结上,了解其特殊性,而且只有从矛盾的各个方面着手研究,才有可能了解其总体"。③ 第五,他认为矛盾的性质不同决定着解决矛盾的方法也不同。他指出,在资本主义社会,由于社会基本矛盾具有阶级对抗性质,始终存在着根本利害冲突,因而这种矛盾靠资本主义制度本身是无法解决的,必须通过彻底革命的方法,否定其自身、建立适应生产力发展要求的新的政治经济制度来解决。而社会主义社会的基本矛盾,是属于各方面根本利益一致的非对抗性矛盾,完全可以通过改革和调整生产关系、上层建筑与生产力之间不相适应的环节和方面,使社会主义制度得到自我完善和自我发展,不断解放和发展生产力,巩固和壮大其经济基础。④ 从这种思想出发,他进一步指出"在中国封建社会里,只有这种农民的阶级斗争、农民的起义和农民的战争,才是历史发展的真正动力。"⑤

三、关于发展的阶段,毛泽东提出任何社会都是划分为一定阶段的,并且创造性地提出了社会主义过渡时期的理论。

第一,毛泽东认为任何社会发展都是分为若干阶段的。在谈到旧民主

① 《矛盾论》(毛泽东选集)第一卷版)
② 《矛盾论》(毛泽东选集)第一卷)
③ 《矛盾论》(毛泽东选集)第一卷)
④ 《关于正确处理人民内部矛盾问题》(《毛泽东文集》第七卷)
⑤ 《中国革命和中国共产党》(《毛泽东选集》第三卷)

主义革命发展的阶段时他说,"中国资产阶级民主革命的过程,如果要从它的准备时期说起的话,那它就已经过了鸦片战争、太平天国战争、甲午中日战争、戊戌维新、义和团运动、辛亥革命、五四运动、北伐战争、土地革命战争等好几个发展阶段。今天的抗日战争是其发展的又一个新的阶段,也是最伟大、最生动、最活跃的一个阶段"。① 他说,"我们是革命转变论者,主张民主革命转变到社会主义方向去。民主革命中将有几个发展阶段"。②第二,他认为共产主义可能划分为很多阶段。1955 年 10 月,他在会见工商界代表人士的谈话中就说:"将来还要发展到共产主义,共产主义也要分阶段"。他 1958 年指出,"进到共产主义时代了,又一定会有很多很多的发展阶段。从这个阶段到那个阶段的关系,必然是一种从量变到质变的关系。"③1956 年 11 月底,他会见苏联驻华大使尤金,进一步发挥了这个思想。他说,共产主义社会可分成第一阶段、第二阶段、第三阶段等。第三,他对社会主义的发展阶段进行的探索,1959 年在郑州会议上讲话时指出,"六中全会的决议写明了集体所有制过渡到全民所有制和社会主义过渡到共产主义所必须经过的发展阶段"。④ 毛泽东在 1959 年 12 月到 1960 年 2 月又比较集中地阐述了社会主义的发展阶段问题,他指出:"社会主义这个阶段,又可能分为两个阶段。第一个阶段是不发达的社会主义,第二个阶段是比较发达的社会主义。后一阶段可能比前一阶段需要更长的时间。经过后一阶段,到了物质产品、精神财富都极为丰富和人们的共产主义觉悟极大提高的时候,就可以进入共产主义社会了"。⑤ 第四,毛泽东最富有创造性的探索是从新民主主义向社会主义过渡的理论,他认为由于中国的民主革命是无产阶级领导的,因此,在民主革命同社会主义革命之间不存在鸿沟;又由于中国原来的经济落后,民主革命胜利后,不能直接向社会主义

---

① 《五四运动》(《毛泽东选集》第二卷)
② 《为争取千百万群众进入抗日民族统一战线而斗争》(《毛泽东选集》第一卷)
③ 《工作方法六十条》(《毛泽东文集》第七卷)
④ 《在郑州会议上的讲话》(节选)(《毛泽东文集》第八卷)
⑤ 《读苏联〈/政治经济学教科书〉的谈话》(节选)(《毛泽东文集》第二 2 卷。)

转变,而是需要一个过渡时期,来恢复生产,发展经济,待条件成熟后再转变为社会主义,这个过渡时期毛泽东又称之为新民主主义时期。毛泽东指出,"中国的革命既然是新民主主义革命,那么它所要采取的国家形式,既非欧美式的资本主义共和国,又非苏联式的社会主义共和国,而是第三种形式,即新民主主义共和国。"①由于这个理论毕竟是一种探索,因而其中许多合理的东西没有很好地坚持下来,比如,他后来以"过渡时期"的提法来概括新民主主义历史阶段,而不再提新民主主义社会,这样中国社会历史发展的进程,就成了半殖民地半封建社会——过渡时期——社会主义社会,实际上删除了新民主主义社会这样一个历史发展阶段。

四、关于发展的方法,基本思路是采取高速度的办法来实现发展。

毛泽东发展思想中关于发展的方法,第一,把高速度作为发展一个重要的战略,他具有强烈的忧患意识和紧迫感,他把速度问题当作政治问题看待,当作关系社会主义生死存亡的问题看待。1949 年春,毛泽东在中共七届二中全会上,就曾预言:"中国经济建设的速度将不是很慢而可能是相当地快的,中国的兴盛是可以计日程功的"。② 1959 年 12 月说,"我国人民现在还要像苏联那个时候一样,忍受一点牺牲,但是只要我们能够使农业、轻工业、重工业都同时高速度地向前发展,我们就可以保证在迅速发展重工业的同时,适当改善人民的生活。"③毛泽东 1963 年《满江红·和郭沫若同志》诗中"多少事,从来急;天地转,光阴迫。一万年太久,只争朝夕"的词句也在某种程度上表达了急于求成的心态,他曾经设想用三个五年计划基本实现工业化和完成社会主义改造,用 10 个到 15 个五年计划建成强大的社会主义国家,用几十年或 100 年追上或超过最强大的资本主义国家,这些

① 《新民主主义论》(《毛泽东选集》第二卷)
② 《毛泽东选集》第四卷。
③ 《读苏联〈/政治经济学教科书〉的谈话》(节选)(《毛泽东文集》第二 2 卷。)

都包含着高速度的思想。第二,高速度发展的思想反映到党内斗争中,就是对反冒进的错误批判,1955年开始毛泽东在党内把反冒进错误地当作"小脚女人"进行了批判,1958年月南宁会议达到了高潮,毛泽东把陈云,甚至包括周恩来、刘少奇、李先念等人都当作了批评对象,说反冒进反掉了多快好省,此后就开始了"大跃进",由生产指标的大冒进发展到社会的超阶段,到跑步进入共产主义,这些都高速度这种良好愿望下的一种超越阶段的不成熟的做法。第三,高速度发展的思想反应在国际竞争中,就是对发达资本主义国家的赶超。1955年3月21日,在中国共产党全国代表会议上,毛泽东明确提出"要在大约几十年内追上或赶上世界上最强大的资本主义国家"。10月29日,在工商业社会主义改造问题座谈会上,毛泽东讲得更具体,"我们的目标是要赶上美国,并且要超过美国,……究竟要几十年,看大家努力,至少是五十年吧,也许七十五年"。在1956年8月党的"八大"预备会议上,他指出:"人家(指美国)一亿七千万人口有一万万吨钢,你六亿人口不能搞它两万万吨、三万万吨呀。你赶不上,那你就没有理由,……它的钢在六十年前也只有四百万吨,我们比它落后六十年。假如我们再有五十年、六十年,就完全应该赶过它,这是一种责任"。1957年7月,党中央在青岛召开省市委书记会议,毛泽东再次强调:"准备以八个至十个五年计划在经济上赶上并超过美国"。毛泽东在《工作方法六十条(草案)》中仍明确指出:"现在要来一个技术革命,以便在十五年或者更多一点的时间内赶上和超过英国",这种赶超思想是高速度方法最集中的反映。第四,为了实现高速度,毛泽东强调发展的综合平衡,1959年6月同秘鲁议员团谈话他指出:"搞社会主义建设,很重要的一个问题是综合平衡"。1959年6月《在庐山会议上讨论的十八个问题》又说:"在整个经济中,平衡是个根本问题……有三种平衡:农业内部农、林、牧、副、渔的平衡;工业内部各个部门、各个地区环节的平衡;工业和农业的平衡。整个国民经济的比例关系是在这些基础上的综合平衡。"①1959年6月去庐山出席中共中

---

① 《毛泽东文集》第八卷。

央政治局扩大会议途中在船上同协作区主任委员的谈话和七月在庐山中央政治局常委扩大会上的讲话把综合平衡作为四个基本问题之一,这表明,毛泽东时代主要是搞平衡发展战略。第五,强调统筹兼顾的方法,毛泽东指出:"统筹兼顾,是指对六亿人口的统筹兼顾"。又说:"我们的方针是统筹兼顾、适当安排。无论粮食问题,灾荒问题,就业问题,教育问题……,都要从对全体人民的统筹兼顾这个观点出发,就当时当地的实际可能条件,同各方面的人协商,作出各种适当的安排",还说:"统筹兼顾,各得其所,这是我们历来的方针"。①

五、关于发展的规律,毛泽东主要还是从哲学的高度进行了积极的探讨。

第一,他认为事物的发展中始终存在矛盾。"矛盾的普遍性或绝对性这个问题有两方面的意义。其一是说,矛盾存在于一切事物的发展过程中;其二是说,每一事物的发展过程中存在着自始至终的矛盾运动","矛盾存在于一切事物发展的过程中,矛盾贯串于每一事物发展过程的始终,这是矛盾的普遍性和绝对性,前面已经说过了"。② 第二,他认为事物的发展是由低级向高级实现的。"马克思主义者认为人类社会的生产活动,是一步又一步地由低级向高级发展,因此,人们的认识,不论对于自然界方面,对于社会方面,也都是一步又一步地由低级向高级发展,即由浅入深,由片面到更多的方面。"③第三,他认为新的东西总是要代替旧的东西。"我们常常说'新陈代谢'这句话。新陈代谢是宇宙间普遍的永远不可抵抗的规律。依事物本身的性质和条件,经过不同的飞跃形式,一事物转化为他事物,就是新陈代谢的过程。任何事物的内部都有其新旧两个方面的矛盾,形成一系列的曲折的斗争。斗争的结果,新的方面由小变

---

① 《关于正确处理人民内部矛盾问题》(《毛泽东文集》第七卷)
② 《矛盾论》(《毛泽东选集》第一卷)
③ 《实践论》(《毛泽东选集》第一卷)

大,上升为支配的东西;旧的方面则由大变小,变成逐步归于灭亡的东西。而一当新的方面对于旧的方面取得支配地位的时候,旧事物的性质就变化为新事物的性质。"①第四,他认为发展是不平衡的。"无论什么矛盾,矛盾的诸方面,其发展是不平衡的。有时候似乎势均力敌,然而这只是暂时的和相对的情形,基本的形态则是不平衡。矛盾着的两方面中,必有一方面是主要的,他方面是次要的。其主要的方面,即所谓矛盾起主导作用的方面。事物的性质,主要地是由取得支配地位的矛盾的主要方面所规定的"。②"世界上没有绝对地平衡发展的东西,我们必须反对平衡论,或均衡论。同时,这种具体的矛盾状况,以及矛盾的主要方面和非主要方面在发展过程中的变化,正是表现出新事物代替旧事物的力量。"③第五,他认为发展不可能是直线式的。"为了进攻而防御,为了前进而后退,为了向正面而向侧面,为了走直路而走弯路,是许多事物在发展过程中所不可避免的现象。"④"客观过程的发展是充满着矛盾和斗争的发展,人的认识运动的发展也是充满着矛盾和斗争的发展。"⑤第六,他认为发展必须实事求是。实事求是是毛泽东思想的精髓,这个思想在发展问题上。他指出:"马克思主义的'本本'是要学的,但是必须同我国的实际相结合。我们需要'本本',但是一定要纠正脱离实际情况的本本主义。"⑥他说:"人们要想得到工作的胜利即得到预想的结果,一定要使自己的思想合于外界的规律性,如果不合,就会在实践中失败。"⑦延安整风运动前的 1938年他强调,中国共产党必须"学会把马克思列宁主义的理论应用于中国的具体的环境",他指出:"成为伟大中华民族的一部分而和这个民族血肉相连的共产党员,离开中国特点来谈马克思主义,只是抽象的空洞的马

---

① 《矛盾论》(毛泽东选集)第一卷)
② 《矛盾论》(毛泽东选集)第一卷)
③ 《矛盾论》(毛泽东选集)第一卷)
④ 《中国革命战争的战略问题》(《毛泽东选集》第一卷)
⑤ 《实践论》(毛泽东选集)第一卷)
⑥ 《反对本本主义》(《毛泽东选集》第一卷)
⑦ 《实践论》(毛泽东选集)第一卷)

克思主义。因此,使马克思主义在中国具体化,使之在其每一表现中带着必须有的中国的特性,即是说,按照中国的特点去应用它,成为全党亟待了解并亟须解决的问题"。中共八届九中全会在北京召开前后,毛泽东多次发表讲话,强调要恢复实事求是的优良传统,号召"大兴调查研究之风",一切从实际出发,做到"情况明,决心大,方法对",他甚至还提出要"搞一个实事求是年"。[1] 邓小平十分恰当地指出:"毛主席最伟大的功绩是把马列主义的原理同中国革命的实际结合起来,指出了中国夺取革命胜利的道路。"[2]

　　毛泽东关于发展的重要思想是在特定历史时期产生的,然而,这些思想已经达到那个时代所能达到的高峰;这些思想也不是完美无缺的,有些观点还有超越时代的地方,需要在实践中完善,但是它们是一个伟大的革命领袖和思想家在探索中不可避免出现的偏差,这是不能苛求前人的。因此,我们要全面地历史地科学地学习、研究和继承毛泽东关于发展的重要思想中这些闪烁着真理光芒的东西,从而更好地理解科学发展观,把中国特色社会主义事业不断推向前进。

① 《中国共产党在民族战争中的地位》(《毛泽东选集》第二卷)
② 《邓小平文选》(1975—1982年)。

党中央三代领导集体与兵团屯垦戍边事业

在中国几千年的屯垦史上,规模最大、成就最辉煌的屯垦组织当数新疆生产建设兵团(以下简称兵团)。兵团履行了并且继续履行着其他任何组织不可替代的特殊职能:作为党中央治国安邦的特殊组织,兵团发挥了并且继续发挥着其他组织不可替代的特殊作用;作为毛泽东屯垦思想的忠实实践者,兵团在发展边疆经济、维护稳定、增强民族团结、保卫国家领土完整等方面取得了举世瞩目的成就。兵团的事业之所以这样辉煌,因素是多方面的,但最根本的、起决定作用的是党中央几代领导集体对兵团事业的高度重视和亲切关怀。

一、五项重大决策奠定了兵团事业发展的组织基础

在兵团发展史上,从人民解放军挥师进新疆到部队整编开展大生产运动奠定兵团事业的基础,从创建生产建设兵团建设正规化国营农场到兵团事业全面发展创造第一次辉煌,从新疆生产建设兵团的恢复到兵团事业的第二次辉煌,兵团事业的发展总是同中央几代领导集体的关怀联系在一起的。这种联系是全方位、多层次的,总体来讲,决定兵团历史命运、关系兵团发展前途、具有里程碑意义的重大决策有五项。五项重大决策体现了党的几代领导集体对兵团事业始终如一的关怀,也体现了中央

屯垦政策的连续性和一致性。

第一项决策是军队开展大生产运动。1949 年 12 月 5 日,毛泽东发出《关于一九五〇年,军队参加生产建设工作的指示》,号召全军"除继续作战和服勤务者外,应当担负一部分生产任务,使我人民解放军不仅是一支国防军,而且还是一支生产军"。这个指示当时虽然是发给全军的,但它对于新疆兵团的成立有着非凡的意义。根据这一指示,驻新疆的人民解放军指战员从 1950 年到 1954 年开展了轰轰烈烈的大生产运动,于是有了 30 多个遍布新疆南北的军垦农场,有了横贯东西、沟通南北、环绕天山的交通运输线,有了从勘测设计、建筑施工到建材生产综合性的建筑企业,有了白手起家创办的军人生产合作社,有了为生产生活服务的服务业,四年的创业积累了生产经验,准备了物质条件,奠定了组织基础,在兵团发展史上是一个伟大的创举。

第二项决策是组建生产建设兵团。据王震 1981 年 4 月 3 日在全国农垦局长会议上介绍,毛泽东、周恩来、朱德多次谈道,为了巩固边疆、保卫祖国,自古以来就有一个组织军队参加屯垦戍边的问题。毛泽东同志说《共产党宣言》的 10 大纲领,有一条就是要建立农业产业军。他提出要开垦荒地,建设一支采用现代机器和科学技术的产业大军。这些思想付诸实践的重大决策就是组建生产建设兵团。1954 年 7 月 15 日,中共中央新疆分局和新疆军区根据毛泽东的这一思想提出组建新疆军区生产建设兵团。1954 年 8 月 6 日,由毛泽东起草的中央军委总参谋部复电,同意第二十二兵团和军区生产管理部合并,成立新疆生产建设兵团。10月 7 日,新疆军区发布命令《公布成立新疆军区生产建设兵团》。在几千年的中国屯垦史上这是一个根本性的转折,从组织形式来说,当时的兵团实现了由正规部队向一种新型的准军事化组织的转变;从担负的任务来说,实现了由担负作战任务为主兼顾生产建设向以生产建设为主兼顾军事任务的转变;从兵团的经济工作来说,它实现了由早期的军垦农场向正规化国营农场的转变。或者说,新疆军区生产建设兵团的成立,标志着在中国屯垦史上有了一个崭新的极具发展潜力的组织形式。

第三项决策是动员全国各方支援兵团的建设。1950年到1952年8000多名湖南女兵来到兵团,1956年国家动员河南5万名青年到兵团参加生产建设。从1957年到1962年先后以中共中央、国务院、农垦部名义下发文件,动员内地青年参加边疆建设。中央的这些决策,极大地调动了全国人民参加边疆建设的积极性。从1957年到1966年,兵团职工由17.8万增加到80.8万,9年增加了63万余人。新加入兵团的人员具备了一些新的特点,一是来源地域广,他们分别来自上海、北京、天津、安徽、江苏、湖北、浙江、河南等地;二是文化程度相对比较高,这些人的主体是知识青年,加上每年调入的大中专毕业生和各类专业人才,在当时来说,兵团职工的知识水平相对是比较高的;三是政治热情高,除了知识青年外,这段时间国务院和中央军委给兵团安置了8万人的复员士兵和置业军官,这些新生力量的加入,使得兵团事业在以后的发展中有了一支政治上可靠、军事上过硬和文化水平较高的队伍。

第四项决策是恢复新疆生产建设兵团。鉴于"文化大革命"中撤销兵团的历史错误和对屯垦事业造成的巨大损失,鉴于新疆边境线长、可开荒地面积大的特点和国际上民族分裂趋势加剧并加紧对我进行分化步伐的形势,特别是鉴于国内分裂势力空前猖獗的严重局面,邓小平洞察到,在新疆有一个兵团的存在,对于这里的经济发展、社会稳定、民族团结具有十分重要的作用。他指出,新疆生产建设兵团是稳定新疆的核心,新疆生产建设兵团要恢复。他1981年率王震等考察新疆,同年12月中共中央、国务院、中央军委作出《关于恢复新疆生产建设兵团的决定》,这项决策恢复了被错误撤销的兵团机构建制,重新组织起被解散的队伍,使得一度被错误路线断送的屯垦事业又有了新的转机和希望。我们可以毫不夸张地说,恢复兵团和创建兵团具有同样重大的意义。

第五项决策是对兵团实行计划单列。随着改革放开的深化,兵团原有的体制已经不适应或不完全适应兵团的经济和社会发展以及履行屯垦戍边使命的需要,为此,国务院在1990年3月发出了《关于调整新疆生产建设兵团计划管理体制和有关问题的通知》。这是在改革开放新形势下中央关于兵团问题的又一重大决策,这个决策的意义不仅仅在于赋予了兵团一些新的权力,也不在于理顺了兵团与国务院有关部委、兵团与新疆维吾尔自治区的关系,更重要的是体现了第三代中央领导集体站在历史和战略的高度来思考和解决兵团的问题,这一决策为兵团在新形势下持续稳定健康发展奠定了基础。

这五项重大决策体现出几代中央领导集体在不同历史时期对兵团的发展给予的一以贯之的亲切关怀和高度重视。可以说,如果没有这几项重大决策,就不可能有兵团的产生,兵团也不可能在短时期内有巨大的发展,被错误撤销的兵团也不可能迅速恢复,在新的历史条件下兵团的事业也不可能有新的作为。

二、三代领导集体的屯垦思想奠定了兵团事业发展的理论基础

兵团的发展壮大,兵团的辉煌与梦想,是以历代中央领导集体关于兵团的理论为指导的,这些理论奠定了兵团事业发展的理论基础。

(一)"三个队"、"四个力量"——科学规定了兵团的性质

发展兵团事业,第一位的问题是弄清兵团是什么。过去我们搞了几十年社会主义,却在相当长的时间内没有搞清楚什么是社会主义,对于兵团的认识也有类似的问题。限于对历史上屯垦组织形式的认识,有人认为兵团就是变相的军事组织,有人以为兵团是简单的经济组织,也有人认为兵团也是一种社会行政组织,种种不正确的认识一度困扰着人们。为此,中央三代领导集体对兵团进行了科学定位,认为它是一种特殊的组织形式。特殊在哪里?毛泽东在决策成立兵团的时候,明确赋予了兵团"生产队""工作队""战斗队"的任务。1986年1月20日胡耀邦听取王恩茂汇报时强调:"它不仅是新疆经济建设的力量,而且是新疆安定团结的力量,巩固祖国统一的力量,增强民族团结的力量。"江泽民指出,兵团是"农工商学兵紧密结合、农森牧副渔全面发展的新型社会主义联合

体。"中央三代领导人对兵团定位的一致性在于,兵团既不是简单的经济实体,也不是简单的军事组织,更不是第二政府,它兼有三者的特点,但又不是其中任何一种的独立,三者的有机统一才是兵团。党中央对兵团的定位,解决了兵团发展中一个首要的和基本的问题。

(二)"党政军企合一"——准确界定了兵团的组织体制

邓小平谈到兵团组织形式的时候,指出它是"党政军结合"的体制。第三代中央领导进一步指出兵团是"党政军企合一"的组织体制。这个四位一体的根据,是对兵团组织体制的科学界定。兵团之所以实行四位一体的组织体制,这是由兵团任务和职能的多样性决定的。我们是中国共产党领导的国家,在中国,不论任何组织任何单位,党是领导一切的,社会主义国家的性质决定了兵团体制的第一重属性,即共产党领导下的特殊的组织形式。兵团又是一个"生产队",它的经济职能决定了兵团体制的第二重属性,即具有从事经济建设的企业性质。作为没有军费的军队,兵团自身的生存完全靠自己,除了自我生存外,兵团还要向国家交纳一部分税金,还要支援地方的经济建设,不大力发展生产力是不行的,没有企业职能兵团是无法生存的。兵团的"战斗队"职能决定了其体制的第三重属性,即它要有一支召之即来、来之能战的武装力量,以此维护稳定,并且对民族分裂主义起到强大的威慑作用。兵团所处的独特的地理环境、生产生活和管理环境,使兵团所属单位自成体系,为更好地管理屯垦区内的各类事务,兵团除了行使经济管理权外,还必须行使一定的行政权力,这就使兵团组织形式具有了第四重属性,即行政属性。党、政、军、企合一的领导体制,有利于集中统一领导,使兵团这个特殊的组织真正成为屯垦戍边坚强有力的领导核心和指挥中心。

(三)"屯垦戍边"——赋予兵团的历史使命

以"党政军企合一"的组织形式担负屯垦戍边的神圣历史使命,直接服从、服务于国家长治久安和新疆长远发展目标,是党中央三代领导集体立足于新疆各族人民的根本需要、立足于国家和新疆建设发展大局对兵团提出的明确要求。中央第二代领导集体在作出恢复兵团决定时明确指出:"生产建设兵团屯垦戍边,发展农垦事业。"以江泽民为核心的党的第三代领导集体多次强调:不论兵团经济体制如何改革,兵团屯垦戍边的任务不能变,兵团应当努力开发和健全执行屯垦戍边使命的必要功能。

中央三代领导集体的指示澄清了几个认识问题,即经济工作、政治工作和军事工作三位一体地统一于屯垦戍边的伟大事业之中,三者的有机统一就是兵团面临的任务。具体讲,其一,经济建设是兵团发展屯垦戍边事业的基础。江泽民同志明确指出,要从根本上解决兵团发展中存在的问题,关键还是要把兵团建设搞好,特别是要把经济搞上去。1998年,江泽民同志考察新疆和兵团时特殊强调,兵团要紧紧围绕经济建设这个中心,坚持改革开放不动摇,不断增强屯垦戍边实力,经济建设在屯垦戍边中处于中心地位。兵团的实质在于运用经济的形式达到国家长治久安和新疆长远发展的战略目的。其二,民族团结是兵团屯垦戍边的重要保证。为新疆各族人民大办好事和促进民族团结是兵团"工作队"任务的主要内容。早在1949年,中国人民解放军进军新疆时,毛泽东就明确指示:"你们到新疆去的任务,是为各族人民多办好事"。1958年,朱德同志明确指示:"军区和新疆生产建设兵团的同志们,要认真地团结各民族兄弟,热诚地帮助各民族兄弟,同时又要向各民族兄弟学习,成为执行党的民族政策的模范。"其三,维护稳定、巩固边防是屯垦戍边的重要内容。党和国家领导人多次强调和肯定兵团在巩固边防中的战略作用。1962年,兵团成功地执行了"三代"任务,妥善处理"伊塔事件",迅速组建边境农场,配合人民解放军共同守卫祖国边疆,这一举动得到了毛泽东的高度肯定,指出发挥好"战斗队"功能、巩固边防是新疆生产建设兵团的希望所在。党中央第二代领导集体在作出恢复兵团决策时,特别强调指出:兵团的边境团场"担负着生产和边防警备的双重任务,是边防第一线的中坚力量"。

三、党中央对兵团工作的指示为兵团 21 世纪的发展指明了方向

在风云变幻的 20 世纪,兵团的屯垦戍边事业在三代领导集体正确领导下取得了前所未有的辉煌。面对 21 世纪市场化、全球化、知识化到来时各国综合国力日趋激烈的竞争,兵团的屯垦戍边事业将会面临怎样的前景呢? 我们说,党中央的正确领导和一如既往的关怀,特别是党中央关于兵团工作的指示为兵团屯垦戍边事业开辟了广阔前景。

(一) 严峻的形势为兵团在新世纪屯垦戍边提出了客观要求

党中央对目前的形势有着异常清醒的认识,中央关于兵团工作的指示分析道:当前影响新疆稳定的主要危险是民族分裂主义、宗教极端势力和暴力恐怖活动。突出的问题是国际反动势力公开支持新疆境内的民族分裂活动;境外的民族分裂组织加紧聚合,对新疆的渗透破坏日益加剧;境内宗教极端势力活动猖獗,煽动闹事,冲击党政机关、爆炸等恐怖活动时有发生,有的已由地下转入半公开,甚至公然与政府对抗。中央还指出,在当前复杂的国际斗争中,新疆面临许多现实的和潜在的不安定因素,如果不高度警惕和加强各方面的工作,很可能会发生一些较大规模的突发事件,甚至有可能在一定范围内出现骚乱、动乱,影响新疆乃至全国的稳定,这种复杂的形势使得地处反对民族分裂主义、宗教极端势力、暴力恐怖活动的前沿,以经济为主、采取政治、经济、军事、文化综合性集团发展方式,能够最有效地提高屯垦戍边综合实力,直接服从和服务于国家长治久安和新疆长远发展目标的兵团肩负着更大的重任,拥有了更加广阔的用武之地。

(二) 党中央第三代领导集体明确提出屯垦戍边是治国安邦的重要国策,为兵团在新时期屯垦戍边提供了新的理论依据

江泽民同志总结历代治理新疆经验时指出,历朝历代都把屯垦戍边

作为开发新疆、巩固国防的一项重要国策。中央政府大规模屯垦始于西汉,以后历代相袭。这对统一国家、巩固国防、促进边疆地区的社会和经济发展,都发挥了重要作用。1998 年江泽民同志到兵团考察工作时从历史的角度阐述了屯垦戍边的重要性后精辟地指出,屯垦兴则西域兴,屯垦衰则西域乱。党中央三代领导集体一向重视兵团的工作,但把屯垦作为一项重要国策提出来,这恐怕还是第一次,这一理论对于兵团在新世纪的发展具有纲领性指导意义。

(三) 党中央第三代领导集体重视兵团的工作,肯定兵团的战略地位和作用,为兵团的发展指明了前进的方向

1998 年江泽民同志在视察兵团时指出,要把兵团工作放在历史的长河中,放在国际国内形势发展变化中,放在新疆稳定和发展的大局中加以认识,"三个放到"的论述表明,党中央把兵团作为治国安邦战略中的重要棋子。1994 年王恩茂同志在谈到兵团的作用时指出"四个关系":"在新疆,新疆生产建设兵团关系新疆和我国经济的发展,关系我们国家统一和民族团结的加强,关系新疆的长期稳定,关系祖国边疆的巩固和安全,具有重要和深远的战略意义"。中央还作出了加强兵团工作的战略决策,并且直接指导兵团的工作。党中央第三代领导集体的主要成员大都到过兵团。江泽民要求牢固对立全国一盘棋的思想,加强兵团与地方的团结与合作,加强新疆各族人民的大团结,发展融合型经济,形成开发建设新疆的强大合力。他指示兵团要加快将资源优势变为产业优势,进而变为经济优势的进程。兵团加强基础设施建设,要注意因地制宜,发挥优势,注意经济增长方式的转变,追求技术进步、效益质量。江泽民强调,实现屯垦戍边事业在 21 世纪的蓬勃发展,关键在于各族干部特别是兵团干部的素质和工作水平。江泽民同志殷切期望并勉励全体兵团人牢记历史使命,继续发扬艰苦奋斗的光荣传统,更好地担负起屯垦戍边的历史使命,为新疆的民族团结和经济社会发展创造新的业绩。江泽民同志视察兵团的讲话,是党中央第三代领导集体关于屯垦戍边事业的重要历史性

文献,对推进兵团跨世纪的发展具有全面深刻的指导意义,为新世纪兵团的屯垦戍边事业指明了方向。

半个世纪以来,兵团事业的发展是正确贯彻中央三代领导集体屯垦戍边思想的结果,新疆和兵团的各级领导有必要经常重温三代领导集体,特别是第三代领导集体关于兵团工作的指示,用它武装我们的头脑,指导我们的实践,真正做到不辱使命。我们想念,只要我们的各级领导干部忠实执行以江泽民同志为核心的党中央的指示,加上党中央和全国人民的支持和兵团人的努力,兵团屯垦戍边事业的前景将会无限广阔,一定会更加辉煌。

落实基本经营制度与解放思想

兵团第六次党代会提出,到 2020 年前后,要力争突破束缚兵团发展的体制性障碍,建成完善的既适应市场经济要求又体现兵团特殊优势的体制机制,实现综合竞争能力和发展活力大幅提升。其中重点是落实基本经营制度,完善团场体制机制。为此,会议强调要解放思想,以改革创新精神处理"三大关系"。这就明确告诉我们,进一步解放思想是落实基本经营制度的首要问题。

一、落实基本经营制度中谁更需要解放思想

基本经营制度的形成是长期以来兵团人解放思想的结果,基本经营制度的全面落实亟须我们进一步解放思想,对此人们似乎没有疑问。但谈到谁最需要解放思想,却是仁者见仁智者见智,有些领导干部谈及个人,从来不承认自己思想不解放,而一说到单位发展不利的原因,又都归因于思想不够解放,但话里话外似乎解放思想的主体不是团场领导,而是职工群众。我不否认,在今天新一轮思想解放运动中,没有人能够成为旁观者,在两个经营主体中,团场和职工都有一个解放思想的问题,但作为矛盾的主要方面,团场领导干部更需要进一步解放思想。

为什么团场的领导干部更需要解放思想呢? 第一,由于团场领导在

落实基本经营制度的过程中发挥着统领全局的作用,他们思想是否解放以及解放的程度,决定着基本经营制度推进的方向。如果团场领导的思想符合客观实际,基本经营制度落实起来遇到的阻力就小,相反,如果他们思想认识不到位,基本经营制度的落实就走样,甚至南辕北辙,事与愿违。有些单位的群众就这样评价:"基本经营制度确实好,但是领导没有理解好、执行好,我们没有享受到好政策带来的好处"。团场领导又是落实基本经营制度的组织者和推进者,他们对于基本经营制度理解和认识的深度以及组织和推动的力度,又决定着基本经营制度落实的程度。如有些单位领导认识深刻、领导得力,在土地固定、费用自理、生产资料"一票到户"、大宗产品"定单收购"、棉花"撤卡"等问题上行动迅速,职工受惠就多,基本经营制度的落实就不打折扣。相反,有些单位领导认识不到位甚至有抵触情结,单位的经济发展就只能长期在原来的怪圈中徘徊。

第二,在现行的双层经营体制中,职工家庭客观上处于弱势地位,在目前的社会条件下,职工土地承包费的规范、职工负担的减免、职工经营自主权的落实,虽然是由干部和职工的互动共同来推进和实现的,但团场干部始终是矛盾的主要方面,这些工作主要是由团场领导去组织和推进的。团场干部思想认识到位的,土地就长期固定,职工负担就逐年减少,职工经营自主权就逐年扩大,相反,如果团场干部认识不到位的,年年喊固定却年年不固定,年年喊减负却不见负担减,年年喊经营自主,职工却感受不到自主权的增加。比如,人们要求农产品合同约定价要尊重价值规律,领导认识到位的单位就做得好些,而认识不到位的单位仍然还在那里搞"霸王条款"。人们要求加工经营的增值部分在团场与职工之间进行合理分成,领导认识到位的单位确实调动了两个积极性,使两个经营主体的关系比较和谐,而思想认识不到位的单位,仍然在那里搞摊派,变相乱收费,什么"三秋费""义务工费""牛草费"等,搞得职工苦不堪言。人们要求通过有效的管理和统一的社会服务,让职工家庭的经营效果在市场得以实现,领导思想认识到位的单位,良好的管理与服务确实给职工带来了实惠,相反,领导思想认识不到位甚至错位的单位,管理变成了变相的压制,服务变成了变相的盘剥。

第三,落实基本经营制度需要一个良好的环境,也就是要有相关配套政策措施的实施,第六次党代会强调建立和完善以"团场基本经营制度+其他配套制度+管理"为基本框架的体制机制,这些配套政策措施的制定,其根据是来自于职工群众的实践,但其主要原则和精神是通过领导者的理解而制定的,这些配套政策措施的实施及其完善和修订也是通过领导者工作来实现的,领导者思想解放与否以及解放的程度,决定着这些政策制定得是否科学合理,其不适宜的部分是否能够及时修订,是否能够真正落到实处。这些配套制度的落实,关键也在领导,比如,土地经营管理制度中定额承包的土地确定得是否合理,经营地承包费用是否确定得公平公正;再比如,团场农用生产资料和农产品管理制度中能否杜绝农用生产资料采供环节和农产品购销环节的坑农和腐败行为;又比如"三重一大"制度中重大事项的决策能否依照法定的程序集体讨论,关键都在于领导者。至于团场内部管理,更是领导者分内的责任。因此,解放思想的主体不是职工,而是团场领导干部。

二、落实基本经营制度需要解放哪些思想

落实基本经营制度,需要解放思想的方面很多,从目前的情况来看,我认为重点要在以下几个方面解放思想。

一是对于职工的态度上要有大的思想解放。有些领导干部否认职工群众在落实基本经营制度中的主体,只是把他们看作被引导者、被服务者,甚至是被驱使者。比如讲土地固定,团场某些领导可以朝令夕改,职工只能消极适应。我们要转变这种观念,要相信落实基本经营制度是职工群众自己的事情,如果没有最广大职工群众自觉自愿的努力,落实基本经营制度就是一句空话。一切真知灼见无不来自职工群众的实践,领导者的高明之处在于尊重职工群众的创造,并且及时总结、加工和提升他们的经验,然后去指导职工群众的实践。领导得只有发自内心地相信群众

是落实基本经营制度的主体,基本经营制度才可能真正落实。

二是打破变相吃团场"大锅饭"的思想。改革之初在团场实行"财务包干"和"定包奖"责任制,重点解决团场吃国家"大锅饭"的问题,虽然这是改革初期就着力解决的问题,但不能说这个问题已经解决好了,在新形势下,它又以其他形式死灰复燃。我们可以想一下,为什么有些单位各种费用自理不能完全到位?各种费用完全自理不是既利职工又利团场吗?费用不自理,职工躺在团场身上,对团场的发展有什么好处呢?问题就在于在有些人心目中,如果职工不躺在团场身上,他们个人似乎就无所事事,他们的权威和价值似乎会打折扣。问题的症结与其说是团场心甘情愿对职工负无限责任,倒不如说是有些领导者个人愿意利用团场资源来实现自身的利益,体现其自身的所谓"价值"。这话怎讲?轧花厂、农资公司的产权不明晰,团场与职工的关系不清,这也正是某些个人所期待的,他们需要的正是在收购棉花等经济活动中让职工个人吃团场的"大锅饭",而他们正好利用这种情况从中谋得个人好处。

三是打破垄断经营的观念。有的领导干部把农资集中采供理解为垄断经营,他们在为承包职工家庭产前提供农资集中采供服务的时候,强令承包者购买农资公司的生产资料,否则就可能加以处罚。有的单位农资供应环节多,从师到团到连层层加价,增加了职工负担。有的单位在农资采供过程中通过采供农资的经营活动,以权谋私和收受回扣,这样一来,职工的潜力得不到发挥,工作积极性和主动性难以调动,实质上是保护了落后,这种垄断既不符合职工的根本利益,也不符合市场的运行规则,当然不可能持久。

四是要破除不讲诚信的观念。有些管理者在产品管理中忽视团场客观存在着两个经营主体利益的事实,致使产品价格放不开、产品交售兑现不及时、收购中的坑农行为等时有发生。我们的干部要树立诚信和契约经济的观念,以制度化规范化的方式来调整劳动关系,提高劳动契约在劳动者群体中的覆盖率,最大限度地避免因事实劳动关系而造成的纠纷。只有大家都讲诚信守契约了,团场才可能减少管理费用、提高管理效率、开发人力资源潜力、实现经济不断创新。

五是要破除以行政手段管理经济的观念。众所周知的棉花"设卡"问题就是典型的一例,为了从职工和团场身上分一份利,有的单位用大量的人力物力去设卡。卡子竖起了干部职工之间心里的隔心墙,棉花照样向外流,反而加大了交易成本。再比如土地固定的问题,有的单位一边讲土地已经长期固定,一边在那里年年签订合同,而不设法用经济的手段解决这个问题。还有一些单位用行政的办法把轧花厂保起来,把职工付出的代价当作厂子的贡献,这些做法离市场经济的客观要求实在太远。第六次党代会提出"按照效益最大化、市场化原则对大宗农副产品进行管理",解决这个问题就是要按照党代会的精神去做。

三、落实基本经营制度要求我们如何解放思想

落实基本经营制度要求我们全方位、多层次地解放思想,最重要有以下三个方面。一是遵循基本经营制度自身规律去解放思想。要把第六次党代会提出的"积极探索市场经济条件下兵团的建设和发展规律"作为必须遵循的根本准则,遵循基本经营制度固有的规律调整我们的思想方式和思维方式。比如我们必须承认,只有在职工自愿前提下才能够增强职工劳动的主动性并产生良好效益的规律。因此,在实践中自用地要完全自主经营,职工想种什么种什么,什么能挣钱种什么,让职工获得更多利益。遵循这一规律,在结构调整上必须尊重的职工经营自主权,即调不调以及怎么调,都要由职工说了算,干部可以引导,但不能强迫。农资的采购上,在完全自理的前提下,要由职工自己决定买谁的不买谁的,农资经销要有合法的经营者形成竞争,让职工有选择的余地。遵循规律去解放思想就可以少走弯路,从而把可能付出的成本降到最低限度,违背客观规律去解放思想最终就可能受到规律的处罚。

二是坚持以人为本去解放思想。要把第六次党代会提出的"必须以人为本,把改善民生作为一切工作的最终归宿"作为解放思想的根本指

导原则,依照群众最想最盼最愁的事情去调整我们的思想方法和思维习惯,把实现好维护好发展好人民群众的根本利益作为检验思想解放是否解放和成效大小的重要标准。思想解放的成果体现在基本经营制度的具体决策上,要把群众的反应作为第一信号,把群众的满意程度作为第一标准,做到从群众中来,到群众中去,集中群众智慧使决策符合实际。思想解放体现在基本经营制度上的落实上,要细心体察群众情绪,最大限度地调动群众的积极性、主动性和创造性。比如,有的单位职工一家一户进市场,交易成本过大,有些职工不掌握市场信息,购买农资价格过高,有的职工专业知识不够全面,购买农资可能质量低劣,我们就要发挥兵团集团经营的优势,实行以师为单位,统一招标、集中采供,以较大的采购量,获得较高的销售价格折让,并减少采购次数,降低总采购成本,给职工提供质优价廉的农业生产资料。

三是坚持在发扬民主中解放思想。要把发扬民主作为解放思想的必由之路,倡导宽容精神和科学的怀疑态度,不是简单地相信现成结论,而是自主地对具体问题进行较为深刻而周密的思维活动,尝试用怀疑的眼光去分析和判断,在不同观点、方法的自由碰撞中寻求真识。比如,在两个经营主体之间,团场追求利润最大化和承包职工期望生产成本稳定或最小化的矛盾始终存在,团场作为一个经营主体,以追求利润最大化为目标是理所当然的,而作为另一个经营层次,承包职工希望其生产成本相对稳定或逐步减少也是理所当然的。怎样兼顾二者利益?从不同的角度出发就有不同的认识,有的认为团场是发挥双层经营体制综合效益的重要保证,如果团场经营利益少了,团场就无法有效运行,所以必须在保证团场利益的前提下兼顾职工利益。有的认为家庭经营是双层经营体制的基础,必须坚持以人为本,在任何时候都必须着眼于职工利益最大化,团场利益要服从职工利益。有人认为兼顾二者利益的结合点就在于遵循市场经济价值规律的原则,不可偏废任何一方。承认他人在法律允许范围内作出的与自己不同的选择,理解与尊重与自己不同的主张和观念,容忍别人直接反对自己的办法和原则,这样有助于了解他人想法的根源,找到他们意见提出的基础,从而使批评者和被批评者都更加准确地理解和接受他人的观点,进而保障解放思想在健康的路上行走。

　　落实基本经营制度事关重大,为了完成这项伟大任务,在当前解放思想应当成为兵团广大干部思想理论建设的首要任务。

新疆意识形态领域反分裂斗争研究

  在新疆反分裂斗争依然是长期的、复杂的,甚至是尖锐的。2009年7月5日,新疆乌鲁木齐市发生了一起典型的境外指挥、境内行动,有预谋、有组织的打砸抢烧严重暴力犯罪事件。其幕后黑手是以民族分裂分子热比娅为首的"世界维吾尔代表大会",其罪恶行径是穿着华丽的"民族利益"马甲,干着打砸抢烧的残暴勾当,其邪恶目的是煽动狭隘的民族主义,妄图达到其破坏社会稳定,干扰社会发展,进而分裂祖国的目的。血淋淋的事实再次告诫我们,团结稳定是福,社会动乱是祸。只有保持社会稳定,我们才具有解决各种问题的前提条件;如果没有稳定的局面,新疆改革发展就会受到严重影响,甚至已经取得的发展成果也会丧失。这是鼓舞和团结全疆各族群众建立共同团结奋斗、共同繁荣发展大好局面的长期指导思想,是新疆各族人民维护稳定、振奋精神的思想基础,也是在错综复杂的国际、国内及政治、经济、文化、宗教等环境中开展意识形态领域反分裂斗争的思想基础。维护和保持新疆社会稳定,是当前新疆最重要最紧迫的任务。形成维护稳定的强大力量,需要以共识凝聚合力,打牢社会稳定的思想基础,一如既往地开展意识形态领域反分裂斗争。

一、意识形态领域反分裂斗争问题的由来和背景

（一）新疆意识形态领域反分裂斗争由来已久

民族分裂势力在新疆的存在与发展，是不以我们的意志为转移的。19 世纪末 20 世纪初，"泛伊斯兰主义"、"泛突厥主义"思想先后传入我国新疆；20 世纪初期，一小撮分裂分子编造出了所谓的"东突"理论，鼓吹"东突厥斯坦"自古以来就是一个独立的国家。"东突"理论鼓噪所有操突厥语和信奉伊斯兰教的民族联合起来，组成一个"政教合一"的国家，叫嚣要反对突厥族以外的一切民族，消灭异教徒。20 世纪 30 年代和 40 年代，他们开始把舆论宣传变为实际行动，先后在喀什和伊宁打出过分裂政权的旗号，遭到新疆各族人民的反对，分裂政权很快垮台。新中国的成立使民族分裂主义遭到致命打击，但是民族分裂势力不甘自动退出历史舞台，只要一有机会他们就跳出来搞破坏，在意识形态领域内鼓吹分裂思想。冷战结束后，世界民族分离主义思潮涌起，民族分裂势力认为时机来临，再次打起"东突"的旗号进行活动，在公开制造暴力恐怖事件的同时，利用各种手段在意识形态领域内花样翻新地大肆宣扬民族分裂主义思想，企图实现其建立"东突厥斯坦国"的妄想。

（二）新疆意识形态领域反分裂斗争的背景

新疆意识形态领域的反分裂斗争背景十分复杂，一是国内因素和国际背景。新世纪新疆意识形态的特点与新疆所处的国内外环境密切相关。从国内环境看，我国正处在社会转型时期，社会主义市场经济体制尚不完善，在全面建设小康社会过程中，社会经济成分、组织形式、就业方式、利益关系和分配方式的多样化，大众文化广泛传播等，加之新疆作为多民族多宗教的地区，多元文化相互影响、相互作用，都会对新疆意识形态带来积极或消极的影响，使其呈现不同的特点。民族分裂势力的存在

又有着广阔、复杂的国际背景。从国际大环境来看,世界正在向多极化方向发展,经济全球化进程也在加快,世界科学技术的进步更是日新月异。在这种情况下,各种思潮相互交错、相互激荡。当前,世界社会主义运动又处于低潮阶段,马克思主义和社会主义理想、信念受到挑战。以美国为首的西方敌对势力为实现其"西化"和"分化"的政治图谋,一直在对我国进行意识形态领域的渗透,企图颠覆中国共产党的领导和我国社会主义制度。所以,意识形态领域渗透与反渗透、分裂与反分裂的斗争将是长期的、复杂的。

二是政治因素和经济因素。"东突"恐怖组织虽然打着"泛伊斯兰主义"、"泛突厥主义"等极端宗教主义和极端民族分离主义的旗号,但他们的一切活动都是围绕着建立"东突厥斯坦国"这一政治野心服务的,分裂新疆,实现其政治阴谋是他们的最终目的,在这一过程中采用的一切恐怖方式,进行的任何宗教宣传只不过是实现其政治阴谋的手段,所谓的宗教集团只不过是"东突"恐怖组织精心伪装的外衣,具有分裂野心的政治集团才是它的本质。在这一跨区域内,中亚国家建国仅十多年,政治结构上正渐趋成熟,一些国家刚渡过社会动荡期,正处于探索建国阶段,这些都为"东突"恐怖势力提供了"生存"的土壤。国际上,美国等国家以及形形色色的政治集团、宗教集团出于其自身利益的考虑,在打击恐怖组织活动中所采取的双重标准,也在客观上纵容了"东突"恐怖组织的恐怖活动,国际政治格局的变幻不定和国际关系的复杂性增加了我们打击"东突"恐怖势力的难度。新疆地处我国西北边疆,拥有丰富的矿产资源,如石油、天然气等战略资源丰富,长期以来为我国尤其是中东部沿海地区的经济发展提供了重要的能源动力。"东突"恐怖势力在看重新疆重要战略地位的同时,也因为新疆丰富的自然资源而将其视为"宝地",对其虎视眈眈,妄图把新疆从中国的版图中分离出去,既能实现其政治上的野心,又能获取新疆丰富的资源。新疆同中亚国家相邻,在资源、经济结构等诸多方面与上述国家存在着一定的互补性,紧密相连的地缘因素使得区域内的经济发展依赖于不同地域间互通有无的良性互动关系,资源、经济因素将新疆与中亚国家的发展和命运紧密地联系在了一起。这就使得"东突"问题具有了国际性,"东突"恐怖组织的分裂活动对地区安全构成了严重的威胁,阻碍了该地区的经济发展,而"东突"问题的解决也有赖于国家间的区域合作。新疆南北疆某些地区,如和田地区,目前的经济发展水平较中东部地区仍有不小的差距,落后的经济基础使这些地区居民生活水平暂时处于较低的状态,由于交通不便、人力资源缺乏等一系列客观因素的制约,这些地区的落后状态在短期内不会有本质上的改变,生活的贫困导致部分群众转向宗教寻找寄托,这就给了"东突"恐怖组织以可乘之机。

三是民族宗教因素。20世纪90年代以来,国际恐怖主义势力活动猖獗,对全世界范围内的安全都造成了恶劣的影响,使得世界上许多地区都不得安宁。同时,世界范围内也出现了再度高涨起来的由民族宗教因素引发的一系列"热点"和"焦点"问题,这些问题的形成,有历史的原因,有国外政治力量的干涉原因,有宗教等意识形态差异的原因,有边界分歧的原因,有领土争夺的原因,有资源争夺的原因,有民族政策失误的原因等等,这些原因大多可以归结为民族或宗教集团间的利益分歧。这些热点问题在很大程度上影响着世界局势的发展。

新疆是我国少数民族聚居的边疆地区,占国土面积的1/6,战略地位十分重要,历来是帝国主义势力和霸权主义势力觊觎之地。新疆现在有伊斯兰教、佛教、道教、天主教、基督教(新教)和东正教6种宗教。信仰伊斯兰教的有维吾尔、哈萨克、回、柯尔克孜、乌兹别克、塔吉克、塔塔尔等民族。维吾尔、哈萨克、柯尔克孜、乌孜别克等多个民族跨国界在新疆居住,他们大多操突厥语,与相邻中亚国家境内的民族有着共同的文化特征、宗教信仰、地缘联系和历史渊源,这些民族宗教方面的认同感使得跨界民族容易产生政治、经济、文化(包括宗教)上的相互影响。跨国界民族问题的国际性和复杂性已经引起政府和学界的广泛重视,当然能否处理得当会直接影响我国与周边国家的关系,影响我国边疆的稳定。而这一问题也很容易被"三股势力"所利用,来实现他们分裂新疆的阴谋。早在20世纪初,"泛伊斯兰主义"和"泛突厥主义"便开始传入我国新疆地区。"双泛"由于有共同的目的,所以从一开始就紧紧地交织在一起,成为伊斯兰世界和穆斯林中最具影响的政治和社会思潮。对我国新疆稳定产生影响的"东突厥斯坦独立论"就是"双泛"的直接产物。

二、新形势下意识形态领域反分裂斗争问题的重要性

新疆意识形态领域反分裂斗争问题有着极端的重要性。新疆独特的地理位置、自然资源和人文环境,在统一的多民族国家和国内大市场中占有越来越重要的位置。意识形态作为政治系统合法性的重要来源,能够为政治系统赢得广泛的支持,保持新疆的政治稳定,对新疆、对全国的政治、经济发展都有着重大的意义。一是意识形态领域内的斗争关系到政权的稳固。意识形态是对一个政治系统的理想、目标和目的的表达。意识形态作为政治系统合法性的重要来源,能够为政治系统赢得广泛的支持。任何一个政权都需要一定的社会意识形态来维护,历史上的革命阶级或者反革命的阶级都十分重视意识形态领域的斗争,都把它作为争得或保持自己在经济、政治上的统治权的有力武器。世界各大国无论政治体制如何,无论历史如何延续,无不重视其思想意识形态体系的建立、健全与维护。"东突"恐怖分裂势力在意识形态领域进行渗透和分裂,借助于历史、民族、宗教的外衣,通过制造社会舆论,蛊惑人心,反对中国共产党的领导,反对社会主义制度,破坏社会稳定,妄图达到分裂祖国的反动目的。因此,意识形态领域反分裂的斗争,是紧紧围绕着国家政权和主权展开的政治斗争。二是新疆的意识形态工作关系人心向背和事业兴衰。多民族、多宗教并存的新疆要实现经济社会稳定、和谐的发展,要求不同的社会阶层之间特别是执政者与广大民众之间的关系不能尖锐对立。为执政者提供合法性证明,使广大民众自觉自愿地接受和认同执政者的执政地位,是意识形态首要的功能。对于处于转型期的中国社会来说,社会问题的复杂性、多发性和易变性使党和国家政策的预期效应难以得到准

确的预测,这就需要通过意识形态的宣传使广大社会成员对党的执政行为保持一种理性的态度,不能因为某个具体政策的失误就质疑执政党的执政能力和执政地位。构建和谐社会是一个宏大的系统工程,需要全社会每个成员的积极支持和参与。意识形态集中反映了一定阶级或集团成员的利益、意志和愿望,从而对这个阶级或团体的成员产生一种凝聚和激励作用。我们党所倡导的社会主义意识形态从根本上反映了中国最广大人民群众的利益和愿望。加强社会主义意识形态建设,充分发挥其凝聚人心的作用,对调动全体党员干部和各族人民群众的积极性和创造性至关重要。广大人民群众只有内心认同执政者的思想价值观念,才会产生极大的精神动力并用行动拥护和支持执政者的执政实践。三是意识形态领域的工作关系到社会建设沿着正确的方向健康发展。全体社会成员有共同的理想和信念、共同的社会价值观和共同的精神追求,是保证一个社会和谐运行的重要条件。重视意识形态工作,就是要建设一种主流的社会主义意识形态,引导广大社会成员沿着主流社会意识形态规定的方向共同奋斗,从而保证整个社会沿着正确和健康的方向发展。四是意识形态领域工作关系到巩固和完善社会主义制度以及国家的安全。冷战后随着国家安全领域、安全内容和安全手段等方面的变化,意识形态安全已经成为国家安全的重要内容,特别是对于社会主义中国而言,意识形态安全变得尤为重要。以美国为首的西方国家总是企图通过实施"意识形态帝国主义",对我国进行"和平演变",加之新疆境内外民族分裂势力对新疆意识形态领域进行分裂渗透和占领,使我国意识形态安全面临严峻挑战。我们不仅要维护国家领土和主权的安全,还要维护国家的经济利益,更要维护国家的政治制度和意识形态安全,他们都是维持一个国家的生存发展不可或缺的重要因素。在当今全球化背景下,国际意识形态交锋和斗争的特点是交锋主线的不变性和长期化、交锋领域的复杂性和扩大化以及斗争形式的广泛性和多样化。因此,维护国家的综合安全需要高度重视主流意识形态建设。

三、新形势下意识形态领域反分裂斗争问题的现状和特征

民族分裂主义是极端民族主义的一种表现形式,它极端地强调本民族的利益,把本民族的利益置于国家利益和其他各民族利益之上,打着民族的旗号,制造民族分裂、破坏国家统一。新疆民族分裂主义是在泛伊斯兰主义、泛突厥主义的影响下,在新疆特定社会环境和历史背景条件下形成的,以搞"东突厥斯坦独立"为目的,妄图把新疆从中华人民共和国分裂出去的一种反动政治主张、反动社会思潮和反动现实行动。新疆民族分裂主义的政治纲领是"东突厥斯坦独立论"。新疆民族分裂主义的思想体系包含:以泛突厥主义为代表的民族观;以泛伊斯兰主义为主要内容的宗教观;以东突厥斯坦独立论为核心的国家观;杜撰、歪曲、篡改历史的历史观;以共同突厥文化论为重要特征的文化观;反对中国共产党的领导,反对社会主义的政治观,否认党的正确领导和理论基础,攻击我国民族区域自治制度。

民族分裂分子在意识形态领域的分裂活动的特点主要有以下几个方面:有组织地进行分裂舆论宣传活动;内外勾结,境内的恐怖分裂势力提供"材料",境外的恐怖分裂势力制作成宣传品,再通过夹带、邮寄、偷运等方式渗入境内;向学校渗透,与我争夺青少年;利用社会热点问题,煽起反汉排汉、民族仇恨的思想情绪;打着民族、宗教的旗号,鼓吹分裂思想。

他们利用国际互联网散布中国政府"压制宗教、侵犯人权"的陈词滥调,煽动新疆境内的穆斯林举行游行示威,向中国政府发难。他们介绍所谓的"东突"历史,造谣报道中国侵犯人权及宗教自由,宣称发展一批"敢于为东突解放事业献身"的骨干。他们变换入境通道,不断将非法宗教书刊和音像制品秘密转入新疆。为了逃避新疆海关、边防的查禁打击,他们利用内地对阿拉伯、维吾尔等文字知之甚少的状况,先将非法制品寄到上海、北京、广州等内地城市,再到浙江义乌等地印刷,尔后运至新疆散发传播,加紧对新疆意识形态领域的渗透。

近年来,境内外民族分裂分裂势力明显强化了以宗教为掩护的政治渗透和分裂破坏活动。非法宗教活动的形式多种多样,主要有以下几种:干涉他人宗教信仰自由权利;擅自新建、扩建宗教活动场所;宗教干预行政、司法、学校教育和社会公共教育干预党和国家政策的实施;宗教活动场所违反国家规定接受外国宗教组织或个人捐赠,索要财物;违反宗教法规规定,在宗教活动场所之外举行集体宗教活动;违反宗教法规,擅自开办经文学校、班点,私带宗教学生;恢复或变相恢复已被废除的宗教封建特权和宗教封建压迫剥削制度;未经批准擅自印刷、散发、销售宗教印刷品和音像制品;未经批准擅自组织或举行宗教集会、游行等活动。在上述非法宗教活动中,尤以非法修建宗教活动场所,私办经文学校和私带"塔里甫",宗教干预行政、司法、教育和婚姻计划生育等政策,以新教派之名争夺宗教领导权等较为普遍,对社会稳定造成的危害较大。

新世纪新疆意识形态领域反分裂斗争的特点与新疆所处的国内外环境密切相关。从国内环境看,我国正处在社会转型时期,社会主义市场经济体制尚不完善,在全面建设小康社会过程中,社会经济成分、组织形式、就业方式、利益关系和分配方式的多样化,大众文化广泛传播等,加之新疆作为多民族多宗教的地区,多元文化相互影响、相互作用,都会对新疆意识形态带来积极或消极的影响,使其呈现不同的特点,具体表现在:一是多样性。随着新疆改革开放的深入和社会主义市场经济不断完善,社会开始出现新的分层和利益多元化,必然导致意识形态的多元化,使新疆意识形态呈现出多样性的特点。新疆当前意识形态的主流是以马克思列宁主义、毛泽东思想为指导思想,特别是邓小平理论、"三个代表"重要思想和科学发展观在实践中日益深入人心,使马克思主义在中国的指导地位更加巩固。但是不容忽视的是,现实中多种思想、观念并存的多元化意识形态仍然程度不同地存在。这种多元化意识形态表现为:既有残余的封建意识和小生产者保守落后的思想观念,又有计划经济遗留下来的教条主义意识和观念;既有当代西方社会先进的、文明的思想道德观念,又有其消极、颓废的思想和观念;既有市场经济下产生的新思想、新观念,又有在商品经济发展中产生的各种非科学的思想和观念;既有各民族文化相互借鉴吸收、取长补短所形成的优秀文化,又有保守的民族传统文化和观念。这些性质不同、内容迥异、积极和消极因素并存的意识形态相互交织与影响,决定了目前新疆意识形态领域反分裂斗争的多样性特点。二是复杂性。新疆意识形态问题与民族问题、宗教问题相互交织。"东突"恐怖分裂势力打着"民族主义"、"宗教自由"的旗号,歪曲国家的宗教信仰自由政策,妄图在意识形态领域制造民族矛盾和混乱,其目的是分裂祖国,实现所谓"新疆独立"的政治目的。特殊的地缘政治环境也决定了在新疆开展意识形态领域内的反分裂斗争是一场复杂的任务。在意识形态领域开展反分裂斗争,不是针对某个民族、某种宗教,而是反对民族分裂活动和非法宗教活动的一场政治斗争。三是过渡性。从国际环境看,世界政治格局的多极化和经济一体化的发展趋势,社会主义与资本主义力量对比所呈现的新态势等,世界多元文化的相互激荡,特别是民族分裂主义的渗透和破坏,必然会程度不同地对新疆意识形态带来某些影响。从我国改革的进程而言,改革本身是一个探索过程,不可避免地带有过渡性。在社会变革与创新中,新思想、新观念的确立,旧观念的破除,都需要一定的时间和过程,在新旧观念并存时期,意识形态领域必然存在着过渡性。同时,改革开放和发展市场经济,借鉴和引进各种新思潮、新观念,对保守的民族传统观念的扬弃和对现代有益的文明思想文化成果的吸取也有一个过程。在这个过程中,国内外不同观念的碰撞也使意识形态领域具有过渡性特点。四是冲突性。在改革开放过程中,社会的发展和意识形态的进步总体上是一致的、和谐的,不存在根本性的冲突。但是,只要改革和发展,就不可避免地产生新旧观念的矛盾和斗争。因此,新疆目前意识形态领域在总体上与社会发展相一致的同时,又呈现出某些冲突性的特点。这些冲突主要表现为不同的思想、意识和观念之间的碰撞、冲突和斗争。不容忽视的是,我国残余的封建主义意识、民族狭隘意识与当代西方某些腐朽意识、民族分裂意识相融合,所形成的某些消极因素与先进文化相抵触,使新疆意识形态的各个领域都不同程度地产生了不同思想观念间的碰撞和冲突,有时甚至会达到激化的程度。

四、做好新形势下意识形态领域反分裂斗争工作

21世纪之时,面对新疆稳定与发展的良好局势,认真回顾过去,正确地总结经验,进一步完善各项工作,对于团结各族人民共同奋斗,开创21世纪新疆社会经济发展的新局面具有十分重要的意义。特别是以美国为首的西方反华势力长期纵容支持境内外"三股势力"对新疆进行一系列分裂破坏活动的总积累。从国际上看,以美国为首的西方反华势力始终对中国共产党领导下的社会主义中国抱有很深的敌意,他们不愿意看到一个中国共产党领导的强大社会主义中国屹立在世界上,不愿意看到经过改革开放30年发展的中国出现经济社会又好又快发展、各民族团结和睦、各项事业欣欣向荣的大好局面,总是千方百计利用"藏独"、"东突"等分裂势力对我进行干扰破坏,企图在边疆民族地区打开对我"西化"、"分化"的突破口。从境外来看,境外"东突"分裂势力出于分裂国家、破坏祖国统一的罪恶目的,一方面在国际社会大肆对我进行诬蔑和攻击,竭力为"新疆问题"国际化造势,另一方面通过各种方式和途径,在区内四处兜售其分裂主张,大肆造谣惑众、拨弄是非、煽动分裂、挑起动乱,直接策动指挥新疆暴力恐怖活动。因此,我们要坚定不移的采取多种措施,维护国家统一,维护民族团结,维护民族稳定,维护新疆改革开放以来发展的良好态势。

(一)充分认识新疆反分裂和反暴力恐怖斗争的长期性和复杂性。毋庸置疑,未来21世纪新疆社会和经济发展的总体形势和前景是美好的,极少数分裂势力的分裂和暴力恐怖活动成不了气候。"7·5"事件再一次表明,我们同境内外"三股势力"的斗争是长期、复杂、尖锐的,有时甚至是十分激烈的。我们与"三股势力"的斗争,既不是民族问题也不是宗教问题,而是一场捍卫祖国统一、维护民族团结、维护人民根本利益、巩固党的执政地位的严肃政治斗争,事关我国核心利益。当前,新疆社会稳

定,地方政府完全有把握局势的能力和实力；另一方面是民心思定,新疆各民族群众要求社会稳定、要求经济尽快发展的愿望十分强烈,反对动乱、反对分裂,反对暴力恐怖活动的态度十分坚决,他们是维护新疆统一、民族团结和社会稳定的基本力量。在中央的统一领导和全国人民的支持下,未来新疆大局稳定,政通人和,这是主流。但同时也应该看到,极少数"东突"势力也不会甘心退出历史舞台。今后一个时期,在大局稳定、边疆统一的前提下,新疆局部地区还有可能会出现暴力恐怖事件,甚至可能波及中国内地。所以我们应该对新疆反分裂和反暴力恐怖斗争的长期性、复杂性有充分的认识,对可能出现的严峻和复杂情况有充分的准备,对可能出现的暴力恐怖活动仍然要保持"严厉打击"的高压态势,牢牢掌握斗争的主动权。新疆的反分裂和反恐怖斗争是各民族人民的共同义务,新疆未来的社会稳定与长治久安要依靠各民族人民同心同德的共同努力来实现。因此,充分调动和发挥各民族干部群众的反分裂和反恐怖斗争的积极性,努力创造一个各民族人民自觉参与和共同维护新疆稳定的良好局面,是保障当前及今后反分裂和反恐怖斗争能够不断取得胜利的重要条件。

(二)正确处理好稳定与发展的关系。稳定与发展在某种程度上可以反映政治与经济的关系,但两者不能等同。稳定为发展创造了条件,但稳定不等于发展。发展是目的,但经济发展并不是以稳定为唯一条件,即制约发展的因素很多,并不仅限于稳定因素。区域社会经济的发展是地方社会和民族工作推进的基础,但认为只要经济发展了民族问题就会消除、社会稳定就能实现是一种误导。目前国外的实际情况和学者们研究的结论是:分离主义或民族冲突不会随着各国社会的"现代化"而消失,但经济的发展和国家的繁荣,将会降低那些国家的暴力冲突水平。就新疆而言,我们应该仔细地研究:哪些经济因素影响了稳定,反之,新疆社会经济发展的制约因素到底有哪些,什么是主要的。新疆经济与内地的差距是客观存在的,目前通过新疆自身努力和中央与内地投入的不断加大,这个差距正在逐步缩小,但要在短期内赶上内地的总体水平是不现实的。

所以应注意在国家未来对新疆经济发展中的长线投入和短线投入寻找一个合理的比例,要充分考虑在短期内让新疆各族人民的生活水平有明显的提高。经济发展、人民生活富裕是社会稳定的基础,是国家稳定和团结民心的前提。当前新疆南疆较为集中的贫困地区(喀什、和田地区,克孜勒苏柯尔克孜自治州)都是分裂和暴力恐怖势力活动较为频繁的地区,稳定新疆必须先稳定南疆,而要从根本上稳定南疆,必须尽快使当地部分还处于贫困状况的群众摆脱贫困。2009 年 7 月 5 日晚乌鲁木齐市发生打砸抢烧严重暴力犯罪事件是新疆 60 年来发生的性质最恶劣、伤亡人数最多、财产损失最严重、破坏程度最大、影响最坏的一次暴力犯罪事件,严重干扰了新疆的民族团结和社会稳定。当前,我们强调稳定压倒一切,绝不意味着可以放松经济工作。在新疆,越是维护稳定任务繁重,越要抓紧抓好经济建设,努力保持经济平稳较快发展的好势头,为稳定工作提供坚实的物质基础。各级党委、政府要全面贯彻落实科学发展观,坚持统筹兼顾,对领导力量进行合理分工,在主要领导集中主要精力打好维护社会稳定这一硬仗的同时,分管经济工作的领导和有关部门要认真履行职责,按照年初工作部署,全力以赴抓好保增长、保民生的各项工作,努力克服"7·5"事件对经济工作带来的干扰和影响,千方百计保障工农业生产,确保年初确定的各项目标任务的顺利完成。同时,要大力发展各项社会事业,坚定不移地推进抗震安居、防震减灾、学前双语教育、老城区改造、社会保障、农村劳动力转移致富、农牧区新型合作医疗等重大民生工程,切实维护好、发展好、实现好各族人民的根本利益,实现经济社会又好又快发展。

(三)进一步全面、准确地实施民族区域自治。新中国作出民族区域自治这一重大历史抉择,是基于对中国国情和民族问题实际的正确把握。统一的多民族国家的长期存在,是实行民族区域自治的历史依据;近代以来在反抗外来侵略斗争中形成的爱国主义精神,是实现民族区域自治的政治依据;各民族大杂居、小聚居的人口分布格局,各地区资源条件和发展的差距,是实行民族区域自治的现实条件。新中国开启的民族区域自治制度,是尊重历史、合乎国情、顺应民心的正确选择,是社会主义政治文明在民族问题上的集中体现。实施民族区域自治,主要包括三个方面的内容:一是要维护中央对地方各项工作领导的权威性,坚定不移地贯彻执行党中央的各项方针、政策,这些方针政策从根本上讲对新疆都是适用的。二是要结合新疆的实际,贯彻和执行中央的各项方针,政策。新疆是边疆地区,是多民族地区,是民族自治区域,有宪法规定的民族自治权力。所以,要坚持把贯彻中央的路线、方针、政策,同新疆的实际相结合,在这个前提下正确地运用民族区域自治权力。三是要进一步落实与全面贯彻民族区域自治。周恩来同志早在 1957 年就指出:"民族区域自治,应该是民族自治与区域自治的正确结合,是经济因素与政治因素的正确结合,不仅使聚居的民族能够享受到自治权利,而且使杂居民族也能享受到自治的权利。"这一论点是有远见卓识的,对于我们在改革开放的新形势下,与时俱进地全面认识民族区域自治有重要的意义。民族区域自治,实际上包括了两个相互关联的内容:民族自治与区域自治。在当前新疆具体形势下,应进一步全面和准确地实施民族区域自治,在执行民族自治的同时,不能忽视区域自治的实施。我们这样一个统一的多民族国家,面对少数民族人口众多、分布广泛的国情,采用民族区域自治来解决我国民族问题,体现中国共产党和中国人民的政治智慧,符合各民族的共同利益,具有巨大的优越性和旺盛的生命力。实践表明,在国家统一领导下实行民族区域自治,既维护了少数民族的切身利益,又维护了中华民族的共同利益,既维护了民族自治地方的实际利益,又维护了国家的整体利益。这一制度,对于巩固平等、团结、互助、和谐的社会主义民族关系,促进 56 个民族和睦相处、和衷共济、和谐发展,推动各民族共同创造和享有幸福安康的美好生活,起到了巨大作用。这一制度,体现民族平等、民族团结和各民族共同繁荣的原则,成为各族人民的共同价值取向,赢得了各族人民的衷心拥护。当前,我们正处在全面建设小康社会的关键时期。在我们这样一个有 13 亿人口、56 个民族的发展中大国进行现代化建设,只有把全国各族人民的智慧和力量团结凝聚起来、形成强大合力,才能战胜前进道路上的一切困难风险。民族区域自治能够充分发挥这样的聚合作用。在未来的征程中,民族区域自治作为党解决我国民族问题的一条基本经验不容置疑,作为我国的一项基本政治制度不容动摇,作为我国社会主义的一大政治优势不容削弱。

(四)建立健全协调民族关系的政策机制。新疆自古以来就是多民族聚居区,民族之间的交往古已有之,但在以生产资料私有制为基础的阶级社会,统治阶级施行民族压迫政策和阶级压迫政策,伴随着民族之间的隔阂、歧视与仇恨,冲突和战争不断发生。l949 年中华人民共和国成立后,实行了民主改革和社会主义改造,废除了延续几千年的民族压迫和阶级剥削制度,全面贯彻中国共产党的民族平等和民族团结政策,实行民族区域自治制度,从而使新疆各民族之间的关系发生了根本的变化,平等、团结、互助的社会主义民族关系逐步建立。在新疆,各族人民平等享有法律所规定的公民权等一切民主自由权利,如选举权与被选举权、宗教信仰自由权、接受教育权、使用和发展本民族语言文字权、保持或改革本民族风俗习惯权等,并通过民族区域自治制度享有管理民族内部事务的权利。民族关系的改善关键在于各民族能否最终走上共同富裕之路。中央政府采取一系列有利于促进少数民族经济文化发展的政策和措施,并动员和组织汉族发达地区支援少数民族地区,以缩小少数民族地区与汉族地区之间以及各民族之间存在的差距。同时,协调各民族间的关系作为一项持续不断的工作,得到各级政府部门的高度重视以及各族群众的关注和参与。自治区各级领导部门把是否模范地执行民族政策、增强民族团结,作为选拔干部、考核干部政绩的一项重要内容。对于民族关系方面出现的问题,要求严格运用法律手段进行规范和调整,慎重对待,妥善处理。同时,把民族关系作为维护新疆社会稳定的第一位的大事来抓。其中主要包括四个方面的内容:一是要把民族团结作为民族关系中的重中之重。新疆是多民族聚居区,进一步搞好各民族之间的团结,是关系到未来新疆社会稳定与发展的首要大事,要努力造就各民族间相互信任、相互尊重、相互支持、相互学习和相互谅解的和谐环境和气氛。二是要进一步提高执行民族政策的水平,依法加强对各项民族事务的管理。从严格意义上讲,新疆的各项工作都程度不同地涉及民族关系。所以,从管理工作人手,进一步提高各族干部队伍的素质,是提高执行民族政策水平的关键。同时要教育和约束各民族群众自觉遵守法律、法规,不做违法、非法之事。要进一步提倡法律意识和公民意识,各民族群众都要把公民意识作为第一意识,时刻牢记自己是中国公民,必须遵守《宪法》和其他法规。三是要进一步提高各族人民对国家利益与本民族根本利益一致性的认识。促进各民族共同繁荣,是我们在民族政策上的根本立场,也是民族工作的归宿。在促进各民族的繁荣中,要注重国家利益和各民族根本利益一致性的教育。新疆是中国的一个部分,中国的繁荣和昌盛就是新疆的繁荣昌盛;新疆又是各族人民共同生息繁衍的地方,新疆的稳定和社会经济的发展,就是生活在这一区域内各民族的发展,从这一意义出发,将国家的利益、民族自治区域的利益和各民族群众的利益有机地统一起来,统筹兼顾。四是有什么问题,就解决什么问题;是什么问题,就作为什么问题来处理,不要都归入民族关系问题。不同民族成员之间的关系,首先是统一多民族国家公民与公民的关系,而不是民族对民族的关系。所以在处理涉及不同民族成员之间的问题时,应更多地注重他们的公民身份,注重公民与法的关系。历史经验再次告诉我们,各民族大团结是国家繁荣、人民幸福的重要保证,分裂与动乱只会给国家和人民带来灾难;团结就是胜利,团结就是生命线,团结稳定是福,分裂动乱是祸,维护民族团结和祖国统一,是国家和各族人民的最高利益所在。新疆的稳定,关系到全国的稳定。我们一定要高举民族大团结的旗帜,坚决反对民族分裂主义,倍加珍惜各民族共同团结奋斗、共同繁荣发展的大好局面,切实维护民族团结和祖国统一。

(五)进一步引导宗教与社会主义社会相适应,成为新疆稳定发展的助推器。在当前新疆反分裂斗争中,分裂势力利用宗教从事分裂或暴力恐怖活动的现象比较突出。比如,利用部分信教群众虔诚的宗教心理,煽动建立穆斯林"伊斯兰哈里发王国";歪曲篡改《古兰经》中的只言片语,蛊惑"圣战"和排斥、攻击"异教徒",等等。对此,应进一步加强对敌斗争的策略,严格区分人民内部的信教问题与分裂势力利用宗教从事的分裂和暴力恐怖活动,最大限度地孤立新疆分裂势力,缩小打击面,在保护合法宗教信仰的同时,及时揭露和严厉打击以宗教为掩护的分裂和暴力恐怖活动。在当前维护新疆社会稳定的工作中,宗教是一种可变的因素,既可能被分裂势力利用,作为分裂和暴力恐怖活动的掩护;也可以通过引导,使之成为维护社会稳定的积极因素。因此,如何有效地揭穿分裂势力利用宗教作掩护的实质,如何通过疏导、教育,使宗教群众摆脱分裂宣传的束缚,是团结广大穆斯林群众积极投身维护新疆社会稳定斗争的关键。

(六)充分发挥兵团肩负的历史使命,认真履行中央赋予的"三大作用"。一是,兵团是中国政府治国安邦战略中的重要棋子,着眼于国家的长治久安和新疆的长远发展,是兵团的历史使命;二是,屯垦戍边是党和国家赋予兵团的神圣使命,以"党、政、军、企合一"的形式直接承担"生产队"、"工作队"、"战斗队"三大战略任务,肩负屯垦戍边的使命,直接服务于国家安全、社会稳定和边疆繁荣的伟大事业;三是,经济建设是兵团发展屯垦戍边事业的中心和基础,围绕经济建设,加强"生产队"功能,是兵团屯垦戍边事业不断发展壮大,也是兵团成功执行"三个队"任务、履行好屯垦戍边使命的基础;四是,维护稳定和巩固边防是履行屯垦戍边使命的重要内容之一,兵团"战斗队"的作用主要表现在对外巩固边防,保卫边疆,对内反对分裂、稳定边疆。如邓小平同志1981年提出:兵团"是稳定新疆的核心"。基于此,完善兵团布局的基本思路是保北强南,也就是北疆地区兵团已有的优势应得到加强,而南疆地区兵团的力量应有一个大的发展,唯此,才能面对挑战,才能完成历史赋予兵团的历史使命。新疆生产建设兵团是我国当前唯一的一支屯垦戍边的力量,是新疆经济建设、社会发展的一支重要力量,同时也是维护新疆稳定、保卫边疆安全的一支重要力量。在当前,无论是我国西部大开发,还是新疆的经济发展都需要这样一支有组织的生产建设队伍;而在当前分裂主义者内外勾结,企图在新疆建立"东突厥斯坦国"、分裂我们国家的复杂形势下,新疆也需要一支有组织的维护稳定、协守边防的队伍。兵团的存在与发展对新的稳定与发展有着举足轻重的作用，加强兵团，完善兵团，是未来新疆发展的需要。历史也多次证明，兵团认真贯彻中央给予兵团"发挥建设大军、铜墙铁壁、中流砥柱作用"重要指示精神，自觉服从和服务于新疆工作大局，态度坚决、头脑清醒地做好维护稳定的各项工作。在确保兵团内部和谐稳定的同时，积极参与地方维稳。在参与处置新疆各项事件过程中，兵团高举民族团结旗帜，着力加强舆论宣传和教育疏导工作，形成了增进民族团结、维护社会稳定的良好氛围。旗帜鲜明地反对民族分裂主义，始终坚持稳定压倒一切，时刻紧绷反对民族分裂、维护社会稳定这根弦，巩固和发扬新疆长期以来形成的民族团结成果和经验，坚决维护祖国统一，与新疆各族人民、各条战线携手并肩、团结奋斗，共同开发建设新疆、保卫新疆。

（七）充分发挥思想政治工作的强大政治优势，扎实开展反分裂斗争宣传教育工作。人心稳定是社会稳定的重要前提。维护新疆稳定的最紧要工作，就是要牢牢掌握舆论主导权，坚持正确的舆论导向，引领新疆各族干部职工群众的思想统一到中央对新疆的要求上来，深刻认识到"分裂是祸，团结是福"的道理，深刻认识到没有民族团结，没有社会稳定，一切都无从谈起。把各族群众更紧密地凝聚在党和政府的周围。"7·5"事件局势平稳之后，及时向各族群众讲清"6·26"和"7·5"事件的真相，揭露境内外"三股势力"的罪恶阴谋，大力宣传加强民族团结的极端重要性，全力化解维汉族群众之间的对峙，提前深入细致地做好各族群众的思想教育工作，确保了全局的稳定。现在来看，我们的工作还只是初步的，需要进一步加大力度、强化措施，把对各族群众的正面教育工作做得更深、更细、更实，为新疆的长期稳定打下牢固的思想基础。面对境内外"三股势力"极力与我争夺人心、争夺群众的严峻斗争形势，要进一步增强政治意识、大局意识和责任意识，充分发挥思想政治工作这一强大的政治优势，在巩固前一段工作成果的基础上，迅速组织动员更多的党员干部深入街道社区农村，深入最需要做工作的群众中，进门入户讲事件真相，讲境内外敌对势力的谎言和险恶用心,面对面做教育疏导工作,大力宣传法制、宣传民族团结、宣传稳定压倒一切的思想,不断提高各族群众的政治鉴别力和思想免疫力,坚决把敌人的反动宣传煽动遏制住、压下去。尤其要突出重点地区、重点人群,把握工作对象、讲究工作方法、提高工作本领,真正把思想政治工作做到群众心里去,收到实实在在的教育效果。一要高举各民族大团结旗帜,下大气力做好民族团结工作。民族团结是新疆各族群众的生命线,也一直是境内外"三股势力"的眼中钉、肉中刺,他们的分裂活动总是千方百计从破坏民族团结入手,企图挑起民族纠纷,制造民族矛盾,最后达到其分裂目的。"7·5"事件使我区民族团结工作遭受重创,但是各族人民在长期开发建设新疆的历史进程中所形成的休戚与共、生死相依的深厚民族团结基础是牢不可破的,特别是经过这次血与火的斗争洗礼,新疆的民族团结经受住了严峻考验,各族人民进一步懂得了民族团结的无比珍贵,更加珍惜和维护这一生命线。我们要充分运用这次事件中涌现出的大量生动感人事例,大张旗鼓地开展民族团结宣传教育活动,深入开展汉族群众关心维吾尔族群众、维吾尔族群众关心汉族群众、各族群众相互关心的民族团结活动,从点滴做起、从细微处入手,精心做好各方面的工作,使各族群众真正感受到党和政府的关怀、感受到祖国大家庭的温暖。通过扎实有效的工作,引导各族群众深刻认识到团结稳定是福、分裂动乱是祸,倍加珍惜各族人民共同团结奋斗、共同繁荣发展的大好局面,促进各民族互相信任、互相尊重、互相学习、互相支持、互相谅解,强化"三个离不开"的思想,逐步消除部分维汉族群众之间的对立情绪,使我区民族团结的氛围和基础尽快恢复到"7·5"事件之前的水准,各族人民始终做到同呼吸、共命运、心连心,以坚如磐石的团结彻底粉碎境内外一切敌对势力的分裂破坏图谋。二要深入开展大揭批,使各族群众充分认清热比娅之流的丑恶嘴脸和险恶用心。通过深入揭批热比娅及境内外"三股势力"的分裂罪行,帮助各族群众擦亮眼睛、明辨是非、站稳立场,坚决做到不信谣、不传谣、不盲从、不冲动,自觉与一切分裂破坏活动和各种违法犯罪行为做斗争,共同维护民族团结、社会稳定的大局。

三要大力加强法制宣传教育,强化稳定压倒一切的思想。我国是社会主义法治国家,法律的尊严不容践踏,人民的利益不容侵害。不管什么人,不管哪个民族,不管出于何种动机,都必须遵纪守法,都必须用法律约束自己的言行。任何人践踏国家法律、破坏社会秩序、侵害人民生命财产安全,都要受到法律制裁。这一条绝对不能含糊。这里要请广大无辜受害群众及其亲属放心,党和政府一定会为你们主持公道、伸张正义,依法惩处一小撮作恶施暴的犯罪分子,绝不会放过任何坏人。在当前严峻复杂的形势面前,我们一定要注意教育引导各族群众自觉遵纪守法,保持清醒头脑,以理性合法的方式表达正当诉求,要坚决及时揭露敌人挑拨离间的险恶阴谋。要通过法制宣传和思想教育工作,使各族群众形成强烈的共识:只有依法办事,才能解决各种问题;只有保持社会稳定,才具有解决各种问题的前提条件;如果没有稳定的局面,新疆改革发展就会受到严重影响,甚至已经取得的成果也会丧失。只有在全社会都树立依法办事、稳定压倒一切的思想,我们才能有力稳控局势,确保各族人民群众安居乐业。四要教育引导各族群众振奋精神、坚定信心,共同建设新疆的美好明天。新疆的分裂与反分裂斗争是客观存在的,有时甚至是十分激烈的,不以我们的意志为转移,各族人民只有更加紧密地团结起来,筑起反分裂斗争的铜墙铁壁,才能不断排除境内外"三股势力"的各种干扰破坏,万众一心、披荆斩棘、排难而进,共创各族人民更加幸福美好的生活。五要认真研究应对信息化条件下宣传舆论工作面临的新情况新挑战,切实加强网络建设和管理,占领网络信息传播的制高点。要加大各级政府网站和重点新闻网站的扶持力度,尤其要加强民文网站建设,提高知名度,增加影响力,突出重大主题宣传、形势政策宣传引导、热点问题解答,使我们的各类网站成为传播党和政府声音、应答群众诉求、驳斥敌对势力网站的反动宣传、引领网上舆论的主要阵地。要加强网络管理,建立安全协调机制,落实网络管理职责,建立对网上舆论引导、监控、封堵、删除工作机制,有效抵御境外敌对势力利用互联网进行的反动宣传和渗透破坏活动。

(八)深化文化体制改革,进一步推进新疆各民族文化融合的步伐,夯实稳定发展的思想基础。

　　新疆各民族的文化艺术源远流长,独具风格。新中国成立以后,各级政府为各民族文化的发展提供有利条件,文化部门投入了大量的人力与物力,广泛搜集、整理各民族的古典文学、民间口头文学以及民间音乐与歌舞,民族传统文化重现新姿,并焕发出勃勃生机。一些著名的文学艺术作品,如维吾尔族的《福乐智慧》、《突厥语大词典》和《十二木卡姆》,蒙古族的《江格尔》,柯尔克孜族的《玛纳斯》,藏族的《格萨尔王传》等被搜集、整理后出版或搬上舞台,广为传播。建立了一批专业文艺表演团体以及艺术研究和创作机构,维吾尔、哈萨克、柯尔克孜、蒙古、塔吉克、锡伯、回等民族也都有自己的专业文艺表演团体。1958 年,新疆创办了第一所艺术学校,现已发展成为新疆艺术学院,培养了大批优秀的艺术人才。新疆歌舞艺术表演团体在全国以及世界许多国家和地区进行演出,受到了当地人民的热烈欢迎,新疆民族文化已走向了世界。各民族传统体育也重放异彩。自 1985 年至 2000 年,新疆已成功举办了 4 次少数民族传统体育运动会,挖掘整理了少数民族传统体育项目 200 多项,使一些中断多年,群众喜爱的传统项目又恢复了生机。在政府的保护与扶持下,维吾尔族的达瓦孜由过去的民间杂技,发展为高水平的杂技艺术表演。新疆各民族文化成为新疆各民族共同认同的生命线,成为维护民族团结的强大防线。

民族团结是新疆各族人民的生命线

在新疆这个多民族聚居的地区,民族团结是一个事关全局,事关长远,事关新疆稳定、和谐与发展的现实问题,也是一个大家平时想得多、功夫下得深、并且在实践中取得明显成绩的问题,同时又是一个敏感而复杂、备受各方关注、如果措施不当就可能出现偏差并引发严重后果的问题。"7·5"事件刚过去,其教训是深刻的,需要反思的问题很多,本文想结合这件事谈谈对民族团结问题的一些思考。

一、新疆各族人民长期互相依存、团结奋斗,共同发展、共同繁荣的历史奠定了民族团结的坚实基础,这个基础是任何势力以任何手段都动摇不了的

(一)从新疆多民族聚居的情况来看,13个世居民族在新疆这块土地上长期共存,这是一个不可否定、不可改变、也不可回避的事实,它奠定了新疆民族团结的环境基础。新疆自古以来就是多民族聚居的地区,历史上众多的民族在此繁衍生息,迁移融合,其中维吾尔、汉、哈萨克、回、蒙古等13个民族是新疆的世居民族,这些民族在漫长的发展过程中相互交往、流动,从而形成了各民族大杂居、小聚居、相互交错居住的特点,这个特点深刻反映了汉族和各少数民族以及各少数民族之间长期形成的互相

— 170 —

依存、互相交往、相濡以沫、不可分割、亲如一家的整体关系,就如人们讲的,"同在一块土地上,共同拥有一个家"。热比娅之流居心叵测地否定认这个铁的事实,他们鼓吹"新疆在历史上就是独立的"、"维吾尔人在历史上就是独立的",这种言论不仅在理论上是反动的,而且在事实上也是站不住脚的。(二)从我们党在民族地区采取的政策来看,民族区域自治制度的实施,奠定了新疆民族团结的法律基础。新疆中国成立后我们实行了在单一国家结构前提下的民族区域自治,民族区域自治制度的贯彻实施对新疆政治、经济、文化等方面取得巨大成就和历史性进步起到了关键性作用。热比娅之流无视民族区域自治政策带来的巨大进步,无视新疆各族人民当家做主的事实,胡说什么"维吾尔族受到歧视"、"维吾尔族受到政府打压","政府在消灭维吾尔传统文化和宗教信仰",其目的无非是歪曲民族政策,挑拨民族关系,制造民族仇恨,达到搞乱新疆、分裂中国的目的。(三)从新疆各民族间的关系来看,经过各民族群众 60 年的努力,一个平等、团结、互助、和谐的社会主义民族关系在新疆已经建立起来,并且在实践中不断得到巩固和发展,它奠定了新疆民族团结的感情基础。长期以来新疆民族关系的主流始终是各民族互相尊重、互相帮助,和睦相处、和衷共济、和谐发展。社会主义建设的实践把各族人民紧密联系在一起,全面建设小康社会的理想把各族人民凝聚在一起,维护社会稳定、保卫祖国边防的事业把各族人民团结在一起,各族人民在共同的生产生活和建设中相濡以沫、休戚与共,是真正的一家人。目前新疆民族关系的基本特征,就是中央所强调并受到各民族干部、群众强烈拥护的"三个离不开",即汉族离不开少数民族,少数民族离不开汉族,各少数民族之间也相互离不开。"天山青松根连根,各族人民心连心",这是对新疆各民族关系最生动的写照。(四)从新疆地区民族经济的发展来看,我们党把加快发展作为解决现阶段民族问题的核心,新疆的经济突飞猛进的发展,奠定了民族团结坚实的物质基础。我们党强调,现阶段民族问题集中表现为少数民族和民族地区迫切要求加快经济文化的发展,民族地区存在的困难和问题归根到底要靠发展来解决,必须毫不动摇地以经济建设为中心,千方百计加快少数民族和民族地区发展,并且明确提出了支持少数民族和民族地区加快发展的方针、原则和政策措施。几十年来新疆经济社会的发展已经彻底改变了新疆落后的社会状况,这一点连那些反对我们的敌人也不得不承认。(五)从新疆的社会事业发展来看,在各级党组织和政府的领导下,新疆的教育事业迅速发展、文化事业成绩斐然、医疗卫生条件得到改善、社会保障事业稳步推进,奠定了民族团结坚实的社会基础。我们党一贯坚持各民族共同繁荣发展的根本立场,王震同志率部进疆的时候,毛泽东就要求他们多为新疆各族群众办好事。几十年来,包括兵团人在内的全国各族人民,诚心诚意地为新疆各族群众创造更多更好的发展机会和条件,帮助各民族建立和健全民族教育管理体制,建立和发展各类民族学校,开展对民族地区教育对口支援,加强民族文化设施建设,组建少数民族文艺团体和文艺研究机构,积极培养少数民族文艺人才,加强对少数民族传统文化的保护和利用,积极发展各民族的医疗卫生事业,新疆民族地区各项社会事业取得了长足的进步,各族群众的思想道德素质、科学文化素质和健康素质得到了全面提高。所有这些使得新疆的面貌已经和正在发生着巨大的变化,这也是不可否认的事实。(六)从社会主义政治文明的角度看,少数民族参与管理国家事务的权利得到了充分保障,它奠定了民族团结坚实的政治基础。"7·5"事件后,热比娅之流指责"中国政府侵犯维吾尔族宗教信仰自由",诬称"长期以来维吾尔族的人权遭到严重侵犯"。事实并非如此,伴随新疆各项事业的蓬勃发展,维吾尔族群众的政治、经济、社会、文化权利都得到切实保障。在全国人民代表大会的选举中,各少数民族与汉族享有同样的权利,在地方各级人民代表大会中,少数民族也都有适当数量的代表。除各级人民代表大会外,中国人民政治协商会议各级委员会也是少数民族参与管理国家事务的重要渠道。此外,各少数民族还根据法定程序进入各级行政机关以及企事业管理机构或人民团体,担任相应的职务,全面参与国家事务、地方事务和社会事务的管理。少数民族宗教信仰自由的权利、使用和发展本民族语言文字的权利也得到应有的尊重。以上所有这些都说明了一个真理,就是新疆历史上自古以来就有民族团结的传统,在中国共产党领导下的今天,这种民族团结的基础比以往任何时候都坚不可摧,它不是几个搞分裂的跳梁小丑演几场闹剧就可以动摇的。

二、站在时代发展前列和国家利益的战略高度,深刻认识在当前历史条件下实现新疆各民族大团结的极端紧迫性和重要性

(一)各民族共同利益的存在是民族团结的前提,在新疆这个多民族聚居的地区,这个前提始终存在,并且将长期存在下去,它使新疆各民族能够紧密地团结在一起。虽然各民族在宗教信仰、生活习俗、文化背景等方面存在差异,但是新疆各个民族的根本利益始终是一致的,各民族的奋斗目标始终是一致的。不仅如此,而且各民族的共同利益能够在新的实践中不断丰富和拓展,并且都能最大限度地得以实现。我们党在民族问题上的一个重要思想就是坚持各民族共同团结进步、共同繁荣发展,这就决定了各民族在建设中国特色社会主义的实践中能够团结起来共同奋斗。今天,各民族的生产、交换、消费、分配比以往任何时候都更加紧密地联系在一起,求稳定、求发展、求富裕、求进步的要求把新疆各族人民更紧密地联系在一起,各民族间发展的共同利益更加普遍和凸显,民族团结基础更加坚实。(二)全面建设小康社会的目标要求新疆各民族更加紧密地团结起来。全面建成小康社会是包括新疆种族人民在内的全国各族人民的共同目标。由于历史、自然等诸多因素,各民族之间客观上存在着发展不平衡的问题,甚至存在与发达地区发展水平的差距逐步扩大的问题。要实现全面建设小康社会的奋斗目标,当然需要全国人民的大力支援,但更需要新疆各族人民紧密团结,万众一心,取长补短,从而实现新疆经济社会又好又快的发展。新疆的进步和发展是所有民族共同的事情,没有少数民族在内的各民族的共同奋斗,新疆的小康社会是不可能建成的;没有新疆少数民族的全面小康,就不可能有全新疆各族人民的小康;没有新

疆少数民族的现代化,就没有全新疆各民族的现代化。只有新疆各民族共同团结奋斗,共同繁荣发展,才能最终完成全面建设小康社会的历史使命。(三)构建社会主义和谐社会要求新疆各民族更加紧密团结起来。在新疆我们已经实现了各民族政治上的平等,随着新疆各项事业的发展,新疆各民族共同因素会不断增多,但民族差异以及各民族在经济文化发展上的差距将长期存在,这些差异和差距的存在,必然影响各民族的利益关系和民族团结,从而影响社会的公平与正义。这就要求各民族更加紧密团结起来,在实践中逐步缩小差异和差距,为构建社会主义和谐社会奠定坚实的社会基础。(四)稳定社会、应对国内外敌对势力的挑战,需要进一步加强新疆各族人民的团结。通过"7·5"事件我们看到,在反分裂的斗争中,我们既要应对热比娅和"世维会"之流制造谣言,煽动民族仇恨,"为伊斯兰进行圣战"的疯狂挑衅,又要反击隐藏在幕后策划反华和动乱阴谋的西方敌对势力,同时我们还要正确对待由于跨境民族群众不明事实真相被敌人利用而卷入动乱的复杂问题。能否真正把各民族群众团结起来,直接关系到新疆社会稳定以及边疆巩固,如果没有各民族的大团结,就不可能从根本上解决新疆的社会稳定问题。(五)综合国力的增强,需要大力加强各民族的团结。在当今世界各国的竞争中,经济、科技、军事实力已成为衡量一个国家综合国力的重要尺度。但是要知道,无论是军事实力、经济实力还是科技实力,都是依靠民族凝聚力来形成综合实力的,民族团结则是增强民族凝聚力最重要的内容。民族团结则经济发展、社会进步,综合国力就强大;民族分裂则矛盾激化、社会倒退,综合国力就受到削弱。因此,我们必须从增强综合国力、实现中华民族伟大复兴的战略高度来认识民族团结的重要性,并切实做好民族团结的各项工作。

三、采取切实有效措施把民族团结工作做得更好,为在新疆实现全面建设小康社会的宏伟目标共同奋斗

(一)全面贯彻落实党的民族宗教政策是做好民族团结工作的根本

指针。做好民族团结工作要求我们在各族群众中坚持不懈地开展马克思主义民族观宗教观和党的民族宗教政策的宣传教育,自觉维护民族团结,促进各民族共同繁荣进步。要站在这样的高度来认识民族团结问题,即加快新疆民族地区经济社会发展是全面贯彻落实科学发展观的根本要求,巩固和发展社会主义新型的民族关系、促进民族关系和谐是构建社会主义和谐社会的重要基础,坚持和完善民族区域自治制度,是发展社会主义民主、建设社会主义政治文明的重要内容,正确处理民族问题、切实做好民族工作,是建设富裕民主文明开放和谐的新新疆的根本保障。(二)做好民族团结工作必须以爱国主义是做好民族团结工作的最高原则。这条原则就是以对社会主义中国的完全认同为前提,离开了这条根本的原则,讲民族团结就没有基础,也没有意义。爱国主义要求我们既要反对民族分裂主义,又要充分信任和依靠各族干部群众,这是一个问题的两个方面,就是要在爱国主义的旗帜下最广泛地团结全疆各民族群众,在爱国主义的旗帜下与一切分裂社会主义祖国的阴谋活动进行坚决斗争。反对民族分裂就必须彻底揭穿以"东突厥斯坦独立论"为核心的国家观的反动本质,从理论上彻底清算"维吾尔从来就是有自己的祖国的"、"新疆自古是独立的"等分裂主义思想的荒谬性。(三)大力繁荣各民族共同创造的中华文化,这是做好民族团结工作的核心内容。各民族文化的多样性是民族团结的活力源头,繁荣和发展各民族的共同文化,就要从理论和实践上彻底驳倒以"共同突厥文化论"为基本特征的分裂主义的文化观,坚决遏制民族分裂主义、宗教极端主义在意识形态领域的渗透。要大力弘扬少数民族历史文化遗产中的优秀成果,以增强中华民族文化的生命力和创造力;要充分尊重少数民族的风俗习惯,同时又要根据时代要求推陈出新;要尊重少数民族群众和民族地区各族群众的宗教信仰,同时积极引导宗教与社会主义社会相适应,要在尊重差异、包容多样中形成各民族的思想道德文化共识,为全面建设小康社会提供强大的精神动力。(四)大力加强民族团结教育,这是做好民族团结工作的基本方法。我们要认真落实胡锦涛总书记提出的"不仅要教育群众,更要教育干部;不仅要教育少数民族干部,更要教育汉族干部;不仅要教育一般干部,更要教育领导干部"的要求。新疆地区在处理民族问题上的一个失误就是教育,因为我们的社会主义教育并没有完全占领广大农村,一些少数民族儿童被送进一些有严重分裂主义思想的阿訇私设的经堂,他们从小接受的不是爱祖国、爱共产党的思想,而是被灌输"长大后不反对汉族人,死了以后'胡大'不收"之类的观念。一些进入正规学校的维吾尔学生由于对宗教信仰自由的错误理解,造成对民族问题的认识不清,导致发生极端行为。针对这种情况,我们要在各族群众中继续开展"三个离不开"(汉族离不开少数民族,少数民族离不开汉族,各少数民族之间也互相离不开)、"四个维护"(维护法律尊严、维护人民利益、维护民族团结、维护祖国统一)和"四个认同"(对祖国认同、对中华民族认同、对中华文化认同、对社会主义道路认同)的宣传教育,不断打牢各族人民共同团结奋斗、共同繁荣发展的思想基础。(五)坚持发展这个第一要务,这是做好民族团结的基础工作。经济发展是民族团结进步的物质基础,大力发展新疆经济,是做好民族工作的首要任务,也是解决新疆现阶段民族问题的关键。反思历次动乱产生的原因,可以发现一个共同的规律,即经济的相对落后是敌对势力煽动民族分离情绪的缘由之一,由于发展的不平衡,少数民族生活质量的提高受到一定影响,加上一些少数民族家庭人口的增长超过了家庭财富的增长,大量青年人失业,穷极生乱,贫困就成了一个不稳定的因素。加快新疆经济社会发展,缩小东西部发展差距,用各种看得见摸得着的物质利益和生活实惠,赢得新疆各族民众对中华民族大家庭的认同和归属,是解决民族问题、促进民族团结的关键。如果新疆各族民众都过上了富足、殷实的生活,他们就不会有分离的情绪,东突的分裂行径就不再有存活的土壤。(六)坚持和完善民族区域自治制度,这是做好民族团结工作的制度保障。要以宪法为根本,以民族区域自治法为核心,抓紧制定配套的法律法规、具体措施和办法,逐步建立比较完备的具有中国特色的民族地区法律法规体系。在实行民族区域自治的时候,要抵制敌对势力以民族自决为借口,来兜售分裂主义的东西。我们实行民族区域自治,绝不是鼓励自治区域内的少数民族享有自然的脱离权,更不意味着每一个民族都应该建立独立的国家。民族区域自治制度,是国家重要的政治制度,实行这个制度是为了更好地维护各少数民族和民族地区的合法权益。

"7·5"事件是惨痛的,它非但摧毁不了新疆各族人民求团结、求稳定、求发展、求繁荣的决心,反而只能从反面使得全疆各民族群众比以往任何时候都更加紧密地团结在以胡锦涛同志为总书记的党中央周围,更加紧密地团结在建设中国特色社会主义的伟大旗帜下。各族人民的大团结是我们的敌人最害怕、最不愿意见到的事情,因为这种团结是对新疆社会稳定大局最有效的维护,也是对境内外敌对势力干扰破坏最有效的回击,各民族人民的团结也就决定了各种敌对分裂势力必然灭亡的命运。

对"突破兵团发展的体制性障碍"的思考

"突破兵团发展的体制性障碍"已经提了很久,议了很久,第六次党代会报告把它作为"四个重大突破"中的首要问题加以强调,足以说明这个问题对兵团发展的重要性。本文就有关问题谈点意见与大家交流,以求在兵团改革发展的问题上达成共识,齐心协力把兵团的事情办得更好。

"突破兵团发展的体制性障碍"要求我们深入思考:市场在资源配置中是否真正发挥了基础性作用。资源配置的主体是市场,资源配置的手段是经济杠杆和竞争机制。回顾兵团的实际,我们不能不思考这样的问题:随着改革的深化,我们已经朝着市场经济的纵深方向走了很远,但是目前我们离市场经济的实质要求究竟还有多远?在兵团发展过程中对于各种社会资源的配置主要是通过什么手段来实现的?是靠计划多一些呢还是靠市场多一些呢?是靠行政权力或者是靠长官意志多一些呢还是靠市场需要、靠价值规律作用以及供求规律作用多一些呢?无可否认,据目前实际来看,兵团的发展单靠市场配置资源确有难处,有些问题还不得不通过行政手段和制度安排来解决,但问题的症结在于,在国家宏观调控的这个前提下,我们是否努力去创造条件让市场对资源配置发挥了基础性作用?我们是否尽其所能让经济杠杆和竞争机制在配置资源的过程中发挥了主导作用?我们是否想方设法把最有效的资源配置到最需要的环节中去了?我们是否千方百计运用市场对经济信号反应灵敏的优点,及时协调了生产和需求的关系？再比如，我们强调职工群众是团场双层经营的主体之一，要把生产经营权交给职工，但时至今日，我们的职工究竟有没有权力决定生产什么、生产多少？有没有权力根据市场的需求独立作出决定？他们是否也承担了相应的盈亏责任？又比如，在投资体制上，我们是不是真正做到了谁投资、谁决策、谁承担风险？是不是从根本上改变了长期以来存在的投资项目责权分离的状况？客观地反思这些问题就是为了有效地发挥市场对资源配置的基础性作用。

"突破兵团发展的体制性障碍"要求我们深入思考：在通向市场准入道路上还存在哪些应当扫除的障碍。改革开放已经三十年了，这些年来兵团市场准入秩序也在一步步向前走，但我们还是不能不思考一下这样的问题：我们的市场准入秩序的建立已经到了什么程度？兵团的企业开发新产品、进入新的产业或区域市场的能力究竟增强到怎样的程度了？随着市场经济发展出现的越来越多的中小企业，它们技术创新能力究竟到了怎样的程度？它们市场扩张能力究竟如何？我们是不是还要进一步思考：兵团的企业在融资、投资、生产、销售、组织等各方面的重大经营决策是不是真正做到了慎之又慎？决策的结果是不是最大限度地节约了兵团和企业的资源？我们的企业在进入某市场或某区域时，是不是做了非常慎重的市场调研和宏观环境、产业竞争状态分析？我们还要进一步思考，有些企业由于资本、技术、人才、设备等方面的问题，是不是存在劣质产品、假冒行为以及不正当竞争的产生？有的企业为了获利，是否假冒他人商标，或者仿造他人的产品，从而侵犯他人的合法利益而获取暴利？反思这个问题，就是建立起市场准入的良好秩序，让我们的企业在市场经济的路上走得更稳更快。

"突破兵团发展的体制性障碍"要求我们深入思考：我们的行政手段的运用是否恰当、行政作用的发挥是否到位。众所周知，单纯依靠行政手段这只"看得见的手"直接干预经济或者完全听任市场这只"看不见的手"自行发挥作用，都是有局限性的。然而现在需要思考的问题是：我们的管理体制与市场经济体制和民主政治的要求适应的程度如何？是完全适应、基本适应、还是不太适应？我们的有关行政管理部门,对微观经济的管理是多了还是少了？我们利用各种经济政策和手段从宏观上对经济运行进行间接调控的力度是大了还是小了？我们还要思考,在经济发展与社会事业发展、"管理"和"服务"、改革体制与创新机制、职能改革与依法行政等问题上我们处理得怎么样？我们的行政职能是不是真正转变到经济调节、市场监管、社会管理、公共服务上来了？在履行市场职能的时候,是否存在"既当裁判员,又当运动员"的问题？我们是否管了一些该个人管、该市场管和该企业管的事情,结果有些该自己管的事情反而没有办好？我们是不是充分利用各种法律的和经济的手段真正实现了对市场活动和微观主体的切实有效的保护？我们对市场的培育、规范和监管功能发挥得究竟怎么样？我们对于社会管理和公共服务职能履行得究竟怎么样？再进一步我们还应当思考,我们常说的兵团"组织化程度高、集团化特点突出、能够集中力量办大事"的优势究竟发挥得怎么样？在一些地方,管理是不是变成了变相的压制,服务是不是变成了变相的盘剥？思考这些问题,目的就是要进一步转变职能、理顺关系、提高效能,形成科学有效的行政管理体制。

"突破兵团发展的体制性障碍"要求我们深入思考:在落实团场基本经营制度过程中还存在哪些亟待解决的问题。第六次党代会把落实团场基本经营制度作为兵团发展的重中之重,我们是不是要思考这样的问题:现在团场基本经营制度落实到什么程度？党代会强调建立和完善以"团场基本经营制度+其他配套制度+管理"为基本框架的体制机制是不是真正建立起来了？承包职工在生产经营中的主体地位是不是真的确立起来了？在产品的产供销交易过程中,团场和职工家庭两个经营主体是不是具有平等的地位？我们还要思考这样的问题,为什么有的团场年年喊固定却年年不固定,年年喊减负却不见负担减,年年喊经营自主职工却感受不到自主权的增加？我们要检讨,土地经营管理制度中定额承包的土地确定得是否合理？经营地承包费用是否确定得公平公正？团场农用生产资料和农产品管理制度中能否杜绝农用生产资料采供环节和农产品购销环节的坑农和腐败行为？我们提出农业生产资料集中采购和销售"一票到户"制度,有多少单位的采购真正做到了以师为单位统一招标? 我们的农资价格是不是真正做到了不高于同类同质同期产品当地的市场价格? 再进一步,我们还要思考这样问题,我们对于职工土地承包的民主监督是不是切实有效? 对农资采购和订单产品收购的民主监督管理是否到位? 又比如"三重一大"制度中重大事项的决策能否依照法定的程序集体讨论? 为什么有些群众讲"基本经营制度确实好,但是领导没有理解好、执行好,我们没有享受到好政策带来的好处"? 还有,党委号召我们探讨新的历史条件下兵团建设和发展的规律,我们思考了多少、探索得怎么样? 在发展质量和发展速度问题,是不是都更加注重发展的质量和效益了? 在增强团场实力和致富职工群众问题上,是不是更加注重维护职工群众的利益了? 在减负取得一定成效后有的单位是不是又反弹了? 思考这样问题,就是要进一步调动广大职工群众的积极性和创造性,切实推动团场经济社会进入良性发展轨道。

"突破兵团发展的体制性障碍"要求我们深入思考:在分配制度方面有哪些僵化的东西还没有打破。兵团在历史上被称为"计划经济的航空母舰",计划经济的痕迹很重。对此,我们必须思考这样的问题:我们是否已经建立了与现代企业制度相适应的收入分配制度? 是否建立起不同利益主体之间的制衡机制? 我们的职工对于分配问题是否有民主参与、集体协商的权力? 我们还应当思考,最具活力的薪酬制度最大特点是对人的价值的认可,我们有些单位的分配制度是以什么为目的呢? 是基于对人的价值的考虑而以发展为目呢还是仅仅把养活职工作为目的呢? 我们的企业是不是已经建立起按照当地社会平均工资和本企业经济效益来决定企业工资水平的自我约束机制? 是不是存在着盲目攀比行为的行为而使企业人工成本加大了? 再进一步,我们还应当思考,我们的企业工资价位与劳动力市场价位是不是实现了真正的衔接? 是不是有些重要岗位的职工工资低于市场工资价位而使企业想留的人留不住,想用的人招不来,想分流的人分流不出去? 是不是存在职工个人的收入与贡献大小联系不紧,关键岗位、重要岗位与一般岗位之间,没有拉开合理的工资收入差距,从而导致了不同程度地存在平均主义?再深入一步,我们还应当思考,党委要求加快推进农业结构调整,不断开拓农业增效、职工增收的空间,现在职工增收的长效机制是否真正建立起来?党委提出要加快建立覆盖城乡居民的社会保障体系,保障职工群众的基本生活,我们的基本养老保险制度、基本医疗保险制度、失业保险制度、优抚保障机制和社会救助体系等是否真正建立起来?思考这样的问题,就是要构建科学合理、公平公正的收入分配体系,全面贯彻落实科学发展观,构建和谐兵团,完善社会主义市场经济体制。

"突破兵团发展的体制性障碍"要求我们深入思考:在树立科学的政绩观方面还有哪些误区没有走出。对于政绩问题,我们要反思的问题很多,我们不得不重点思考这样的问题:政绩的表现形式有很多种,在相当长一个时期,甚至时至今日,有些单位的领导同志心灵深处,是不是把GDP 作为政绩的根本甚至是唯一指标? 在片面追求 GDP 的时候,他们是不是忘记了自己所提供的服务是多任务和多维度的,在追求 GDP 的时候是不是忽视了其他的重要方面?我们还要思考,在考核干部的时候,是不是存在简单把政绩与几个经济指标画等号,片面强调经济增长速度,结果导致一些干部不切实际,不顾民力,不计长远,乱铺摊子,乱上项目,甚至"官出数字,数字出官",弄虚作假的现象?我们在考核经济指标的时候是否考核了社会指标、人文指标和环境指标? 在考核当前发展的时候是否考核了发展的可持续性? 在考核经济总量增长的时候是否考核了职工群众得到的实惠? 我们还要进一步想一想,在某些干部脑中,改善职工群众的生活与个人升官的阶梯哪个更重要? 当他们去做"面子工程"、"花架子工程"的时候,嘴里喊的和心里想的是一致的吗? 如果再进一步,我们要思考和研究,怎样才能真正实现官员政绩考核方式由少数人说了算向"民评官"转变,将官员们的"进退留转"交由当地群众决定? 思考这样的问题,就是要引导和激励领导干部自觉贯彻落实科学发展观,引导和激励领导干部忠实履行全心全意为人民服务的根本宗旨,清醒而顽强地为实现党的历史使命不懈奋斗。

谈谈兵团所处发展阶段的几个问题

兵团第六次党代会报告指出:经过五十多年的发展,兵团的事业已经有了较坚实的物质基础,但我们总体上仍处于"攻坚克难、爬坡上坎的阶段"。这是一个重大的战略命题,准确把握兵团所处的历史方位,认真分析兵团具有的阶段性特征,深刻把握这个阶段发展的要求,对于更好地履行屯垦戍边使命、完成率先在西北地区实现全面建设小康社会的目标具有十分重大的意义。

一、准确判断和把握兵团所处发展阶段是履行屯垦戍边使命第一位的战略问题

兵团党委提出兵团所处的发展阶段,标志着我们对于屯垦戍边事业发展规律认识的深化和飞跃。兵团所处发展阶段判断问题,是兵团社会现阶段的历史定位问题,是屯垦戍边实践需要首先解决的基本问题。如果问兵团制定发展战略、发展目标和发展任务的现实基础是什么,兵团体制改革和发展方式设定的客观依据是什么,推进屯垦戍边事业的基本前提是什么,答案只有一个,就是正确判断和把握兵团所处的发展阶段。第一,这个判断是兵团党委在深刻认识当今世界发展大势、准确把握中国基本国情、深入分析兵团性质地位和作用,特别是在深刻分析兵团面临的形

势和挑战、研究兵团事业发展规律的基础上提出的。过去我们讲中国处在社会主义初级阶段，兵团也与全国一样处在社会主义的"初级阶段"，但仅仅停留在这个认识层面上还不够。因为初级阶段是对全国而言的，是一个总判断，中国的情况太复杂了，兵团的社会自然条件、经济发展水平与全国其他省区之间的差异太大了。研究兵团的发展阶段必须从兵团的实际出发，必须弄清楚兵团处于初级阶段的什么位置，必须具体研究和认识兵团处在初级阶段的哪个层次上，这是全面准确贯彻社会主义初级阶段理论的基础，否则，机械地、盲目地和空洞地高喊初级阶段理论而不具体分析兵团的具体情况恐怕是很难做好兵团工作的。兵团党委关于兵团发展阶段的论断，就是把中国国情与兵团的实际相结合作出的重大战略判断，表明我们对兵团情况和屯垦戍边的规律有了更本质更深入的认识。第二，正确判断和把握兵团所处的发展阶段进而把握兵团发展阶段的特征，是我们进一步解放思想、统一思想、排除各种干扰的强大思想武器。当前，兵团的改革开放和现代化建设正处在一个关键时期，既面临良好机遇，又面对着各种矛盾和问题，如何解决各种矛盾和问题，人们的认识不尽相同，甚至在一些问题上分歧很大，存在着尖锐的争论。比如，兵团的特殊体制能否使市场在资源配置中真正发挥了基础性作用，对于通向市场准入道路上存在的障碍如何扫除，对于行政手段这只"看得见的手"在经济发展中究竟应当如何发挥作用等等，确实存在各种疑惑。我们的改革有来自各方面的干扰，对于来自外部的干扰比较好办，但对于来自内部干扰，特别是对于来自群众的不理解，解决的根本办法就是让大家了解兵团所处的发展阶段，了解兵团的兵情，这样大家就会理解为什么现在必须采取这样的政策措施而不能采取别样的政策措施，这是广大职工群众理解我们政策的正确性、可行性的前提，也是我们的改革政策获得深厚群众基础的前提。第三，正确判断和把握兵团的发展阶段及其特征，是市场经济条件下正确认识和科学把握兵团经济社会发展的立足点，是新形势下屯垦戍边事业的出发点，也是我们想问题做决策的根本前提。半个世纪以来，兵团走过了漫长的发展道路，我们曾经长期摸着石头过河，今天我们走到了什么阶段？这个阶段在今天有些什么样的特点？这是我们不能不认真思考和回答的问题。兵团党委提出兵团发展的阶段论，就是要求我们一切从这个阶段的实际出发而不能落后或者超越这个阶段。特别重要的是，在我们这个飞速发展、物质条件不断改善的时代，我们还需不需要继续保持艰苦奋斗的作风一时成为一些人争论的话题，兵团党委提出我们总体上仍处于"攻坚克难、爬坡上坎的阶段"的论断为我们长期艰苦奋斗奠定了的思想基础。

二、准确判断和把握兵团所处发展阶段，必须清醒洞察兵团经济社会已经和正在发生的重大而深刻的变化

兵团正处在"攻坚克难、爬坡上坎的阶段"这个判断，意味着兵团的所处的历史方位已经和正在发生着深刻变化，洞察兵团发展的阶段性特征是对兵团所处发展阶段认识的深化。兵团发展的阶段性特征，我理解至少反映在以下方面：第一，从经济体制看，这是一个由典型的计划经济体制向市场经济艰难转型的关键阶段。进入新世纪新发展阶段后，我们已经向市场经济的方向阔步迈进，有人称之为"计划经济的航母"成功转向。由于兵团是从典型的计划经济甚至是半军事化体制向市场经济出发的，成就的确不可抹杀，要讲"成功"还为时过早，在取得巨大进展的同时我们必须清醒地看到，计划经济体制的核心部分没有彻底触动，深层问题没有完全解决，兵团的发展仍然面临诸多体制性障碍，进一步完善市场经济体制、进一步创新兵团的体制，特别是全面落实团场基本经营制度的任务还十分艰巨，还有很长的路要走。第二，从产业结构看，这是一个由农业产业、农业人口占极大比重逐步转变为非农业人口占多数进而走向农业产业化和新型工业化的历史阶段。由于兵团以农业起家，现在又以农业为主，工业化的水平都还不是很高，虽然我们的综合实力显著增强，经济不断迈上新台阶，但粗放型增长方式并没有根本改变，经济发展的结构性矛盾虽然在一定程度上有了变化，但并没有发生根本的转变。第三，从

所有制结构看,这是一个由公有制一统天下向多种所有制经济共同发展,但远没有取得突破性的进展的阶段。在东南沿海发达地区,民营经济的发展已经构成市场经济体制的微观基础,各种新型的混合所有制经济迅速壮大,成为经济发展的重要支撑力量,多元化的所有制结构日益显显出旺盛的生命力。改革开放以来兵团非公经济有所发展,但在整个兵团的经济比重还比较小,国有经济一统天下的局面没有从根本上改变,实现这个转变还有相当长的路程要走。第四,从发展方式看,这是一个由以经济发展为主向经济社会全面协调发展的阶段。我们的经济建设成就举世瞩目,但社会发展相对滞后,而且经济发展所带来的社会需求变化进一步凸现出社会发展的不足。长期以来,由于客观发展阶段和发展条件所限,我们一度在发展中过于注重经济上量的积累,过于强调 GDP 的单纯增长,对于社会发展兼顾不够。第五,从职工生活水平看,这是一个兵团人生活总体上与全国一道达到小康水平,但仍处于小康社会低水平、不全面和不平衡的发展阶段。一些团场债务沉重,一些职工收入较低,包括就业、收入分配、社会保障、看病、子女上学、生态环境保护、安全生产、社会治安在内的一些关系群众切身利益的问题亟待研究解决,统筹兼顾各方面利益的难度加大,全面满足人民群众日益增长的物质文化需求任务繁重。第六,从社会建设看,这是一个社会总体上安定团结,同时各类犯罪活动和各种敌对势力的渗透破坏活动依然严重存在并可能长期存在、反分裂斗争任重道远的阶段。在当前错综复杂的国际政治斗争背景和国内外各种矛盾、问题相互交织的情况下,一些可见和不可见的复杂因素给社会稳定与和谐带来的不利影响不可低估。第七,从党员队伍看,这是一个党员队伍整体素质较高,但少数基层党组织软弱涣散、一些党员干部宗旨意识和领导发展的能力不强、某些领域消极腐败现象仍然严重存在等问题仍然比较突出的阶段。从上述的情况分析我们可以说,兵团与全国一样处在社会主义初级阶段,具有中国当前发展的阶段性特征的一般特点,同时,由于兵团自身的特殊性,又使其具有自身特有的矛盾和问题,各方面发展也不平衡,正处于朝着农业产业化和新型工业化前进的关键时期。这是一个漫长的历史阶段,这些矛盾和问题的解决与国家的发展阶段发展水平相关联,但主要决定于兵团人自身的努力和发展速度和质量。

三、准确判断和把握兵团所处发展阶段,就是要一切从兵团现阶段的实际出发,推进兵团事业又好又快地发展

把握兵团的发展阶段就是把握我们发展的定位点,弄清了这个定位点,我们才可能真正找到兵团事业的出发点,从而找到我们工作的突破点,进而推进兵团事业实现又好又快的发展。第一,三十年来兵团的体制改革有了长足的进步,但影响兵团发展的体制性障碍还严重存在,我们必须积极探索市场经济条件下兵团的建设和发展规律,不断为新时期屯垦戍边事业注入活力。现在兵团改革的重中之重是以落实团场基本经营制度为重点,不断完善既适应市场经济要求、又体现兵团特殊优势的体制机制。要建立和完善以"团场基本经营制度+其他配套制度+管理"为基本框架的体制机制,按照"土地长期固定、生产自主经营、各项费用自理、经营自负盈亏、负担只降不升、享受社会保障"的要求,切实做好土地承包经营工作。第二,改革开放三十年来兵团的经济结构有了不小的改善,但还不尽合理,我们必须进一步加大经济结构调整力度,改变农业比重过大的局面,逐步确立第二产业的主导地位,使兵团的产业结构来一个全局性、根本性的转变。我们要在加强农业基础地位、加快农业产业化步伐、做好农业增产职工增收这篇大文章的前提下,加快兵团新型工业化建设,强化和突出工业的主导地位和作用,以工业化促进农业现代化建设,开辟服务业发展空间,加速二三产业的发展。我们要从经济专业化分工、产业间协作这个发展大局出发,实施大企业、大集团战略,不断提升工业层次和水平,加快兵团经济发展步伐。第三,多种所有制共同发展我们喊了多年,但没有实现根本的突破,我们要以更大的力度、更实的举措解决当前非公有制经济发展中普遍面临的困难和问题,清除一切限制非公有制经济发展的体制障碍和政策规定,切实推进公平准入、改善融资条件、破除

体制障碍,全面落实促进非公有制经济发展的政策措施,依法保护民营、私营和个体投资者的合法权益,发挥非公有制经济在发展工业、活跃市场、增加就业方面的作用,努力为非公有制经济营造更加宽松的创业环境和更加良好的社会氛围,几座城市地区要成为非公有制经济发展的先导区域。第四,兵团的社会事业发展突飞猛进,但还存在不尽人意的地方,我们必须继续完善与兵团经济水平相适应的社会发展体系,在加快经济发展时候要更加关注民生,更加注重社会发展,要不断增加职工收入,改善职工群众生产生活条件,解决好关系职工群众切身利益的重大问题,让改革发展成果惠及广大职工群众。要不断完善职工减负的长效机制,正确处理好团场和职工家庭的经营管理权限和利益分配关系,坚持"还田于民、还利于民"政策不动摇,杜绝干部与职工群众争利的行为,最大限度地调动广大职工群众的生产积极性。要不断培育团场新的经济增长点,开辟职工增收新渠道,让团场成为屯垦戍边最坚固的堡垒,让职工群众成为屯垦戍边最可靠的主体。第五,兵团在维护稳定中发挥了不可替代的作用,但现在面临许多非传统安全的威胁,我们要在戍边理念、戍边重点、戍边形式、戍边载体、戍边主体、戍边体系上不断完善、充实和创新,在增强兵团"硬"实力的同时,充分发挥出兵团的"软实力",从而通过经济的、政治的、军事的、文化的等多种形式来履行戍边使命,确保新疆的稳定和祖国边疆的安全。在未来的发展中,作为稳定新疆的一支重要力量,兵团首先要做好内部的稳定工作,妥善解决社会难点热点问题,把各种不稳定因素消除在萌芽状态;不断加强对职工的培训,不断强化广大干部职工的屯垦戍边意识,提高其综合素质。同时,要在自治区党委的统一领导下,高举民族团结和法律尊严的旗帜,维护各族人民的团结,坚持劳武结合、平战结合,防范和打击"三股势力"。要进一步加强兵团武装工作,强化军警兵民四位一体的联防体系,建立维护社会稳定的有效机制,不断提高应对处置突发事件的能力,确保在任何情况下都能按照中央和自治区的统一部署,拉得出,干得好,打得赢。第六,兵团各级党组织发挥了战斗堡垒作用,但一些基层组织还不完全适应履行使命的要求,我们要坚持抓基层、打基础、建机制不放松，要提高基层干部适应市场、领导发展的能力，抵御渗透、维护稳定的能力，民主管理的能力，教育群众、服务群众的能力，切实加强基层领导班子建设，使广大基层党组织不仅要在平时发挥作用，而且要在遇到突发事件、面临各种政治风浪时显示出强大的战斗力。面临着新时期不断出现的各种新情况新问题和新挑战，我们要认真总结党建工作的新方法，不断提高基层党组织的战斗力，要全面开拓党建工作新领域，扩大党的工作的覆盖面和影响力，要积极创建工作新载体，激发基层党建工作的内在活力，要探索建立党建工作新机制，不断增强基层党组织建设的实效。我们的政策要向基层向一线倾斜，要让那些愿意干事、能干成事的人到基层去，充分发挥基层党组织的战斗堡垒作用，保证把发展经济和维护稳定的各项工作真正落实到基层，真正使一个支部成为一个堡垒，一个党员成为一面旗帜。

关于"结构调整"的战略思考

随着兵团经济的发展和社会的进步,结构调整的重要性越来越显现出来,也越来越受到普遍重视,包括经济结构调整在内的各种结构调整进展迅速,成效显著。如何适应新时期兵团更好地发挥"三大作用"的要求,更好地遵循结构调整固有的客观规律更加卓有成效地推进兵团的结构调整,这是我们需要深入思考和认真研究的带有全局性和战略性的重大问题。

一

结构调整调什么? 它的对象究竟是什么? 应当站在怎样的层面来理解这个问题? 这是结构调整第一位的问题。马克思主义认为,每种现象的一切方面(而且历史在不断地揭示出新的方面)相互依存,极其密切而不可分割地联系在一起。从宏观世界到微观世界,宇宙间的万事万物无不处在普遍联系之中。这种联系既表现在每一事物内部诸要素之间的相互联系,又表现在每一事物同周围其他事物发生各种形式的联系,当然这种联系是有秩序的,并且形成一定的系统,整体性、关联性,动态平衡性、时序性等是所有系统的共同的基本特征。任何一个团体、一个国家乃至整个人类社会,也都是按照一定的规则组成的一个相互联系、相互作用的有机的多样性整体,这个系统中任何一个部分的变化,都会对整体产生影响,这些相互联系的各个组成部分,都是以自己特定的方式和特定的作用构成整体的一环。正是基于这样的认识前提,科学发展观提出经济政治文化全面发展、物质文明精神文明和政治文明全面进步、各个社会子系统协调动作的发展观点。兵团的结构调整也必须遵循兵团屯垦戍边事业发展的总体要求,全面推进经济结构、政治结构、文化结构和社会结构等各方面的全面调整。任何一个子系统的结构调整如果离开屯垦戍边事业这个综合系统的概念,既不符合结构调整的客观规律,也不可能真正取得成功。现在问题是,有的人在讲到结构调整的时候往往指的是某一个方面的调整,而很少从全方位的战略角度来谈结构调整。比如说,人们现在对经济结构调整讲得比较多,有时候一讲到结构调整,在心里就有意无意地把它与经济结构或者产业结构调整划上等号。现在,关于结构调整的文章汗牛充栋,既有涉及社会结构、阶级和阶层结构、所有制结构、分配结构调整的,也有研究家庭结构、道德结构、教育结构、消费结构、饮食结构调整的,虽然研究的范围不同,使用的研究方式各异,并且都不无道理,但却很少把兵团各种结构调整作为一个综合性的系统进行思考。科学发展观要求我们在思考兵团结构调整的时候,必须要把整个屯垦戍边的事业作为一个多功能、多层次的复杂的大系统来看待,与整个屯垦戍边事业这个大系统相比,经济结构只是其中的一个子系统,因此,经济结构的调整应当放在整个屯垦戍边事业的大系统中去思考和推进,在考虑结构调整的时候要制定整个屯垦戍边大系统全面调整的计划和方案,为达到整个系统调整的综合目标而采取综合性的措施和办法去推进。兵团党委曾经提出要形成经济发展新格局、开辟职工增收新渠道、培育团场建设新职能、促进社会事业新发展、创造职工生活新环境和营造维稳戍边新局面,这实际上就是一个综合思维和整体判断的结果。只有当我们用综合的思想方法和综合的工作措施推进结构调整的时候,以往比较复杂的难以解决的问题才可能比较好解决,只有在这个一样大系统的框架下,跳出就经济结构谈结构调整的狭窄思路,按照整个系统固有的规律去思考和推进某一个方面的结构调整的时候,才可能使结构调整的思路更宽,措施更全面,效益更显著,真正做到事半功倍,相反,如果用孤立和静止的观点去推进结构调整,单就某一个方面看可能是有道理的,但放在整个系统去看可能会事倍功半甚至可能南辕北辙。

二

结构调整应当从哪里起步? 应当遵循怎样的原则去推进? 要达到怎样的目标? 这是结构调整面临的一个现实问题。任何结构调整都要从兵团目前的实际出发,而不能从良好的愿望出发,即不能落后于也不能超越兵团现在所处的现实基础,否则,就会脱离兵团的实际,违背客观规律。这就需要我们对兵团的情况有一个全面准确的了解。那么,兵团现在处在一个怎样的发展的基点上? 换言之,兵团的兵情究竟怎样呢? 众所周知,虽然兵团的体制改革进步很大,但影响兵团发展的体制性障碍还严重存在,因此,我们必须以落实团场基本经营制度为重点,不断完善既适应市场经济要求、又体现兵团特殊优势的体制机制。要建立和完善以"团场基本经营制度+其他配套制度+管理"为基本框架的体制机制,按照"土地长期固定、生产自主经营、各项费用自理、经营自负盈亏、负担只降不升、享受社会保障"的要求,切实做好土地承包经营工作;虽然兵团的经济结构大为改善,但仍然不尽合理,我们必须进一步加大经济结构调整力度,改变农业比重过大的局面,逐步确立第二产业的主导地位,使兵团的产业结构来一个全局性、根本性的转变;虽然我们喊了多年多种所有制共同发展,但没有实现根本的突破,因此,我们要以更大的力度、更实的举措解决当前非公有制经济发展中普遍面临的困难和问题,清除一切限制非公有制经济发展的体制障碍和政策规定,切实推进公平准入、改善融资条件、破除体制障碍,全面落实促进非公有制经济发展的政策措施,依法保护民营、私营和个体投资者的合法权益,发挥非公有制经济在发展工业、活跃市场、增加就业方面的作用,努力为非公有制经济营造更加宽松的创业环境和更加良好的社会氛围;虽然兵团的社会事业发展突飞猛进,但也还存在不尽人意的地方,我们必须继续完善与兵团经济水平相适应的社会发展体系,在加快经济发展的同时要更加关注民生,更加注重社会发展,要不断增加职工收入,改善职工群众生产生活条件,解决好关系职工群众切身利益的重大问题,让改革发展成果惠及广大职工群众;虽然兵团在维护稳定中发挥了不可替代的作用,但现在面临许多非传统安全的威胁,我们要在戍边理念、戍边重点、戍边形式、戍边载体、戍边主体、戍边体系上不断完善、充实和创新,在增强兵团"硬"实力的同时,充分发挥兵团的"软实力",从而通过经济的、政治的、军事的、文化的等多种形式来履行戍边使命,确保新疆的稳定和祖国边疆的安全。在未来的发展中,作为稳定新疆的一支重要力量,兵团首先要做好内部的稳定工作,妥善解决社会难点热点问题,把各种不稳定因素消除在萌芽状态。明白了兵团目前的基本情况,我们的结构调整就一定要从这个实际出发,既不要好高骛远盲目攀比,设定不切实际的调整目标,也不要不顾已经发展的形势而故步自封止步不前,既要增强做好结构调整的紧迫感,以只争朝夕的精神推进结构调整,又要考虑到兵团结构调整的长期性和复杂性,作好打硬仗打大仗和长期奋斗的准备。

三

结构调整可不可以一劳永逸? 有没有止境? 这是结构调整必须把握的又一个重要问题。我认为结构调整应当是一个只有起点没有终点、并且永无止境的长期推进的动态过程,结构调整不可能经过一次或者几次就可以彻底完成,因为兵团的调整是为达到屯垦戍边的终极战略目标和实现兵团不同时期发展目标而进行的。长期以来为了履行屯垦戍边的政治任务,兵团以农业起家、由农业为主发展,在全国的经济发展链上始终处于下游的位置,解决兵团产业结构不合理的问题任重道远;兵团从成立的时候就实行着准军事化体制,这种体制在当时是十分有效的,但是在市场经济条件下遇到的挑战是不言而喻的,使兵团特殊的管理体制与市场机制的接轨,任务异常繁重;兵团从成立的那天起就是在水到头电到头路到头的地方创业的,虽然兵团人以苦为乐,以苦为荣,但它所处的发展环境十分恶劣,这也是不言而喻的,在这样的自然条件下进行结构调整要付出加倍的成本;从 20 世纪 90 年代以来,世界上民族主义思潮泛滥,新疆周边国家和地区复杂的政治环境,使得兵团政治军事结构调整的任务也十分艰巨;更为重要的是,兵团结构调整的目标是兵团为完成一定的历史任务和实现屯垦戍边的奋斗目标决定的,我们党强调我国还处在社会主义初级阶段,指出这样的历史进程,至少需要一百年时间。至于巩固和发展社会主义制度,那还需要更长得多的时间,需要几代人,十几代人,甚至几十代人坚持不懈地努力奋斗。屯垦戍边事业是党的事业的组成部分,是为完成党的任务而存在的,因此,社会主义初级阶段的长期性就决定了屯垦戍边事业的长期性,也就决定了兵团结构调整的长期性,当我们完成一定时期的历史任务后,随着时代的变化和社会的发展,为了完成新的历史任务和实现新的奋斗目标,我们必须进行新的结构调整。结构调整实际上是一个阶段性和发展性相统一的不断深化的历史过程,这种结构调整的艰难曲折性和永无止境性是不以我们的主观意愿为转移的,我们既不能满足于结构调整已经取得的成绩而止步不前,也不能奢望在短时期完成结构调整的全部任务,我们对此必须有充分的思想准备。还有一点最重要,就是我们只能在我们所处的条件下去认识结构调整的任务和目标,而且这些条件达到的程度决定着我们对结构调整认识的程度。我们对结构调整规律的认识永远不可能穷尽,必然是随着实践的发展而不断深化,在结构调整的过程中难免遇到预想不到的艰难险阻和突发事件的考验,难免受到来自各方面错误思想的影响和干扰,这一切就决定了结构调整必然是一个连续不断的十分漫长的过程,不可能毕其功于一役。长期性是由阶段性构成的,并寓于阶段性之中,因此,兵团的结构调整的目标要有阶段性,要有制定结构调整的近期、中期和远期的目标,而且不同时期的结构调整目标应当是相互衔接的,上一个时期结构调整目标为下一个时期结构调整目标奠定良好的基础。

　　对于结构调整在认识上的深化,必将极大地推进兵团经济结构和整体结构朝着更加科学的方向前进,必将极大地促进兵团经济社会实现超常规和跨越式的发展,必将极大地促进兵团早日实现率先在西北地区全面建成小康社会的目标。

屯垦戍边新实践中的人民内部矛盾及对策

新疆生产建设兵团（简称兵团）是承担党和国家赋予的屯垦戍边特殊使命的组织。由于任务要求、体制机制、发展过程的特殊性，兵团存在着一些特殊的人民内部矛盾形式。这些形式总体上处于比较和谐的状态，但如果处理不当也存在着激化的可能。在发展社会主义市场经济、构建和谐社会、建设全面小康社会的新实践中，正确认识和妥善处理好这些矛盾，对兵团的存在和发展，对兵团更好地担负起党和国家赋予的屯垦戍边使命，具有十分重要的意义。

一、兵团人民内部矛盾的主要表现及其影响

兵团人来自五湖四海、各地各民族，从不同的地缘、人文环境来到兵团，汇聚在屯垦戍边的旗帜下，接受并创造着全新而独特的人文生活。从1954年诞生后，兵团已走过了半个多世纪的历程；其间职工队伍结构不断发生变化，特别是随着市场经济的发展变化更加迅速，在社会基本和谐、各种关系基本协调的同时，也存在着多样化的人民内部矛盾。

（一）新老职工之间的矛盾及影响

兵团的前身是驻疆人民解放军，按照毛泽东同志的命令集体转业，劳

武结合,白手起家,开创了新中国新疆屯垦戍边事业。老一辈兵团人对事业忠诚,纪律性强,有较强的艰苦奋斗意识和军事政治素质,这种品质在老职工中普遍得到保持。随着市场经济的发展,大批农民因为经济利益的驱动落户兵团,成为兵团的新职工。由于老职工进入退休高峰,目前兵团一线职工主力70%以上是近几年落户的新职工。新职工思想活跃、经济意识强、对新事物接受快,但有些新职工纪律意识和奋斗意识较弱,不愿固守在艰苦的地方;有的新职工甚至认为老职工思想保守、作风过时,生活方式落后、"太傻"、"不值得"。老职工也对有些新职工也不完全看得顺眼,认为有些新职工好逸恶劳、不求上进。这些差异和隔阂,影响到新老职工看待和处理问题的方式;长时间的观念行为碰撞加上缺少交流,导致相互之间互不服气和看不顺眼,容易互相指责,从而激化矛盾。

新老职工之间矛盾的存在,一是影响到兵团的和谐,使新老职工之间存在不信任、不和谐的心结,破坏兵团的和谐气氛,直接影响到兵团和谐文化与和谐社会建设。二是影响到兵团精神和优良传统作风的继承弘扬,新职工缺乏对老职工足够的尊重,缺乏对老职工身上体现的精神风貌的主动学习意识,难以形成老职工言传身教、"传帮带"的氛围,导致出现兵团事业发展的"精神断层"。三是影响到兵团职工队伍履行屯垦戍边使命的能力,使新职工看不到和不愿学习老职工身上军事素质过硬、纪律意识和为国奉献精神等优秀品质;导致维稳戍边能力赶不上老职工,难以发挥出维稳戍边的主力军作用。

(二) 不同地域来源产生的矛盾及影响

兵团最早是人民军队集体转业形成的,来源上比较单一,整体认同感较强。随着事业的发展,特别是改革开放后,兵团流动性人口不断增加,丰富了兵团人的地域来源上的多样性。目前的兵团人,来自全国各个省区市,使兵团文化呈现出丰富多样的全国各地的风情特色。落户兵团的人中,有部队转业、大中专毕业分配、经商和打工等多种原因;其中打工的人数占绝大多数。经商和打工者中,许多先是一个人来,适应后又把家庭、亲戚、乡邻带来。这些人初来兵团时，往往是投奔乡里乡亲，或跟着自己的乡亲干，这样就使兵团基层形成了具有不同地域认同的职工群众群体。在许多团场、连队，一说起某人，先指出他"河南人"、"四川人"等；说明在基层存在着广泛的地域意识。他们有了问题有时首先想到的不是依靠组织，而是寻求乡亲帮助；不同地域群体产生矛盾时，易各自抱团、追求地域团体的共同利益；一些群众也觉着有乡亲帮助而遇到事情不肯退让，使矛盾容易产生、激化并很难调解。

不同地域来源矛盾的存在，一是容易在兵团形成不同地域的小集团，强化了地域观念和心理的认同性，导致不同地域来源之间相互排斥，影响到单位的团结和谐。二是容易强化职工群众的地域文化意识甚至一些陋习，难以很快融入兵团这一大家庭中，接受兵团精神和军垦文化的熏陶；甚或以地域文化影响兵团精神文化传统，消解屯垦戍边的精神文化支撑。三是导致出现因地域划分的利益小群体，去影响和干预单位的选举任免和改革决策，扩大分配不均，容易激化不同地域群体间的利益分配矛盾。

（三）不同民族信仰导致的矛盾及影响

兵团是在多民族、多信仰的新疆地区执行特殊使命的集团。历史上兵团的辖区范围几经调整，单位建制多次变更。特别是"文革"中，兵团曾遭解散，直到1981年邓小平亲自决策才恢复了建制；在恢复过程中，一大批地方的民族乡村变成了兵团的团场连队。目前，兵团人数较多的少数民族就有30多个，人口33万，占到兵团总人口的10%；兵团大部分师都有少数民族团场；像三师、十四师的一些少数民族团场，少数民族人口占到90%以上。这些团场的少数民族干部只能说一些简单的汉语，多数群众不会说也听不懂汉语。一些多民族团场中，不同民族职工群众产生的一些很细小的个人矛盾，都有可能演变成民族之间的群体矛盾。兵团不少民族有自己特殊的宗教信仰，一些宗教渗透到职工群众生产生活的各方面；目前在兵团，伊斯兰教、基督教、天主教、佛教都有存在，而伊斯兰教的比重最大。在一些宗教氛围浓厚的团场和连队，职工群众对一些问题的看法总是掺杂着民族宗教因素,有了事情先找宗教组织和教众寻求帮助,使本来简单的事情复杂化,影响到矛盾的解决。

民族宗教信仰矛盾的存在,一是影响到民族宗教政策的贯彻执行,使职工群众容易从民族宗教视角对兵团出台的各项工作举措进行解读,过分强调民族宗教特殊性,将工作关系变成复杂的民族宗教关系,影响到改革举措的贯彻落实。二是影响到民族团结;在不同民族交往过程中过分注重民族因素,往往喜欢同本民族的人交往而不愿同其他民族同志交往,增加民族隔阂,影响到民族交流和感情的深入。三是容易为民族分裂势力、极端宗教势力和暴力恐怖势力"三股势力"和别有用心的人所利用。民族宗教矛盾是"三股势力"、"法轮功"邪教组织等极力利用的重点,这对兵团履行屯垦戍边使命提出了挑战。

(四)兵地群众之间的矛盾及影响

兵团的单位遍布新疆各地州县;兵团的团场、连队最早是由军队在驻地周围就地屯田形成的,与地方的县乡毗邻而居、互相往来,在增进民族团结、促进民族感情的同时,也不可避免地会产生一些矛盾。兵团成立后,有组织地在沙漠周边、国境沿线和一些荒无人烟的地方开荒造田、兴修水利、植树造林、架桥铺路,建起了大批新的团场,也带动了地方群众到团场周边居住生活,逐渐形成地方自然和行政村落。这种交错杂居的状态,随着经济社会的发展、人口的繁衍、对资源需求的增长和相互交往的深入,特别是市场经济凸显了利益诉求,很容易导致双方之间争耕地、争草场、争水源、争矿藏等纠纷。遇到这种问题时,兵团职工和地方农牧民主要是寻求各自的行政领导帮助,双方基层领导在处理问题时往往站在各自立场上,认为只有把资源抢到自己这边才算问题得到解决;加上偏听偏信、认识水平等差异,对于对方的行为很难理解,对于对方提出的解决方案很难认同;若协调不够或处理不当,就会使矛盾层层升级,使更上层主管机关和领导牵涉进来,演变成兵团和地方之间的群体性矛盾。

兵地体制差异矛盾的存在,一是影响到兵地群众之间交往和兵地和谐关系。由于兵地群众纠纷带有很强的传播性和扩散性,容易将对个人的好恶放大成对于对方单位的整体印象,从而制约兵团和地方群众之间交往的深入。二是影响到区域经济发展。兵团和地方共处一个经济区域,有着共同的区域发展利益;但兵地群众矛盾的扩散,容易使双方在发展中缺少协作、只顾各自利益,甚至以部为壑、以对方利益损失换取自身利益。三是影响到兵团履行屯垦戍边使命。巩固和发展"边疆同守、资源共享、优势互补、共同发展"的局面,是兵团屯垦戍边的重要目标;兵地群众矛盾的激化,直接影响这一目标的实现。

(五)干部群众之间的矛盾及影响。

兵团实行党政军企合一的特殊组织形式,团场党委统一管理各方面资源,协调解决各方面矛盾。由于管理的资源类型多、管理目标包含政治、经济、文化、社会等多重目标,团场或连队领导能否保证这些资源在整体发展和职工群众利益之间、从事不同工作的职工之间合理分配,既影响到职工群众的生产积极性,又影响到干部群众之间的关系。特别是随着市场经济的发展,职工群众强化了利益意识和追求,计划经济时代把个人利益混同于集体利益、以集体利益代替个人利益的做法,已经很难为职工群众所接受。随着兵团改革的深化,一些重大改革措施如土地承包、"两费自理"、政务公开,企业破产、下岗分流等,直接影响到职工群众的切身利益,如果事前计划不周、调研不够、决策不民主,就容易引发干部与职工群众之间的矛盾。社会保障制度建设的滞后、职工群众之间贫富差距的扩大,也会造成职工群众对领导的不满;这种情绪如果不能及时有效地疏导,会形成一种对行政机关和领导不信任的长期印象;加上一些基层干部作风粗暴、管理方式简单、过于注重行政处罚和经济惩罚等,就会加剧矛盾,甚至引发上访等群体性事件。

干部群众之间矛盾的存在,一是影响到兵团党政机关的形象。导致职工群众对党政机关缺乏信任,从私利角度解读党政机关和领导的行为,党政机关的权威性、公信力、号召力、团结力下降。二是影响到兵团改革措施的落实。恶化了单位的人文氛围,激化了公平问题,导致职工群众对出台的各项改革举措抱持怀疑和消极对待,产生将被边缘化、受伤害的预期;单位人心涣散、不思进取、缺乏活力。三是影响到兵团经济社会发展。职工群众感觉不到能够共享改革发展成果,缺乏参与改革发展、共创发展新局的热情和积极性,职工群众在发展中的主力军作用得不到充分发挥,改革发展措施得不到充分贯彻,直接制约了兵团经济社会又好又快发展目标的实现。

二、正确处理兵团实践中的人民内部矛盾的对策

毛泽东《关于正确处理人民内部矛盾的问题》,为准确分析和正确处理屯垦戍边实践中的人民内部矛盾提供了方法和指针。屯垦戍边实践中的各类人民内部矛盾虽然有其特殊性,特别是随着时代的发展、改革的深入出现了一些新的表现形式;但在总体上都符合毛泽东揭示的人民内部矛盾规律,毛泽东提出的矛盾处理原则和方法仍有很强的现实针对性和理论指导性。

(一)从构建和谐兵团的高度,重视处理人民内部矛盾

毛泽东指出,正确处理人民内部矛盾是政治生活的主题,只有正确处理人民内部矛盾,才能调动一切可以调动的积极因素,化消极因素为积极因素,推进现代化建设;强调要敢于揭露矛盾、善于分析矛盾、正确解决矛盾。兵团实践中的各种人民内部矛盾,虽然总体上还没有到造成危害的地步,但也必须引起高度重视。忽视或拒不承认这些矛盾的存在,不仅无助于解决矛盾,反而会导致矛盾的激化甚至演变成对抗形式。构建和谐兵团不仅是一句口号,从根本上说,体现在正视并善于解决兵团存在的各种矛盾上。当前兵团正处于发展加速期,也是矛盾凸显期,各类人民内部矛盾大量涌现;其中,新老职工之间、不同地域来源之间、不同民族信仰之间、兵地群众之间和干部群众之间的矛盾,是当前兵团人民内部矛盾中对

全局有较大影响的矛盾,是制约兵团发展事业、履行使命、构建和谐的重要因素。正确处理好这些矛盾,是实现兵团经济社会又好又快发展、构建和谐兵团的前提。

正确处理兵团人民内部矛盾,一是要把认识和解决好这五类矛盾,作为工作的主题,作为各级党委执政能力和领导水平的重要内容,作为考核各项工作成绩的重要标准,自觉从解决矛盾角度思考问题。二是要认识到,这五类矛盾解决与否,直接关系到构建和谐兵团目标的实现;必须正视这些矛盾的客观存在,高度重视这些矛盾可能产生的影响,自觉把构建和谐兵团目标同解决矛盾联系起来思考工作;三是在探索兵团发展思路、制定兵团发展规划时,把解决好这五类矛盾,作为工作重要目标;通过解决好这五类矛盾,充分调动职工群众的积极性,化消极因素为积极因素,以实现经济社会又好又快发展。

(二)科学认识兵团各类矛盾,确立处理矛盾的思路

毛泽东指出,矛盾产生的根源分为总根源和认识论根源,总根源就是社会基本矛盾,认识论根源则是指人们思想认识原因,认识论根源是总根源的表现;强调要坚持用对立统一规律观察社会主义社会。对于兵团实践中的各类人民内部矛盾,也必须从兵团基本矛盾入手加以分析把握,找出产生这些矛盾的认识论根源。新老职工之间、不同地域来源间、不同民族信仰之间、兵地群众之间和干部群众之间的矛盾的出现,都有兵团客观的生产关系、社会关系和利益关系原因,是这些原因交互变化的结果。忽视了这一根本性原因,就难以准确判断矛盾的性质特点,相应地不能形成解决矛盾的正确思路和运用科学方法从根本上处理好矛盾。这些矛盾在认识论上的表现各不相同,特别是随着当今社会思潮和人们的思想认识的多样、多变、多源特点,很难简单地用正确与错误去衡量。在处理各类矛盾中,必须用新的时代标准分析认识矛盾。

正确处理兵团人民内部矛盾,一是坚持用矛盾分析法认识兵团发展中的各种问题,从中找出哪些问题是由兵团五类矛盾中的哪一类矛盾所

引起,找出问题产生的矛盾根源后,形成通过处理好各类矛盾来解决各种问题的思路;二是坚持从兵团当前的生产关系、社会关系和利益关系中把握各类矛盾。明确五类矛盾中,哪一类矛盾分别是由哪种关系变化或其交互作用所致,进而确立通过调整好生产关系、社会关系和利益关系来处理好各类矛盾的思路;三是在把握矛盾的兵团客观关系原因的基础上,充分认识矛盾产生的不同认识论根源;在积极调整各种关系的同时,把解决思想认识问题作为突破口,积极引导职工群众形成符合时代和兵团发展需要、健康向上的理想追求。

(三) 把握矛盾的演化规律,创新解决矛盾的方法

毛泽东指出,人民内部矛盾和敌我矛盾是两类不同性质的矛盾,前者用民主的方法解决,后者用专政的方法解决,两类矛盾在一定条件下会发生转化;强调矛盾本身是在不断发展变化的,解决矛盾的方法也需要有所不同。在兵团表现比较突出的五类矛盾,虽然都是人民内部矛盾,但也必须认识到,每一类矛盾都不是一成不变的,都是在不断发展变化的;如果处理得当,就会向好的方面转化;处理失当,则会引起矛盾激化,甚至向群体性事件和敌我矛盾方面转化。不同的矛盾有不同的解决方法,不同时代也提供了不同的矛盾解决手段;对矛盾性质、特点和状态判断不准,对于解决矛盾手段掌握不全面,就难以采取有针对性和实效性的矛盾解决方法。要有效解决矛盾,必须在准确把握矛盾的性质、特点及其演变规律的基础上,根据新的时代所提供的矛盾解决手段,不断探索和创新解决矛盾的具体方式方法。对于兵团的五类人民内部矛盾,虽然在总的解决方法上都要采用民主的方法;但在具体解决方法上,则要根据不同矛盾的特点,有针对性地采取不同的民主方法。即便是同一类矛盾,在发展的一定阶段上比较有效的民主方法到了另一阶段也可能不再有效。

正确处理兵团人民内部矛盾,一是坚持运用民主的方法解决矛盾。强调新老职工间、不同来源职工群众间、不同民族信仰间、兵地群众间和干部群众间在根本利益上的一致性,把民主的方法作为基本解决方法;二

是把矛盾具体解决方法,建立在对不同矛盾乃至同一矛盾不同阶段的深入把握之上。通过深入分析兵团五类人民内部矛盾的表现特点和发展状态,增强矛盾变化的预见性和处理矛盾的针对性,对不同类型矛盾分别采取说服教育、协调利益、促进团结、维护权益、发扬民主等具体方法;三是积极探索创新解决矛盾的有效方法,突出和谐文化建设、维护职工权益、帮助弱势群体、建立民选机制、加强作风建设等新的矛盾解决方法,建立各类矛盾应急预案,增强处理矛盾的主动性、有效性,防止各种矛盾向群体性事件和敌我矛盾转化,促使矛盾向好的方面转变。

(四) 把握矛盾产生的根源,健全处理矛盾的制度

毛泽东指出,生产力和生产关系之间的矛盾、经济基础和上层建筑之间的矛盾,是产生人民内部矛盾的总根源,人们认识上的正确与错误是产生人民内部矛盾的认识论根源;强调要从矛盾产生的根源、特别是总根源上去认识矛盾和解决矛盾。对于兵团存在的五类人民内部矛盾,从根源上说,也是由兵团生产力和生产关系之间、经济基础和上层建筑之间的矛盾所决定的,是由人们对社会基本矛盾的认识和反应所表现的;兵团社会基本矛盾的具体状态,决定了兵团具体的经济社会体制结构,进而决定了不同群体在这一体制结构中的地位和角色,决定了不同群体基本的行为动机;而行为动机的冲突则形成了具体不同的人民内部矛盾。兵团矛盾总根源和认识论根源的长期存在和集中表现,导致了兵团五类矛盾的长期存在和集中表现。要从根源上解决好兵团存在的五类矛盾,关键是建立健全有效调节兵团生产力和生产关系、经济基础和上层建筑矛盾的体制机制,建立健全有效引导人们思想认识的体制机制,建立健全有效应对各种具体问题的体制机制;运用健全的制度控制各类矛盾向好的方面转化。

正确处理兵团人民内部矛盾,一是深入分析兵团的矛盾总根源和认识论根源状况,分析总根源和认识论根源如何交相作用进而形成具体的新老职工之间、不同地域来源之间、不同民族信仰之间、兵团地方群众之

间和干部群众之间的矛盾的,准确把握从总根源、认识论根源到具体矛盾表现形态之间的影响链条;二是着眼于从根源、特别是总根源上解决矛盾,建立健全有效调节社会基本矛盾的体制机制,重点建立兵团各阶层都能普遍参与和共享的利益分配结构和促进社会和谐稳定发展的经济政治体制。三是建立健全解决各种具体矛盾的体制机制。重点建立兵团利益协调机制,健全兵团社会保障制度,建立职工群众诉求表达机制、实行政务公开、建立重大决策普遍参与制度、加强信访工作等,为各种矛盾建立一个规范化的释放渠道;建立健全各种矛盾调处机制,完善司法调节、行政调节、舆论调节、经济调节等各种调节手段,及时处理各类矛盾。

(五) 牢固树立群众观点,坚持不懈地解决好矛盾

毛泽东强调,正确处理人民内部矛盾,就是要坚持实事求是和走群众路线;指出在诸多的人民内部矛盾中,突出的是领导和群众的矛盾。兵团屯垦戍边事业发展中存在的五类矛盾,并不是孤立存在的,而是相互交织的;其中干部群众之间的矛盾同新老职工之间的矛盾、不同地域来源之间的矛盾、不同民族信仰之间的矛盾、兵团地方群众之间的矛盾都有联系;解决好干部群众之间的矛盾,对于解决好其他各类矛盾都有助益。而解决干部群众之间的矛盾,主要的不是方法问题,而是立场问题,是对职工群众的态度问题;立场和态度决定处理矛盾的出发点和关注点、处理矛盾遵循的原则和采取的方法、解决矛盾的毅力和恒心,进而影响到矛盾解决的效果。为此,要求兵团各级干部带着对职工群众的深厚感情对待矛盾,站在职工群众立场上分析矛盾,从维护职工群众利益的角度处理矛盾,从代表职工群众根本利益的立场用好职权,从维护职工群众切身利益的视角整合关系,把联系群众、服务群众作为一项长期的要求,才能使干部职工之间的矛盾不断向好的方面转化;进而带动其他各类矛盾顺利解决。

正确处理兵团人民内部矛盾,一是坚持以人为本,贴近实际、贴近生活、贴近群众,从职工群众需要出发分析矛盾、考虑工作,把维护好职工群众的根本利益、使职工群众普遍参与兵团改革发展和共享兵团改革发展

成果作为出台各项工作措施的依据和目标;二是深入到基层一线职工群众之中,准确把握职工群众的各种需求和思想状态,特别是利益需求;深入研究影响职工群众切身利益的各种因素;及时了解职工群众关心关注的各种热点难点问题,了解不同群体的思想变化苗头,重点关注弱势群体和困难群众的思想认识问题;三是针对职工群众各种思想认识问题和各种矛盾引起的观念冲突,加强职工群众的思想政治工作,营造团结、友爱、和谐的文化氛围,增进职工群众对各级党委的信任、对兵团事业发展的信心、对兵团社会大家庭的认同和对生活的热情。

落实科学发展观实现经济新跨越

兵团党委理论学习中心组近期就兵团走新型工业化道路问题进行了专题学习。参加学习的同志结合兵团实际进行了深入探讨,现将主要观点做一综述,以期把全兵团把走新型工业化道路的学习研究进一步引向深入,并且为兵团新型工业化实践提供理论指导。

一、关于兵团推进新型工业化面临的挑战

一是思想观念解放的程度不够。个别单位领导对新型工业化重要性认识还没有到位,存在着畏难情绪,认为搞农业稳,搞工业风险大。个别单位领导大局观念不强,对工业结构调整的意义认识不足,一方面热衷于低水平的重复,一方面又对兵团戒严在跨团、跨行业的联合重组持不积极的态度。各级领导干部中懂工业、研究工业的人少,专题研究工业发展问题少,有效解决工业发展的政策和措施少。二是发展速度缓慢。"八五"以来的 14 年,兵团工业平均增长速度仅为 6.88%,不仅大大低于全国 12.86% 和自治区 10.01% 的同期水平,与同期兵团 GDP 增速相比也低 2.19 个百分点。尽管工业速度在逐步加快,但总体速度仍然过缓,致使兵团工业占 GDP 的比重由 1991 年的 26.67% 下降到 2004 年的 16.2%,14 年下降了 10.5 个百分点。占自治区工业的比重由 1991 年的 16.43%

下降到 2004 年的 6.6%,14 年下降了 9.83 个百分点。工业发展缓慢已经成为兵团经济发展的主要瓶颈。三是产业结构不合理,到 2004 年底,兵团三产的比例为 38.1∶26.4∶35.5,同期自治区和全国三次产业比例分别为 20.2∶45.9∶33.9 和 15.2∶53.31∶31.8,兵团二产比重过低的现象非常突出。四是企业规模小,产业集中度低。兵团工业主要以原料产地而兴建起来的,小而全,技术装备水平低,产业集中度低等问题十分突出。85 万棉花纺锭分布在 9 个师的 28 家企业,平均纺锭规模仅为 3.3 万锭,平均棉纱支数为 29.6,低于全国 35 支的平均水平。兵团火电机组最大的仅 5 万千瓦,平均机组容量仅为 2.2 万千瓦,和现代电网中经济规模机组 30 万千瓦的要求相差甚远。煤矿单井规模仅有 5.9 万吨/年,与国家和自治区要求的 9 万吨/年相差很大。兵团的特色优势未完全转化为产品优势和经济优势,兵团工业整体素质不高,竞争力不强。五是改革滞后,机制不活,市场意识不强,适应能力、应变能力较差。六是投资结构不合理。"九五"以来,国家的投资重点虽然在不断调整,特别是"十五"期间加大了对基础设施和农业的投入。但总体上看,全社会固定投资总额中,工业投资始终占了主导地位。1996 年全国固定资产总额中,工业占 43.45%,农业只占 1.58%,自治区工、农业分别占 46.92% 和 9.2%,而兵团同期工、农业分别占 30.74% 和 30.23%。到 2003 年,全国的上述两组数据变成 32.73% 和 1.8%,自治区为 39.04% 和 6.68%,而兵团分别为 24.84% 和 33.46%。兵团投资结构中重农业轻工业的问题非常突出。七是社会化服务体系不健全,体制环境、政策环境有待进一步改善。八是工业人才数量少,结构不尽合理,高素质人才严重不足。九是条块分割,力量分散制约了兵团工业的发展。

二、关于兵团推进新型工业化的有利条件

一是近年来兵团党委对工业的重视程度大大提高,"没有兵团工业的现代化,就没有兵团的现代化"的思想已经深入人心,兵团上下正在逐

步形成重视工业、支持工业发展的良好氛围,兵团各级领导和广大干部职工对推进新型工业化重要意义的认识不断提高,工业发展的政策舆论环境明显改善,为新型工业化奠定了思想基础。二是兵团具有特殊体制下能够集中力量办大事的优势。三是具有特殊地位,特殊作用下,中央和自治区政策支持的优势。四是兵团传统,兵团精神,兵团文化的优势。五是农业基础较好,农牧业资源丰富的优势。六是城镇化进程加快,为工业发展提供了新的平台。阿拉尔、图木舒克、五家渠以及北屯等新建城市的快速发展,中心团场和重点小城镇战略的实施,不仅为工业的发展提供了强有力的市场支持,也为工业的快速发展搭建了新的平台。七是西部大开发的力度加大,中央 12 号文件及 4 号文件纪要的落实,国家将进一步加大对新疆和兵团的投资和各项政策的支持力度,为兵团工业发展带来了机遇,拓展了空间。八是通达加大国企改革力度,加快经济结构调整步伐,市场机制初步形成,拥有了一批具有竞争优势和活力的上市公司和企业集团,控制力、影响力、带动力明显增强。

三、关于兵团新型工业化的特点

一是信息化和工业化互动,而不是先工业化后信息化。二是上市场推动,科技支撑的工业化,而不是靠高投入支撑的工业化。三是既要发挥资源优势,又要节约资源、保护环境、实现可持续发展的工业化,而不是以大量消耗资源、破坏环境为代价的工业化。四是高新技术产业与传统产业,资金技术密集型产业与劳动密集产业互动、互补、协调发展,人力资源优势和传统产业优势得到充分发挥的工业化,而不能单纯追求高新技术产业和资金技术密集型产业的发展。五是在三次产业协调发展中推进的工业化,而绝不能走以牺牲农业发展为代价的老路。六是以优势资源转化和农业产业化为主要途径的工业化,而不是脱离农业基础的工业化。七是以城镇化为主要依托,不断提高企业集中度和产业关联度的工业化,而绝不能再走条块分割,小型分散,低水平重复建设的老路。八是改革、创新、外向带动、事例发展的工业化,而不是自我封闭、自成体系的工业化。九是落实科学发展观,坚持以人为本,实现速度与效益、结构与质量相统一,全面、协调、可持续发展的工业化,而不能单纯追求高速度。十是市场原则与兵团特殊体制相衔接,公平与效率相统一,坚持公有制经济为主体,各种经济成分共同发展,充分发挥国有经济控制力、影响力、带动力的工业化,而不能单纯强调市场竞争原则,忽视宏观调控作用的工业化。

四、关于兵团推进新型工业化的途径和措施

一是统一思想,提高认识,加强领导,积极推进。只有兵团上下统一了思想认识,形成全力才能不断加快兵团工业的发展,推进工业化的进程。二是建立工业发展的激励机制。要继续全面贯彻落实兵团已经出台的各项激励政策,建立对师团两级加快工业发展的激励机制,建立对企业经营者成长发展的激励机制,建立对科技人员的激励机制,建立对高技能人才的培养和激励机制,建立健全考核评价和监督约束力机制。三是加大工业投入力度。兵团工业涉及的行业门类较少,行业和企业的门类规模都不大,因此,加快兵团工业发展,就必须坚持扩大增量和盘活存量并重,以扩大增量为主。应多方筹集资金,加大对工业的投入力度,使工业投资占全社会固定资产投资的40%以上。要积极争取国家资金的支持,同时兵团和各师都要建立工业发展资金,要利用资本市场,通过股票上市、改选企业债券、资产重组、置换等方式筹措资金。要积极争取金融支持,加大开发性金融贷款和银团贷款力度。要加大招商引资力度,吸引国内外企业来兵团投资,鼓励和引导非国有中小企业投资。四是抓好120万吨了聚氯乙烯等重大工业项目建设,使兵团工业化进程的首批重大项目能够顺利实施好,不但要增强兵团工业的实力,更要增强兵团大力发展工业的信心。五是切实加强社会化服务体系建设,努力营造工业发展的体制环境,政策环境,社会氛围。五是加快推进国有企业改革和国有资产管理体制改革。积极推进股份制改革。完善公司治理结构,建立现代企

业制度,搞活工业经济的微观基础。六是争取政策支持拓宽劣势企业退出市场的通道,集中力量解决国有企业历史遗留问题,切实减轻企业债务和社会负担,为改制重组创造条件。七是打破条块分割,推动横向联合,融合发展,加快城镇化、集团化、产业化进程,提高企业的集中度和产业的关联度,促进区域布局结构、企业组织结构和产业结构的优化升级。八是抓住西部大开发的历史机遇,进一步扩大对外开发的领域,提高对外开放的水平,用好两种资源,开拓两个市场。要在改善环境和增强实力上下功夫,真正做到引得进来,走得出去。九是树立科学发展观,强化市场意识,科技意识,管理意识和以人为本的观念,切实转变经济增长方式,坚持全面、协调、可持续发展。十是采取强有力的措施,按照推进新型工业化的客观要求,切实加强工业人才队伍建设,完善用人机制,调整用人导向,优化人才结构。十一是改革投融资体制,拓宽投融资渠道,调整投资方向,优化投资结构,集中社会力量,推进兵团新型工业化进程。十二是大力发展非公有经济。要通过放宽市场准入,加大支持力度,完善社会服务,维护合法权益,提高自身素质,加强指导协调,大力发展非公有制经济,不断增强兵团新型工业化发展的活力。

五、关于兵团推进新型工业化的重点

兵团推进新型工业化要把握六个重点:一是用先进适用技术改造提升传统产业。二是加速农业产业化进程,努力培育农业产业化龙头企业。三是实施优势资源转换战略,加大农牧资源的精深加工和矿产资源的开发力度。四是实施外向带动战略,用好两种资源,开拓两个市场。五是加速城镇化进程,打牢城镇产业基础,拓宽就业渠道,积极稳妥地转移农业富余劳动力。六是创造条件,发展高新技术产业。

关于兵团精神的几个问题

——接受新华网兵团频道关于兵团精神的访谈

主持人：此次31位兵团老战士赴北京参加庆祝建党90周年系列活动，您觉得有着什么样的意义呢？

王瀚林：31位兵团老战士走进北京，我也有幸参加了其中部分活动，这次活动中央领导同志接见了31位老战士代表，而且组织老同志参观了北京的一些有代表性的景点。比如说人民大会堂、长城、故宫、水立方、国家大剧院等等，很多人自发地给他们拉出横幅，列队欢迎，我非常感动。这个活动体现了中央和全国人民没有忘记兵团人那一段创业的历史，在这样一个历史过程中，兵团人创造了辉煌，保卫了边疆的安宁，维护了边疆的稳定，维护了民族团结。

这些老同志走进北京，实际上有一种在全国层面精神价值的导向，在前一段时间，我们一直讲要弘扬中华民族的精神，弘扬中国革命的精神。我们前几年编了一本《兵团精神》的书，已经把它列入中国革命精神的序列中，组织这个活动就是要在全国倡导这种中国革命的精神，而兵团精神是我们中国革命精神的一部分。要用这种精神来激励全国人民，为建设小康社会，为我们整个民族的复兴而奋斗。

主持人：31位兵团老战士进北京也反映出了党中央对于兵团精神的高度认可，咱们兵团党委早在今年一月就提出唱响兵团精神这个活动，为什么要提出这么一个活动呢？它的意义又何在呢？

王瀚林：唱响兵团精神活动集中开展了 5 个月左右的时间，到现在还在如火如荼地进行，并没有结束。之所以要倡导这样的活动，有这样几方面的考虑：

第一，兵团精神有它自身的价值。兵团精神是我们中国革命精神在新疆特殊领域的一个体现。而这种革命精神也是我们兵团人的一种优势，也是我们党宝贵的财富。要唱响兵团精神，这种传统不能丢，我们的优势不能丢。第二，现在面临的使命和任务需要进一步弘扬兵团精神。中央新疆工作座谈会之后提出来两大目标，一个是要跨越式发展，一个是实现长治久安。兵团党委提出，我们要在西部率先实现小康社会。要实现这样一个战略目标，还要发挥中央讲的三大作用，没有一种精神的支撑是不行的。在过去经常讲，精神和物质之间是一个互动的关系，物质财富能够推动精神的发展，精神的财富也可反过来推动物质建设的发展。现在要建设小康社会，实现两大目标，没有这样一种精神的支撑，是不可想象的。第三，兵团主要领导在讲话中谈到，有一部分单位和个人精神不够振奋，思想不够解放，对我们事业的发展信心不足，必须集中地开展这样一个活动，把大家的精神振奋一下，这又是一个很重要的考虑。第四，我们现在在职工队伍发生了很大的变化。老一代的军垦战士很多都退出了一线，退休离休了。兵团第三代、第四代的部分同志对于兵团历史和使命的了解程度不如老战士。另外一方面，这么多年以来，大量外来的职工进入到兵团，这些外来的职工有他们的特点和优势，但是没有对传统和使命更多的理解。很多人来这个地方是由于个人利益的考虑，在这种情况下，怎么样把这些新职工，把兵团后来人真正教育培养锻炼成为合格的军垦战士，就确确实实需要有一种精神力量来支撑和引导。第五，兵团精神在历史当中形成，也必然在新的实践当中不断丰富新的内涵，不断在实践当中往前推进，否则就不可能有生命力。如果永远把它停留在过去的阶段，内容不随着时代的发展而发展，丰富而丰富，它的教育力、凝聚力和感召力就会减弱。

兵团党委正是综合考虑到这些因素，在这段时间开展了集中唱响兵团精神的活动。

主持人:请您谈谈兵团精神是在什么样的环境和时代条件背景下产生的?

王瀚林:从历史来看,新疆有2100多年屯垦戍边的历史,从西汉开始到现在,有这样一个传统。具体可以从几方面来讲:

第一,兵团精神产生于新疆特殊的自然地理环境。边境线长,面积大,条件艰苦。兵团面临的自然生态环境的特点为:一是自然环境比较恶劣、生态条件比较脆弱和需要重点治理。新疆沙漠、半沙漠广布,号称"死亡之海"的塔克拉玛干沙漠和古尔班通古特沙漠分别是我国第一和第二大沙漠。二是地域广阔、自然条件千差万别。兵团的单位遍布新疆各地,分别受不同的自然环境影响,没有统一的发展模式。三是新疆传统的绿洲农牧业经济受自然环境制约很大。历史上许多一度繁华的农业区都曾因风沙侵蚀、水源枯竭、土壤盐碱、生态恶化而被迫放弃,像楼兰等许多闻名一时的名城都已湮灭在沙漠之中。四是兵团的团场企业,当初建场时遵循毛泽东主席"不得与民争利"的指示,普遍分布在沙漠边缘、戈壁深处、边境沿线和"三到头"(就是水到头、路到头、地到头)的地方,发展受自然条件的影响更大。五是不少兵团单位所处环境虽然不适宜发展生产,但在国家国防安全、生态安全和新疆整体发展链条中却处于关键地位。

面对极端恶劣的自然环境和难以想象的困难,兵团人迎难而上、勇敢面对,面对新疆受自然环境严重制约的绿洲自然经济,兵团人力求改变、勇于创新,面对亘古荒原、一穷二白的境况,兵团人自力更生、不等不靠,处在不具备生产生活条件但却事关国防安全的环境,兵团人吃苦耐劳、甘于坚守,处在生态脆弱、但却是国家生态建设关键的地区,兵团人顾全大局、着眼长远,在这个过程中形成了兵团精神。

第二,兵团精神是顺应社会发展的客观需要而产生:一是国家社会主义建设的需要。兵团的事业是在一穷二白的条件下开始的,人民群众日益增长的物质文化需求和落后的社会生产力的矛盾始终非常突出,迫切需要大力发挥精神因素的推动作用,兵团精神就是适应这一需要而产生的。二是维护国家最高利益的需要。兵团事业发展过程中始终面临严峻挑战,需要应对"三股势力""西化""分化"图谋等多重威胁。在这种环境中,特别需要听从号召、扎根边疆、自觉把国家利益放在第一位、甘愿为国家民族的最高利益作出牺牲的精神追求和价值取向。兵团精神就是顺应这一要求的精神价值而产生的。三是继承弘扬革命精神传统的需要。兵团精神就是对革命精神传统、特别是南泥湾精神的直接传承弘扬。四是巩固兵团人精神家园的需要。兵团事业是兵团人的家园,兵团人会对兵团事业有一种精神上的归属感、尊严感和荣誉感,会引导他们自觉认可和遵循集体价值准则,作为自己的行为标准和道德基础。兵团人需要通过开发自己的精神资源,增强凝聚力,不断巩固自己的精神家园。

第三,在党的理论引导下生长。兵团精神的产生离不开党的屯垦戍边理论的引导,比如以第一代以毛泽东同志为代表的党中央,号召兵团要起到生产队、工作队、战斗队的作用,到新疆去要为新疆各族人民办好事。所以到了新疆以后,和各民族和睦相处,为人民办好事,这是第一代人。第二代领导人小平同志来到新疆以后,说新疆生产建设兵团要恢复,兵团是稳定新疆的核心,兵团组织形式是党政军结合。后来兵团的发展就按照这个思路来发展。第三代领导人江泽民讲,兵团是中央治国安邦的重要战略旗帜,中央新疆工作座谈会的精神要把它放在历史发展的长河中,要放到国际国内的大背景中,要放到新疆工作的大局当中去认识,这样就看得更加清楚。这些为我们兵团精神的发展起到了推动作用。胡锦涛总书记曾三次来新疆,讲到兵团要发挥好三大作用,要处理好三大关系,特别是在新疆工作座谈会召开以后,提出来我们要走"三化"道路,要实现"两大目标"。几代中央领导人关于屯垦戍边的重要理论,重要的思想都为兵团精神指明了方向。

第四,兵团精神是在继承革命军队的传统基础上形成的,是南泥湾精神的传承。军垦创业者保留了人民军队的优良传统和作风,为兵团事业的发展和兵团精神的形成提供了不可多得和极其宝贵的资源。一是兵团具有人民解放军的整体风貌。二是历经中国革命精神的洗礼。他们亲自参与缔造了井冈山精神、长征精神等中国革命精神。三是他们的前身三五九旅是南泥湾精神的代表和军垦精神的开创者,是人民军队克服任何艰难险阻的屯垦军魂和我们党屯垦史上的丰碑,直接孕育了兵团精神。兵团人称自己为"三五九旅的传人",张仲瀚在《老兵歌》开篇就说,"兵出南泥湾,威猛不可当。身经千百战,高歌进新疆"。20 世纪 60 年代,王震为农一师题词"生在井冈山,长在南泥湾,转战千万里,屯垦在天山"。这些生动地说明了兵团同三五九旅的传承关系。四是王震等革命家的直接领导、组织动员、身体力行和率先垂范,锻造了军垦创业者的优秀品格。

第五,兵团精神产生于新疆特殊的社会环境。兵团承担着工作队和宣传队任务、发挥着新疆"增进民族团结、确保社会稳定"的中流砥柱作用,这一任务和作用是在顺应和服务新疆的历史人文社会环境中体现的。兵团面临的社会环境的特点:一是民族众多、宗教影响大。新疆有 47 个民族,仅世居民族就 13 个,各民族间"大杂居,小聚居";许多民族有独特的语言文化、宗教信仰和生产生活习惯。二是社会关系复杂。由于历代各族封建统治者忽视发展、制造民族隔阂,直到解放初期,新疆各族群众生活水平十分低下、民族关系紧张,相互间缺少理解沟通;地区间、民族间乃至民族内部常为争草场、水源等生产生活资源产生纠纷。三是境内外敌对势力和"三股势力"一直图谋利用新疆的复杂局势制造事端、在群众中煽动分裂。四是新疆有屯垦戍边的悠久传统。自西汉时起,中央政府就开始了在新疆的屯垦,迄今已愈 2100 年,形成了适宜屯垦的历史文化。五是兵团的团场、企业、连队同新疆的地县乡村相互毗邻、交错杂居,处于同一发展区域,联系密切。面对历史上形成的新疆复杂社会关系,兵团人促进团结、实现和谐,面对新疆各族群众的强烈发展愿望,兵团人示范带动、积极服务,面对新疆屯垦戍边的丰厚历史遗产,兵团人善于继承、勇于超越,面对"三股势力"和敌对势力在群众中的分裂煽动破坏,兵团人时刻警惕、有效应对,面对与地方各族群众同处一个区域的情况,兵团人互谅互让、互利双赢,他们在维护团结、促进和谐,牢记宗旨、服务人民,履行职责、维护稳定,示范带动、共同富裕的过程中形成了兵团精神。

第六,兵团精神是在新疆特殊的战略安全环境中形成的。兵团担负着战斗队任务、发挥着新疆"巩固西北边防、维护祖国统一"的铜墙铁壁作用,这一任务和作用是在把握和应对新疆的地缘安全环境中体现的。兵团面临的地缘战略环境的特点为:一是新疆是我国的重要战略利益地区,面积166万平方千米,资源、特别是为我国发展急需的资源富集,是新世纪能源资源的重要接替区。二是新疆是东西方文明的交汇区,是我国同能源资源丰富的中亚、中东、俄罗斯交流合作的前沿和陆上能源运输线的枢纽。三是新疆是我国地缘战略安全的重点地区,有长达5700多千米的陆地边境线,与8个国家接壤,是我国西北地区的门户和承受境外敌对势力压力最大的省区。四是新疆的周边安全形势复杂,是我国最靠近国际热点多发地带的省份,毗邻的中亚是国际各大政治势力角逐的焦点地区,宗教背景复杂,局势难测,美国等西方势力积极插足。五是兵团有58个边境团场镇守着新疆2019千米长的边境线,在新疆边防安全中有着重要地位。

处在新疆这一国家战略利益的重点地区,兵团人牢记使命、守土有责,处在生活条件比较艰苦、但事关国家边防安全的新疆边境地区,兵团人甘于清贫、乐于奉献,当国家利益和中华民族根本利益遇到威胁时,兵团人挺身而出、不怕牺牲,当国家对自己有需要时,兵团人听从召唤、为国分忧,兵团人在维护国家利益上为世人树起了兵团精神的丰碑。

第七,兵团精神在富民固边实践当中不断的丰富。特别是改革开放以后,兵团也在实行转型,兵团精神很多新的内容已经丰富了。比如以人为本、民主发展思想等新的思想都在富民固边的实践中得到了丰富和发展。

主持人: 兵团精神现如今被概括为16个字"热爱祖国、无私奉献、艰苦创业、开拓进取",解读一下它的具体内涵?

王瀚林: 我要讲三句话,一是要把"热爱祖国、无私奉献、艰苦创业、开拓进取"四句话作为一个整体来理解,不要分割开来。二是这四句话是兵团精神的核心内容,但不是兵团精神的全部,兵团精神的全部内涵是极为丰富的,远不是四句话可以概括得了的。三是兵团精神的内涵始终在不断丰富发展,它不是一成不变的。

热爱祖国是兵团精神的政治灵魂。对祖国、对民族的深厚情感是兵团人的根本政治立场,决定着兵团人的各种行为,对兵团人的精神风貌具有支配性的作用。一是"国土在我心中"。张仲瀚在《老兵歌》中写道:"江山空半壁,何忍国土荒",准确表达了兵团人的情感。二是"到祖国最需要的地方去"。1949年7月西北野战军准备解放甘肃之际,王震曾对张仲瀚说,打完下一个战役后可能一部分到新疆、一部分到四川,前者是戈壁沙漠,后者是"天府之国",问他愿意去新疆还是四川;张仲瀚坚定地表示:"从战后建设看,新疆亟待开发,新疆少数民族兄弟急需汉族人民帮助,我宁愿穴居野外去开垦荒地、让戈壁变绿洲,而不愿到富饶的四川吃现成饭"。三是"为祖国站岗放哨"。1962年"伊塔事件"后,兵团人在2019千米长的边境沿线建起了58个边境团场,团场团部在驻军部队前、连队在边防哨楼前、职工种的地在边防巡回线前(即"三前"),被誉为"永不移动的有生命的界碑"。四是"当祖国有事时挺身而出"。"伊塔事件"发生后,兵团迅速组织工作队深入事发地区执行"三代"(代耕、代牧、代管)任务,出色地完成了任务。为了改变新疆历史上长期形成的"有边无防"状况,几十万兵团人来到人迹罕至的边境沿线、在所谓的"争议区"里安营扎寨,筑起了屯垦戍边的国防屏障。五是"勇于为国牺牲、为国奉献"。兵团边境团场建设主要从戍边考虑,大都建立在条件艰苦地区。为了祖国的安全,兵团军垦战士不计较个人得失,一直顽强坚守在这不适宜人类居住的地方。在与苏联入侵斗争中英勇牺牲的孙龙珍烈士就是兵团农九师边境团场一六一团的一名职工。1985年,一位国务委员在农十师一八五团考察时感叹说:"这样的地方,不要说生产,不要说还打了这么多粮食,就是在这个地方能生活上20年,也是共和国伟大的公民"。

无私奉献是兵团精神的道德取向。一是"为新疆各族人民办好事"。早在人民解放军进军新疆之际,毛泽东就指示:"你们到新疆去的任务,是为各族人民多办好事",这成为兵团人的座右铭。在半个多世纪的岁月里,兵团涌现了无数竭诚服务少数民族同胞的先进典型。上海知青李梦桃从繁华的上海来到兵团农六师,落户在哈萨克族牧民为主体的北塔山牧场,为各族牧民一干就是42年,成为深受当地牧民喜爱的"马背医生"。上海知青、农三师二牧场职工姜万富40年行医昆仑山服务当地各族群众。农九师一六一团医生梅莲20多年服务当地各族农牧民,被称作"巴尔鲁克山的白衣天使",都是兵团人全心全意为新疆各族人民服务精神的代表。二是"让利于新疆各族人民"。兵团遵循毛泽东"不与民争利"的指示,先后多次将大批开垦的土地、建好的农场、工厂和水利设施、培训的技术员工、购置的机器设备无偿移交地方,自己向荒原进发重新创业;同时积极帮助附近乡村发展经济、科技和社会事业,向他们赠送种子、农药、化肥,为他们送医送药,帮助他们培训技术和人才、规划发展。三是"不计名利,甘于淡泊"。不少人将兵团精神称为"吃亏精神"。兵团有一大批久经革命战争生死考验、为革命立下卓越功勋的老红军、老八路、老战士,他们在革命胜利之时毅然决然地来到离故乡万里之遥的新疆,来到新疆最荒凉、最落后的地方驻守下来,在平淡艰苦的生活中继续为国奉献着。四是"在平凡中坚持理想"。王孟筠1952年从湖南参军到八一农场(现农六师一〇二团),在抢救国家财产时不幸病倒,随后得了各种疾病导致耳聋和瘫痪,但她顽强地与疾病斗争,事迹在《中国青年报》《人民日报》《解放军报》等刊出后被誉为"中国的保尔"。知青周春山1965年高中毕业后,主动从天津落户到兵团农六师一〇三团二连,在忘我的工作中得了白血病,他拒绝党组织调他回天津治疗,始终工作在连队一线直到1973年光荣殉职。上海知青顾薇君到新疆后写血书要求去最艰苦地方,在农五师八十四团十连由于超额劳动患了肾炎,就利用简陋条件创办学校教育各族儿童。她去世后将骨灰一半撒在黄浦江一半撒在博尔塔拉草原。五是"献了青春献终身,献了终身献子孙"。1998年全国十几家大型期刊组织作家来兵团采风,结束后《小说》的主编专门写了一封信:"我要对兵团200多万军垦战士说,没有你们的坚守、你们的牺牲、你们和各族人民的团结，就没有新疆的繁荣。你们的汗水、泪水、血水孕育了新疆、保卫了新疆。祖国 960 万平方公里土地上的每个人有足够的理由向你们一一致敬！"

艰苦创业是兵团精神的实践取向。一是"勤俭办一切事"，又称"少花钱多办事"。在新疆大生产初期，兵团创业者们节约口粮（每人每天节约粮食 2 两）作种子，用战马作耕马，用炮兵瞄准仪作水平仪，用作战地图当作生产地图，迅速改善了部队生活。为了筹集资金建立新疆第一批现代工业，兵团创业者们在每年供给 2 套军服中节约 1 套，2 件衬衣中节约 1 件，1 年 1 套棉衣改为 2 年 1 套，鞋子、袜子自己做，帽子去掉帽檐，衬衣去掉翻领，衣服口袋由 4 个减为 2 个，并把粮食、菜金、马干粮（饲料）、杂支、办公费等拿出一部分作为集资款。在 1954—1957 年兵团建设正规化国营农场时期，为了节约资金，采取"边规划、边开荒、边造林、边建设"和集资兴办共青团农场等，利用有限的财力物力迅速建起了一大批国营农场，奠定了兵团事业的基本格局。二是"用双手开创未来"。兵团成立初期，为了迅速改变新疆的面貌，先后组织了对南疆塔里木河流域、北疆玛纳斯河流域及边远垦区的大规模开发。农一师、二师进军塔里木，农八师进军莫索湾，农五师、农十师、农七师等开发伊犁、阿勒泰、博乐、塔城、奇台等，新疆的广袤大地迅速兴起了一大片绿洲、城市、团场和企业；农十师师部所在地原是一片叫"朵尔布尔津"（蒙古语"荒凉"）的荒原，1958 年被张仲瀚命名为"北屯"，经过军垦战士的艰苦奋斗变成了一座美丽的城市。三是"没有条件创造条件上"，这是兵团人自力更生精神的鲜明体现。1954 年 8 月 1 日，国家水利部长傅作义在庆祝农一师建成"八一胜利渠"放水典礼上说："荆江分洪工程是要什么有什么以，在这里是要什么没有什么。但是，这些困难没有吓倒人民战士。战士们自伐木料，自制筐担，自搓绳索，自开块石，自打铁器，自制炸药，缺乏技术人员就自己努力学习，结果仍是要什么有什么。因此，今天所获得的成绩，就更显得伟大而光荣"。四是"乐观对待艰苦生活"。战士方成喜在进疆途中捡钢板打造成全团最大的坎土曼，一天开荒 3.3 亩，被誉为"坎土曼大王"；女战士吴梅苏背石头的绳子磨断了就用辫子拧成绳子背；一些战士衣服磨破了就把长袖剪成短袖、长裤剪成短裤，大家纷纷效仿。五是"继承前人又超越前人"。1950 年，王震同陶峙岳等勘察规划石河子市时，看到当时那里满目的芦苇戈壁，王震将唐朝诗人岑参描写火焰山的诗句"火云满山凝未开，飞鸟千里不敢来"改为"瓜果遍地百花开，火车开到这里来"，决定要在这里建一座军垦新城，并豪迈地说："要率领我们这支大军大干一番前无古人的事业，来一个戈壁荒漠赶出去，塞外江南搬进来！"在大生产过程中，部队经常以南泥湾大生产作为参照，以创造超过南泥湾大生产的激情投身于兵团事业之中，这成为军垦将士长期扎根新疆、建设家园的强大动力。

开拓进取是兵团精神的行为取向。一是"积极争先、勇创一流"。新疆当代史上许多"第一个"是兵团人创造的：第一匹机制棉布、第一块毛巾、第一块机制方糖等。兵团人创办了新疆第一批现代工业，许多企业至今仍是新疆发展的骨干。在农业科技创新和生产上，兵团在 1953 年首次在玛纳斯河垦区试种棉花并获得成功，打破了北纬 42 度以北为"植棉禁区"的传统观念。兵团在新疆、全国率先推广使用精准农业、地膜植棉、膜下灌溉、农用航空、测土施肥等先进生产技术，农业综合机械化水平达到 85%，建成全国最大的节水农业灌溉区，是国家重要的商品棉基地，成为全国节水灌溉示范基地、农业机械化推广基地和现代农业示范基地，领跑了全国农业现代化。兵团的中国工程院院士刘守仁成功培育出"中国美利奴（军垦型）"细毛羊，为国家作出了贡献。二是"敢于攻坚、力克难关"。1956 年兵团提出的筹建糖厂的计划得到国家计委批准，但 1800 万元建厂投资需由兵团自己解决。为此，兵团人捐出转业费解决了这一难题，使糖厂于 1958 年 7 月正式破土动工。1959 年 12 月，我国第一座自己设计、自己安装的大型现代化甜菜制糖厂——八一糖厂建成投产，创国内同行业、同规模高速建厂纪录。三是"不懈怠、不放弃"。这是人民军队永不言败精神在兵团的继承与弘扬。农二师二十九团所在地原名叫"吾瓦"（维吾尔语"兔子不拉屎的地方"），是一个寸草不生、一米深的土壤盐碱含量达 10% 的地方,1952 年被苏联专家判定"这里根本不可能种植任何作物"。面对一些人想放弃的念头,当时农六团(即现在的二十九团)团长坚定地说:"不能退,我们这支老部队什么困难没战胜过?!"决心在这里坚持下来。他们通过反复试验,找到了"种稻洗碱"的方法,1964 年人们第一次从这片盐碱最重的土地上收获了金黄的稻谷。农十师一八五团所在地不仅土壤贫瘠、无霜期短、冬季气候严寒、积雪达 1 米多深,而且是世界四大蚊区之一,这里的蚊子能隔着衣服把人咬得鲜血直流,邻国的驻军被咬得实在受不了,从边防站向后撤了 30 公里。但一八五团的兵团人为了祖国边境的安宁从没有想过离开,而是想方设法克服困难,在这里牢牢地坚守下来。

主持人:听说您也到基层团场进行了兵团精神的宣讲,就您的了解,当地职工群众对兵团精神的理解是怎样的?

有时候到基层去宣讲,职工群众对我们现在的四句话为主要内涵的兵团精神高度认可。很多的单位有自己单位的精神,职工群众把兵团精神具体化了。兵团有 14 师、175 个团场、数千个企业以及各级各类学校,它们遍布新疆各地,面临着不同的自然环境和社会环境,面临着不同的发展条件,这些使它们在半个多世纪的实践中展示出众多独具特色的精神状态和风采,赋予了兵团精神丰富的内容。

每一个兵团单位都创造了独具风采的精神成果,其中不少单位进行了归纳提炼。例如,农一师创造了"艰苦奋斗、勇于创新、团结奉献、力争上游"的"塔里木精神"。农三师地处喀什少数民族比较集中的地区,他们诚心诚意服务各族群众,团结各族群众共同奋斗,创造了"团结奋斗、诚实守信、与时俱进、争创一流"的"三师精神"。农八师起在半个多世纪的奋斗中创造了"艰苦创业、开拓奋进、团结奉献、争创一流"的"石河子精神"。农九师形成了"团结奋斗,屯垦戍边,敬业奉献,开拓争先"的"九师精神"。建工师是兵团形成了"艰苦奋斗、团结拼搏、开拓奋斗、敢于争先"的"建工师精神"。塔里木大学创造了"艰苦奋斗、自强不息、扎根边疆、甘于奉献"的"胡杨精神"。农十四师创造了"坚忍不拔、敬业奉献、以人为本、与时俱进"的"十四师精神"。以发展兵团农垦科技、为兵团现代农业作支撑的农垦科学院形成了"传播知识、服务科研、与时俱进、开拓创新"的"农科院精神"。

再如农一师青松建化集团将南泥湾精神、塔里木精神同企业精神相结合,形成了"坚韧进取、追求卓越、干就干得最好"的"青松建化精神";天业集团有限公司将石河子精神、军垦精神同企业精神相结合,凝聚形成了"团结、奉献、拼搏、创新"和"艰苦创业、努力拼搏、敢为人先"的"天业精神"等等。这些丰富多彩的成果,充分展示了兵团精神内涵的多样性和丰富性。

一些单位虽然没有对其精神成果进行归纳提炼,但通过典型事例的宣传和有特色的标语口号、单位歌曲等展示了单位精神,兵团许多边境团场就比较典型地展示了他们的精神风范。农四师边境团场六十二团团歌《军垦战士的心愿》唱道:"面对蜿蜒的界河,背靠伟大的祖国。我们种地就是站岗,我们放牧就是巡逻。要问军垦战士想的是什么?祖国的繁荣昌盛就是我最大的欢乐……"在号称"西北第一连"的农十师边境团场一八五团一连连部门前两边立着两块石碑,一块石碑上写着"我家住在路尽头,界碑就在房后头,界河边上种庄稼,边境线上牧牛羊"。相对的另一块碑上写的是"割不断的国土情,难不倒的兵团人,攻不破的边防线,摧不垮的军垦魂"。这些,都体现了边境团场独具的精神风貌。

同一区域的单位和群体因为面临的课题相同、存在的环境相近、实践的主体类似和实践的特征相同,因而它们所展示的精神风貌基本相近或相同;这就使得同一区域的兵团人和兵团单位在实践中呈现出相同或相近的精神风貌,有着基本相似的精神内容。一是植根南疆大漠的"胡杨精神"。二是植根北疆戈壁的"红柳精神"。三是植根边境沿线的"青松精神"。四是植根广大绿洲的"白杨精神"。从代表坚强与牺牲的"青松精神"中,我们可以更多地感受到兵团人"热爱祖国"的深厚情怀;从代表坚韧和执着的"胡杨精神"中,我们可以更多地感受到兵团人"无私奉献"的可贵品德;从代表奉献和激情的"红柳精神"中,我们可以更多地感受到兵团人"艰苦创业"的蓬勃热情;从代表创造和活力的"白杨精神"中,我们可以更多地感受到兵团人"开拓进取"的不懈追求。

主持人:请您谈谈兵团精神的提出和形成过程?

王瀚林:兵团成立到现在快60年了,在这么漫长的过程中,兵团精神有一个逐渐丰富的过程。早在兵团事业创立之时,人们对兵团精神没有一个统一和规范的名称来描述。在半个多世纪的发展中,人们使用了许多不同的名称对兵团人的精神风貌加以描述,但一直到20世纪80年代末才有"兵团精神"这样一个公认的名称。纵观人们使用过的各种表述兵团人精神风貌的名称,比较重要的概念主要有南泥湾精神、军垦精神、农垦精神和兵团精神等,它们在兵团事业发展的不同时期先后被广泛使用过,体现了人们对兵团精神内涵认识的变化。

南泥湾精神是对兵团人精神风貌最早最广泛的描述。兵团成立初,王震要求农一师发扬南泥湾精神,争当"生产模范师"。1959年兵团举行《天山战歌》群众征文时,张仲瀚特别指示说要把南泥湾大生产的光荣传统反映出来。兵团恢复后王恩茂多次指出:"我们兵团是靠发扬南泥湾精神,靠发展农业起家的。"1996年军委副主席张震视察兵团农一师时题词:"农一师发扬南泥湾精神,认真贯彻党的基本路线,建设边疆,保卫边疆。"可见,一直到20世纪90年代,"南泥湾精神"一直是兵团精神公认的代名词。

军垦精神也是早在兵团创业时期就广泛使用的概念。1958年中央专门发出文件对发展"军垦"作出部署;"军垦战士"成为部队官兵最自豪的称呼,形成了以"官兵一致、同甘共苦、勇于牺牲、艰苦创业"为主要内容的"军垦精神"。60年代初,郭沫若访问兵团时,写了一首《满江红》盛赞:"保卫边疆,看军垦英雄气概。使戈壁化为绿洲,汪洋如海"。1964年八一电影制片厂拍摄的反映兵团人风貌的纪录片《军垦战歌》风靡全国。兵团党委机关报在1981年兵团重新恢复后到新世纪初使用的名称就是《新疆军垦报》。20世纪90年代兵团先后出版了《西部军垦风貌》、《军垦丰碑》等一大批书籍。1990年江泽民同志在给农八师题词中也肯定了军垦精神,要求"坚持党的基本路线,发扬艰苦创业、开拓奋进的军垦精神,把石河子建设得更加美好"。2002 年《人民日报》在介绍了兵团石河子市的发展成就时配发了社论《以军垦精神促现代化建设》。这些表明,军垦精神虽然主要指军垦创业者的精神风貌,但直到今天仍时常作为兵团精神的代名词。

农垦精神主要是在新中国农垦事业发展中形成的。1956 年国家成立农垦部,新疆生产建设兵团归属农垦部管理,是全国农垦企业中规模最大、最有代表性的单位,塔里木大学创办时被王震亲自命名为"塔里木农垦大学";农垦部的第一任部长王震和担任过副部长的张仲瀚是兵团的创始人和主要领导,张仲瀚在担任农垦部副部长一职时仍兼任兵团副政委一职;农垦精神这一概念是由王震同志明确提出的。1986 年,王震在给《当代中国的农垦事业》一书写的序言中提出:"什么是中国农垦创业者的精神呢? 我以为,最主要的:一是艰苦奋斗,一是勇于开拓。在今天,坚持和发扬这种精神,对推动我国农垦事业以至整个社会主义事业的进一步加速发展仍是非常重要的",并强调"艰苦奋斗,勇于开拓,经过几十年坚忍不拔的努力,创造出具有世界先进水平的劳动生产率,为国家、为人民多做贡献,这就是我这个农垦老兵对我国农垦事业的期望"。正是受到王震同志"农垦精神"的启发,兵团正式提出了"兵团精神"的概念。

兵团精神这一概念在兵团事业发展早期就零星提出,但一直没有成为权威性和规范性的概念。50、60 年代就有文章提出"兵团人的精神"、"兵团人艰苦奋斗的精神"、"兵团勤俭办场的精神"、"兵团人的爱国主义精神"等概念;1991 年,兵团党委受王震同志提出的农垦精神的启发,深感大有一个统一表述"兵团精神"的必要;经过征集讨论,兵团党委根据多种不同提法归纳出 10 个方案,提交给王恩茂同志审定。王恩茂非常慎重地说:"这是一件大事,容我考虑后再定。"时隔不久,王恩茂同志经过深思熟虑,提出了兵团精神的内涵:"坚持和发扬社会主义、爱国主义和全心全意为人民服务的精神,屯垦戍边,自力更生,艰苦创业,开拓奋进"。2001 年胡锦涛同志视察兵团时指出:"四十多年来,在党的三代中央领导集体的高度重视和亲切关怀下,兵团广大干部、职工发扬'热爱祖国,无私奉献,艰苦奋斗,开拓进取'的革命精神,忠实地肩负起屯垦戍边的历史使命,发挥了不可替代的重要作用。"为了让兵团精神的概念更加通俗上口、便于宣传,2002 年兵团党委确定了以"热爱祖国、无私奉献、艰苦创业、开拓进取"为主要内容的兵团精神。2009 年 8 月,胡锦涛总书记视察新疆时,明确要求兵团弘扬以"热爱祖国、无私奉献、艰苦创业、开拓进取"为主要内容的兵团精神。

总之,兵团精神的提出、发展和完善是一个较漫长的过程。

主持人:兵团精神在屯垦戍边事业中发挥了哪些作用? 在促进兵团经济社会发展中的作用体现在哪些方面?

第一,兵团精神为兵团事业发展提供了不竭的精神动力。兵团精神贯穿在兵团经济建设、政治建设、文化建设、社会建设、生态建设、军事建设和党的建设等各项建设之中,对后来的兵团人有一种强大的激励作用、凝聚作用,对兵团事业有一种重要的引领作用和组织作用,使兵团精神成为兵团事业发展不竭的精神动力。兵团精神就是老一辈兵团人在奋斗过程中培育和凝聚起来的这样一种强大的精神力量,是将全体兵团人紧紧团结成为一个整体的精神文化纽带。经过半个多世纪的发展,兵团人已经经历了三代、四代的变化,所处的生活环境、生活目标同老一辈相比已经有了很大的不同,如何使老一辈创业者们的精神作风代代相传是一个需要认真面对的课题。随着兵团职工队伍的变化,老一代兵团人退休和离开兵团,大量内地偏远贫困地区的农民落户兵团成为新职工和职工队伍的主体,特别是占到一线劳动力的绝大部分。新职工有较强的经济意识,但对兵团的历史、使命缺乏认识,集体观念、凝聚性相对较弱;这些都同新形势新要求不相适应。这种形势,使得老一辈兵团人当年面临的迅速将五湖四海的人们团结凝聚成为一个整体的课题依然摆在今天的兵团人面前。面对这一课题,迫切需要通过继承弘扬兵团精神,发挥兵团精神增强职工群众对兵团事业认同力、向心力和凝聚力的重大作用,使新职工成为有着共同理想信念和价值追求、能够共同团结奋斗的坚强实践主体,使兵团精神成为兵团人的特质。

第二,兵团精神赋予了兵团事业内在生命之魂。兵团从诞生之日起,就承担着开发边疆、建设边疆、保卫边疆、巩固边疆的任务。兵团在应对"伊塔事件"、建设边境团场过程中,大批兵团人之所以能够放弃刚刚建设好的家园和刚刚安定下来的生活,去奔赴更加艰苦、更加危险的边境地区重新艰苦创业,在许多不适合居住的边境地区建起一大批边境团场,使兵团事业发展到一个新的境界,获得了更全面的发展,根本原因就在于通过弘扬兵团精神,激发了职工群众热爱祖国的豪情和积极性,使他们具有了为国家利益和兵团工作大局服务的自觉意识,才能够义无反顾地落户边境地区。兵团在创业发展过程中,之所以能够得到新疆各族群众的广泛认同和大力支持,同新疆各族群众之间形成了"边疆同守、资源共享、优势互补、共同繁荣"的局面,根本原因就在于通过弘扬兵团精神,激发了职工群众的无私奉献的追求,增强了他们甘于吃苦、甘于奉献的自觉性,使他们甘愿把开垦的条件较好的土地、建好的厂房、购置的生产资料无偿移交地方各族群众,坚持不懈地为各族群众做好事。兵团在创业过程中,之所以能够在很短时间内建立一大批现代工农业企业,迅速奠定兵团事业的较高起点,根本原因就在于通过弘扬兵团精神,激发了职工群众迎难而上、艰苦创业的积极性和创造性,使他们能够克服不利条件的制约,想方设法创造条件,充分利用各种现有条件去发展这项事业,使各项事业能够处在一个较高的起点上,更快更好地得到发展。兵团在发展过程中,之所以能够迅速建立起比较健全的农业科技开发服务体系,实现了在北纬45度的玛纳斯地区大面积植棉成功、建起我国第一个长绒棉基地、培育成功军垦牌细毛羊、建起全国最大的节水灌溉基地等一系列创新,提升了兵团发展的质量,推动兵团事业不断迈上新台阶,根本原因就在于通过弘扬兵团精神,激发了职工群众开拓进取、争创一流、学科学、用科学的热情和积极性,通过科技创新推动兵团不断发展。

第三,兵团精神营造了兵团人共有的精神文化家园。兵团精神作为兵团文化的核心,将兵团文化中有关职工群众精神需求的内容凝聚起来,成为一种有着鲜明特色的价值观,构成兵团人的精神之根,推动兵团文化更好地服务兵团职工群众,为来自五湖四海的兵团人提供了一种家的感觉和情感寄托,使这些文化来源地、教育背景、生活经历、思想认识迥异的职工群众相互之间有了一种像亲人般的亲近感,有了一种将他们紧紧联系在一起的情感纽带和生活实践,使他们开始有了一种作为兵团人的身份意识,有了一种兵团事业的主人翁责任感和自豪感,有了一种共同的文化消费需求和文化满足感受,有了一种共同的话题、爱好和情感倾诉渠道,使他们对兵团的事情、兵团的人物、兵团的生活倾注了更多的心血,对兵团题材的文学作品有一种更强烈的情感,从中能够获得更多的满足,形成了共有的精神文化家园。

第四,兵团精神是新疆抵御境内外各种反动没落文化侵袭的强大力量。在新疆发展史上,团结统一始终是民族关系的主流,但也始终存在分裂和反分裂的斗争,意识形态领域一直是分裂和反分裂斗争的重要战场。由兵团精神主导的兵团文化,在巩固新疆意识形态领域安全、抵御境内外各种反动没落文化上具有不可替代和十分重要的作用。一是兵团在新疆各族干部群众中深入持久地宣传马克思主义、毛泽东思想和中国特色社会主义理论体系,宣传党的民族宗教政策,宣传中央对新疆各族人民的关心关怀,宣传全国人民对新疆的支持支援,宣传新疆民族团结、社会进步的成就,反击"三股势力"和敌对势力的歪曲攻击,吸引周边地区各个民族团结在社会主义祖国和新疆发展进步的旗帜之下,巩固了民族团结和社会稳定的思想基础。二是兵团文化本身就把抵御各种分裂思潮和西方"西化""分化"图谋作为重要目的。兵团以维稳成边为使命,在长期发展中坚持不懈地开展屯垦戍边使命教育、形势政策教育、当好"四个队"和发挥"三大作用"教育,兵团精神为抵御"三股势力"和西方敌对势力的渗透破坏、维护新疆的团结稳定大局构筑了强大的支撑点。三是兵团文化有效防止了境外势力对我的意识形态渗透,极大地削弱境内"三股势力"获取境外支持、境内外联手进行分裂破坏活动的能力。

主持人:请您谈谈如何使兵团精神在时代发展中永葆生命力?

王瀚林：马克思指出："人们的观念、观点和概念，一句话，人们的意识，随着人们的生活条件、人们的社会关系、人们的社会存在的改变而改变"。现有的兵团精神内容，主要是对兵团人历史风貌的归纳总结，作为兵团人思想意识活动的重要组成部分，必然要随着时代的发展和实践的深入而不断丰富，日益上升到事业本质的层面。在当前新的时代和新的实践下，兵团精神迫切需要吸收以人为本的发展理念、改革创新的时代特征、求真务实的科学思想和把握大局的战略思维，这是兵团精神内容丰富发展的重要方向。

第一，在无私奉献中体现以人为本的发展理念。无私奉献是对兵团人几十年如一日长期坚守的道德价值取向的归纳总结，兵团人能够为新疆的发展进步作出不朽的贡献，就在于有这种道德力量的强有力的支撑。但是兵团人这种精神风貌，是在计划经济的特殊历史时期形成的。从兵团精神"无私奉献"的内容上可以看到，这种精神风貌在历史上比较突出地体现在"让利"、"理想"、"牺牲"、"奉献"等要求上。屯垦戍边实践本身就是关系国家长治久安、关系新疆跨越式发展的事业，必然要求兵团人具有平淡、奉献等精神风貌；同时在计划经济条件下，提出这些要求是很正常的。但是仅仅要求兵团人"让利"、"理想"、"牺牲"、"奉献"并不能充分体现屯垦戍边事业的本质，如果没有自身实力的积累、如果兵团人不能从这项事业中看到希望、获得自身利益的实现，是很难做到为多办好事、让利于民、甘于淡泊、坚持理想和长期奉献的；特别是在市场经济条件下，全社会的利益观念都空前强化，让兵团人脱离这样的社会环境而能够长期坚持是不现实的。那么，怎样才能在市场经济条件下继续让兵团人做到自觉为新疆各族人民多办好事、自觉让利于新疆各族人民、不计名利甘于平淡、在平凡中坚持理想和做到献了青春献终身、献了终身献子孙呢？这就需要根据新时代新实践进一步丰富发展兵团精神"无私奉献"的内容。

丰富发展兵团精神中"无私奉献"的内容，重点是克服过去强调"无私奉献"内容上的局限性，使它的内容更加完善。要从哪些方面进行丰富完善呢？一是在"无私奉献"的长期性上需要进一步丰富完善。兵团事业不是一次性的工作，而是一项长期发展的事业；兵团人对国家、对新疆各族人民的奉献也不能是一次性的，同样是一项长期性的要求。怎样才能让兵团人能够对国家、对新疆各族人民长期奉献呢？这就需要让兵团人从兵团事业中看到自身发展的希望，从对国家和对新疆各族人民的奉献中看到兵团事业发展的希望。这是一种发展的理念，因此要将发展理念引入到兵团精神"无私奉献"的内容中来，使无私奉献同兵团发展紧密结合起来。二是在"无私奉献"的自愿性上需要进一步丰富完善。过去在计划经济时期的"奉献"或多或少带有一种强制性因素，而建立在强制性上的奉献并不是完全充分的奉献；特别是在市场经济条件下更会使"奉献"的内容打上折扣。怎样才能使兵团人做至完全充分的奉献呢？这就需要让兵团人认识到这种奉献是有价值的，是得到社会认可和尊重的。这是一种是否把兵团人作为屯垦戍边事业根本的道德观念，是以人为本的道德观念在屯垦戍边实践中的体现；只有坚持了以人为本，兵团人的奉献才具有真正的自觉自愿性，而这种奉献也才是最充分的奉献。因此要将以人为本引入到兵团精神"无私奉献"的内容中来。三是在"无私奉献"的普及性上需要进一步丰富完善。兵团过去的"奉献"是从军人这一特殊群体开始的，虽然在后来的发展中也吸收了五湖四海各行各业的人们，但对他们的要求却始终按照军人的标准进行的；特别是当时加入兵团的人群都是通过国家计划的方式进入的，虽然号称"五湖四海"，但是同真正意义上的"群众"的多样性、差异性相比仍然有不小差距。随着市场经济的发展和兵团老职工退休，新加入兵团事业中的群体越来越体现出真正意义上的"群众"特性，完全用过去军人式的"奉献"精神要求他们也越来越困难；这就要求真正考虑职工群众的变化和需求，把群众作为奉献的主体。因此需要以职工群众为本来把握"无私奉献"，使之成为职工群众所认可和乐意的事情。这也是以人为本，是以人为本的发展理念向职工群众进一步的延伸，也是无私奉献向真正意义上的群众的普及。

　　以人为本是科学发展观的核心，是对全心全意为人民服务这一党的根本宗旨的新概括新总结。坚持以人为本的发展理念，要求"始终把实现好、维护好、发展好最广大人民的根本利益作为党和国家一切工作的出发点和落脚点，尊重人民主体地位，发挥人民首创精神，保障人民各项权益，走共同富裕道路，促进人的全面发展，做到发展为了人民、发展依靠人民、发展成果由人民共享"。坚持以人为本，对兵团来说，就是要坚持以职工群众为本，把职工群众作为兵团事业的根本依靠力量和主体，以实现职工群众的根本利益作为屯垦戍边事业发展的出发点和落脚点，作为兵团各项决策和行动的基础，做到发展为了职工群众、发展依靠职工群众、发展成果由职工群众共享。以人为本同无私奉献是相互补充、相互支持的，不坚持以人为本，职工群众就很难做到长期无私奉献和自愿无私奉献，无私奉献就难以真正成为职工群众的道德取向和精神风貌，兵团精神这一优良传统就难以得到有效的继承弘扬。

在无私奉献中高扬以人为本的精神旗帜，一是要做到"服务国家、服务新疆各族人民"同"发展为了职工群众、实现职工群众根本利益"的统一，把发展为了职工群众、实现职工群众根本利益作为服务国家、服务新疆各族人民的根本前提，把服务国家、服务新疆各族人民作为发展为了职工群众和实现职工群众根本利益的根本目标，教育职工群众充分认识到，只有自觉服务国家、服务新疆各族人民，兵团事业才能得到充分发展，职工群众的根本利益才能得到最充分的实现；如果没有国家的安全和新疆各族人民的繁荣稳定，没有全国人民特别是新疆各族人民的大力支持，兵团事业就不可能得到充分发展。二是要做到"依靠"和"服务"的统一。需要认识到，职工群众是兵团事业的根本依靠力量，也是兵团服务国家、服务新疆各族人民的主体，只有在充分满足职工群众根本利益的前提下，才能让职工群众充分服务好国家、服务好新疆各族人民。不能只讲"服务"不讲"依靠"，只要求职工群众付出和服务，不考虑职工群众本身的利益和需求，这样只能竭泽而渔，导致职工群众服务国家、服务新疆各族人民的能力的下降，进而削弱兵团事业的群众基础，使这一服务国家、服务新疆各族人民的事业遭受挫折和失败。三是要做到"奉献"与"共享"的统一。无私奉献所强调的"奉献"同以人为本强调的"发展成果由职工群众共享"并不是对立的,而是相互统一的。需要教育职工群众认识到,兵团人对国家、对新疆各族人民的奉献,是在一个更大的层面上、在一个更长久的时期上不仅为国家和新疆、同时也为兵团人自己创造一个更好的发展环境;没有这种"奉献"就难以实现这种"共享"。同时,还需要积极探索在市场经济中"奉献"与"共享"相互支持、相互转化的有效机制,使奉献同共享紧密结合起来,在共享中奉献、在奉献中共享,让职工群众亲眼看到自己的"奉献"取得的"共享"成果,不断增强乐于奉献、长期奉献、充分奉献的主动性和积极性。

第二,在开拓进取中增强改革创新的时代特征。开拓进取可以说是对兵团人长期践行的行为价值取向的概括总结,兵团事业之所以在短短半个多世纪中能够从无到有、从小到大,发展到今天,就是因为有了开拓进取这一行为力量的有力支持。但是兵团人这一开拓进取的精神风貌,在历史上主要体现在如何开创兵团事业、如何让兵团事业一直发展下去上,这些精神风貌更多地应用于兵团事业的创立时期,像敢于攻坚克难本身就是人民军队的重要特征,而军人的行动是为了一次性的夺取胜利而展开的,更加注重开辟新战场、占领新阵地,事业发展带有持续性,更加需要一种持续的推动力。但随着兵团事业的发展和兵团体制的逐渐形成,这种靠打攻坚战的组织方式所起的作用就会不断降低。那么,怎样在兵团体制稳定后继续加快发展呢?

丰富发展兵团精神中"开拓进取"的内容,重点是克服过去强调的"开拓进取"的局限性,使它的内容更加完善。从哪些方面进行丰富完善呢? 一是在"开拓进取"的全面性上需要进一步丰富完善。开拓进取作为一种行为特征,不能只是一次性的和只突出某一方面的,而应当是一种长期开拓、长期进取和贯穿在所从事的各方面工作中的精神状态和行为特征。兵团人在兵团事业创立时期和"文革"前大发展时期展示了非常突出的开拓性和进取性,但这种开拓性和进取性主要是建立在规模的扩大和形式的复制上的,在内容上是不完全的;这同计划经济"平推式"、

"小而全"、重数量不重质量、重规模不重效益的发展理念是一致的。在兵团体制形成以后和市场经济中怎样继续保持这种突出的开拓进取风貌,就需要引入更具有时代性的新的行为要求。二是在"开拓进取"的深刻性上需要进一步丰富完善。规模的扩大和形式的复制只是事业发展的外延和表层方面的工作,这种外延和表层方面工作中展示的兵团人的行为特征也是表层的,没有进入到最深层的行为模式中。对兵团事业而言,最深层、最根本、最具有长期性的方面就是兵团体制因素,其次是文化因素。而体制方面的开拓进取就是改革,文化方面的开拓进取就是创新。要使兵团人在兵团体制发展和文化发展中始终高扬开拓进取的旗帜,就必须把改革创新作为兵团人最鲜明的精神风貌和行为特征,将改革创新的要求充分吸收到开拓进取的内容中来。三是在"开拓进取"的主动性上需要进一步丰富完善。开拓进取作为一种行为取向,是同行为主动性紧密联系在一起的,没有行为的主动性就谈不上开拓性和进取性。在计划经济时代,一个单位、一个群体的行为主要取决于领导的"计划",当领导具有较强的开拓进取意识时,单位和群体的行为也会体现出较强的开拓进取性。而市场经济则不同,市场经济虽然也离不开领导决策,但更注重个体自主性活动,如果领导决策不注重满足群众利益就会抑制群众的主动性和首创精神,在这种情况下要继续保持兵团人的开拓进取风貌,就必须将职工群众的首创精神充分激发出来;而这种职工群众的首创精神就是改革创新精神的进一步拓展。

把改革创新的时代特征增强到兵团精神中来,使之作为对兵团精神、特别是其中开拓进取精神的补充和完善,这不仅是兵团实践的内在要求,同时也是时代发展的召唤。改革创新是改革开放新时代最本质的精神追求。在开拓进取中高扬改革创新的精神旗帜,一是要做到"事业开拓"与"体制改革"的统一。要让职工群众认识到,"体制改革"是对"事业开拓"最强有力的支持,是事业开拓最深层、最根本的内容,一项事业如果不能通过体制机制改革从制度上加以保证和推动,就不可能做到长期快速发展和不断与时俱进,事业的开拓性也是不完全的。我国的改革开放之所以实现快速发展,就在于开展了全方位、深层次的体制改革,成功实现了从高度集中的计划经济体制到充满活力的社会主义市场经济体制的转变。兵团事业已经经过了半个多世纪的发展,在计划经济时期比较有效的体制在市场经济中已经变得不那么有效,体制的阻碍已经成为兵团事业最重要的发展阻碍,只有进行深层次、大力度的体制改革,才能使兵团事业有新的突破。二是要做到"进取"与"创新"的统一。"进取"主要体现在不满足于现有的成就上,主要体现的是一种心态和行动;而"创新"则更多地体现在改变和突破上,体现为一种改变的方法和途径;"进取"的心态和行动只有落实到"创新"的方法和途径中,才能真正变成实绩。同时,创新是社会进步的原动力,是一个民族不竭的力量源泉,是社会变革最深层、最持久的推动因素,只有形成了"创新"的文化传统,使创新成为贯穿我们各种行为的根本取向,我们才有资格说保持了"进取"的姿态。要始终保持开拓进取的精神风貌,就必须使"创新"作为一种文化传统融入兵团人的血脉之中。三是要做到"解放思想"与"首创精神"的统一。解放思想和首创精神都是改革创新的时代精神的重要内容,也是开拓进取精神的重要表现。但解放思想主要是对作为决策者的领导干部而言的,而首创精神则更多的是对作为实施者的职工群众而言的。在计划经济下比较强调领导干部的思想风貌,要求职工群众主要是踏实肯干。在市场经济下解放思想和首创精神都必不可少,领导干部思想不解放就难以推动改革的深化,职工群众首创精神不能发挥就难以形成持续的创新,同时,领导干部思想不解放也不可以发挥出职工群众的首创精神;当然也谈不上事业的开拓进取。只有不断解放思想和发挥首创精神,才能真正保证兵团事业开拓进取。

第三,在艰苦创业中吸纳求真务实的科学思想。兵团的创业实践可以说是一种向人类体能极限挑战的实践,在茫茫荒原上凭借双手和热血,迅速矗立起一座伟岸的事业,其艰苦性是可想而知的。正是在这一艰苦卓绝的创业过程中,兵团人向世人展示了人类创造精神的奇观,展示了兵团人勤俭办一切事、戈壁滩上建花园、没有条件创造条件上、以乐观的态度对待艰苦、继承前人又超越前人的突出实践作风,展示了兵团人艰苦创业的鲜明风貌,这是兵团事业强大的实践力量。但是兵团人这一艰苦创业的精神风貌,在过去更多地体现为强调人类的创造性、发挥人类的主动性方面,兵团创业者们对自己的能力充满了自信,主要依靠自己的双手、通过自己的艰苦努力在无边的荒原上建起了一个美丽的家园。但是不可否认的是,这种态度和倾向也会带来蔑视自然、过度强调人的精神因素、不尊重科学规律的倾向。尤其是在新的形势下兵团实践已经具有非常宏大的规模和很强的系统性,涉及经济、政治、文化、社会、军事、生态建设各个方面,任何不尊重科学的行为造成的危害也十分巨大,这就需要根据新时代新实践丰富完善兵团精神"艰苦创业"的内容。

丰富发展兵团精神中"艰苦创业"的内容,重点是克服过去强调的"艰苦创业"的一些局限性,使它的内容得到补充和完善。从哪些方面补充完善呢? 一是在"艰苦创业"的规律性上需要进一步丰富完善。艰苦创业作为一种实践作风,体现的是兵团人关于实践活动的基本认识和价值取向。而兵团屯垦戍边事业的发展实践不是随意开展的,而是有着内在规律性的实践活动,是一项涉及经济、政治、文化、社会、军事和生态建设在内的有着复杂规律的实践,这项事业越向后发展,它的规律性就体现得越强。过去强调艰苦创业,更多地强调了"艰苦性"而忽视了"规律性"。脱离规律的"艰苦创业"只是蛮干和做无用功;只有求真务实、按照规律办事,艰苦创业才能真正取得实践之功。二是在"艰苦创业"的和谐性上需要进一步丰富完善。艰苦创业是一种影响自然、适应自然、改造自然的伟大实践,特别是兵团的艰苦创业是在生态环境比较恶劣的条件下进行的,对自然的影响更加巨大。过去在强调兵团艰苦创业时,受到计划经济时期"人定胜天"对抗观念的影响,在个别地方过于强调对自然的改造和征服,结果招致自然界的报复,带来生态破坏、生产衰退、发展停滞的后果,虽然"艰苦"了,但却未能"创业"。科学的艰苦创业是在求真务实、尊重自然、适应自然、追求人与自然相和谐基础上的艰苦创业,只有生态和谐了,兵团的创业环境才能不断改善,兵团人的艰苦才会有价值。三是在"艰苦创业"的持续性上需要进一步丰富完善。艰苦创业的目的不是为"艰苦"而"艰苦",而是为"创业"而"艰苦"。而创业所开创的是一项"事业",事业是有持续性的,一生即灭的不是事业,只有能够长期发展的才是"事业"。过去强调"艰苦创业"时,比较突出"艰苦"的一面,但是对"创业"的一面特别是对"事业的持续性发展"却强调得不够,甚至提出"越艰苦,越光荣"的口号,导致一些单位有机器不用非要用人力,使人们艰苦付出却没有取得最大的创业收益;也有一些动员很多人力物力建起的事业却昙花一现,使人们的艰苦付出没有得到应有的收获。

把求真务实的科学思想吸纳到兵团精神中来,使之作为对兵团精神、特别是其中艰苦创业精神的补充和完善,不仅是兵团实践发展的要求,也是时代精神的召唤。求真务实即"求科学规律之真、务科学发展之实",这是我们发展事业、推进实践的基本态度和作风,已经成为时代精神的重要内容。我们正处在科技革命的新时代,科学技术已成为第一生产力,渗透到事业发展和实践过程的各个方面,成为经济和社会发展的决定力量。弘扬求真务实的科学态度,才能"着力把握发展规律、创新发展理念、转变发展方式、破解发展难题,提高发展质量和效益,实现又好又快发展"。只有建立在求真务实基础上的兵团事业,才是合乎规律的事业,才是人与自然相和谐的事业,才是可持续发展的事业。只有把求真务实的科学思想吸纳到艰苦创业的实践作风之中,成为兵团人根本的实践取向,艰苦创业才具有新的时代内容,才能在新的实践中得到更科学的体现。

在艰苦创业中高扬求真务实的精神旗帜,一是要做到"艰苦"与"务实"的统一。让职工群众认识到,所谓"艰苦"不是毫无实效的,而是在"务实"即"追求实效"上的艰苦付出,是我们在实现我们的实践目标、实现科学发展上,在克服实践中遇到的各种困难时应当具备的科学态度。"艰苦"和"务实"不是对立的,"务实"不是坐等发展条件完全具备,而是要充分发动各方面积极因素,把能够创造的发展条件都创造出来,把能够取得的发展资源都利用起来,以取得最大的实效;而"艰苦"就是不等不靠,发挥主观能动性,把能够创造的条件都创造出来,去克服面临的困难,加快发展。二是要做到"创业"与"求真"的统一。让职工群众认识到，"开创和发展兵团事业"同"求科学规律之真"是内在统一的，兵团事业是一项长期发展、有着内在规律的可持续的事业，要使这项事业长期持续进行，不能靠盲目随意的态度，必须有着科学求真的思想，尊重科学、尊重规律，积极探索兵团事业发展各方面的科学规律，才能保证兵团事业长期持续健康发展。"创业"的重要目标是使兵团事业快速和充分发展，这也要建立在认识和运用规律的基础上。三是要做到"事业发展"与"生态和谐"的统一。艰苦创业和求真务实都是一种实践取向，是一种关于事业发展和实践过程的态度和价值判断，但艰苦创业突出的是事业发展本身，而求真务实包含着尊重科学、尊重规律的要求，隐含着追求和谐的价值取向。在艰苦创业中吸纳求真务实的科学思想，就要求我们坚持生产发展、生活富裕、生态良好的文明发展道路，建设资源节约型、环境友好型社会，实现速度和结构质量效益相统一、经济发展与人口资源环境相协调，使职工群众在良好生态环境中生产生活，实现兵团经济社会永续发展。

第四，在热爱祖国中融入把握大局的战略思维。兵团人热爱祖国的精神风貌，在过去的岁月里更多地体现为当祖国有事时挺身而出、为国家排忧解难上；从历史上看也是如此，人们普遍把毛泽东1952年在"军队转业令"中所说"当祖国有事时，我将命令你们重新拿起战斗的武器，捍卫祖国"。作为对兵团人"热爱祖国"的具体要求，在强调兵团人"热爱祖国"的精神风貌时，普遍以"伊塔事件"发生后执行"三代"任务和建设边境团场作为标志，这些都是"有事"发生之后的行为。这些当然是兵团人热爱祖国的重要标志，但却是不完全的，特别是在当前"三股势力"活动猖獗、非传统安全对我国的危害日益突出的新形势下，不仅要求兵团在有事时能够迅速控制事态，更要在事态发生前将之消灭在萌芽之中，这就需要进一步丰富完善"热爱祖国"的内容。

丰富发展兵团精神中"热爱祖国"的内容，重点是克服过去强调"热爱祖国"只在"有事"发生后的局限性，使它的内容得到补充和完善。从哪些方面补充完善呢？一是在"热爱祖国"的自觉性上需要进一步丰富完善。把热爱祖国作为听从国家召唤,本身就体现了兵团人爱国的自觉性;但仅仅满足于这些还不够。过去在"冷战"时期,国家之间的威胁特别是苏联在我边境陈兵百万是主要的安全危险,兵团作为国家应对事态的力量而存在,爱国行为主要体现在听从国家命令和服从国家部署上。但"冷战"后非传统安全威胁日益突出,像新疆面临着分裂主义、极端主义、恐怖主义和敌对势力的严峻挑战,2009 年乌鲁木齐发生的"7·5"事件就是境内外"三股势力"和敌对势力勾连策动的严重事态。在这种形势下,兵团人热爱祖国的自觉性不仅应当体现在自觉服务国家命令上,更要体现在自觉应对不安全不稳定威胁上。二是在"热爱祖国"的预见性上进一步丰富完善。把热爱祖国作为一种事态发生后的应急行为,在传统安全的形势下带有必然性,因为传统安全条件下主要的安全威胁体现为国家之间在边境上的战略对峙和军事威胁,这种情况下事态的发生主要是国家行为所决定的,这不是兵团这一层面所能预见和把握的。但在"冷战"后非传统安全和传统安全相交织条件下,有许多涉及国家安全的事态并不是国家层面产生的,像新疆面临的民族分裂势力、宗教极端势力和暴力恐怖势力"三股势力"的威胁等,这类事态对于兵团这样一个常驻新疆、熟悉各地民情社情敌情、又具有自成一体的反应能力的特殊部队来说,是必须而且能够预见和预判的。在这种情况下,兵团就需要将把握大局、预判形势的战略眼光作为热爱祖国的重要体现。三是在"热爱祖国"的反应性上需要进一步丰富完善。热爱祖国既是一种深厚的情感,又是一种具体的维护国家利益的行动。过去在强调兵团人热爱祖国时,主要是强调兵团人"当祖国有事时能够挺身而出"上,这是一种重要的反应能力,但仅仅突出这些还不够。兵团作为维护稳定、巩固边防的重要力量,其反应性不能仅仅满足于降低已经发生的危险,而是应当体现在对于各种安全事态的控制力上,即当事态尚未发生时能够预先消弭掉危险,当事态已经发生时能够迅速有效地控制住危险,这是对兵团热爱祖国更高的要求,也是把握大局、预判形势的战略思维的进一步拓展。

将把握大局的战略思维融入兵团精神内容中来,使之作为对兵团精神、特别是其中热爱祖国精神的补充和完善,既是兵团实践的需要,更是时代的召唤。当今时代已经进入全球化时代,我国对外开放已经全方位融入国际事务之中,这种情况下国外因素很容易传导到国内,国内因素也容易激起国外反应;特别是非传统安全不断发展,经济、政治、军事、文化安全因素相互交织,如果不具备全球眼光和战略思维,是难以解决各种矛盾、有效消除各种安全隐患的,热爱祖国也就成了一句空话。对兵团屯垦戍边使命来说更是如此,江泽民指出:"把兵团屯田戍边的工作放到新疆的历史长河中,放到国际国内形势的发展变化中,放到新疆发展和稳定的工作大局中加以观察,其深远意义可以看得更加清楚"。只有深刻把握新疆历史发展、国际国内形势发展变化和新疆稳定发展大局,兵团才能在新时期履行好屯垦戍边使命,才能更充分地展示出热爱祖国的精神风貌。

在热爱祖国中高扬把握大局的精神旗帜,一是要做到"应对危险"和"预防危险"的统一。让职工群众认识到,热爱祖国就是要消除各种危害国家安全的危险,兵团要成为中央要求的中流砥柱和铜墙铁壁,不仅包括做好打击"三股势力"的各种准备,当有事时能够"拉得出,用得上",成功应对危险;更要做到事前有效地预防和消除危险,应对危险主要靠我们的牺牲精神和爱国行动,预防危险还要靠我们了解大局、把握大局的能力。特别是面对"三股势力"的猖獗活动和敌对势力把新疆作为和平演变的突破口,兵团需要充分发挥熟悉情况、了解敌情社情民情、有长期应对分裂活动经验等优势,时刻警惕和防范"三股势力"的新动向,有针对性地开展反对民族分裂的活动,努力消除各种不安全、不稳定因素,将各种危害祖国安全的分裂破坏活动消灭在萌芽中。二是要做到"把握大局"与"有效行动"的统一。让职工群众认识到,把握大局是一种战略眼光和思维,是为热爱祖国这一目的服务的,要求我们从国家利益和中华民族根本利益的高度来认识问题,具备全球意识、世界胸襟,有效预防和处理各种危害国家安全和民族利益的事件。要使把握大局的战略思维转化为热爱祖国的成效,离不开维护国家民族利益的"有效行动"。"把握大局"是"有效行动"的前提,"有效行动"是"把握大局"的落实;"把握大局"和

"有效行动"两者统一于"热爱祖国"的追求之中,是在"热爱祖国"的旗帜下的整体工作,都是为国家民族利益服务的。三是要做到"服从命令"与"主动出击"的统一。让职工群众认识到,热爱祖国既体现在时刻听从国家召唤、服从国家命令,更体现在主动维护国家民族利益、回击各种危害国家民族利益的行为上。"服从命令"主要靠爱国热忱和纪律严明,"主动出击"则要靠分国之忧和战略思维,两者都是热爱祖国的具体体现,但后者的主动性更强,在当前反对"三股势力"的斗争中更需要我们展示出这种精神风貌。需要我们在当好生产队和战斗队的同时,主动当好工作队和宣传队,积极增进各族群众之间的经济文化联系,宣传党的民族政策,回击各种反动宣传,推进民族团结,确保国家民族利益坚如磐石。

主持人:最后,您能用自己的话来为兵团精神做个总结?

王瀚林:兵团精神是兵团人继承中华民族爱国戍边传统和人民军队革命传统,在新中国长期屯垦戍边实践中形成的整体性和主导性的政治觉悟、思想境界、价值准则和精神面貌,反映了兵团人的政治情感、道德积淀、实践风格和行为追求。

"热爱祖国"是兵团精神的灵魂,反映了兵团人深层的政治情感;"无私奉献"是兵团精神的本色,反映了兵团人长期的道德积淀;"艰苦创业"是兵团精神的写照,反映了兵团人鲜明的实践风格;"开拓进取"是兵团精神的追求,反映了兵团人不懈的行为追求,这四个方面构成了兵团人最鲜明的精神特征。

在新时期,每个兵团人都要做兵团精神的学习者、实践者、传播者和弘扬者,积极投身到推动兵团跨越式发展和长治久安的伟大实践中去,让兵团精神走向明天,永放光芒!

中华民族文化复兴的行动纲领

　　党的十七届六中全会通过的《中共中央关于深化文化体制改革推动社会主义文化大发展大繁荣若干重大问题的决定》，从中国特色社会主义事业总体布局的高度，对于深化文化体制改革、推动社会主义文化大发展大繁荣作出了全面周密的战略部署。《决定》的实施，对于推进中国特色社会主义伟大事业、实现全面建设小康社会的奋斗目标进而实现中华民族伟大复兴都具有极其重要的意义。我们一定要从战略高度深刻认识社会主义文化大发展大繁荣的重要地位和作用，以高度的责任感和紧迫感，认真学习、深刻领会六中全会的精神实质，为推进兵团文化的大发展大繁荣进而更好地履行党和国家赋予的屯垦戍边的历史使命贡献力量。

　　推动社会主义文化大发展大繁荣，必须牢牢把握和深刻理解"坚持中国特色社会主义文化发展道路，建设社会主义文化强国"这条主线。当今时代，文化在综合国力竞争中的地位日益重要。谁占据了文化发展的制高点，谁就能够更好地在激烈的国际竞争中掌握主动权。人类文明进步的历史充分表明，没有先进文化的积极引领，没有人民精神世界的极大丰富，没有全民族创造精神的充分发挥，一个国家、一个民族不可能屹立于世界先进民族之林。对于兵团人来讲，就是要把文化建设作为一项重大的政治任务担当起来，兵团屯垦戍边事业如果没有文化的支撑，就很难形成与这项事业相适当的综合实力，如果没有兵团文化产业的发展，就难以迈向强大文化兵团之路,现在是提出建设强大的文化兵团的时候了。如果说在过去相当长的一段时间内,我们紧紧抓住经济建设不放松,取得了巨大的成就,那么,从现在开始到今后相当长的时期,在更好发挥"三大作用"的同时建设强大的文化兵团的政治责任,要求我们必须在提升文化事业和文化产业的总量、规模、形态和质量,特别是在提升文化凝聚力、感召力、传播力、吸引力、影响力和竞争力等一系列促进社会主义核心价值认同、带动全面思想道德素养的提升的重大问题上创造出与经济建设同样一流的文化成就。这就要求我们着力推动以兵团精神为核心的先进文化更加深入人心,推动社会主义精神文明和物质文明全面发展,不断开创兵团文化创造活力持续迸发、社会文化生活更加丰富多彩、职工基本文化权益得到更好保障、职工思想道德素质和科学文化素质全面提高的新局面,建设全体职工共有的精神家园。

推动社会主义文化大发展大繁荣,必须牢牢把握和深刻理解一个根本的指导思想和重要方针。这个指导思想就是《决定》中提出的,必须全面贯彻党的十七大精神,高举中国特色社会主义伟大旗帜,以马克思列宁主义、毛泽东思想、邓小平理论和"三个代表"重要思想为指导,深入贯彻落实科学发展观,坚持社会主义先进文化前进方向,以科学发展为主题,以建设社会主义核心价值体系为根本任务,以满足人民精神文化需求为出发点和落脚点,以改革创新为动力,发展面向现代化、面向世界、面向未来的,民族的科学的大众的社会主义文化,培养高度的文化自觉和文化自信,提高全民族文明素质,增强国家文化软实力,弘扬中华文化,努力建设社会主义文化强国。推动社会主义文化大发展大繁荣要把握的重要方针是坚持以马克思主义为指导、坚持社会主义文化的前进方向、坚持以人为本、坚持把社会效益放在首位、坚持改革开放。这个指导思想和重要方针,凝结着我们党 90 年来领导文化工作的基本经验,是新中国成立 60 多年来特别是改革开放 30 多年我国文化建设实践探索的重要结晶,涵盖了我们文化建设的根本性质、根本目标、根本要求、根本动力,体现了我国文化的独特属性和文化工作的特殊原则,体现了新形势下推进文化改革发展的总体要求,是确保社会主义文化建设始终沿着正确方向前进的关键所在。坚持这个指导思想和重要原则,要求我们始终以中国特色社会主义理论体系指导文化建设,坚持以科学的理论武装人、以正确的舆论引导人、以高尚的精神塑造人、以优秀的作品鼓舞人,努力形成体现中国先进生产力的发展要求、体现中国先进文化的前进方向、体现最广大人民的根本利益的文化条件,大力发展先进文化,支持健康有益文化,努力改造落后文化,坚决抵制腐朽文化。

推动社会主义文化大发展大繁荣,必须牢牢把握和深刻理解科学发展这个重大主题。文化作为价值观的重要载体,其繁荣发展尤其需要以科学理论为指导。推动社会主义文化的科学发展,必须深刻分析和把握世界范围文化发展的新趋势、西方文化渗透的新变化、群众文化消费的新要求,树立与科学发展观相适应的文化观;推动社会主义文化的科学发展,必须从国家经济社会和文化的发展需要出发,抵御西方腐朽文化渗透,维护国家文化安全,从推进社会主义文化大发展大繁荣的要求出发,坚持马克思主义的指导地位,巩固全国人民团结奋斗的共同思想基础,从不断提高人民群众精神文化生活消费水平的要求出发,维护人民群众的文化利益,满足人民群众的文化需求;推动社会主义文化的科学发展,必须正确认识当代文化的功能价值,既要把文化建设作为推进社会发展的手段,又要把它作为社会发展的目标,对于文化的作用既要谈服务,也要谈建设,对于文化建设既要看到眼前,更要看到长远;推动社会主义文化的科学发展,既要充分发展物质生产力,又要充分发展文化生产力,要增强主流意识形态的控制力、精神产品的竞争力、文化体制改革的推动力,以强大的文化生产力为载体,通过提供更多更好的文化服务、文化产品,努力实现好、发展好社会主义意识形态;推动社会主义文化科学发展,必须进一步增强以科学发展观统领文化建设、加快文化发展的责任感和紧迫感,按照科学发展观的要求树立和落实新的文化发展理念。在坚持以经济建设为中心的同时,自觉把文化繁荣发展作为坚持发展是硬道理的重要内容,作为深入贯彻落实科学发展观的一个基本要求,进一步推动文化建设与经济建设、政治建设、社会建设以及生态文明建设协调发展,为建设社会主义文化强国提供坚强思想保证、强大精神动力、有力舆论支持、良好文化条件。

推动社会主义文化大发展大繁荣,必须牢牢把握和深刻理解建设社会主义核心价值体系这个根本任务。社会主义核心价值体系是兴国之魂,是社会主义先进文化的精髓,决定着中国特色社会主义发展方向,它是形成全民族奋发向上的精神力量、团结和睦的精神纽带。在我国改革开放进入关键时期的时候,如何用一元化的指导思想引领多样化的社会意识,掌握我国意识形态领域的主导权、主动权和话语权,最大限度地凝聚全社会思想共识,最根本的是推进社会主义核心价值体系建设。建设社会主义核心价值体系必须巩固马克思主义指导地位,坚持不懈地用马克思主义中国化最新成果武装全党、教育人民,用中国特色社会主义共同理想凝聚力量,用以爱国主义为核心的民族精神和以改革创新为核心的时代精神鼓舞斗志,用社会主义荣辱观引领风尚,巩固全党全国各族人民团结奋斗的共同思想基础;建设社会主义核心价值体系,既是一个崭新的课题,又是一项长期的战略任务,需要我们在深刻把握新形势下人们认知方式、接受方式、实践方式新特点新规律的基础上,利用一切手段,动员一切力量,一以贯之,常抓不懈;建设社会主义核心价值体系,必须大力推进理论创新,不断赋予当代中国马克思主义鲜明的实践特色、民族特色、时代特色。党的十七届六中全会从中国特色社会主义事业全局和战略高度,提出了在国民教育、精神文明建设和党的建设全过程,在改革开放和社会主义现代化建设各领域,在精神文化产品创作生产传播各方面,坚持用社会主义核心价值体系引领社会思潮,在全党全社会形成统一指导思想、共同理想信念、强大精神力量、基本道德规范。随着社会的发展,人们的思想观念在变得多元化,人们的价值取向也在变得多样化,但是无论怎样变,社会主义核心价值体系绝不能动摇;建设社会主义核心价值体系,是发展中国特色社会主义文化第一位的任务,我们必须不断加大建设社会主义核心价值体系工作力度,形成全社会团结一心、共同奋斗、夺取更大胜利的强大精神力量。

推动社会主义文化大发展大繁荣，必须牢牢把握和深刻理解满足人民精神文化需求这个出发点和落脚点。全会公报突出强调，满足人民基本文化需求是社会主义文化建设的基本任务，这是文化发展中坚持科学发展观的必然体现。人民群众的需求既包括物质需求，也包括精神需求。全面建成惠及十几亿人口的更高水平的小康社会，既要让人民过上殷实富足的物质生活，又要让人民享有健康丰富的文化生活。坚持社会主义先进文化前进方向，就是要以满足人民精神文化需求为出发点和落脚点。人创造文化，文化体现着人的本质力量；文化塑造人，人体现着文化的最终目的；满足人民精神文化需求，要深入研究人民群众对文化建设的新要求、新期待，积极反映人民生活，反映人民实践，反映群众要求，推出更多群众喜闻乐见、高质量的文化产品，不断满足人民群众日益增长的精神文化需要。要发挥文化的"以文化人"的功能，以优秀的文化产品弘扬人间正气，塑造美好灵魂，培育优良品德，真正使文化产品成为丰富人民群众生活、提高人民群众境界的精神食粮；满足人民精神文化需求，还必须尊重人民群众的首创精神和主体地位，让我们的文化建设真正包含人民群众的自主选择和实践智慧，充分发挥人民群众的积极性、主动性和创造性。满足人民精神文化需求，必须大力发展文化事业，加强文化基础设施建设，不断完善公共文化服务网络，让群众广泛享有免费或优惠的基本公共文化服务，必须构建公共文化服务体系，发展现代传播体系，建设优秀传统文化传承体系，加快城乡文化一体化发展，必须大力发展文化产业，使其成为社会主义市场经济条件下满足人民多样化精神文化需求的重要途径。

推动社会主义文化大发展大繁荣，必须牢牢把握和深刻理解改革创新这个动力。文化引领时代风气之先，是最需要创新的领域，文化大发展大繁荣的强劲动力，来自于文化改革创新的力度。把握改革创新这个动力，要求我们必须牢牢把握正确方向，推动文化内容形式、体制机制、传播手段创新，解放和发展文化生产力，发挥市场在文化资源配置中的积极作用,推进文化各个领域、各个方面、各项工作改革发展,实现重点领域和关键环节创新突破;把握改革创新这个动力,要求我们把改革创新精神贯穿于文化事业的全程,切实转变不适应新形势新任务、不符合科学发展要求的文化思维定式和文化发展理念,要求我们坚持用改革的办法破解文化发展中的难题,不断探索新思路、创造新办法,保持文化发展旺盛的生机活力,对改革创新中出现的问题要热情帮助,这样才能让自主创新的源泉充分涌流,从而迸发出新的动力和活力。任何时候改革的步伐不能停止,创新的思路不能停止;把握改革创新这个动力,要求我们善于运用既符合社会主义文化发展规律,又适应社会主义市场经济要求的思路、办法、手段,促进文化的繁荣发展,善于吸收借鉴一切有利于先进的文化发展的文明成果和有益经验,制定推动文化科学发展的新战略,以改革创新的有力举措,切实解决制约和影响文化发展的深层次矛盾问题。文化大发展大繁荣最根本的还是受制于体制机制,因此,要在探索中改革创新,在前进中宽容失败,努力建立鼓励创新、允许探索、包容失败的激励机制,推进体制机制创新,建立符合科学发展观要求的文化体制机制,为文化企业成长壮大创造良好环境,推动文化发展步入科学发展的良性轨道。

推动社会主义文化大发展大繁荣,必须牢牢把握和深刻理解人才这个关键。全会提出,推动社会主义文化大发展大繁荣,队伍是基础,人才是关键。目前制约我国发展文化产业的一个突出问题是人才匮乏,尤其是优秀的、有创意的、有管理经验的复合型的文化人才。实施人才强国战略,必须把人才工作放在国际形势发生广泛而深刻变化的大背景下来思考和把握,把人才工作放在推进社会主义文化大发展大繁荣的大局中来思考和把握,必须牢固树立人才是第一资源思想,全面贯彻党管人才原则,紧紧抓住识人、用人这个中心环节,树立人人都可以成才的科学人才观,建立惠及全体人民的人才资源开发机制,落实选贤任能的制度、机制和政策,加快培养造就德才兼备、锐意创新、结构合理、规模宏大的文化人才队伍;实施人才强国战略,必须努力营造鼓励人才干事业、支持人才干成事业、帮助人才干好事业的社会环境,坚持尊重劳动、尊重知识、尊重人才、尊重创造的方针,把促进文化的大发展大繁荣作为人才工作的根本出发点,紧紧抓住培养、吸引、用好人才三个环节开展人才工作;实施人才强国战略,更重要的是必须加大人才工作改革创新的力度,文化大发展大繁荣的新任务给我们的人才工作提出了新要求,过去被实践证明过时的老办法、旧体制必须改革,要坚决破除那些不合时宜、束缚人才成长和发挥作用的观念、做法和体制,建立健全完善的人才培养机制、社会化的人才评价机制、合理的人才选拔任用机制、促进人才合理流动的机制、鼓励人才创新创造的分配制度和激励机制以及完备的人才保障机制;实施人才强国战略必须充分发挥各类文化人才的积极性、主动性和创造性,开创人才辈出、人尽其才的新局面。

社会主义文化大发展大繁荣的时代已经到来。在十七届六中全会精神指引下,在党中央的正确领导和全国人民的共同努力下,社会主义文化强国的蓝图一定会实现,社会主义现代化强国的理想一定能实现。

提高党的建设科学化水平的指南

——学习胡锦涛同志在庆祝中国共产党成立90周年大会上的讲话

　　90年来,中国革命、建设和改革事业之所以能够冲破各种艰难险阻,不断取得辉煌成就,一个决定性因素就是有了中国共产党这个坚强正确的领导核心;中国共产党之所以能够始终成为中国革命、建设和改革事业的领导核心,一个重要因素就是我们党能够根据不断发展变化的形势,不断加强和改进党的建设,不断增强领导中国革命、建设和改革的能力;我们党的建设之所以能够不断取得巨大成就,一个重要原因就是始终牢牢把握了不断提高党的建设科学化水平这条党的建设的主线,按照党的建设自身固有的规律不断提高党的建设科学化水平。胡锦涛同志"七一"重要讲话强调在新的历史条件下不断提高党的建设的科学化水平,是党在新时期加强党的建设的行动指南。

一、中国共产党90年的历史证明,中国的革命、建设、改革不断取得重大胜利的历史进程与我们党不断提高党的建设科学化水平的过程紧密相联

　　"七一"讲话指出,90年来,我们党团结带领人民完成和推进了三件大事,就是我们党紧紧依靠人民完成了新民主主义革命,实现了民族独立、人民解放;完成了社会主义革命,确立了社会主义基本制度;进行了改

革开放新的伟大革命,开创、坚持、发展了中国特色社会主义,这三件大事从根本上改变了中国人民和中华民族的前途命运。完成党所领导的事业需要不断提高党的建设的科学化水平,不断提高党的建设的科学化水平是为了推进党所领导的事业不断发展;党的建设的科学化水平只有通过党所领导的事业发展才能体现出来,党所领导的事业发展状况是党的建设科学化水平的真实反映。三件大事的完成和推进与我们党不断提高党的建设科学化水平是分不开的。

在新民主主义革命时期,提高党的建设的科学化水平,主要体现在我们党把一个以农民和小资产阶级为主要成分的组织建设成了无产阶级的先锋队,在一个半殖民地半封建的农业国家建成了社会主义。建党初期,以毛泽东为代表的共产党人提出中国共产党是中国工人阶级的先锋队,党的宗旨是全心全意为人民服务,党的指导思想是马克思列宁主义,为了实现共产党人的远大目标,制定了最高纲领和最低纲领。针对中国农民和其他小资产阶级占大多数的情况,考虑到中国共产党同当时民族资产阶级又联合又斗争的实际,我们党创造性地提出把思想建设放在党的建设首位,通过思想理论教育、加强党性修养等途径,用马克思主义克服和改造各种非无产阶级思想。正是因为我们党始终从中国的国情出发去提高党的建设科学化水平,才引导新民主主义革命走向了胜利。

中华人民共和国成立后,提高党的建设的科学化水平主要体现在社会主义基本制度的建立过程。为建设社会主义制度,我们党及时制定《共同纲领》,在继续完成民主革命任务的同时,为整个国家从新民主主义转向社会主义奠定了良好的基础。随后我们党相继提出党在过渡时期的总路线和总任务,作出关于农业生产互助合作的决议和关于发展农业生产合作社的决议,提出关于有步骤地将资本主义工业基本上改造为公私合营企业的意见,实现了生产资料所有制的深刻变革,社会主义改造取得决定性的胜利,初步建立了社会主义基本制度。中共党的八大前后进一步对中国社会主义建设道路的探索,为社会主义建设提供了重要理论指导,找到一条适合中国国情的路线。

改革开放以来,在新的历史时期提高党的建设科学化水平主要体现在我们党解决了三个重大问题,一是回答了什么是社会主义、怎样建设社会主义的问题。邓小平提出建设有中国特色的社会主义,他从我国社会主义的发展阶段、党的治国目标以及我们面临的机遇和挑战,初步回答了在中国这样一个比较落后的国家如何建设社会主义、如何巩固社会主义的一系列基本问题。二是创造性地回答了建设一个什么样的党、怎样建设党的问题。江泽民提出"三个代表"重要思想,强调在新的历史条件下加强党的建设,要用时代发展的要求审视自己,以改革的精神完善自己,切实解决提高党的领导水平和执政水平、提高拒腐防变和抵御风险能力两大历史性课题,把党建设成为思想上政治上组织上完全巩固、能够经受住种种风险、始终走在时代前列、领导全国人民建设中国特色社会主义的马克思主义政党。三是探索和回答了实现什么样的发展、怎样发展的问题。进入21世纪后,发展问题更加紧迫摆在全党面前,以胡锦涛同志为总书记的党中央深刻分析和把握当前我国发展的阶段性特征,创造性提出了科学发展观等重大战略思想,对于什么是发展、为什么发展、怎样发展、发展为了谁、发展依靠谁、发展成果由谁享有等重大问题进行了创造性的探索,使我们党对发展问题的认识达到了新的水平。

二、中国共产党 90 年取得的辉煌成就,为新的历史条件下不断提高党的建设科学化水平奠定了坚实基础

"七一"讲话指出,我们党90年的奋斗、创造、积累,党和人民必须倍加珍惜、长期坚持、不断发展的成就是:开辟了中国特色社会主义道路,形成了中国特色社会主义理论体系,确立了中国特色社会主义制度。这三大成就奠定了新的历史条件下不断提高党的建设科学化水平的基础。

几代共产党人探索和开辟的中国特色社会主义道路奠定了提高党的建设科学化水平的实践基础。中国特色社会主义道路是我们党对现阶段纲领的概括,一方面要坚持马克思主义基本原理,走社会主义道路,另一

方面要从中国实际出发,走自己的路,具体讲,就是要坚持以经济建设为中心,把坚持四项基本原则与坚持改革开放统一起来。党的基本路线集中反映了党和各族人民的根本利益,是党的事业能够经受风险考验,顺利达到目标的最可靠保证,是制定其他一切具体工作路线、方针、政策的基本依据。走中国特色社会主义道路,要求党的建设要把握好经济建设和四项基本原则、改革开放之间相互依存的辩证统一关系,要把以经济建设为中心同四项基本原则、改革开放这两个基本点统一于发展中国特色社会主义的伟大实践,我们党的建设科学化水平必然在这个前无古人的伟大实践中不断得到提高。

几代共产党人探索和创立的中国特色社会主义理论体系奠定了提高党的建设科学化水平的理论基础。中国特色社会主义理论体系探索和回答了建设什么样的党、怎样建设党这个基本问题。党执政以后如何加强自身建设,如何认识、把握和运用共产党执政规律,提高党的建设科学化水平,巩固党的执政地位,完成党的执政使命,是关系党的生死存亡的重大问题。中国特色社会主义理论体系所包含的十四个方面的重要内容,从中国特色社会主义的哲学基础、历史方位、基本途径和根本目的,从中国特色社会主义的经济建设、政治建设、文化建设和社会建设,从中国特色社会主义的实现条件、保障理论等一系列层次上,深化和丰富了对共产党执政规律的认识,发展了马克思主义党的建设理论,成为我们党的建设的指导方针和行动指南,为提高党的建设科学化水平奠定理论基础。

几代共产党人探索和创立的中国特色社会主义制度奠定了提高党的建设科学化水平的政治基础。"七一"讲话指出:"中国特色社会主义制度,是当代中国发展进步的根本制度保障,集中体现了中国特色社会主义的特点和优势",这些特点和优势是党在新的历史条件下提高党的建设科学化水平的制度保障。坚持人民代表大会这一根本政治制度,为人民当家做主创建了最好的组织形式,它从制度的层面保证了党的宗旨能够更充分的体现。坚持中国共产党领导的多党合作和政治协商制度,从制度层面保证了我们党的建设具有更加广泛的群众基础。坚持基层群众自治制度从制度层面保证了解人民群众享有更多更切实的民主权利。坚持中国特色社会主义法律体系,从制度的层面为党的建设提供了法律基础。坚持中国特色社会主义的基本经济制度,从制度层面保证了党的建设围绕经济建设这个中心的不动摇。坚持不断完善建立在上述制度基础上的经济体制、政治体制、文化体制、社会体制等各项具体制度,为提高党的建设科学化水平提供了强大活力。坚持中国特色社会主义制度必将使党的建设有章可循,有法可依,从根本上提高党的建设的科学化水平。

三、党的建设新的伟大工程,为新的历史条件下不断提高党的建设科学化水平指明了前进方向

"七一"讲话要求全党全面认识和自觉运用马克思主义执政党建设规律,全面推进党的建设新的伟大工程,不断提高党的建设科学化水平。

讲话从五个方面指明了新的历史条件下提高党的建设科学化水平的努力方向,一是必须坚持解放思想、实事求是、与时俱进,大力推进马克思主义中国化时代化大众化,提高全党思想政治水平。讲话特别强调实践对理论的作用,指出理论源泉是实践,发展依据是实践,检验标准也是实践。党和人民的实践没有止境,中国特色社会主义制度必将在深化改革、扩大开放中不断完善。讲话指出,理论创新每前进一步,理论武装就跟进一步,全党要深入学习和掌握马克思列宁主义、毛泽东思想,深入学习和掌握中国特色社会主义理论体系,不断提高思想政治水平,坚定理想信念,增强为党和人民事业不懈奋斗的自觉性和坚定性。二是必须坚持五湖四海、任人唯贤,坚持德才兼备、以德为先用人标准,把各方面优秀人才集聚到党和国家事业中来。我们党为一切忠于人民、扎根人民、奉献人民的人们提供了施展才华的宽广舞台,让各方面优秀人才脱颖而出。要广开进贤之路,把各方面优秀干部及时发现出来、合理使用起来。要坚持凭实绩使用干部,让能干事者有机会、干成事者有舞台。年轻干部要不牢固树立正确的世界观、权力观、事业观,做到忠诚党的事业、心系人民群众、

专心做好工作、不断完善自己。要坚持尊重劳动、尊重知识、尊重人才、尊重创造的重大方针,形成人才辈出、人尽其才、才尽其用的生动局面。三是必须始终把人民利益放在第一位,把实现好、维护好、发展好最广大人民根本利益作为一切工作的出发点和落脚点,做到权为民所用、情为民所系、利为民所谋,使我们的工作获得最广泛最可靠最牢固的群众基础和力量源泉。要高度重视并切实做好新形势下群众工作,坚持问政于民、问需于民、问计于民,真诚倾听群众呼声,真实反映群众愿望,真情关心群众疾苦,依法保障人民群众经济、政治、文化、社会等各项权益。四是必须坚持标本兼治、综合治理、惩防并举、注重预防的方针,深入开展党风廉政建设和反腐败斗争,始终保持马克思主义政党的先进性和纯洁性。必须充分认识反腐败斗争的长期性、复杂性、艰巨性,把反腐倡廉建设摆在更加突出的位置,以更加坚定的信心、更加坚决的态度、更加有力的举措推进惩治和预防腐败体系建设,坚定不移把反腐败斗争进行到底。各级领导干部行使权力就必须为人民服务、对人民负责并自觉接受人民监督,决不能把权力变成牟取个人或少数人私利的工具。五是必须坚持用制度管权管事管人,健全民主集中制,不断推进党的建设制度化、规范化、程序化。必须始终把制度建设贯穿党的思想建设、组织建设、作风建设和反腐倡廉建设之中。推进党的制度建设,要坚持以党章为根本、以民主集中制为核心,坚持和完善党的领导制度,改革和完善党的领导方式和执政方式,发展党内民主,积极稳妥推进党务公开,保障党员主体地位和民主权利,完善党代表大会制度和党内选举制度,完善党内民主决策机制,保障党的团结统一,增强党的创造活力。

四、中国特色社会主义的伟大实践,为新的历史条件下不断提高党的建设科学化水平提供了广阔舞台

"七一"讲话号召全党必须始终坚持党的基本路线不动摇,在新的历史起点上把中国特色社会主义伟大事业全面推向前进。讲话从经济建

设、政治建设、文化建设和社会建设四个方面对这个问题进行了阐释。

经济建设是发展中国特色社会主义事业的中心任务,经济发展是政治文明、文化繁荣、社会进步的物质基础。讲话号召全党继续牢牢扭住经济建设这个中心不动摇,坚定不移走科学发展道路。坚持以经济建设为中心提高党的建设科学化水平,就是坚持用"三个有利于"的标准衡量党的建设的水平和成果的大小,同时坚持"两手抓"的方针。讲话强调坚持经济建设这个中心,必将指引党的建设以科学发展为主题,以加快转变经济发展方式为主线,在推动经济建设的过程中提高党的建设的科学化水平,为全面建成小康社会、实现中华民族伟大复兴打下更为坚实的基础。

人民民主是社会主义的生命,发展社会主义民主政治是我们党始终不渝的奋斗目标。发展社会主义民主政治,必须坚持中国特色社会主义政治发展道路,关键是要坚持党的领导、人民当家做主、依法治国有机统一。人民民主与党内民主有着内在的联系,是相互依存相互促进的,扩大党内民主可以带动人民民主,推进人民民主又能够进一步促进党内民主,在这个互动的过程中,必将更加尊重党员的主体地位,更好地保障党员的民主权利,营造党内民主的良好氛围,不断增强党的创新活力,不断巩固党的团结统一,为党和国家兴旺发达、长治久安提供更加完善的制度保障。

文化是民族凝聚力和创造力的重要源泉,是综合国力竞争的重要因素。先进文化建设的水平,体现着党的建设科学化的水平。在当今世界文化与经济、文化和政治相互交融,在综合国力的竞争中的地位和作用越来越突出的背景下,先进文化对于提高党的建设科学化水平具有极其重要的意义。90年来我们党始终在提高党的建设科学化水平过程中推进先进文化建设,在建设先进文化中提高党的建设科学化水平。先进文化的一项重要内容就是使党的理论、路线、纲领和方针政策符合社会发展规律,这是提高党的建设科学发展化水平的重要思想基础。新世纪新阶段,国情、世情的重大变化对提高党的建设科学化水平带来严峻挑战,必须把先进文化建设摆在党的建设的突出地位,要不断推进理论武装和理论创新,巩固马克思主义在意识形态领域的指导地位,要在弘扬民族文化优秀传统与汲取世界各民族长处、抵御不良思想文化的渗透和西方敌对势力西化、分化的过程中发展先进文化,要不断满足人民群众日益增长的精神文化需求,培养"四有"公民。先进文化建设的过程与提高党的建设科学化水平的过程具有内在的一致性。

社会和谐是中国特色社会主义的本质属性,建设社会主义和谐社会,是对中国共产党提出的一项新要求。执政党居于领导核心地位,必须具备构建社会主义和谐社会的能力,党要领导建设社会主义和谐社会,就必须的不断提高党的建设科学化水平。提高党的建设科学化水平,一是根据建设社会主义和谐社会的要求,坚持反腐败的体制和机制的创新,把我们的党建设成为廉洁的党。二是根据建设社会主义和谐社会的要求,发展党内民主,坚持和健全民主集中制,把我们的党建设成为充满活力的党,进而有力地推动社会民主的发展,从而推动和谐社会的发展。三是根据建设社会主义和谐社会的要求,在合法性的执政理念下,在国家的宪法和法律范围内活动,解决好党和法律关系的和谐问题,成为深深扎根于人民群众之中、获得人民群众信任和支持的党。

伟大的事业需要先进政党的领导,保持党的先进性需要不断提高党的建设的科学水平。胡锦涛同志"七一"重要讲话为新的历史时期不断提高党的建设科学化水平指明了方向,让我们为之努力奋斗!

以思想的大解放推动兵团的跨越式发展

解放思想是一个古老而崭新的话题,是一个说起来容易做起来却相当困难的问题,是一个看不见摸不着却关系着兵团实现跨越式发展和长治久安战略目标的课题。在兵团的建设发展进入关键阶段的时候,兵团党委号召进行新一轮思想解放,其作用之重大、意义之深远是不言而喻的。

兵团当前为什么要解放思想

思想解放是实现跨越式发展的前提和动力。中央新疆工作座谈会召开后,兵团发展面临着新的形势,解放思想的任务更重要、更紧迫了。具体讲,一是新疆工作会议确立的新目标新要求,需要我们把思想从过去的发展战略和目标调整到中央的整体战略和目标上来。要求我们到2015年人均地区生产总值达到全国平均水平,城乡居民收入和人均基本公共服务能力达到西部地区平均水平,到2020年实现全面建设小康社会。实现这个奋斗目标,思想僵化、故步自封、按部就班、亦步亦趋是不行的,必须解放思想、创新思路,按照科学发展观的要求,推动兵团实现跨越式发展。

二是推进城镇化的任务比以往任何时候都更加迫切,要求我们进一步解放思想,切实把城镇化建设放在兵团"三化"建设的首位。要求我们通过解放思想,加快推进城市的筹备和建设工作,力争实现一师一市,以城市为龙头带动各师经济社会事业发展;要求我们按照"团镇合一"的模式加快团场建镇工作,彻底解决制约团场跨越式发展的一些根本性问题;要求我们在加快推进连队农牧职工向团部城镇转移的同时,因地制宜在边境一线、偏远地区等保留建设一批中心连队,大力改善当地职工群众的生产生活条件。

三是加快兵团新型工业化进程、实现跨越式发展的任务比以往任何时候都更加迫切,需要我们把思想从过去以农业为主导转变到以新型工业为支撑上来。过去兵团是以农业起家、靠农业支撑的,现在我们要把新型工业化摆到更重要的位置上,充分发挥资源优势,延长产业链条,形成兵团特色的工业体系;要推进产业园区建设,引导优势项目向工业园区集中,形成集聚效应;要以改革开放的思路办工业,对传统国有企业进行改制,大力发展民营经济;要通过招商引资、发展股份制企业等方式,引进和培育一批大企业大集团。

四是加强民族团结、维护祖国统一、确保边疆长治久安的任务比以往任何时候都更加繁重了,需要我们进一步解放思想,在中央和自治区党委的统一领导下,团结新疆各族人民,发挥好稳定核心的作用。在新疆历史上,分裂与反分裂的斗争从来没有停止过。冷战结束后,新疆周边"三股势力"日趋活跃,新疆民族分裂活动呈现升级态势。近年来,敌对势力利用民族分裂势力进行渗透破坏,境内外民族分裂势力在新疆策划暴力恐怖活动,企图肢解我们统一的多民族国家。我们必须进一步解放思想,以新的思路、新的办法,切实发挥好中流砥柱的战略作用。

兵团解放思想的标志是什么

解放思想虽然是看不见、摸不着的思想活动,但也是可以衡量的。衡量兵团解放思想的标志有三个:一是看是否把思想从落后于新形势新任务要求的、停滞不前甚至僵化的观点中解放出来了。兵团是一个由计划经济转化而来的特殊组织，传统的东西相对多一些，兵团的体制机制是按计划经济要求建立起来的，在计划经济时期发展得比较快。兵团过去基本上是以农业为主，农业文明的积淀比较多，从某种程度上说，兵团实现跨越式发展，必须把人们的思想从过去长期形成的、在改革开放中虽然有所解放但在某些方面和一定程度上还不完全适应市场经济发展要求的状态下解放出来。不能存有小富即安的观念，要树立跨越发展的意识。不能存有求稳怕乱的观念，要树立改革求变的意识。不能存有因循守旧的观念，要树立开拓创新的意识。不能存有单枪匹马打天下的观念，要树立开放合作的意识。

二是看是否把思想从超越兵团所处发展阶段的不科学甚至是扭曲的认识中解放出来了。有的人不理解党政军企合一的特殊管理体制是兵团发挥"三大作用"的必要保障，一讲集中力量办大事就说你是高度计划管理的残余，一讲团场两个主体就说你是管理体制上的行政主导，一讲兵团精神就说你定格在历史的过去，一讲体制机制创新就是把市场机制同兵团特殊管理体制对立起来，认为兵团特殊管理体制会扭曲市场机制，降低经济运行效益和质量，增加经济运行成本和风险。他们不理解兵团现阶段的使命和任务，不理解超越阶段的结果同样导致了对于兵团发展认识的偏差。

三是看是否把思想从那些对兵团发展存在的模糊的和不正确的认识中解放出来。有的认为兵团既要承担屯垦戍边的使命，又要面对市场经济的挑战，这对矛盾是无法解决的；有的认为兵团的存在利于国家安全，但不利于兵团自身的发展；有的认为过去兵团非常重要，在历史上存在也很有必要，但随着时代的发展已经不重要了；有的认为新疆有军队和警察，没有兵团维护稳定也不会出大事；有的认为兵团的昨天和今天不可相提并论，兵团的历史应当肯定，但面对不公平竞争和地方经济的快速发展，兵团再创辉煌不太可能，诸如此类，不一而足。衡量我们解放思想的标志就是要把人们的思想从这些方面解放出来。

怎样推动兵团解放思想

推动兵团解放思想,必须解决好以下几个方面的问题。一是要营造一个相对宽松和宽容环境,这是解放思想的首要急务。人类的习惯总是喜同而恶异,不喜欢和自己不同的思想、行为,传统社会注重一家独尊,排斥思想多样、思想互补和思想间的交流启发,这就容易导致思想僵化,阻碍解放思想。解放思想的一个重要前提就是尊重个性差异和不同思想,在兵团只要有利于跨越式发展和长治久安的思想观点都应当受到尊重,只有是有利于实现城镇化、新型工业化、农业现代化"三化"建设的各种决策和行为都应当受到保护,即使在具体做法上与自己的品味和好恶有所差异,也不能妄加否定,而应当本着尊重差异、包容多样的原则,给予鼓励。

二是要倡导能力本位的文化价值观。解放思想是需要创新的,在传统的观念中更多的是对于权威的肯定和对身份的崇拜,能力往往受到某种程度的挤压。倡导能力本位就是要把能力作为人的存在和发展的根本,把能力的有效发挥作为核心文化价值,在群众中形成注重能力而淡化权位、唯实而不唯上唯书的思想观念,把全体干部职工的思想能量都激发出来。

三是解放思想要有战略眼光和全局观念。要善于从战略和全局的高度观察思考兵团的问题,要善于研究当前和今后一个时期兵团发展中带有规律性、战略性、根本性的重大问题,要善于从历史上特别是近代以来新疆屯垦实践的事实中寻找对于兵团发展的启示,要善于从世情国情兵团情的新变化中寻找对兵团发展的新要求。

四是要在解放思想中统一思想。真正的解放思想先是让思想冲破牢笼,坚决摒弃不合时宜的旧思想旧观念,在思想冲破牢笼后,就要实现一定原则和目标基础上的统一,形成共同的认识和共同的意志,这样才能步调一致地行动。在正确的思想指导下解放思想,才能保证解放思想不偏离正确的方向,防止思想泛滥、不辨方向;在解放思想前提下统一思想,才能防止一盘散沙、各行其是,进而推动改革实现重大突破。具体讲,就是要把兵团全体干部职工的思想统一到中央新疆工作座谈会关于兵团发展的战略部署上来,统一到兵团党委关于实现跨越式发展和长治久安的战略目标上来,统一到兵团党委加快推进城镇化、新型工业化、农业现代化发展的战略任务上来。

兵团解放思想应当遵循什么原则

朝什么方向解放思想和依据什么原则解放思想是有要求的,如果忘记了为什么解放思想和为谁解放思想这个重大问题,解放思想就没有实际意义,就不能真正推动兵团跨越式发展和长治久安,甚至还可能走入歧途。

兵团解放思想要遵循什么原则呢？具体讲,一是必须有利于处理好屯垦和戍边、特殊管理体制和市场机制、兵团和地方"三大关系",发挥建设大军、中流砥柱和铜墙铁壁"三大作用",更好地履行屯垦戍边的使命。二是必须坚持实事求是,打破习惯势力和主观偏见的束缚,使思想和实际相符合,使主观和客观相符合。反映客观、尊重事实是对解放思想的本质要求。三是必须符合有利于解放和发展兵团先进生产力、有利于提高职工群众生活水平、有利于提升兵团综合实力"三个有利于"标准,特别是要有利于更好地落实科学发展观,加快推进兵团社会经济文明的进步。四是必须坚持以人为本,有利于解决兵团的民生问题。解放思想的最终目的是实现人的全面发展,让职工群众享受更加美好的生活。五是必须尊重法律,在法律法规允许的框架内解放思想。只有让解放思想的"车"行驶在党纪国法的"轨道",解放思想才能不断深入。

只有在这些原则指导下,兵团解放思想才会沿着正确的方向前进,使人们的思想得到最充分的解放,从而取得扎扎实实的成效,更好地发挥"三大作用",推动兵团实现跨越式发展和长治久安目标的战略目标。

论陈云的学习观

我们党历来是一个重视学习、善于学习的党。作为我们党重要领导人之一的陈云，对学习问题有许多重要论述。今天，我们研究陈云的学习观，对于创建学习型政党、学习型组织、学习型社会，对于提高全党素质、促进人的全面进步，无疑具有重大的现实意义。陈云的学习观主要体现在六个方面。

一、在党内首倡学习是共产党员的责任的观点

我们党一贯强调学习对党的事业的极端重要性，但把学习提到党员的责任的高度进行论述，陈云是第一个。陈云指出，"在实际上，我们过去还不曾把学习理论作为党员对党应尽的责任。即使在六中全会以后，虽然大家知道了学习是党员的一种任务，可是许多同志了解得还不深刻。"他指示"要把学习作为指导工作的不可缺少的一部分，作为我们的一项重要任务。这要成为一个章程。领导干部不解决这个问题，就没有尽到领导责任。"

把学习作为共产党员的责任，是因为学习是做好工作必不可少的条件。针对一些同志认为只要一天到晚不停地工作，就算尽了我们对党的全部责任的思想，陈云指出这种想法是很不全面的，他说："一天到晚工

作而不读书,不把工作和学习联系起来,工作的意义就不完整,工作也不能得到不断改进。因为学习是做好工作的一个条件,而且是一个必不可少的条件"。

陈云指出,不学习,不掌握新的知识和本领,就不能正确指导革命运动。他强调指出,"共产党员有了革命的理论,才能从复杂万分的事情中弄出一个头绪,从不断变化的运动中找出一个方向来,才能把革命的工作做好。不然,就会在复杂的、不断变化的革命环境中,迷失道路,找不到方向,不能独立工作,也不能正确地实现党的任务和决定"。20世纪中叶以后,随着现代科学技术突飞猛进,以经济和科技实力为基础的综合国力竞争日趋激烈,陈云敏锐地看到面临的挑战,他在1992年强调:"现在我们国家的经济建设规模比过去要大得多、复杂得多,过去行之有效的一些做法,在当前改革开放的新形势下很多已经不再适用。这就需要我们努力学习新的东西,不断探索和解决新的问题。"

二、从实际出发提出了干部学习应以自修为主的观点

陈云的学习观是在中国革命和建设的特殊环境中形成的,无论是在战争年代还是在和平建设时期,陈云都一贯强调学习的重要性,而且提出学习主要靠自修。树立自修为主的学习观,就意味着受教育者懂得学到了他所不知道的东西。

他认为学习是长期的任务,不可能在短期内完成,他说"学习不是一朝一夕,要长期下苦功夫。主要不是进学校,而是靠自修"。"因为进学校学习的时间并不长,最多不过是两年。如果我们下决心要学文化,是不是住两年学校就可以解决问题呢?我看不可能。学习是一个长时间的问题,要做长期的打算。"当时的环境不允许人人都进学校学习,他说"大家都进学校是不可能的,因为工作离不开。""一个共产党员是难得机会长时期在课堂上学习的,因此,必须善于在繁忙的实际工作中,自己争取时间去学习,这一点必须有坚持的精神才能做到。"针对一些同志以为学习

便要进党校、马列学院的观点,他指出:"能够进党校和马列学院学习当然很好,但不能大家都去。因为学校没有那样大,不可能住很多人;同时工作还要有人去做。问题怎样解决呢? 就是毛主席说的进'长期大学',就是要坚持自学"。他认为现在二十几岁,活到六十几岁还有 40 年,学成之后是头号的"博士"。只要功夫深,铁杵磨成针。

他介绍了具体的自修办法,"只要身上揣着几本书,摆在干粮袋里,闲的时候就看一看。以后有了钱,不要做新衣服,而是买几本书,买一本字典,买一部《辞源》,有不认识的字就翻开字典、《辞源》查一查,养成这个习惯,一个字翻上三五次就认识了。"陈云也以自己的模范行为树立了自觉学习的典范,即便是在"文化大革命"期间下放到江西,陈云许多日常生活用品没有带,却带了《马恩选集》、《资本论》、《列宁全集》、《斯大林文选》、《毛泽东选集》和《鲁迅全集》。在近三年的时间内,他除了去工厂蹲点和外出搞社会调研之外,其他时间都是在居所看书。

三、倡导理论联系实际的学风,着眼于解决中国革命和建设中的实际问题

在中国革命和中国建设的历史上,脱离实际的学习,教条主义、主观主义、形式主义的学风,给中国革命和中国社会主义建设带来了巨大的危害。针对这种情况,陈云认为学习只有一个目的,就是运用马克思主义的立场、观点和方法,研究实际问题,说明实际问题,解决实际问题。他指出"学习理论一定要联系实际。老干部要认真总结自己的经验,把它提到理论的高度,来指导以后的工作。""借口学习理论而不愿参加实际工作,或仅仅埋头实际工作而不在工作中抽暇学习理论的倾向,都必须纠正。""能独立工作的条件是学习,理论联系实际。一个干部没有理论不行,只凭经验不够。"在延安担任中组部部长期间,陈云在中央组织部组织了一个学习小组,潜心学习哲学,一直坚持了几年,认真学习毛泽东的主要著作,研究他处理中国革命问题的立场、观点和方法。陈云同志一再说,这

件事比什么都重要,使他受益很大。毛泽东就讲过,有人通读了《资本论》,却讲不清楚边币与法币的关系,陈云同志的这些话,听起来很平常,但却说明他通过学习和实践,已经掌握了马列主义的精髓,即实事求是。

联系实际要以学懂基本原理、学好书本知识为前提,他指出:"如果书还没有读懂,就不要急于去'联系实际',弄得牛头不对马嘴,还不如先把书上的东西读懂。读懂就是消化。掌握了马列主义的原理和思想方法,就会自然地同自己的实践经验结合起来,把具体经验提高到一般理论,再拿这种一般理论去指导实际工作。"

关于理论怎样与实践结合,他指出"有经验者,从理论上去反省经验;无经验者,理论与实践相配合。教员的教育方法,是从实际经验归结到基本理论上。要打破轻视实际的观点,同时,也要反对不安心学习理论,急着要去工作的思想。"陈云列举延安训练新干部有过的好坏不同的两种方法。一种是抗战初期的抗大、陕公的训练方法,学生在学校只学习几个月,之后就去参加工作。他们在学校中不只是学习马克思列宁主义的理论,而是培养生气勃勃的革命作风。他肯定这是正确的训练方法。另外一种训练新干部的方法,就是把没有工作经验的新干部长期放在学校里"学习理论",教的是一大堆马克思列宁主义的抽象原则,学的是教条,许多学生并没有学到理论,一接触到实际问题,就目瞪口呆,手足无措。陈云认为这是错误的方法。陈云强调:"今后应该确定一条章程,没有或很少工作经验的干部,不是光在学校里长期学习,应该先到工作中去学习。没有工作经验的新干部只在学校中学习,要掌握理论是不可能的。真正的理论,只有在实际工作中才能逐渐深刻地领会,因为理论是实际的反映,归根到底是来自实际,而不是来自书本。"但陈云也"不是一般地反对干部进学校学习",他说:"对于那些必须进学校学习的干部,我赞成他们进学校。但是对于缺少工作经验的干部,我赞成他们到工作中学习,根据中央关于在职干部教育的决定去学习。"陈云延安时期组织的学习活动多次受到党中央和毛泽东的高度评价。毛泽东曾充分肯定中央组织部采取一本一本学原著,做笔记,结合当时情况来进行讨论的方法,认为这个方法对头,要求在职干部的理论学习,要按中央组织部的办法来办。

四、着眼于提高干部的素质,强调重点是学习正确思想方法的观点

陈云认为,现在需要学习的东西很多,共产党员要广泛学习各方面的知识,但重点要着眼于掌握正确的世界观和方法论。他指出,"我们的学习是学习马克思列宁主义的精神,学习他们观察问题的立场、观点和方法,而不是背诵教条。"陈云提醒,在这个问题上,处在领导地位的同志,特别是军事系统的负责同志,不要因为怕犯教条主义错误而不敢读书。他指出"我们反对教条主义,不是不读书。现在我们的毛病,是马列主义不够。要反对教条主义和经验主义,都需要认真学习马列主义。""理论上、思想方法上搞好了,对党对革命是有很大好处的。""现在我们在新的形势下,全党仍然面临着学会运用马列主义、毛泽东思想的立场、观点、方法分析和解决问题这项最迫切的任务。"

陈云尤其强调对马克思主义哲学理论的学习。他明确讲,"学习理论,最要紧的,是把思想方法搞对头。因此,首先要学哲学,学习正确观察问题的思想方法。如果对辩证唯物主义一窍不通,就总是要犯错误。你们都是有经验的,问题在思想方法。"

此外,陈云还指出,"现在无论你怎样忙,为了把握伟大而又变化多端的中国革命运动,必须增加一点革命的理论,增加一点历史的知识。"对每一个领导干部来说,学习的内容应该是全面的、系统的。"当然一般知识也需要。要读懂马列主义,而没有一般的知识,那马列主义也不容易消化、掌握和接受。正因为我们的一般知识和理论知识少,文化程度不够,所以有些同志就上了人家的当,成了教条主义的俘虏。读书要有信心。读得进的关键,是痛感知识少,下决心读。""每个同志必须精通自己的工作部门的各方面,学习一般的社会知识。"他还要求"共产党员要领导群众,就必须首先向群众学习。""尤其重要的是,每个共产党员要随时

随地的在实际工作中学习,向群众学习。一切实际工作中的和群众斗争中的经验教训,是我们最好的学习的课本。""一切在经济和技术部门中服务的党员,必须向非党的和党内的专门家学习。他们的责任是诚心诚意地学习,并熟练自己的业务和技术,使各部门建设工作获得发展,并使自己获得在社会上独立生活所必需的技能。"他还要求"共产党员必须学习社会的人情世故,在革命工作的方针之下,善于与社会的各方面融洽。必须打破内战时期鄙视和割断社会联系或者害怕利用社会关系的心理。"关于对经济知识和技术知识的学习问题,陈云特别指出,我们要"向全党解释,各种经济工作和技术工作是革命工作中不可缺少的部分,是具体的革命工作",因此,"应纠正某些党的组织和党员对革命工作抽象的狭隘的了解,以至轻视经济工作和技术工作,认为这些工作没有严重政治意义的错误观点"。1983年2月25日,陈云在写给当时任中共中央党校校长的王震的一封信中再次强调指出:"党校学员既要学习马列主义、毛泽东思想的基本理论和党的方针、政策,以此作为主课,又要学习一些现代科学文化知识和必要的专业知识,以提高领导水平和实际工作能力"。

五、详尽阐述了适合中国实际的行之有效的学习方法

有句名言:"最有价值的知识是关于方法的知识。"我们在学校里学到的知识是"黄金",若同时学会了学习的方法,那就掌握了"点金术"。为理顺工作、生产和学习之间的关系,陈云摸索出一整套行之有效的学习方法。

他强调个人的情况不同要采用不同的学习方法。他说"各人的程度不同,环境不同,读书应该采取不同的办法。"他谦虚地说,"像我们这样没有什么底子,各种知识都很缺乏的人,要老老实实做小学生。要将现有的主要教科书一本一本地读,既不是弛怠,也不用着急,一步一步来。可以每个星期读三四十页,每字每句都要读懂,不懂的就要认真请教。一本一本书读懂的办法很重要"。他批评有些干部"书拿到手上,这句不懂那

节不晓，而又不曾想法一句一句地弄通。这样，没有益处，而且不能坚持，必然半途而废。"他要求"现在要改变这种状况，要读就读懂，不要一知半解。这种力求把书上的意思都读懂的办法，是达到融会贯通的必经步骤。对于初学的人，不要企图每门功课读很多参考书，那样读完一本书要延长几倍的时间，倒不如一本书多读几次，逐渐增加参考书，逐渐加深理解，得益更多些。"

针对有人认为拿起书本就是学习的思想，他强调"读书要做笔记。这有两个好处，一是让你多读几次，一是逼着你聚精会神，认真思索，使你了解深刻些，而不像随便看过去那样模模糊糊。"他倡导"读书最好有个小组，几个人在一起讨论一下，可以互相启发，程度低的还可以得到程度高的同志的帮助。"

针对有些干部学习计划性不强的问题，他提出学习要有计划，他说"要订出一个切实的读书计划，照着去办，坚持不懈。"他要求"我们的特委、县委、区委的领导同志，要有计划地看书，要好好地学，长期地有恒心地去学，像党中央的干部一样。这件事，对领导干部是重要的。"他要求"要从成功的经验中学习，特别要从失败的经验中学习。这是使我们减少错误的好办法。一个人做事不可能不犯错误。有一种人，犯了错误只是觉得不好意思；另一种人，却把失败当作成功之母，从失败中吸取经验教训。后一种态度，显然是正确的。"

他提倡要"向左右、上下学习，也就是向同行学习，向上级和下级学习，特别是向下级学习。"他倡导"我们应该形成一种开会讨论、随时商量的风气。提出方案，不怕别人指责，因为只有互相讨论，才能使方案更加合理，使工作前进一步。"他批评当时"这种互相讨论的空气是很稀薄的，而向下级学习的空气更稀薄。这种现象应该有所改变。"

他还提倡向国外的经验学习，他指出，"有人说，我们自己也有很高的文化，在历史上有占显著地位的科学发明。这当然不能否认。但是这些成就，如同锁在仓库里的东西一样，不会因为向外国学习就丢掉的。现在我们应该首先学习我们所没有的东西。要学习，就要丢掉包袱。我们要面向现实,采取老老实实的态度。"

六、倡导干部特别是高级干部要带头学习的观点

干部素质始终关系我们事业的兴衰成败,各级领导干部要以身作则,学出成绩,真正形成辐射作用,以进一步推动全党形成浓厚的学习风气。陈云指出,"学习理论既然是每个党员的责任,那末,党内的老干部、高级干部首先要努力学习,成为学习的模范。"他要求"高级干部要思索一下,看看下列两种情形,哪一种对党更有利? 一种是,一天到晚地埋头工作,不去找时间读书;另外一种,就是一天抽两小时来读书。"他认为后一种对党更有利,老干部和高级干部"有斗争经验,学习理论更容易把书本上的东西消化成为自己的,这样,领导工作的水平就可以大大提高。同时,党要培养大批理论联系实际的干部,也首先寄托在老干部和高级干部的身上,老干部要担负起这个责任。"陈云指出"负责的人要带头学,你这样做了,别人也会照样去做。"

支点、精神与社会发展

——兵团精神漫谈支点与绿叶

古希腊阿基米德说,给我一个支点,我将撬起地球。有人认为这讲的是杠杆原理,有人说这只是一句豪言壮语,其实,它讲的既是杠杆原理,又是社会问题,它既是一句豪言壮语,又包含着深刻的哲理。细想想,这句话至少包含以下几层含义:第一,地球虽然是个庞然大物,但不是不可撼动的,战胜困难要有勇气和决心;第二,战胜困难要有手段,要有可以凭杠的工具,仅靠信心和力量还不行,"君子生非异也,善假于物也",阿基米德天才般地想到了杠杆,它力大无比;第三,战胜困难要有科学方法,即要有一个"支点",杠杆加支点,再加勇气,就可以撬动地球。由这个支点,我想到兵团屯垦戍边事业,撬动地球需要支点,我们的生命需要支点,屯垦戍边事业不需要支点吗?当然需要。这个支点是什么呢?就是兵团精神。人不仅是活在物质世界里,更是活在精神世界里。

一箪食、一钵水足以维持一个生命的存活,但要活得精彩就离不开精神的支撑。要撬动兵团事业这个"地球",兵团精神则是它的"支点",有了这个"支点",我们的事业就有了永不枯竭的精神动力。我们常讲为生命画一片绿叶,这个典故来自于美国作家欧·亨利小说《最后一片叶子》,说的是在一间病房,一位生命垂危的病人从房间里看见窗外的一棵树,树叶在秋风中一片片地掉落下来。望着眼前的萧萧落叶,病人身体也随之每况愈下,她说:"当树叶全部掉光时,我也就要死了",得知此事,一位画家在树枝上画了一片翠叶,这片叶子始终没掉下来。因为有了这片绿叶,病人神奇地活了下来。这个故事足以说明精神的价值,有精神,我们的生命就有了支点。

精神 GDP

兵团党委书记车俊同志强调,兵团精神"是兵团事业薪火相传、历久弥新的精神源泉"。相比杠杆,支点是无形的,它存在的特殊价值和巨大作用不容忽略。大到一个国家一个民族,小到一个团体,精神支点是其综合实力的重要部分。回顾历史我们可能对这个问题会有更清醒和深刻的认识,为什么直到 1890 年经济总量还占世界第一的中国,从 1840 年开始却屡遭侵略、屡屡割地赔款? 我们知道,1820 年,中国的 GDP 是英国的 7 倍,却在 1840 年至 1842 年的鸦片战争中败北。1870 年中国的 GDP 大于英法的总和,却没能阻止英法联军在 1860 年火烧圆明园。1890 年,中国的 GDP 为日本的 5 倍,但在中日甲午战争中一败涂地。这是为什么? 原因是多方面的,然而由于民族精神缺失不能不说是一个至关重要的原因。再来看一下问题的另一面,朝鲜战争之后,中国却又被国际社会看作大国,《大国的兴衰》一书就指出,中国在整个 19 世纪和 20 世纪上半叶都不被看作大国(Greatpowers,也有人翻译成"强国"),直到 1950 年以后才重新被视为大国,这是为什么? 我们知道 1950 年,中国的 GDP 仅仅是美国的 18%,仅占世界总量的 4.5%,中国却能在朝鲜战场上和打着"联合国军"旗号的美国及其盟国打成平手,当时中国的国际地位远不是晚清时代可以比拟的,为什么能够让世人刮目相看? 一个重要原因是在中国共产党领导下,我们的国家恢复了民族自信和民族精神,有一种"全无敌"的英雄主义气概,因而,是战无不胜的。经济总量固然能够在一定程度上反映一个国家的实力,但民族精神才真正是一个国家的脊梁,良好精神状况是国家强大的重要因素。有人把 GDP 分为物质 GDP 和精神 GDP,不无道理。物质 GDP 与精神 GDP 的关系正如灵魂与肉体的关系,精神 GDP 就像血液与骨髓一样,决定着一个生命的活力。这些年中国的物质 GDP 成果显著,但精神 GDP 的发展却出现了一些问题,我们正在正视和解决这个问题。我们完全可以相信,有社会经济发展和精神信念的引领,我们就一定能够实现中华民族的伟大复兴。同祖国的发展进步一样,在新的历史时期,兵团也亟须精神的动力,也需要兵团精神这个支点来支撑兵团事业的大厦。

兵团的根与魂

兵团的历史和发展告诉我们:有了兵团精神这个支点,兵团人就有了战胜困难的勇气和办法。美国心理学家加德纳做过一个实验,让一个死囚躺在床上,告诉他将被执行死刑,随后用刀背在他的手腕上划一下,接着打开事先准备好的水龙头,把水滴向床下一个容器里,结果那个死囚昏了过去。

这个事实告诉人们,精神才是生命的支柱,如果精神被摧垮了,生命也就终结了。兵团的创业和生存环境够恶劣了,两大沙漠使得生态环境相对脆弱,与多国接壤使得周边环境相对复杂,众多的民族使得语言文化、宗教信仰、风俗习惯的差异客观存在,加之生产力水平相对低下,构成了制约兵团存在发展的自然和人文环境。有了精神的支点,我们的战士顶着严冬风雪,身背武器、背包,负重 30 多公斤,干渴之极,有的战士甚至喝马尿。在强大精神的支撑下,战士们历时 18 天,行程 790 多公里,横穿"死亡之海",粉碎了反动分子的暴乱阴谋。有了精神的支点,将士们发出"雄师十万到天山,且守边疆且屯田。塞上江南一样好,何须争入玉门关"的誓言。当年的创业者们没有土地自己开荒,没有耕牛人拉犁,没有工具自己造,没有房屋修地窝子,没有蔬菜、肉食用盐水下饭,没有面粉吃苞谷麦粒充饥。他们节衣缩食兴办起新疆的第一批工矿企业,他们在植棉"禁区"创造了大面积植棉丰收的全国纪录,他们把盐碱滩改造成稻谷飘香的塞外江南,他们筑起了反分裂斗争的铜墙铁壁。兵团今天面临的环境同创业初期相比已大为改善,但客观环境对兵团发展的制约依然存在,兵团所处的自然生态环境同内地相比依然艰苦而脆弱,兵团所处的人文环境依然严峻,这些对今天的兵团人提出了与当年创业者们同样的课题,因此,早期创业者面对困难的风范,依然是当代兵团人学习的经典和样板。

有了兵团精神这个支点,兵团事业就有了强大的凝聚力。兵团人来自五湖四海,人们的生活信仰不同,文化背景各异,怎样使他们迅速成为有强大组织纪律性和战斗力的整体呢?兵团通过有组织、有纪律的军事化生活来塑造他们,通过接受老一辈人的优良传统来提高他们,通过丰富的军旅文化感染他们,通过思想政治工作引导他们,通过紧张热烈的劳动生活锻炼他们,这些举措将五湖四海的人们迅速团结成为一个整体,兵团精神就像是泰山是江河大海,吸引了无数热血青年投身屯垦戍边事业。近些年来,兵团的职工队伍成分变化很大,如何团结队伍、凝聚人心,迫切需要用兵团精神增强职工群众对兵团事业的认同,使新职工成为有共同理想信念和价值追求、能够共同团结奋斗的坚强实践主体。

有了兵团精神这个支点,兵团事业就有了发展的动力。兵团事业作为社会主义建设事业的组成部分,需要兵团人吸收时代条件的新变化和新精神以丰富和提升自己,以增强兵团事业的推动力。兵团党委引导兵团人在长期实践中逐渐形成通过兵团精神将时代精神转化为兵团发展推动力的稳固机制,新中国成立初,为尽快恢复国民经济,创业者以高昂的精神和旺盛的斗志,开创了新中国屯垦戍边事业;在社会主义建设时期,为了加快新疆的发展,兵团人以巨大的牺牲精神和创造热情,将社会主义大农业和现代工商业、交通业以及社会主义新型民族关系引入新疆,创造了兵团事业的第一次辉煌;改革开放新时期,兵团人发展壮大兵团、致富职工群众,使兵团事业在改革开放的时代大潮中重新扬帆起航;新世纪新阶段,面对多元多样多变、交流交锋交融的社会思潮,迫切需要构建屯垦戍边核心价值观引领兵团事业,党中央要求兵团发挥好建设大军、中流砥柱、铜墙铁壁"三大作用",这种新的时代要求丰富了兵团精神,使之具有了引领兵团前进的强大作用,同时也成为兵团综合实力的重要组成部分。

有了兵团精神这个支点,兵团事业就有了发展的灵魂。以"热爱祖国,无私奉献,艰苦创业,开拓进取"为主要内涵的兵团精神,是兵团事业薪火相传的"根"和兵团事业再造辉煌的"魂",是中华民族精神殿堂宝贵的精神财富。兵团人都熟悉阿拉克别克河畔升国旗的故事,1991 年 8 月,沈桂寿看到界河那边他国的士兵们升降国旗后,就下了决心要升我们的国旗。第二天,沈桂寿步行几十公里来到连部所在地,跑遍附近商店也没买到国旗。回到家里,老两口索性就用家中的红布连夜自制了一面国旗,又用石头垒起一个台基,将自制的桦木旗杆立于台基之上,最后用一根白净的尼龙绳子升起了五星红旗。每当曙光涂上阿尔泰群山的时候,沈桂寿就将五星红旗高高升起。对面的哈萨克斯坦士兵们也会向他行以注目礼,表达他们对这位中国农工的敬意。这就是兵团精神的体现,这就是我们事业的灵魂。几十年来,兵团之所以能够承担屯垦戍边的使命,一个重要原因就是兵团精神激发了职工群众热爱祖国的豪情,使他们具有了为国家利益服务的自觉意识;兵团在发展过程中,之所以能够得到新疆各族群众的广泛认同和大力支持,一个重要原因就在于兵团精神激发了兵团人无私奉献的追求,增强了他们甘于奉献的自觉性;兵团在创业过程中,之所以能够在短时间内建立一大批现代企业,一个重要原因就在于兵团精神激发了职工群众迎难而上、艰苦创业的积极性和创造性,使他们能够想方设法创造条件去发展这项事业;今天兵团之所以能够建立起比较健全的工农业体系和科技开发服务体系,一个重要原因就在于兵团精神激发了职工群众开拓进取、争创一流的热情,把自己的全部智慧融入这个事业中去。纵观兵团的发展史,越是困难时期,越体现出兵团精神的重要性。新的历史时期兵团精神对兵团事业的支持仍然是具有时代特色的重大课题,要求我们将兵团实践的新经验提炼到兵团精神中来,使兵团精神具有内在生命力量,展示出对兵团事业的强大凝聚作用和有效组织作用,推动屯垦戍边事业又好又快发展。

鲁迅先生有句名言,"唯有民魂是值得宝贵的,唯有他发扬起来,中国才有真进步"，兵团精神是"民魂"在兵团这个特殊群体的具体表现。

当兵团精神在我们心中唱响的时候，每一个兵团人都会感到自己与兵团发挥"三大作用"的神圣使命紧紧地联系在一起，都会感到自己与推进兵团经济跨越式发展和促进新疆长治久安的战略目标紧紧地联系在一起！站在新的历史起点上，正如自治区党委书记张春贤同志指出的，兵团精神是我们团结奋斗、攻坚克难的制胜法宝，我们要忠实继承它、不断丰富它、大力弘扬它。

把握推进文化建设的关键环节

　　文化建设是中国特色社会主义事业总体布局的重要组成部分,全面建设小康社会奋斗目标的实现、中国特色社会主义事业的全面推进、中华民族伟大复兴的实现,都离不开社会主义文化的大发展大繁荣。推进中国特色社会主义文化建设,需要把握几个关键环节。

　　"铸魂"——突出社会主义核心价值体系建设,解决文化发展方向问题。文化建设固然需要开展各种文化活动,但它们是"体",而不是"魂";文化建设必须重视"铸魂",否则就会迷失方向。"铸魂",就是推进社会主义核心价值体系建设。具体说来就是,坚持马克思主义在意识形态领域的指导地位,坚持用马克思主义中国化最新成果武装全党、教育人民,坚持用发展着的马克思主义指导新的实践;努力把社会主义核心价值体系融入国民教育和精神文明建设全过程,建设和谐文化,培育文明风尚;围绕增强诚信意识和责任意识,切实加强公民道德建设。

　　"定位"——明确文化建设的历史条件与时代背景,解决文化发展方位问题。任何一种文化都有自己的传统和特点,只能从特定的历史条件与时代背景出发去建设、去发展。只有继承和弘扬自己的优良传统,文化发展才有客观根据,文化创新才有坚实基础。任何一种文化都带有明显的民族特色或地域特色,这种特色是文化发展的"根",丢掉了"根"就不可能发展。我们不能照搬别人的文化,而只能根据自己的实际,学习借鉴别人文化建设的经验,推动文化的发展和创新。

"育种"——激活文化发展的内在活力,解决文化发展动力问题。文化事业是人民群众的事业,是以人民群众为主体、为人民群众谋利益的事业;文化生产的源泉在人民群众,文化创新的主体是人民群众,文化发展的动力在人民群众。只有充分发挥人民群众的积极性、主动性和创造性,文化发展才能始终获得最广泛最可靠的群众基础和不竭的力量源泉。因此,推进文化建设,既要向基层"送"文化,也要在基层"种"文化。一旦文化的"种子"在基层生根发芽,就会激发文化建设的强劲动力,文化建设就会具有强大的生命力和创造力。只有亿万人民群众广泛参与、积极投身这一事业,才能推动社会主义文化大发展大繁荣。因此,必须积极为人们投身文化建设提供良好条件和氛围,使人民群众真正成为推动社会主义文化大发展大繁荣的主力军。

"化人"——促进人的全面发展,解决文化发展目的问题。文化发展的最终目的是"化人",即实现好、维护好、发展好最广大人民的文化利益,促进人的全面发展。无论文化事业还是文化产业的发展,其出发点和落脚点都应当是最广大的人民群众。最广大人民群众的文化利益是社会主义文化大发展大繁荣最紧要和最具决定性的因素,文化建设首先应考虑并满足最广大人民群众的文化利益要求。因此,在解决人民群众物质生活问题的同时,应特别关注"文化民生"问题,比如,给基层群众提供文化食粮,组织有关方面多编写、制作适合基层群众需要的科技知识读本、影视节目和其他文学艺术作品、信息网页等。有些文化产品可以对基层群众实行优惠,如免费赠送书籍、报刊、录音录像等。

"协奏"——形成文化建设的合力,解决文化发展机制问题。文化建设具有全局性,如果只有宣传文化部门的"独奏",而没有各方面的"协奏",文化大发展大繁荣的局面就很难形成。因此,各级党委和政府应把文化建设摆在全局工作重要位置,深入研究文化工作的新情况新特点,及时研究文化改革发展的重大问题,牢牢把握文化改革发展主导权;宣传文化部门应站在全局的高度,善于总揽而不包揽,重点抓好文化改革发展的组织、策划、协调和指导；各行业应重视和参与文化建设，善于找到文化建设与自身工作的结合点，共同推进文化建设；各级各类媒体应积极联动，为推进文化建设营造良好氛围。

"利器"——推动高新技术在文化领域的运用，解决文化发展抓手问题。工欲善其事，必先利其器。推进文化建设，离不开必要的抓手。在资讯发达、思想开放、文化多元的新形势下，有的单位做文化工作依然停留在拉横幅、贴标语、出宣传栏等老办法上，缺乏吸引力，亟须改变。比如，当前互联网越来越成为人民群众掌握信息、观察形势、了解政策、接受教育、进行娱乐的重要窗口，越来越成为文化工作和文化建设的重要载体。这就要求我们善于运用先进的网络技术扩大文化工作的影响力，大力推进传统媒体向数字领域和互联网领域延伸，拓展网络报、手机报、网络电视、手机电视、移动媒体等新兴传播阵地；善于运用和管理以互联网为代表的新兴媒体，在与网民的交流中搭建党和政府与人民的连心桥。

对屯垦戍边能力建设的几点认识

党的十六届四中全会通过的《中共中央关于加强党的执政能力建设的决定》(以下简称"决定"),对当前和今后一个时期加强党的执政能力建设作出了重大部署。屯垦戍边事业是党的事业的组成部分,在兵团这个特殊组织中,加强屯垦戍边能力建设无疑是加强党的执政能力建设中的应有之义。

面对进入新世纪以来新疆周边日趋复杂的形势和不断出现的新动向,新疆战略屏障的作用更加突出,兵团作为这个战略屏障的一支可靠的重要力量,在新形势下如何更好地发挥战略屏障作用,屯垦戍边能力建设显得尤为重要和紧迫;新疆多民族聚居,多种宗教并存,是西方敌对势力对我实施"西化"和"分化"的突破口,也是与"三股势力"斗争的前沿阵地,对兵团履行屯垦戍边使命能力提出更高要求;新疆是西北乃至全国对外开放的重要门户,同时又是我国战略资源的重要储备区,已经成为我国经济发展特别是 20 世纪经济增长的重要支点,兵团作为开发、建设新疆的重要力量,如何适应新形势和新任务的要求乘势而上,屯垦戍边能力建设显得尤为重要和紧迫。我们一定要坚持以"三个代表"重要思想为指导,从我们所处的历史方位和社会环境、从我们所肩负的历史任务以及兵团的自身状况出发,多方面研究和解决提高屯垦戍边能力问题。

加强屯垦戍边能力建设,必须明确屯垦戍边的目标。《决定》明确提出了加强党的执政能力建设的总体目标。对于兵团来讲,确立和坚持屯垦成边的正确目标至关重要。提高发展屯垦成边事业的能力最重要的前提就是要明确屯垦成边的目标,弄清我们屯垦成边要做什么,是为了什么。为了说明目标的重要性,有人提出"看目标,别只看脚下"的名言。应当从以下几个方面认识屯垦成边目标:从与党和国家发展的总目标来讲,在不同的历史时期屯垦成边的具体目标伴随党和国家在当时中心工作的转移而不断变化,但其根本目标或者说总体目标统一于我们党和国家的总目标,与共产党人远大的奋斗目标是始终一致的;从本质上来讲,屯垦成边事业是为了维护中华民族的最高利益和国家的根本利益,兵团的屯垦成边事业始终是为实现这个目标而存在而发展的;从具体的目标来讲,在经济上是开发和建设边疆,为在西部地区率先实现全面小康社会而奋斗,在军事上是保卫边防、维护国家统一,在政治上是促进民族团结,反对民族分裂,保持边疆稳定,实现各民族共同繁荣。屯垦成边目标能否实现以及实现的程度关系到屯垦事业的成败,提高屯垦成边的能力要求我们始终明确自己的目标。

加强屯垦成边能力建设,必须深化对屯垦成边规律的认识。《决定》多处提到探索规律问题,指出要"自觉遵循客观规律","深入探索党的执政规律","要结合中国实际不断探索和遵循共产党执政规律、社会主义建设规律、人类社会发展规律,以科学的思想、科学的制度、科学的方法领导中国特色社会主义事业"等等。屯垦成边规律是屯垦成边基本经验的总结和提升,屯垦成边规律不是凭空想象出来的,而是从长期屯垦成边实践中,从揭示矛盾、解决矛盾的过程中所取得的客观真实的认识。新的实践要求我们站在时代前列,立足新的实际,努力研究屯垦成边实践中的重大问题,不断提高新形势下对屯垦成边规律的认识,不断加强履行屯垦成边职责的能力。纵观中国漫长的屯垦史,屯垦成边的规律有许多,最重要的有以下几条:屯垦成边的组织形式与当时政治经济发展状况、与当时统治集团的执政智慧具有内在的一致性。今天,兵团这种既屯垦又成边的特殊社会组织,符合我国国情,符合新疆实际,是我们党在吸取历史经验基础上的一大创举,凝聚了党中央领导集体的远见卓识、执政智慧和治国方略;新疆屯垦的兴衰取决于中央政府的强大与否,当国家经济发展、社会稳定、军事强大的时候,屯垦戍边事业就会相应发展,反之,当经济发展缓慢甚至凋敝、社会发生动荡、军事力量减弱的时候,屯垦戍边事业就停滞甚至倒退;屯垦戍边一般是在边疆地区进行的,民族团结是屯垦戍边事业成败的重要因素。搞好民族团结,真诚地帮助少数民族发展,对于屯垦戍边事业的发展至关重要,全国人民特别是新疆各族人民对兵团事业的充分理解和大力支持,是兵团事业富有生机活力的重要基础。正如陈德敏同志指出的:"兵团50年的历史,是一部各民族互相支持、共同繁荣进步、增强民族团结的历史";中央和地方政府的重视,是屯垦戍边事业发展的重要保证,兵团事业之所以能够发展壮大,与中央的高度重视和亲切关怀,自治区党委、自治区人民政府的正确领导和有力支持是分不开的。

加强屯垦戍边能力建设,必须增强屯垦戍边的意识。增强屯垦戍边意识,就是想问题、做决策、干事情,都始终从我们是在新的历史条件下从事屯垦戍边这个基本事实出发,把自己的全部工作与屯垦戍边的历史使命联系起来。一是要像《决定》提出的那样,要"增强政治意识、大局意识和社会责任感"。50年屯垦戍边的实践告诉我们,把兵团屯垦戍边的工作放到新疆的历史长河中,放到当前国际国内形势的发展变化中,放到新疆稳定和发展的工作大局中加以观察,履行屯垦戍边历史使命的能力就来自这里。二是要增强发展意识。《决定》提出"必须坚持抓好发展这个党执政兴国的第一要务,把发展作为解决中国一切问题的关键"。在兵团就是要把发展作为屯垦戍边的第一要务,要坚持以发展为主题,不断开拓发展思路、丰富发展内涵,用发展的眼光、发展的思路、发展的办法解决屯垦戍边实践中的问题,推动兵团物质文明、政治文明、精神文明协调发展。三是要增强忧患意识。《决定》提出"我们必须居安思危,增强忧患意识",新疆处于保卫祖国边防和反分裂、反颠覆、反恐怖斗争的第一线,这种斗争虽然在不同阶段有不同的表现形式,但从来就没有停止过。当前,新疆境内外"三股势力"活动对新疆社会稳定构成严重威胁,西方敌对势力不遗余力地对我实施"西化""分化"的政治图谋,这种斗争形势使我们深感在奋力搏击市场经济大潮的同时,一定要增强忧患意识,增强处置突发事件的能力,确保在任何情况下都能按照中央和自治区的统一部署,拉得出,干得好,打得赢。

加强屯垦戍边能力建设,必须不断巩固和扩大屯垦戍边资源。《决定》多处谈到"资源"问题,如"整合社会管理资源","整合行政资源"等,胡锦涛同志今年 6 月和 8 月就多次谈到"执政资源"这个概念。屯垦戍边资源是指有利于履行屯垦戍边使命的各种积极因素和条件,这种资源是否丰厚,不仅关系到履行好屯垦戍边使命,而且关系到屯垦戍边事业发展的前景。屯垦戍边的资源十分丰富,最主要的有三个方面:一是要巩固和运用好兵团的组织资源,这就要求我们必须加强基层建设,建设一支数量足够、相对稳定、素质较高的职工队伍。兵团的基础在基层,主要载体是团场,最基本的依靠力量是广大职工群众。兵团履行屯垦戍边使命,一刻也离不开高素质的职工队伍。50 年来,兵团队伍不断壮大,一个重要原因是不断强化基层建设。近几年来,兵团采取各种措施,减轻职工负担,增加职工经济收入;发展职工庭院经济、自营经济,拓宽职工增收渠道;加强基础设施建设,不断改善职工的生产生活条件;继续加大对农业新科技、新技术的推广应用力度,减轻职工劳动强度;建立健全各项社会保障体系,稳定职工队伍,这些措施在巩固兵团基础方面是行之有效的。二是要巩固和运用好兵团的精神资源,必须大力弘扬兵团精神。兵团在长期艰苦的环境中,不仅创造了丰富的物质财富,而且形成了以"热爱祖国、无私奉献、艰苦创业、开拓进取"为主要内涵的兵团精神。兵团精神是兵团综合实力的重要组成部分,它对于促进经济和社会发展,对于提高全体干部职工的素质,对于凝聚人心,振奋士气,对于完成屯垦戍边历史使命,都具有不可估量的作用。三是要巩固和运用好兵团的历史资源,50 年来,兵团人在半个世纪的实践中积累了许多的屯垦戍边的经验,陈德敏同志在兵团成立 50 周年庆祝大会上的讲话对此做了全面系统总结,这些经验是兵团人的宝贵财富,对于我们在新时期履行屯垦戍边的使命,全面建设小康社会,加快推进社会主义现代化,具有长远的指导意义,我们要十分珍惜它们,科学地使用它们,精心地保护它们,使这些科学经验在新的实践中发挥最大的效能。同时,我们还要在新的实践中更多地创造资源、扩展资源、积累资源,不断扩大屯垦戍边的资源是增强屯垦戍边能力的一个重要方面。

加强屯垦戍边能力建设,必须抓好发展这个屯垦戍边的第一要务。《决定》要求"必须坚持抓好发展这个党执政兴国的第一要务","要坚持以经济建设为中心,树立和落实科学发展观,正确处理改革发展稳定的关系","要紧紧抓住重要战略机遇期,聚精会神搞建设,一心一意谋发展"。我们屯垦戍边的能力是建立在坚实的物质基础之上的,我们要坚持以发展为第一要务,加快经济和社会的发展,为更好地履行使命奠定坚实的物质基础。在发展目标上,我们要在实现最广大职工的根本利益的前提下做到政治、经济、文化的全面协调发展;在发展模式上,我们要在坚持以发展经济为中心的前提下,做到全方位多层次的发展;在发展要求上,我们要在坚持整体上统筹兼顾、协调发展的前提下,积极发展自己的优势部门和优势产业;在发展趋势上,我们要在可持续发展的前提下,重点考虑兵团当前的发展;在发展动力上,我们要在汲取传统发展中的成功经验的基础上,把理论创新、体制创新、科技创新、管理创新作为发展的源泉;在发展手段上,我们要从实际出发,在兵团的一些地方和单位还不能完全告别劳动密集型的发展方式的前提下,必须把科学技术作为兵团经济发展的首要力量。

科学发展观与兵团发展

兵团的出路在于发展,兵团的希望在于发展,兵团的前途命运系于发展。然而,兵团怎样发展确是一个值得深入思考、不断探索的重大课题。党的十六届三中全会提出的科学发展观,为兵团全面建设小康社会指明了正确发展的道路。

体现在发展目标上,兵团具有政治、经济、文化多重目标,但必须把实现最广大职工的利益作为根本目标。把满足人的需要作为发展的目的,这本是天经地义的,然而在生产发展的历史进程中,随着社会生产力的发展,资本越来越多地表现出自我增殖的本性,越来越片面追求增值速度和积聚规模,也越来越显示出与人的需要背道而驰的趋向,从而走上了为发展而发展道路。今天,以"以人为本"的提出为标志,开始了发展目标的拨乱反正,这就要求真正树立以民为根、以民为本、以民为天的思想,要求把实现最广大职工的经济、政治和文化利益作为兵团发展的终极目标,把最广大职工群众作为兵团发展的基本主体,把最广大职工群众的积极参与贯穿兵团发展的全部过程,把最广大职工的满意度作为检验兵团发展成果的根本标准,这也是我们党亲民、爱民、为民根本立场的生动体现。

体现在发展模式上,兵团的发展是全方位的,但必须以发展经济为中心。这种发展,既包括物质文明建设,也包括政治文明建设和精神文明建设。即使经济发展、政治发展和文化发展本身也应该是全面的。仅就经济发展而言,既包括经济增长,也包括经济结构的优化、收入分配的改善,还包括经济福利的增进、生活质量的提高以及经济制度和经济体制的完善。不把发展简单等同于经济的发展,这不是说发展经济不重要,恰恰相反,在兵团的发展过程中,保持经济的增长至关重要。生产力的进步是兵团发展的前提和基础,是兵团发展的最终决定力量,如果没有生产力的发展,兵团经济的发展与社会的进步都是不可能的,因此,我们对于发展经济必须"咬定青山不放松",一刻也不懈怠。兵团的发展既要突出经济增长,也要强调经济适度增长基础上的经济社会全面发展。

体现在发展要求上,兵团积极发展自己的优势部门和优势产业,但整体上必须统筹兼顾,协调发展。这种协调发展,要求兵团经济社会发展的不同领域、不同方面、不同要素要相互适应、优势互补、彼此促进;要求实现速度、效益、结构和质量的有机配合、相得益彰、协调一致;要求实现经济发展的速度、体制改革的力度和社会承受程度的协调一致;要求实现经济社会发展中不同社会阶层和利益群体的利益关系的协调一致。这种协调发展,包括经济与社会的协调发展,把经济发展作为社会发展的前提和基础,把社会发展作为经济发展的结果和目的;包括经济与政治的协调发展,把经济作为政治的基础和政治的目的,把政治作为经济的集中反映和经济发展的保证;包括经济政治与科技教育的协调发展,使民主政治的发展与科学文化发展水平协调一致,使政治的发展与科技教育文化的发展水平相适应。

体现在发展趋势上,兵团重点考虑当前的发展,但这种发展必须是可持续的。这种可持续发展要求经济社会发展同人口、生态、环境与资源相互适应,要求控制人口数量和提高人口素质,要求加强生态环境保护和建设,大力发展循环经济,促进资源永续利用,保持人与自然和谐相处。兵团的发展固然强调物质成果的增加,特别是 GDP 总量的增加,但更要注重全面降低发展成本、减少发展代价,特别要注重降低资源消耗,减少生态环境成本。现在兵团和全国一样,发展的资源约束、成本约束和环境约束日益突出,要保持可持续发展,必须从根本上改变资源过高消耗、环境不断恶化、生态加剧破坏的状况,必须从全面降低发展成本的角度来促进可持续发展,必须真正体现"持续、快速、健康"这六个字。

体现在发展动力上,兵团十分注重汲取传统发展中的成功经验,但必须把理论创新、体制创新、科技创新、管理创新作为发展的源泉。理论创新要求我们总结实践的新经验,借鉴人类文明的新成果,在理论上不断扩展新视野,作出新概括,不断为科学理论特别是屯垦戍边理论增添新内容。体制创新要求我们在经济体制上坚持和完善公有制为主体、多种所有制经济共同发展的基本经济制度,在政治体制上坚持依法治国与以德治国相结合,发展社会主义民主政治,建设社会主义政治文明,在文化体制上逐步建立有利于调动文化工作者积极性,推动文化创新,多出精品、多出人才的文化管理体制和运行机制。科技创新要求我们坚持科教兴兵团战略,加强基础科学和高新技术的研究和开发,推进关键技术创新,实现科学技术的跨越式发展。鉴于兵团目前的发展水平,我们固然要重视依靠物质资本投入促进经济发展,我们更应注重以创新来促进经济发展。我们处在一个深蕴创新精神、亟须创新实践的时代,面对不断发展变化的世界,我们必须善于研究新情况、解决新问题、总结新经验,坚持开拓创新。唯有创新,兵团才能真正再造辉煌;唯有创新,兵团的明天才有希望;唯有创新,屯垦戍边的伟大事业才能实现真正的复兴。

体现在发展手段上,兵团的一些地方和单位还不能完全告别劳动密集型的发展方式,但必须把科学技术作为兵团经济发展的首要力量。今天,科学技术日益渗透于经济发展和社会生产各个领域,成为推动现代生产力发展的最活跃的因素。这就要求我们加强基础学科和基础理论研究,为科技进步和科技创新奠定扎实的基础;加强具有战略意义的高技术研究,以增强高技术产业的创新能力;培养一批技术推广机构,形成有效的技术支持和传导机制。要比以往任何时候都重视信息技术的作用,增加高新技术在兵团经济中的比重,比任何时候都更重视经济与科技的结合,扩大对外科技经济的交流与合作,要比任何时候都重视科技体制的创新,推动兵团经济的增长,比任何时候都更加重视科技人才,充分体现科技进步对兵团发展的战略意义。兵团的科学技术还落后于发达地区,如果不改变这种状况,则必然制约兵团今后的经济发展。我们必须坚持科教兴兵团战略不动摇,把实现科技生产力的新解放和大发展作为战略重点,真正体现科学技术作为第一生产力的威力。

发展是我们时代永恒的主题,只有反映科学发展的理论之树,才能万古长青;只有体现科学发展的大厦之基,才能永不动摇;只有体现科学发展的道路,才能越走越宽广。

屯垦戍边文化建设的战略思考

　　屯垦戍边是国家战略,屯垦戍边事业是中国特色社会主义事业在边疆地区的具体实践,屯垦戍边文化是屯垦戍边事业的重要组成部分。能否从战略层面认识屯垦戍边文化的重要意义,能否从宏观的角度认识和把握屯垦戍边文化,并使之服务于党的边疆事业,事关国家的长治久安,事关民族复兴伟大梦想的实现。

一、要从屯垦戍边事业发展的战略需要思考屯垦戍边文化建设的出发点

　　要从党领导的屯垦戍边事业的根本性质思考屯垦戍边文化的本质属性。屯垦戍边文化的性质从来都是由屯垦戍边事业的性质决定的,屯垦戍边文化的存在和发展,也从来都是为着屯垦戍边事业服务的,因此,必须从屯垦戍边的根本属性出发,推进屯垦戍边文化建设。屯垦戍边是党和国家治国安邦的战略决策,服从和服务于党和国家的长治久安,这是对屯垦戍边事业的根本要求,也是屯垦戍边事业存在和发展的根本前提,这也就决定了屯垦戍边文化的深层内核和本质特征:即屯垦戍边文化是马克思主义科学文化在屯垦戍边实践中的具体体现,具有高度的科学性;屯垦戍边文化植根于中国特色社会主义实践,特别是新中国屯垦戍边的伟大实践,具

有鲜明的实践性;屯垦戍边文化是面向现代化、面向世界、面向未来的文化,具有鲜明时代性;屯垦戍边文化融汇了全国各地各民族的地域人文风情,具有鲜明的开放性;屯垦戍边文化是凝聚和激励屯垦者的精神力量,是屯垦戍边综合实力的重要标志。服从屯垦戍边事业的根本要求,从本质上讲就是屯垦戍边文化建设必须保持和发扬这些本质属性,紧紧围绕着维护国家的最高利益和中华民族的根本利益这一目标推进和开展。

要从国家屯垦戍边的根本需要思考屯垦戍边文化建设的核心内容。党领导的边疆事业,要求屯垦戍边文化事业服从和服务党和国家治国安邦战略决策,始终坚持先进生产力的发展要求和先进文化的前进方向。这就直接规定了屯垦戍边文化的核心内涵,就是以热爱祖国,无私奉献为主要内涵的屯垦戍边的核心价值观。这既是党中央从国家发展的战略高度赋予屯垦戍边文化的核心内涵,也是屯垦戍边事业自身的使命使然,只有热爱祖国,才能有效服务国家最高利益和中华民族根本利益,只有无私奉献,才能自觉把服务边疆各族人民作为自己的不懈追求。

要从国家屯垦戍边的长远发展思考屯垦戍边文化建设的发展规律。屯垦戍边的根本属性决定着屯垦戍边文化发展的内在规律。具体讲,就是这种本质属性要求屯垦戍边文化建设必须坚持以中国特色社会主义理论体系为指导,用党的屯垦戍边理论指导屯垦戍边实践,牢牢把握中国先进文化的发展趋势和要求,这是屯垦戍边文化建设的根本方向;必须立足于新中国屯垦戍边事业的新实践,着眼于弘扬社会主义文化发展的现实,着眼于吸收各地各民族文化精髓,这是屯垦戍边文化建设的必然要求;必须用科学理论武装屯垦者,不断提高他们的思想道德水平,满足他们日益增长的精神文化的需求,这是屯垦戍边文化建设的核心和灵魂,也是屯垦戍边事业的先进性在文化建设上的根本体现和根本要求。

二、要从国家长远发展的大局思考屯垦戍边文化建设的落脚点

要以统揽全局的战略眼光,把屯垦戍边文化放到党和国家工作大局

中去观察和推进。屯垦戍边活动从根本上说是一种文化现象,是在先进文化指引下开展的一种爱国主义文化活动,是满足边疆各族群众精神文化需要的一种重要的文化现象。因此,弘扬中华统一和谐文化,就成为屯垦戍边文化建设的主题。党的边疆事业以促进中华民族多元一体文化、营造边疆和谐的文化环境为己任,大力宣传以爱国主义、集体主义为主要内容的社会主义文化,广泛开展同各民族之间的文化交流,增强了各族群众对祖国、对社会主义的认同感,促进了内地文化同边疆当地文化的交流、借鉴和融合。特别是边疆地区坚持开展意识形态领域反分裂斗争,用先进文化占领意识形态阵地,抵御西方敌对势力和"三股势力"在思想文化上的侵袭,维护了国家的文化安全。

要以纵览古今的历史眼光,把屯垦戍边文化放到屯垦戍边的历史长河中去观察和分析。屯垦戍边是边疆历史长河中具有重要意义的历史文化现象。长期以来,边疆各族人民同全国人民一道抵御外来入侵,反对民族分裂,维护国家统一,作出了重要贡献。这种维护国家统一的历史,作为边疆文化的重要内容,得到了不断的继承和弘扬。屯垦戍边作为维护国家统一和促进边疆发展的重要形式,在这一历史进程中居于重要地位,也因此使得屯垦戍边成为维护边疆稳定的重要形式,成为边疆历史发展中的一种重要现象,成为边疆历史文化传承的重要内容。屯垦戍边活动又是应对边疆复杂形势的重要举措。历史上边疆处于多种文化相互影响、交融的特殊环境中,这种复杂的人文环境既是边疆复杂的政治经济形势的反映,同时又对边疆的政治经济形势产生着深刻影响,这种影响使得屯垦戍边活动打上了深深的文化印记。党领导的屯垦戍边活动也同样是在这种复杂的文化环境中产生、并对现实环境具有重大影响的文化活动。历朝历代的屯垦戍边活动都同文化交流融合密不可分,不仅对我国边疆地区的开发建设和国防巩固发挥了重要作用,而且对边疆与内地、汉族与少数民族、少数民族相互之间文化的碰撞、交流、吸纳、融合,促进一体多元的中华民族文化的不断丰富发展发挥了重要作用。在今天特殊历史条件下推进屯垦戍边文化建设,必须在继承历史上屯垦戍边传统的基础上不断创新,使屯垦戍边文化从源远流长的屯垦戍边历史文化中不断汲取丰富养分。

要以放眼未来的发展眼光,把屯垦戍边文化建设放到国际国内形势的发展变化中去观察和分析。进入新世纪以来,西方敌对势力对我实施"西化"、"分化"战略,"三股势力"也加强了意识形态领域的争夺。在这种新的情况下,屯垦戍边实践在意识形态领域抵御"西化"、"分化"和"三股势力"渗透的斗争中,在维护国家文化安全中发挥的作用就更加凸显出来。屯垦戍边不仅是一种政治经济军事活动,从更深层的意义上说,同时也是一种文化活动。屯垦戍边文化随时代变化不断获得新内涵、新形态和新活力,通过屯垦戍边,促进不同地域、不同风俗、不同民族文化的交流和融合,推动国家文化的进步和繁荣,增强对腐朽落后文化和国外侵略文化的抵抗力,促进国家的文化安全。面对国际国内形势的发展变化,面对我国文化安全面临的日益严重的威胁,建设屯垦戍边文化,必须始终从国际国内形势发展变化中,从党和国家事业发展全局中,把握屯垦戍边文化在屯垦戍边事业中的地位和重要作用,大力弘扬先进文化和中华民族统一文化,维护好国家的文化安全。

三、要从时代发展的主题和根本要求思考屯垦戍边文化建设的着力点

要按照科学发展观的根本要求推进屯垦戍边文化的建设。在新的发展阶段,只有树立科学的发展观,才能走出一条全面、协调、可持续的文化建设之路,推动屯垦戍边文化的繁荣。科学发展观的核心是以人为本,文化建设根本上是人的建设,关键是全面提高人的素质、促进人的全面发展,树立科学发展观就要求把以人为本作为屯垦戍边文化建设的重点,通过繁荣屯垦戍边文化促进人的全面发展;科学发展观要求全面发展,不仅要大力发展经济,同时要大力发展政治、文化和社会事业,使屯垦戍边文化建设同屯垦戍边经济社会发展相协调、相促进;科学发展观要求可持续

发展,实现屯垦戍边经济社会的可持续发展,不仅是经济的持续发展,也是文化的持续发展,在建设屯垦戍边文化中,不仅要加强能够带来现时效益的文化建设,也要加强具有长远效益的文化建设。科学发展观的提出,对屯垦戍边文化建设提供了全方位的指导作用,按照科学发展观建设屯垦戍边文化,必须使屯垦戍边文化的发展同屯垦戍边政治经济社会发展的水平相一致。屯垦戍边文化发展离不开对屯垦戍边发展阶段的定位,离不开对屯垦戍边发展现状的科学分析,既不能超越屯垦戍边经济社会的发展阶段,也不能落后于屯垦戍边政治经济社会的发展阶段,这是屯垦戍边文化发展的现实依据。要考虑屯垦戍边不同发展阶段的特点和要求,针对不同阶段文化发展出现的问题,有针对性地确定屯垦戍边文化在不同发展阶段的具体发展战略和思路,明确屯垦戍边文化建设的重点、难点和突破口,要分阶段、有步骤地进行屯垦戍边文化建设,在对屯垦戍边事业发展阶段的基本矛盾进行分析的基础上,提出屯垦戍边文化建设的方略。

要着眼屯垦戍边实践主体的新需要推进屯垦戍边文化建设。如何培育一支适应发展屯垦戍边事业、全面建设小康社会的需要的高素质的屯垦戍边队伍,已经成为屯垦戍边文化建设面临的一项刻不容缓的重要任务。这就要求我们在推进屯垦戍边文化建设中,必须充分体现屯垦者的利益和愿望,使他们不断获得切实的文化利益。要适应社会主义市场经济条件下屯垦者文化发展的新要求,积极发展文化事业和文化产业,不断丰富文化发展的内容、形式和途径。要逐步提高屯垦者的政治素质、文化科学素质、军事素质和健康素质,为屯垦戍边事业提供强有力的精神动力和智力支持。要通过理论指引和舆论引导,营造良好的社会环境,保证屯垦戍边经济和社会发展的正确方向;通过发展健康向上、丰富多彩的屯垦戍边文化,丰富广大屯垦者的精神文化生活,不断提高他们的思想境界和审美水平,促进屯垦者的全面发展。必须更加自觉地坚持以人为本,保障屯垦者的文化权益,千方百计地满足其精神文化需求,迅速提高其思想道德素质、科学文化素质和身心健康水平,帮助他们树立起正确的理想、信念和价值取向,吸收借鉴古今中外优秀的文化成果,不断繁荣屯垦戍边文化,更好地满足屯垦者的精神文化需求。

要立足屯垦戍边的新实践推进屯垦戍边文化发展。当前,屯垦戍边事业正面临着新的发展机遇,中央要求屯垦戍边事业实现跨越发展,率先实现全面建设小康社会的奋斗目标,这对屯垦戍边文化发展提出了新的更高要求。全面建设小康社会,经济、政治、文化必须协调发展,必须把物质文明、政治文明、精神文明和生态文明都搞好。为此,必须围绕屯垦戍边的新实践发展屯垦戍边文化,通过屯垦戍边文化打造出有吸引力的屯垦戍边人文环境,使屯垦戍边活动的参与者和各种有志之士产生对屯垦戍边事业的热爱和向往,以吸引并留住屯垦戍边事业发展必需的各种人才和劳动力;必须围绕促进经济发展的要求发展屯垦戍边文化,为屯垦戍边活动需要营造一种有凝聚力的氛围,让经济发展目标、前景和各项举措深入人心,调动屯垦者的热情和积极性,发挥他们的主动精神和历史创造精神;必须围绕长治久安的要求发展屯垦戍边文化,弘扬积极健康向上的社会主流文化价值观念,营造一种缓解和消除各种社会矛盾、促进社会团结的社会环境,推动社会的和谐进步;必须围绕促进社会稳定的要求推进屯垦戍边文化建设,大力弘扬中华民族主流文化,巩固和加强意识形态阵地,弘扬热爱祖国、热爱中华民族文化的价值风尚;必须围绕促进边防巩固的要求推进屯垦戍边文化建设,使屯垦者牢固树立热爱祖国、无私奉献、守边固边的意识,扎根边疆,为国戍边,发展边疆经济,巩固边疆经济基础。只有紧紧立足于屯垦戍边新的实践,屯垦戍边文化建设才能始终把握先进文化的前进方向,不断从新的时代、新的实践中获得新的发展生机和活力,才能不断达到新的繁荣,也才能更好地适应和服务于屯垦戍边事业发展的新需要。

学习毛泽东宣传思想，做好新时期宣传工作

——在兵团纪念毛泽东诞辰120周年座谈会上的发言

今天是毛泽东同志诞辰120周年纪念日，有句俗话说，时间可以冲淡一切，其实不然。毛泽东逝世后的30多年，他伟大的人格、他伟大的功绩、他伟大的思想，不但没有被时间冲淡，反而更牢固地留在了人民的心里。我们倒是相信，时间可以证明一切，时间已经证明并且将继续证明，毛泽东伟大的功绩不可抹杀，毛泽东伟大的思想不可否定，毛泽东的历史地位不可动摇。今天，我们回顾毛泽东宣传工作的伟大实践，重温毛泽东宣传思想工作的光辉思想，对于新的历史条件下做好宣传工作具有特殊重要的意义。

我们深切缅怀毛泽东同志，就是要坚持毛泽东倡导的宣传工作的党性原则，始终坚持正确的导向，忠实服务党的中心工作。毛泽东一向把宣传工作视为全党的任务，而不仅仅是宣传工作者的业务。"什么是宣传家？不但教员是宣传家，新闻记者是宣传家，文艺作者是宣传家，我们的一切工作干部也都是宣传家。"他强调宣传工作首要的原则是要"完全符合于党的政策"。早年担任国民党中央宣传部代理部长期间，毛泽东就提出规范宣传程序，加强宣传监督，使个人言论服从政党需要。他拟定了一系列宣传大纲，为北伐战争作宣传动员。毛泽东1925年12月1日，在国民革命军第二军司令部编印的《革命》第四期上，发表了国共合作以来他的第一篇最重要的文章——《中国社会各阶级的分析》，开篇提出谁是

我们的敌人,谁是我们的朋友,这个问题是革命的首要问题。并进行了相当深刻的分析,为中国革命指出了正确的方向。在土地改革运动中,针对"许多地方的通讯社和报纸,不加选择地没有分析地传播了许多包含'左'倾错误偏向的不健全的通讯或文章",毛泽东要求各中央局、中央分局及其宣传部、新华社总社及各地分社、各地报纸的工作人员都应"根据马克思列宁主义原则和中央路线",对以往的宣传工作加以检查,发扬成绩,纠正错误,以保障革命获得胜利。1956年,毛泽东在党的八届二中全会上要求全党勤俭建国,但是报纸上却不合实际地宣传要改善人民生活,而对勤俭建国宣传不够,而且广播电台也转播了报纸上的观点。毛泽东强调以后的宣传重点要放到宣传勤俭建国上来,及时纠正了这一宣传误区。为了坚持正确的导向,毛泽东提出党的领导"应该把报纸拿在自己手里"。他说,党要实现"从苏区与红军的党走向建立全中国的党",一个重要任务就是"建立在全国公开的党报及发行网"。1957年毛泽东在全国宣传工作会议上强调,地方党委领导要亲自抓思想问题,他说,"精心写作社论是一项极重要任务,你们自己、宣传部长、秘书长、报社总编辑,要共同研究。第一书记挂帅,动手修改一些最重要的社论,是必要的"。毛泽东亲自动手撰写和修改过大量的新闻、社论稿件和报纸杂志的重要文章。他认为坚持正确的舆论导向,坚持积极正面宣传为主,避免产生消极的社会影响。他要求报刊、广播要向人民宣传光明的前途,宣传英雄模范人物的典型事迹。鼓舞人民士气,使人民对党所领导的革命事业树立坚定的信念。今天,坚持宣传工作的正确导向,就是要坚持党管意识形态的原则,牢牢掌握意识形态工作主动权;坚持用马克思主义、毛泽东思想和中国特色社会主义理论体系武装头脑指导实践;坚持融入工作大局,找准服务经济社会发展的着力点和出发点;坚持正确舆论导向,弘扬正气,激发锐气,焕发朝气;坚持以人为本,教育引导干部职工正确理解党和国家的方针政策,自觉服从改革发展稳定大局。

我们深切缅怀毛泽东同志,就是要按照毛泽东倡导的做"宣传家"的要求,着眼于提高宣传工作者的政治素质、理论素质和业务素质,培养和造就一大批能够推进党的屯垦戍边事业的忠诚的宣传工作队伍。毛泽东强调，在党和军队内部进行宣传教育，增强党员干部对党和政府方针政策的了解，提高我党我军的作战水平和执政能力，是宣传工作的一项重要任务。他要求党的各机关把利用报纸开展宣传工作作为经常的业务之一，要认真地学习和研究报纸上的相关政策和理论问题。延安时期，毛泽东就要求党的一切宣传工作者都要"依照列宁的精神去工作"。毛泽东等中央领导同志自始至终都坚持带头学习。1939 年 5 月 20 日，毛泽东在延安在职干部教育动员大会上的讲话中指出："共产党要领导革命，就要发起学习运动"，他指出："是因为干部担任着领导责任；是因为工作中的缺陷需要克服；是因为建设一个有战斗力的大党需要大批有学问的干部做骨干。因此，领导干部必须带头学习"。当时在延安流行几句话，"认字就在背包上，写字就在大地上，课堂就在大路上，桌子就在膝盖上"。为了"提高党内高级干部的理论水平与政治水平"，还成立了各级高级学习组。其中，毛泽东亲自担任中央学习组组长，王稼祥担任副组长。在延安整风时期，党中央还成立了总学习委员会，由毛泽东亲自任主任。总学委先后派出许多巡视团和巡视员，深入各重要机关、学校检查学习运动进行情况，听取各单位负责人的汇报。总学委还抽阅参加中央学习组全体高级干部的学习笔记，推动了学习运动的深入开展。学习运动的开展对于提高全党马列主义理论水平。社会主义建设时期，毛泽东提出，为了建成社会主义，各省、市、自治区要有自己的马克思主义理论家，自己的科学家和技术人才，自己的文学家、艺术家和文艺理论家，"要有自己的出色的报纸和刊物的编辑和记者"。毛泽东特别强调指出，新闻宣传工作者要学习马克思列宁主义，用马列主义武装头脑。1957 年 3 月，他在与新闻出版界代表的谈话中指出，马克思主义修养不足是普遍问题，解决这个问题，只有"认真地学习马克思列宁主义"，如果思想方法上存在片面性，那是因为没有好好学习马克思主义。他强调，不仅要提高宣传工作者的思想水平和理论素养，而且宣传工作者还要具备独立思考的分析判断能力。今天，培养和造就一支合格的宣传工作队伍，就是要用科学的理论和正确的信念武装干部,用现代科技文化知识和管理技能充实提高干部,用火热的社会实践锻炼干部,用党的优良传统和作风教育干部,按照中央"四个一批"人才意见,培养造就一批能够服务兵团屯垦戍边事业的理论家、名记者、名编辑、名主持人、出版家、作家和艺术家。

我们深切缅怀毛泽东同志,就是要按照毛泽东提出的宣传工作必须实事求是的要求,不断改进宣传工作的方式方法,实现宣传工作的与时俱进,不断提高宣传群众的能力。实事求是是毛泽东思想活的灵魂,也是思想宣传工作的重要准则。毛泽东鲜明地提出,共产党不靠吓人吃饭,而是靠马克思列宁主义的真理吃饭,靠实事求是吃饭,靠科学吃饭。"大跃进"时期,浮夸风一度非常严重。毛泽东为纠正农村工作中的浮夸风,给省级、地级、县级、社级、队级、小队级各级干部写了一封信,他在信中指出:"老实人,敢讲真话的人,归根到底,于人民事业有利,于自己也不吃亏。爱讲假话的人,一害人民,二害自己,总是吃亏"。毛泽东要求各地如实公开地报道灾情,以"唤起人民全力抗争"。实事求是的宣传作风,在一定程度上打压了一时甚嚣尘上的浮夸风。毛泽东强调加强调查研究,他在《反对党八股》中指出,大略的调查和研究可以发现问题,提出问题,但是还不能解决问题,"要解决问题,还须作系统的周密的调查工作和研究工作"。1942年毛泽东为《解放日报》题词,提出"深入群众,不尚空谈"的新闻宣传基本要求。1957年毛泽东在与新闻出版界代表谈话时指出:"报纸是要有领导的,但是领导要适合客观情况。"他指出,客观情况包括客观效果,如果领导不按马克思主义客观情况领导报纸,使编报的人感到不自由,编出来的报纸群众不爱看,那就说明领导得不正确,这个领导一定是教条主义的领导。今天,宣传工作坚持实事求是,就是要适应社会环境、舆论环境、传播环境发生的深刻变化,看到宣传思想工作面临的新形势新挑战,立足实际,加强探索,抓好宣传思想工作的理念创新、手段创新、基层工作创新,加强对热点难点问题的引导,切实增强正面引导的实际效果,不断提高做好宣传思想工作的水平。

我们深切缅怀毛泽东同志,就是要始终坚持毛泽东倡导的群众路线,凝聚起推进屯垦戍边伟大事业的强大合力。毛泽东要求宣传工作必须走群众路线。土地革命战争时期，毛泽东指出，要帮助群众建立革命政权，光有人民军队是不够的，必须注重宣传，以宣传赢得人心。毛泽东在1929年红军第四军第九次党代会决议案中强调，"红军宣传工作的意义和任务，就是扩大政治影响争取广大群众"。抗日战争时期，毛泽东提出了"兵民是胜利之本"的论断。为了争取民心，首先要在舆论上发动和教育群众。1942年毛泽东在《解放日报》改版座谈会上提出，"共产党的路线，就是人民的路线"。他还说，我们的政策，不光要使领导者知道，干部知道，还要使广大的群众知道。有关政策的问题，一般地都应当在党的报纸上或者刊物上进行宣传。毛泽东说，共产党员如果真想做宣传，就要看对象，就要想一想自己的文章、演说、谈话、写字是给什么人看、给什么人听的，否则就难以让群众接受。他对"夸夸其谈"的主观主义、形式主义的文风深恶痛绝。在《反对党八股》中，对于空话连篇，言之无物；装腔作势，借以吓人；无的放矢，不看对象；语言无味，像个瘪三；甲乙丙丁，开中药铺等等，在今天看来仍有代表性的不良表现给予了严肃批评。今天，我们坚持宣传工作中的群众路线，就是要解决宣传工作"为了谁"、"依靠谁"、"我是谁"的重大课题，即解决"为了谁"这个服务方向问题，宣传工作一切为了群众、真正服务群众、引导动员群众为实现自己的利益而奋斗；解决"依靠谁"的动力源泉问题，宣传工作要从群众中来，到群众中去，把群众中的伟大实践作为工作的动力源泉；解决"我是谁"这个主体地位问题，宣传工作者要视群众为亲人和主人，始终摆正同人民群众的关系。

我们深切缅怀毛泽东同志，就是要按照毛泽东倡导的群众喜闻乐见的形式，保证宣传工作的实际效果。为最大限度地发挥宣传工作的实际效果，毛泽东提出要善于运用各种群众喜闻乐见的宣传形式开展宣传。毛泽东同志的《为人民服务》等文章，就用广大干部、人民大众能听明白、听懂的话语把马克思主义的普遍原理讲了出来，毛泽东经常到学校讲课，他讲课的内容深入浅出，非常生动、活泼、有趣，给学员留下了深刻的印象。毛泽东主张采用标语、口号、传单、布告、壁报、简报等群众喜闻乐见的宣传形式开展宣传工作。1931年，他在一本小册子中，要求地方各级苏维埃、各界民众团体普遍地举办《时事简报》，以帮助群众答疑解惑。《时事简报》稳定了群众的情绪，在中央苏区发挥了重要的宣传作用。抗日战争时期，为动员群众支持抗日战争，毛泽东指出："怎样去动员？靠口说，靠传单布告，靠报纸书册，靠戏剧电影，靠学校，靠民众团体，靠干部人员"。为巩固抗日民族统一战线，毛泽东要求动员报纸、刊物、学校、宣传团体、文化艺术团体、军队政治机关、民众团体及其他一切可能力量，向前线官兵、后方守备部队、沦陷区人民、全国民众做广大的宣传鼓动，坚定地、有计划地执行团结抗战这一方针。社会主义改造和建设时期，毛泽东多次指出，要充分利用报纸、广播电台和群众集会场合，以生动活泼的形式向群众传达党的路线方针政策。标语等宣传方式简明扼要、朗朗上口，极大地激发了群众参与社会主义改造和建设的热情。今天，宣传工作面对的群众发生了很大变化，传播手段已经走向多媒体和自媒体时代，宣传工作用群众喜闻乐见的形式进行宣传，要求我们坚持"三贴近"原则，发扬"走转改"精神，用人民群众听得懂的语言、听得进的方式、用得上的内容去宣传群众，提高针对性实效性、亲和力感染力，我们的媒体要说真话、写实情，言之有物、言之有理、言之有情，杜绝脱离实际、内容空洞的文章和"应景"文章。

毛泽东虽然离开我们已经30多年了，但作为马克思主义中国化的开创性奠基性成果，毛泽东思想是我们最可宝贵的精神财富。我们纪念毛泽东，就是要用毛泽东思想这个强大动力，把党和国家赋予我们的屯垦戍边伟大事业全面推向前进，为实现中央提出的"两个百年"目标，从而为实现中华民族的伟大复兴进而实现伟大的中国梦作出积极贡献。

从一元化与多样性关系
看如何坚持马克思主义指导地位

坚持马克思主义在意识形态领域中的指导地位,既是坚持和发展马克思主义的必然要求,也是坚持和发展中国特色社会主义的必然要求。在实践中怎样才能科学有效地坚持马克思主义的一元化指导?需要我们正确把握一元化与多样性之间的辩证关系。

一、处理好一元化与多样性的关系对坚持马克思主义指导地位意义重大

把握一元化与多样性的辩证关系,对于坚持马克思主义的指导地位具有重大意义。在中国革命和建设过程中,出现过教条化地对待马克思主义和否认马克思主义一元化指导的两种错误思潮,给革命和建设造成了重大损失。我们党在同错误思潮的斗争中,对于坚持马克思主义一元化指导同多样性关系的认识不断深化,形成了毛泽东思想和中国特色社会主义理论体系,巩固了马克思主义指导地位。

1. 把握一元化与多样化的关系是坚持马克思主义指导地位的紧迫时代课题。认识同实践相比始终是第二位的,认识来源于实践又要反映客观现实,实践的丰富性必然带来认识的丰富性,多样化的社会生活必然产生多样化的社会思潮。随着我国改革开放的不断深入,社会主义市场经济体

制的建立和全方位对外开放格局的形成，我国社会实践的深度、广度和丰富性上达到了空前的地步，社会思潮日益呈现出多元、多样、多变的特征，怎样用马克思主义一元化指导思想引领多样化的社会思潮日益成为紧迫的现实命题。随着经济全球化、信息社会化的发展，世界范围内不同思想文化的交流、交锋、交融日益频繁，一些落后的思想意识极力削弱马克思主义一元化指导地位，西方敌对势力出于搞乱人民群众思想、破坏我国发展的目的也在极力鼓吹指导思想多元化、反对马克思主义指导地位，迫切需要我们在处理一元化与多样性的关系中巩固马克思主义指导地位。

2. 把握一元化与多样性的关系是坚持马克思主义指导地位的重大历史课题。任何一个社会，都不可能是纯而又纯的社会，必然存在着多种不同甚至对立的思想观念，这是一种客观现实；但同时，不论其承认与否，任何社会都存在着基本的、主流的和统一的道德标准、价值取向和社会理念，或者说意识形态和指导思想，用以调节多样化和不同的社会思想文化，确保社会的有序进行。这种多种思想并存与指导思想一元化是一个客观规律，具有历史的必然性。不承认思想存在的多样化，坚持指导思想一元化便失去必要性，社会也不可能发展进步；不承认指导思想的一元化便是鼓吹放任自流的自发论，客观存在的多样化思想，便会演变为消解主流意识形态的思想斗争，成为社会不稳定的因素。因此，任何社会都需要处理好一元化与多样性的关系。对于社会主义社会来说，坚持马克思主义指导地位、处理好一元化与多样性的关系是一种自觉的行为，对于保证中国特色社会主义事业又好又快发展具有更加重大的历史意义。

3. 把握一元化与多样性的关系是坚持马克思主义指导地位的客观现实课题。经济基础决定上层建筑，人们所奋斗的一切目标都同他们的生活有关，一个社会具体的经济关系特别是所有制形式决定着人们的思想认识。古今中外，在任何社会形态里，没有纯粹的单一所有制一统的天下，相应地思想存在必然是多样的；加之思想的变化往往落后于社会形态的变化，思想存在的多样化更加明显。许多先进思想文化出现于封建落后的社会形态之中，相反在比较先进的社会中也会存在各种腐朽落后的思想文化。"文革"中,我们受"左"的思潮影响,曾经试图不顾国情搞纯而又纯的公有制,结果导致社会濒于崩溃的边缘。改革开放以来,党和国家通过确立社会主义初级阶段基本国情,强调多种所有制并存、多种经济成分共同发展,推动了社会的快速发展;但同时也带来了人们思想认识的多元、多样、多变,这同过去万马齐喑相比无疑是一种进步,但同时也带来调节引导人们思想文化、统一思想的任务更加繁重,使坚持马克思主义的指导地位、处理好一元化与多样性的关系更具有现实性。

4. 把握一元化与多样性的关系是坚持马克思主义指导地位的科学发展课题。一元化与多样性之间是辩证统一的,没有多样性,也就谈不上一元化问题;离开了一元化,单纯强调多样性也没有意义。一元化与多样性之间的关系有着十分丰富的内容,一元化反映了一个社会的主导性意识形态,而多样性则体现了一个社会的多样性思想认识;两者的关系体现了在一个社会中主导性与丰富性的统一,丰富性不能淹没主导性,否则社会就失去了凝聚力、存在特征和发展方向,就会带来社会的动荡不安;也不能以主导性否定丰富性,否则社会就丧失了发展活力和动力,带来社会的停滞不前。一元化体现了对一个社会的先进性要求,而多样性体现了对一个社会的广泛性要求;两者的关系体现了一个社会中先进性和广泛性的统一,先进性以广泛性为基础,没有广泛性就没有先进性。广泛性以先进性为向导,广泛性的存在、发展及其作用发挥的方向和程度都要以先进性为导向,没有先进性引导,广泛性难以有新的发展和提高。社会主义社会是人类历史上最先进的社会,但这种先进不是一蹴而就的,而是通过不断积累先进性、提升广泛性来推动社会不断前进的,为此迫切需要处理好一元化与多样性的关系、巩固马克思主义在意识形态领域中的指导地位。

二、马克思主义一元化指导与多样性之间存在多种复杂的辩证关系

坚持一元化指导与多样性的关系,需要从哲学上和政治上加以辨析;

任何一个成熟的社会,不论其承认与否,都必然存在着一个统一的指导思想、根本价值和基本道德来调节和规范多样化的社会生活,保证社会生活的正常有序进行。马克思主义作为科学理论和社会主义社会的根本指导思想,其一元化指导地位是在同客观实践、思想认识、运动变化和发展需求等多种多样性的辩证关系中确立的。

1. 整体与个体、普遍与特殊的关系。马克思主义体现的是我们党和我们国家的整体思想,反映的是自然、社会和人类思维的一般规律,强调马克思主义的整体指导性和一般规律性,并不否定个体的差异性和特殊规律,反之亦然。从整体与个体、普遍与特殊的相互关系上来说,整体是由无数个体组成的,而每个个体都是有差异的,这些有差异的、千姿百态的个体构成一个统一的整体时,是舍去了它们之间的差异性的,保留它们的普遍性,通过它们的共性向世人展现其整体统一性的。因此,整体性或者说普遍性和共性是隐含在个体差异性和特殊性之中的。从这个意义上说,在"一元"与"多样"的关系中,一元性作为一种整体和普遍的性质,是由多样性的个体和特殊的性质所组成的,是隐含在多样性和差异性、特殊性之中的,以多样性为存在的前提条件,没有多样性就谈不上一元性。坚持马克思主义的指导性,必须在坚持马克思主义普遍指导的同时,同具体实际相结合,同每个人具体的思想行为相结合,同各种特殊实践相结合,通过人们具体的思想行为得到坚持。

2. 抽象与具体、认识与实践的关系。马克思主义作为对具体事物的科学抽象,作为对客观实践的正确认识成果,同样是同多样化的具体事物和客观实践紧紧联系在一起的,不能把马克思主义的一元化同多样化的客观实践割裂开来,用实践的多样性否定马克思主义理论的一元化指导。从抽象和具体、认识和实践的相互关系上来说,抽象来源于具体,认识来源于实践;但同时抽象的认识也具有主观能动性,反过来能够指导具体实践。从具体到抽象,再从抽象到具体是认识过程的基本特点;从实践中来,又反过来到实践中去,实践、认识、再实践、再认识,循环往复,以至无穷,是认识过程的总规律。从这个意义上说,在"一元"与"多样"的关系中,一元来源于多样,从多样性中吸取养分,又反过来指导多样性的发展、服务于多样性的发展,这是一个不断深化的认识过程。坚持马克思主义的指导性,必须把丰富多样的具体的事物和客观实践作为自身的基础和源泉,不断从多样化的社会思想中吸取新养分,在不断推动事物和实践的丰富发展中体现自身一元化指导的价值。

3. 保证与动力、规范与创造的关系。马克思主义是关于事物运动变化的规律性认识,是对事物运动变化的有效保证和科学规范,但事物的运动变化是由多样性推动和创造的,要把握事物的变化规律,就必须坚持马克思主义一元化指导性和事物运动变化多样性的统一。从保证与动力、规范与创新的相互关系上来说,没有动力和创新是无法运动变化的,而没有保证和规范,变化就是无序和杂乱无章的,最终会影响到变化的速度和质量,不能实现最大限度和最好程度的运动变化;同时动力和创新具有原生性和初始性,而保证和规范具有再生性,是建立在动力和规范之上的。从这个意义上说,在"一元"与"多样"的关系中,一元与多样都不是封闭停滞、固定不变的,而是不断发展完善的,需要在不断的运动变化中把握它们之间的关系;一元要建立在多样的基础之上,要以多样性为出发点。坚持马克思主义的指导性,必须从事物多样化的运动变化出发,把多样性运动变化作为基础,一切都以时间、地点和条件为转移,在保证和规范事物变化中体现自身的指导地位。

4. 方向与行动、引领与需求的关系。马克思主义作为以实现社会全面进步和人的全面发展为最高追求的科学理论,本身就是关于发展的科学,这是马克思主义成为我国社会发展指导思想的内在根据。而发展追求和发展行动的多样性又要求马克思主义同中国社会、同中国各个地区、各个时期不同的发展实践结合起来,形成中国特色社会主义理论体系,形成科学发展观。从方向和行动、引领和需求的相互关系上来说,方向和引领体现的是合目的性、合规律性要求,它通过对人们多样化的行动和需求进行有效的组织和引导,以实现人们行动和需求的最大效应,实现发展的科学性、和谐性、可持续性和又好又快。从这个意义上说,在"一元"与

"多样"的关系中,一元要从方向上、目标上、规律性上引导和组织多样性发展,而多样要从行动和需求的多样性、差异性、特殊性、深刻性上实现发展的方向和目标,两者是相辅相成的。坚持马克思主义的一元化指导,就是要坚持马克思主义对发展方向上、发展引领上的根本指导,在引领多样化的社会发展实践、实现科学发展、和谐发展和可持续发展中充分展示出马克思主义自身的价值。

三、在正确处理一元化与多样性的关系中巩固马克思主义指导地位

当前我国经济体制、社会结构、利益格局、思想观念发生深刻变化,社会日益呈现多元化、多样性、差异性、复杂性、丰富性特征,这既为马克思主义的丰富和发展创造了条件,也使得把握马克思主义一元化指导同社会实践多样性关系呈现出复杂的状态。特别是西方敌对势力借口多元化以反对马克思主义一元化指导,妄图搞乱人们思想、破坏我国发展。我们必须按照"一元"与"多样"辩证关系巩固马克思主义在意识形态领域的指导地位。

1. 坚持马克思主义指导思想的一元化,要从多样化的实际出发。从整体与个体、普遍与特殊的关系来说,个体和特殊性是整体和普遍性存在的基础。要在这种个体的、特殊的实际中坚持马克思主义的一元化指导,必须做好结合这篇文章,把马克思主义的普遍真理同客观实际有机结合起来,坚持把客观实际作为发挥马克思主义指导功能的出发点,坚持实事求是,在总结客观实际情况中认识马克思主义的真理性和科学性,发挥马克思主义的指导功能。马克思主义与其他理论的最大不同,就在于它始终坚持一切从实际出发而不是从本本出发,能够同各种实际有机结合在一起,促进实践的成功,这是马克思主义得以发挥实践指导性的内在根据。马克思主义在中国的发展和指导地位的确立就是坚持实事求是的结果。实践证明,改革开放和中国特色社会主义事业的成功,就在于我们党

确立了实事求是、一切从实际出发、从社会主义初级阶段的中国国情出发对待马克思主义的思想路线,注重在实践的特色性、丰富性中巩固马克思主义的指导地位。

2. 坚持马克思主义指导思想一元化,要以不断解放思想为原则。从抽象与具体、认识与实践的关系来说,任何理论都是抽象的认识成果,都来源于具体,都是客观实践的反映,需要在不断的认识过程中增强自己的正确性。要坚持马克思主义对客观实践的一元化指导,就必须坚持解放思想,打破各种条条框框的束缚,在对多样化的具体实践的不断深入的认识中确立马克思主义理论的科学性和正确性,进而巩固和增强马克思主义对具体实践的指导地位。马克思主义作为一种科学理论的最大特色就在于它把实践性作为自己的根本特征,是一种关于实践的科学体系,这是马克思主义能够发挥实践指导性的逻辑前提。马克思主义在中国的发展和指导地位的巩固就是不断解放思想、在具体实践中丰富和发展自己的典范。从毛泽东思想到邓小平理论、"三个代表"重要思想、科学发展观等中国特色社会主义理论体系的不断丰富和发展充分说明,马克思主义并不是已经穷尽了客观实践,也不可能穷尽客观实践,中国的特色化实践始终在不断丰富着马克思主义认识成果,解放思想是党的思想路线的核心内容,只有在不断解放思想中才能不断巩固马克思主义的一元化指导地位。

3. 坚持马克思主义指导思想一元化,要以顺应客观规律为前提。从保证与动力、规范与创造的关系来说,变化的发生是先有动力后有保证、先有创造后有规范,动力和创造是前提,保证与规范依存于动力和创造又服务于动力和创造,共同推动和保证着变化的进行。任何事物都是在不断运动变化之中的,而运动变化是有其客观规律的,变化动力的形成和创造的发生都有其客观的形成根据。要成功地保证和规范变化,同样必须认识和遵循客观规律;否则不仅不能保证和规范各种变化,还会受到客观规律的惩罚。马克思主义的一个核心特征,就在于它的科学性,在于它认识和揭示客观规律、强调按照客观规律办事,是关于自然、社会和人类思维运动变化的一般规律的科学,这是马克思主义能够发挥实践指导性的客观基础。在我国革命和建设过程中,也曾多次出现不按生产力发展的客观规律办事、盲动和瞎指挥的情况,结果给革命和建设造成了不可估量的损失。实践证明,不按客观规律办事本身就是违背了马克思主义、没有真正用马克思主义来指导实践。我们党提出科学发展观的重大思想,强调尊重客观规律、实现科学发展,进一步体现了马克思主义的实践指导功能,巩固了马克思主义的一元化指导地位。

4.坚持马克思主义指导思想一元化,要以人的全面发展为目的。从方向与行动、引领与需求的关系来说,发展的实现既要靠每个人的需求和行动,也离不开科学的方向和目标的引领。"一加一大于二",系统的组织效能要大于个人力量的叠加。只有个人的需求和行动,发展只能是低水平、低层次的重复和不可持续的;通过科学的方向和目标引领将每个人的需求和行动组织起来,才能实现合目的性与合规律性的科学发展、可持续发展,才能实现社会的全面进步和人的全面发展。马克思主义的一个重要特征在于它的革命性,它是以人的解放和全面发展为根本目的和追求的,把以人为本作为核心特征,是关于人的解放和全面发展的科学理论,发展是马克思主义最重要、最核心的内容,这是马克思主义能够发挥实践指导性的现实条件。马克思主义作为我们党和我们国家的指导思想之所以能够具有越来越强大的生命力,就在于它代表了人民群众的根本利益,展示了对我们国家和社会的发展进步、特别是人的全面发展的科学指导功能。随着以人为本、全面协调可持续的科学发展观不断落实和全面建设小康社会的实现,马克思主义指导发展实践的强大功能必将得到更加充分的发挥,马克思主义作为我们党和国家指导思想的一元化地位必将得到进一步巩固。

深化屯垦戍边理论研究的着力点

善于从屯垦戍边实践中发现和提出问题、运用科学方法回答这些重大问题、以回答重大问题为着力点努力推进理论研究的深入，这是深化屯垦戍边理论研究的基本要求。近年来正是围绕屯垦戍边的重大问题进行研究，我们的屯垦戍边理论才有了长足进步，取得了既有独立学术价值、又有实践指导意义的优秀成果。今后一个时期深化屯垦戍边理论研究，要求我们在研究和回答现实问题的基础上着重把握以下着力点。

第一，把屯垦戍边理论研究与两千多年的中国历代屯田研究结合起来。古今屯垦有着深厚的历史渊源，历史上的屯田是当代屯垦戍边的源头，当代屯垦戍边事业是历史上屯田在新的历史条件下的继续和发展。在研究屯垦戍边理论的时候，要十分注重借鉴历代屯田的成功经验和失误教训，特别要注重研究历代屯田的客观规律。规律性的东西是带有普遍意义的，其中有些规律反映着事物最本质的东西，是带有根本性的，不会随着时间的变化而失效，是古今屯垦都必须遵循的；有些规律产生在特殊的时代、反映着那个或那些时代特定的东西，是具有特定条件的，是某一个或某几个历史时期特有的，只适用于特定的历史时期，但它可以从特定的角度为当代屯垦提供有价值的借鉴和参考；有些规律具有一定的普遍性，虽然它不可能完全适用于当代屯垦，但其中的部分内容仍然适用于今天，我们可以采取"拿来主义"的办法汲取有价值的成分。把屯垦戍边理论与古代屯田结合起来,就是要比较古今屯垦所处的环境、屯垦的主体、屯垦的手段、屯垦的目标和任务、屯垦的动力等有什么共同之处,在哪些方面、在什么程度上发生了变化、发生了怎样的变化,通过分析、比较、鉴别,深化对当代屯垦戍边事业的认识,从而探索和发现新的历史条件下屯垦戍边的新特点和新规律,为屯垦戍边事业提供科学的理论支持。

第二,把屯垦戍边理论研究与兵团近60年的发展历程及其取得辉煌成就的研究结合起来。屯垦戍边理论随着实践的产生而产生,随着实践的发展而发展,也必然需要随着实践的深化而深化,屯垦戍边理论研究最坚实的基础在于屯垦戍边的实践。从理论与实践的角度看,我们以往的理论研究有两个值得注意的偏差,一种是停留在事实的基础上,不善于上升到理性认识的高度获得规律性的认识,一种是脱离实践研究理论,使形成的理论缺乏坚实的实践基础,这两种偏差使得我们现有理论的价值大打折扣。把屯垦戍边理论与兵团近60年的发展历程结合起来,就是要从兵团发展的历史进程中总结新时期屯垦戍边事业产生、发展、变化的新特点和新规律,当然也包括探索我们的事业遭受挫折的各种深层次的原因。把屯垦戍边理论与兵团近60年来取得的辉煌成就结合起来,就是要从取得的成就中总结成功的经验,兵团的屯垦戍边事业从无到有从小到大,兵团的经营方式从早年的单一农业,拓展到今天的全方面宽领域多层次,兵团在新疆和国家事业中发挥的作用从早期的"三个队"到当代的"四个队"和"三大作用",兵团已经当之无愧地成为党和国家治国安邦的一颗战略棋子,从这些成就中能够总结的东西很多,如果脱离了这些成就去研究,我们的理论也就成了无源之水和无本之木。结合兵团的发展历程和辉煌成就进行屯垦戍边理论研究,就能使我们的理论起到引导广大干部职工正确认识兵团历史、鼓舞百万军垦战士为完成党和国家赋予的神圣使命努力奋斗的积极作用。

第三,把屯垦戍边理论研究与兵团成立以来,特别是改革开放以来的基本经验的研究结合起来。从一定意义上讲,兵团发展的经验,特别是改革开放以来的成功经验是屯垦戍边理论形成的最重要的素材,屯垦戍边的理论则是屯垦戍边经验的理性升华。当然我不否认最广大职工群众屯垦戍边的实践是屯垦戍边理论的唯一源泉，但屯垦戍边实践与屯垦戍边理论之间还应当有一个层次，就是把基层群众的屯垦戍边实践的认识总结和升华为屯垦戍边的经验，离开了对经验的总结，我们的理论研究实践上就缺少了一个重要的环节。应当有这样一个公式，即从屯垦戍边实践出发，把实践总结为屯垦戍边的经验，再由屯垦戍边的经验上升到屯垦戍边的理论，屯垦戍边的理论再回过头来指导屯垦戍边的实践和接受实践的检验，在实践上丰富和完善，也就是实践——经验——理论——实践，循环往复以至无穷的过程。我们的屯垦戍边理论形成、发展、完善的过程，实际上就是发现经验、总结经验、提炼经验、升华经验的过程。承认屯垦戍边经验对于屯垦戍边理论的重要性，也就要承认另一个事实，那就是屯垦戍边理论的形成既是理论工作者的事情，也是最广大屯垦戍边实践者的事情，因为成功的经验往往来自于实践的第一线，广大职工群众是屯垦戍边事业最直接的实践者，因此，理论工作者的研究必须与最广大职工群众的实践结合起来，所形成的理论才是最有生命力和指导意义的。

第四，把屯垦戍边理论研究与历代中央领导集体关于兵团工作的重要指示、中央、自治区和兵团党委关于兵团工作的重大决策的研究结合起来。屯垦戍边理论的特点总是和政治性和战略性紧密联系在一起的，从政治性来讲，屯垦戍边理论涉及边疆的经济发展、社会稳定、民族团结和边防巩固，在每一个历代发展的关键时刻中央领导集体都对这些根本问题提出了具体的要求，从战略性来讲，屯垦戍边理论涉及全局性和国家根本性的问题，中央历代领导集体关于兵团工作的指示也总是在国家的最高利益与中华民族的根本利益方面指明方向，从这个意义上讲，历代中央领导集体关于兵团工作的重要指示是屯垦戍边理论的灵魂和核心，这些指示成为新疆和兵团屯垦戍边事业重大决策的指导原则，也成为屯垦人核心价值观的理论基础。中央以及自治区和兵团党委不同历史时期关于兵团工作的重大决策则极大地影响、指导和推动着屯垦戍边的历史进程，研究这些重大决策对于屯垦戍边理论的研究无疑具有极其重大的意义。

可以这样讲,历代中央领导集体关于兵团工作的重要指示,既是推进屯垦成边事业根本的指导原则,也是进行屯垦成边理论研究的指导思想,又是屯垦成边理论的最新成果,把屯垦成边理论与中央关于兵团工作的重要指示结合起来,将使我们的理论始终坚定保持正确的政治方向,保持屯垦成边理论始终具有活的灵魂。

第五,把屯垦成边理论研究与当前兵团学习实践科学发展观的活动结合起来。屯垦成边事业是党的全部事业的一个有机组成部分,是一个需要科学发展的事业。解决兵团经济社会发展中存在各种矛盾和问题、实现在西北率先实现全面建设小康社会的目标、应对兵团经济社会发展中可能遇到的各种风险和挑战,既是新形势下屯垦成边实践需要解决的重大问题,也是兵团学习实践科学发展观活动要达到的重要目标,学习实践科学发展观活动创造的新鲜经验需要作出理论的概括,在科学发展发生的广泛深刻的社会变革呼唤着理论的创新。可以说,学习实践科学发展观活动是屯垦成边实践在新形势下的新探索新体现,屯垦成边实践必然在学习实践科学发展观活动中获得更健康、更符合屯垦成边事业客观规律的发展,因而成效也将更加显著。屯垦成边理论的丰富和发展,必须反映屯垦成边实践的最新成果,离开屯垦成边最新实践来研究屯垦成边理论没有意义。屯垦成边理论研究必须以屯垦成边实践中的实际问题和我们正在做的事情为中心,把屯垦成边理论研究与科学发展观的学习实践活动结合起来,把实践活动中形成的行之有效的好经验好做法上升到理性的高度,就会不断深化我们对屯垦成边规律的认识,不断丰富屯垦成边理论的内容,从而使这个理论对今后的屯垦成边实践具有更强的针对性、更科学的指导性。

第六,把屯垦成边理论研究与中国特色社会主义理论体系研究结合起来。中国特色社会主义理论体系为我们观察、分析、解决现阶段中国经济社会发展问题提供了科学的世界观和方法论,为我们在新世纪新阶段全面建设小康社会、发展中国特色社会主义事业指明了前进方向。把屯垦成边理论与中国特色社会主义理论体系研究结合起来,要求我们的理论研究一切从屯垦戍边的实际出发,善于把握规律性,富于创造性,要求我们把发展作为屯垦戍边理论研究的核心问题,要求我们正确认识兵团屯垦戍边事业的发展阶段和发展战略,要求我们把改革作为屯垦戍边事业发展的动力,要求我们把人的发展作为屯垦戍边事业的根本目的,要求我们高度重视文化建设这个屯垦戍边事业的软实力。总之,屯垦戍边理论是运用中国特色社会主义理论的立场观点方法,在科学认识、研究和总结屯垦戍边规律过程中形成的理论体系,同时它又是中国特色社会主义理论的有机组成部分。中国特色社会主义理论体系的基本原理、基本思想和观点与屯垦戍边理论具有内在的一致性,中国特色社会主义理论为屯垦戍边理论研究提供正确的世界观、认识论和方法论,提供强大的思想武器并指明研究的方向。屯垦戍边理论以中国特色社会主义理论体系为指导、不断吸收中国特色社会主义理论的最新成果丰富和发展自己,同时,屯垦戍边理论自身的丰富和发展也将为中国特色社会主义理论体系的丰富和发展作出贡献。把屯垦戍边理论研究与中国特色社会主义理论体系研究结合起来,必将使屯垦戍边理论研究始终保持正确方向并获得强大的生命力。

兵团的事业是在屯垦戍边理论指导下的实践,屯垦理论研究的不断深化必将使人们对屯垦戍边实践的认识更加符合规律,也必将使这个事业获得更好更快的发展。

论屯垦戍边理论体系

　　屯垦戍边是我国历代中央政府治国安邦的重要方略,是维护国家统一、民族团结、边疆稳定的基本国策,是中国几千年开发和保卫边疆的历史遗产。历史上的屯垦戍边萌发于先秦,形成于汉,发展于唐,兴盛于清。随着时代、形势、实践的发展,屯垦戍边的内容、形式都在不断丰富和发展。中国共产党领导的屯垦戍边事业,与历代屯垦戍边既一脉相承,又与时俱进,是在新的历史条件下的创新和发展,这种形式在新世纪新阶段依然具有强大的生命力。1954年组建的新疆生产建设兵团,承担着党和国家赋予的屯垦戍边的职责,是在自己所辖的垦区内,依照国家和新疆维吾尔自治区的法律法规,自行管理内部的行政司法事务,在国家实行计划单列的特殊社会组织。兵团受中央政府和新疆维吾尔自治区人民政府双重领导,实行党政军企合一的特殊体制。兵团自组建以来,就担负起生产队、工作队、战斗队职责,在推动改革发展、促进社会进步方面,发挥了建设大军作用;在增进民族团结、确保社会稳定方面,发挥了中流砥柱作用;在巩固西北边防、维护祖国统一方面,发挥了铜墙铁壁作用。屯垦戍边理论是对历代屯垦戍边实践活动及其发展规律的认识和总结。

一、屯垦戍边理论有一个严密的科学体系

屯垦戍边理论之所以能够作为一个独立的学科而存在,这里固然在于它有自己特殊的研究领域、特殊的研究对象、特殊的研究范畴,固然在于它致力于解决的是屯垦戍边领域的特殊的矛盾,但如果仅限于此,还不足以使屯垦戍边的理论成为一门独立的学科而独立存在。屯垦戍边理论之所以能够作为一门科学而独立存在,最重要的原因还在于它与屯垦戍边理论体系中的其他学科一样具有严密的科学体系。如果仅仅具有特殊的研究领域、研究对象、研究范畴、研究方法,而它们不是有序地而是以一种无规则的状态存在,或者说形不成一个严密的科学体系,那它就只能是一种萌芽状态或者未成熟状态的东西,而不能在真正意义上称其为一门科学。正如虽然有了各种建筑大厦的原始材料,即使这些材料是高质量的,但如果不能将这些材料按照大厦的建筑要求有规则地组织起来,这就不能说它已经是一座大厦,而只能说它是建筑大厦的原始材料一样。屯垦戍边理论的科学体系性,就在于它的所有要素服从于所研究目标表现出的一致性,在于它内在各种观点组合和排列的有规律性,特别是在于它作为一个整体相互联系的严密性。屯垦戍边理论在由以毛泽东为代表的党中央第一代领导集体在中国革命战争和社会主义建设时期的屯垦实践基础上创立,经过以邓小平为代表的党中央第二代领导集体在新时期改革开放伟大时代的屯垦实践的发展,再经过以江泽民同志为代表的第三代领导集体在跨世纪的屯垦实践中在第二代领导集体发展的基础上的进一步发展,到今天已经形成一个严密的科学体系,因此在这个意义上,我们说屯垦戍边理论已经形成一门独立的学科。对这个问题,可以从如下三个方面理解:

一是屯垦戍边理论作为一个整体而言,具有内在的逻辑统一性。这种内在的逻辑统一性最突出的标志,就在于屯垦戍边理论提出了以服务于国家长治久安为主要内容的作为屯垦戍边理论体系核心的屯垦目标,

提出了以中国共产党领导的人民军队执行"三个队"任务为起点、以后逐步发展为由国家有计划地组织大规模移民的多元化的屯垦实践主体，提出了以边疆国营农场特别是以生产建设兵团为主要表现形式的屯垦典型载体，提出了以"生产队""工作队""战斗队"三个队组成的不可分割的统一体为主要内容的屯垦任务，提出了以自力更生、艰苦创业为主要核心内容的屯垦精神特征等一系列作为屯垦成边理论重要组成部分的观点，更重要的是所有的这些观点不是无规则地随意提出，更不是游离于综合性的屯垦目标之外而存在，而是所有的问题都紧紧地围绕一个中心问题展开，即围绕如何通过屯垦这种形式更好地开发边疆、稳定边疆，更好地服务于国家的长治久安这个综合性的目标展开。以这个综合性目标为核心内容，将其他所有一系列观点围绕这个核心展开而组成了一个有机的完整的统一体，即它不仅提出了屯垦事业要实现怎样的目标，而且提出了由具有什么样素质的人来达到这个目标，实现这个目标的人应该具备怎样的精神风貌、状态，以怎样的组织形式来实现这样的目标；为了达到这个目标要完成什么样的任务等一系列的相关问题，这些重要观点围绕屯垦总体目标的科学组合，形成了这个理论自身存在的系统性，从而构成了屯垦成边理论作为一个学科的内在的逻辑统一性。

二是屯垦成边理论具有历史的完整性。这种历史的完整性无论是从屯垦成边理论的整体构造，还是从屯垦成边理论的各个组成部分都可以得到充分的体现。将屯垦成边理论作为一个总体来讲，这种科学体系就在于屯垦成边理论在萌芽、形成和发展过程中体现着其自身独有的历史发展逻辑，在各个历史发展时期始终遵循着它自身的特有的历史规律，以一种内在不可分割的方式发展着。从第二次国内革命战争时期屯垦成边理论的萌芽，到新中国成立前后屯垦成边理论的基本形成，经过社会主义建设时期的发展直至发展到改革开放建设社会主义市场经济的今天，无不体现着这种历史的完整性。这种历史的完整性不允许我们将屯垦成边理论的各个组成部分看作是游离于屯垦成边理论这个母体之外的一种独立存在物，但为了分析的方便，就如同生物学当中的解剖和物理学中的物理实验中的分析方法一样,这里我们不妨将屯垦戍边理论的各个有机组成部分提出来作为基本要素分别进行分析。

(一)从屯垦戍边理论所规定的屯垦目标来分析。虽然在不同的历史时期其具体屯垦目标伴随着党在当时历史时期中心工作的转移而不断变化,但其根本的目标或者说总体却自有其历史的一致性,这种一致性统一于共产党人领导的革命事业的总体奋斗目标,其历史的线索和内在的逻辑联系,就是以屯垦的形式在革命战争年代为着推翻旧的反动政权以及建立和巩固人民的新政权这个综合性目标服务,在建立起社会主义国家之后,仍然以屯垦的形式为开发边疆、稳定边疆和国家的长治久安这个综合性的目标服务,但其总的来讲与共产党人最远大的奋斗目标是始终相一致的,这是屯垦戍边理论历史的完整性在屯垦目标上的体现。

(二)从屯垦戍边理论所规定的屯垦任务来分析。屯垦目标决定着屯垦的任务的内容和具体表现形式,虽然在不同的历史时期为实现当时的具体的屯垦目标,其具体任务有所不同,并且其表现形式也有所差异,但由屯垦总目标所规定的总任务的主要方面是一致的,即任何时期都以"三个队"作为屯垦戍边理论根本的和主要的任务。屯垦戍边理论处于在萌芽时期的屯垦任务是打仗、筹款、做群众工作,到后来发展成为以"战斗队"处于基础性地位并且服从和服务于革命战争的"战斗队""工作队""生产队"三大任务,直至发展到今天就是以"生产队"处于基础地位并且服从和服务于社会主义建设和改革开放总体要求的"生产队""工作队""战斗队"的三大任务。无论是早期的三大任务,还是今天的三大任务,它们都有一个共同点,即它们都只是屯垦任务这个综合体的三个方面,而不是三项独立存在不相联系的任务。它们是不可分割的有机整体,这种屯垦任务的不可分割性和发展的内在联系性,是屯垦戍边理论体系在其屯垦任务方面的表现。

(三)从屯垦戍边理论的实践主体来讲。由于服从和服务于不同时期具体的屯垦目标,其实践主体不断发生着一些变化,已经由过去的军队主体发展成为今天的以群众为主的多元化的屯垦主体。但其主体的实质的历史统一性就在于这些屯垦事业的实施者作为一个群体而论,一个具有远大革命理想、愿意并且能够很好地执行"三个队"的任务、具有无私奉献精神的高素质的群体;从作为屯垦事业最早实践主体的作战部队,到其后虽然还处于国防序列但已经是以从事经济建设为主的生产部队,再到作为新中国屯垦事业开拓者的集体转业军人,最后到由国家组织的支援边疆建设的大批青壮年移民,自动加入屯垦事业中的广大群众;特别是作为屯垦的有代表性载体——兵团的军垦战士和边境团场的职工,所有这些屯垦事业的实践主体无不具备上述素质。这种群体素质的共同点就构成了这个实践主体的历史统一性,在实践主体这个方面体现着屯垦戍边理论的科学体系性。这种统一性或一致性,我们无论是将屯垦戍边理论作为一个整体还是从屯垦戍边理论各个组织部分都可以找到充分的证据。

三是屯垦戍边理论因为具有由于自己特有的研究对象、研究领域和独特的内容而表现出的区别于其他学科的一系列鲜明的特点,屯垦戍边理论的特点可以从许多方面进行归纳,这里主要从能够体现屯垦戍边理论科学体系的一些特点进行探讨。研究屯垦戍边理论的这些特点,有助于从一个独特的视角、在另外一个层次上加深对屯垦戍边理论科学体系的理解和把握。

(一)就其所研究的对象而论,屯垦戍边理论集中体现出综合性的特点。所谓综合性,也正是屯垦戍边理论作为一个学科体系性在一个方面所呈现出的一种外在表现形式。我们从屯垦戍边理论的研究领域开始分析,屯垦戍边理论研究的是融政治、经济、军事、社会和文化等为一体的综合性领域,要实现的是服务于综合性的战略目标。与这种目标相联系,屯垦组织形式就不是单纯的行政、军事或者经济组织,而完全是一个综合体,用邓小平同志的话讲就是"党、政、军合一"的组织形式,用党中央近年来的指示来讲就是"党、政、军、企合一"的组织形式。进一步从这个组织的内部分析,其综合性又表现为它包含的工、农、商、学、兵并存的复合性结构。这种综合性表现在屯垦组织所经营的产业结构,就是工业为主,农、林、牧、副、渔等多种形式并存,它既包括了经济建设的内容,又包括了社会事业的内容,还包括了国防建设方面的内容,但这几个方面不是独立存在的,而是作为不可分割的统一体、以"三个队"的任务和屯垦戍边的形式最集中地表现出来。只有以这种形式组织起来的集团才可能成为经济建设的模范,稳定边疆的模范,巩固国防的模范和民族团结的模范。这样一个全方位的事业涉及政治、经济、军事、社会和文化等多方面的内容,这种内容的综合性正是屯垦事业多层次、多侧面、多形式丰富多彩的反映,它们以其特有的方式组成了一个全方位、多层次的体系,每一个方面都有自己独特的角度、独特的内容。将这些内容完整地组合在一起,就能得到对屯垦戍边理论的完整的认识,离开其中的一部分或几部分内容,就难以准确地全面地把握屯垦戍边理论的全貌。完整地准确地把握屯垦戍边理论的科学体系,离不开对屯垦戍边理论这种综合性特点的把握。

(二)就其立足点而论,屯垦戍边理论具有战略性的特点。这种战略性首先表现在观察问题的全局性。屯垦戍边理论是站在中国和世界的大局这个广阔的背景来考察和论述屯垦事业的,或者说,它是把屯垦作为中国革命和建设事业的重要组成部分加以考虑的;用江泽民同志考察新疆时的话来讲,就是把屯垦放在历史发展的长河中,放在国际国内的大背景下,放在边疆的稳定和发展的大局中去考察,这种观察问题的角度使得处于局部地位的屯垦便具有了全局性的战略意义。这种战略性也表现在观察问题的长远性。在谈到军队参加生产时毛泽东同志指出:"应从长期建设的观点出发,而其重点,则在以劳动增加社会和国家的财富。"(《党的文献》,1996 年第二期,第 21 页)。屯垦戍边理论是立足当代、面向未来来论述屯垦问题的,江泽民同志要求把屯垦放在历史发展的长河中进行考察也是基于同样的战略考虑。这种战略性还表现在观察问题的本质性。屯垦戍边理论是就本质和重大的问题来论述屯垦事业的。新中国成立不久,毛泽东同志从整个国家的长治久安出发,号召数十万官兵走出国防序列,在祖国边疆的亘古荒原进行大规模的生产建设、大规模的经济建设,奠定了新中国屯垦的坚实基础。不仅如此,毛泽东同志还赋予了他们保卫边疆、巩固国防的任务,同时还赋予他们做群众工作、为各族人民办好事的重任,这是毛泽东同志从治国安邦的最高层次上作出的战略决策。这种战略性特点同样是屯垦戍边理论的科学体系的反映,它使得屯垦戍边理论的一系列内容不是孤立存在,而是作为服从和服务于这种总体战略的有机组成部分,这种统一性和内在的逻辑联系,从一个侧面体现了屯垦戍边理论的体系性。

(三)就其发展趋势而言,屯垦戍边理论具有开放性的特点。其开放性的逻辑根据就在于屯垦戍边理论是屯垦实践的产物。屯垦实践是在一定的社会环境或者说在一定的政治经济形势下展开的,而屯垦所处的形势或者说环境是随着革命和建设事业的发展而不断变化的,因而决定了屯垦实践的异常丰富。对这种异常丰富的屯垦实践及其规律的探讨,不可能是产生于一个特定时代的理论能够完全解决的,要回答新的时代屯垦实践中出现的新问题,解决新时期屯垦实践中出现的新矛盾,毛泽东屯垦思想的内容必然要随着时代的发展而发展,这种发展就揭示了屯垦戍边理论的开放性。我们讲屯垦戍边理论是集体智慧的产物,集体智慧不是指一代领导集体,而是指历代中央领导集体都为这一思想的丰富和发展作出的贡献,正是在这个意义上,我们说屯垦戍边理论是开放的体系。屯垦戍边理论在形成以后没有停止发展,在和平与发展成为时代主题的历史条件下,在建设社会主义市场经济体制的过程中,在总结我国屯垦实践成功和挫折的历史经验的基础上,以邓小平同志为核心的第二代领导集体对这个思想赋予了新的时代内容,特别是提出屯垦组织的"党、政、军合一"的体制以及"兵团是稳定新疆的核心"等重要内容,将这一理论大大向前推进了一步;在跨世纪的历史时期,以江泽民同志为核心的第三代中央领导集体又结合新的形势赋予这一理论新的内容,特别是对兵团实行计划单列,再一次将屯垦作为重要的国策加以强调,强调"三个放在"(即将兵团屯垦戍边的工作"放在边疆的历史长河中,放在当前国际国内形势的发展变化中,放在新疆稳定和发展的工作大局中加以观察")等,这些都是对屯垦戍边理论具有历史意义的重大发展;未来的领导集体也必将根据新的屯垦实践的需要而丰富和发展屯垦戍边理论,这种发展所表现出来的开放性特点,充分体现了屯垦戍边理论的科学体系性。

（四）就其实践主体而言,屯垦戍边理论具有全民性的特点。屯垦戍边理论把屯垦事业看作是人民自己的事业,因此它与历史上屯垦理论的主要区别之一就是屯垦主体的全民性。屯垦的早期主体是军队在作战的间隙担负"生产队"和"工作队"的任务。红色的武装割据决定了革命根据地处于经济落后的农村,各个根据地是处于被分割包围状态,这种情形决定了根据地的经济是极度困难的,靠外援的可能性又极小,解决这个问题的最有效途径就是通过全军全民的生产自救,这是中国当时的国情。为了将革命战争进行下去,毛泽东提出"不论党政军民男女老幼,全体一律进行伟大的生产运动"（《毛泽东选集》第三卷,第913页,人民出版社,1991年6月第二版）,形成了根据地内所有的部队、机关、学校和广大群众参加的大生产运动。这种特点在新中国建立后的屯垦实践中又得到了更充分的体现,发展到以生产建设兵团和国营农场等形式进行大规模的屯垦,屯垦的主体达到了历史上前所未有的多元化程度。从现代中国的屯垦可以看出,其一,它改变了过去的屯垦单纯依靠军队或者以军队为主体的特点,而是将工、农、商、学、兵合为一体,将党、政、军、企合为一体,形成了一种能够独立存在、独立发展的、全国性和全方位的屯垦事业。其二,它改变了过去为解决临时经济困难而进行军队屯垦的做法,使得屯垦在执行稳定边疆保卫国防任务之外,主要是为了发展经济和社会事业,特别是改善边疆地区人民的生活,而且这种经济的发展成为屯垦事业的物质基础和根本前提。其三,它把过去以单一发展农业生产的屯垦变成了以发展农业为主体,包括农业、工业、手工业、建筑业、运输业、畜牧业和商业在内的全方位的生产规模和社会组织形式,改变了几千年来认为屯垦就是发展农业的观念。这些特点使得屯垦主体多元化不是为了一时之需,而成为自身的发展和革命以及建设事业的发展不可缺少的一个组成部分。屯垦戍边理论是把中国历史上自发的、零散的、不完善的屯垦理论与实践发展成为全民性的大生产运动的思想,这种全民性乃是一种系统性，也从另外一个角度、在一定程度上体现了屯垦戍边理论的科学体系性。

二、屯垦戍边理论的思想体系

从毛泽东思想和中国特色社会主义的宏观理论体系层面来讲，如同这个理论体系的其他组成部分一样，屯垦戍边理论是这个理论体系中不可缺少的重要组成部分；从屯垦戍边理论本身这个理论体系来讲，它又是在另一层次上，具有区别于其他理论并具有相对独立的内容和形式的科学体系。屯垦戍边理论的科学体系可以从不同的角度进行理解，从它涉及的内容在理论层次上的特点来看，表现为屯垦戍边理论的理论体系；从它的基本观点和基本原理在不同领域的具体运用来看，则表现为屯垦戍边理论的学科体系。

屯垦戍边理论体系是由以毛泽东同志为核心的第一代领导集体在新民主主义革命和社会主义建设初期创立、以邓小平同志为核心的第二代领导集体和以江泽民同志为核心的第三代领导集体在社会主义建设时期的屯垦实践中特别是在改革开放以来的屯垦实践中丰富和发展的关于屯垦事业的思想理论和一般规律的总和。如果把屯垦戍边理论的理论体系比作一座大厦，那么，这座大厦得以稳固的支撑点就在于屯垦戍边理论体系中关于屯垦事业的目标、宗旨、任务、发展战略、组织形式、实践主体、实现途径和精神特征等一系列基本观点和学说，这些基本观点和学说支撑起屯垦戍边理论这座理论大厦，并且组成一个严密的系统。在这个理论体系中，关于屯垦事业的目标是最核心、最重要、最基本的观点，其他所有一系列观点都是由此引出、建立在它的基础之上并且紧紧围绕它展开，以屯垦事业的目标为核心和灵魂，形成了一个科学的理论体系。对屯垦的目标这个最根本的问题的深入理解和把握，是正确地理解和把握屯垦事业其他方面的一系列的观点的关键，也是真正把握屯垦戍边理论的科学体系的关键。

　　屯垦戍边理论之所以与历史上的屯垦思想有着本质的区别,是因为它是一个在一定思想、理论和原则指导下,在一定社会政治和经济制度基础上,在特定历史环境中产生、形成和发展的过程,这些基本思想、理论和原则以及社会制度和历史环境对屯垦戍边理论的基本内容、主要特征有着质的规定性,成为屯垦戍边理论形成的一些基本的前提。

　　准确把握屯垦戍边理论体系形成的前提条件,并且准确把握这些基本前提与屯垦戍边理论的产生、形成和发展之间存在的内在联系,对于我们准确、深刻、全面地理解屯垦戍边理论与历史上屯垦思想之间的本质区别、准确理解和全面把握屯垦戍边理论的科学体系具有极其重要的意义。研究屯垦戍边理论要把握如下前提:

　　第一个前提,屯垦戍边理论作为一个理论体系,把握其主要内容和根本特点应当以屯垦戍边理论形成及其发展时期的基本观点和基本特点为基点。屯垦戍边理论的形成和发展经历了曲折的历程,在不同的历史时期,其基本精神和原则具有一致性,但是不同历史时期特定的屯垦实践,决定了屯垦戍边理论在某些方面和在一定阶段有自己特定的内容和自身的特点。研究屯垦戍边理论是以屯垦戍边理论形成之前的某个具体时期的内容和特点作为基点呢,还是以屯垦戍边理论形成及其此后的发展的内容和特点作为基点呢? 这里有一个完整准确理解屯垦戍边理论的问题。我们以为,不应以屯垦戍边理论萌芽或形成之前的内容和特点,而是以屯垦戍边理论发展时期的内容和特点为基点。具体讲,主要是以 1937年之后特别是新中国成立以后屯垦戍边理论相对固定的内容和特点作为基点。因为这个时期屯垦戍边理论作为一个体系已经初步形成,这个时期屯垦戍边理论的内容更能反映出中国现代屯垦的本质和规律。当然,应当承认屯垦戍边理论在萌芽时期的内容也是屯垦戍边理论的组成部分,而且为后来屯垦戍边理论的形成打下了坚实的基础,它们之间有着不可分割的联系,我们研究屯垦戍边理论不能离开这个时期的内容。然而,我们把屯垦戍边理论作为一个科学体系研究的时候,主要以形成及其以后发展时期的屯垦戍边理论的内容和特点为基点和依据。

第二个前提,本文研究的屯垦是在中国共产党领导下所进行的屯垦事业。屯垦作为一种社会现象,可以说是自古有之并且源远流长,历史上的屯垦实践对屯垦戍边理论的形成和发展有一定的积极影响,但中国共产党领导下的屯垦才是屯垦戍边理论形成的最直接的实践依据。作为全国各项事业领导核心的中国共产党当然也是屯垦事业的领导核心,因此,中国共产党的性质、任务、宗旨和最终奋斗目标等,对屯垦事业的目的、性质、任务和发展方向都起着决定性的作用。也就是说,中国共产党是根据党的目标、纲领和任务,来确定屯垦事业的目标、任务和发展方向的。或者说,屯垦事业的发展是在党性原则和党的各项政策指导下开展的事业。屯垦事业的一切方面都必然为党的性质和宗旨服务,为党的现实政策、更为党的长远的根本的政治目标服务,这一切就使之与历史上的屯垦有着本质的区别。把握中国共产党对屯垦事业的领导,是正确理解屯垦戍边理论体系的关键。

第三个前提,我们研究的屯垦事业那当然也包括新中国建立前的屯垦,但重点是研究新中国建立后特别是社会主义初级阶段的屯垦事业,因为这种研究与我们今天所从事的事业有着最密切的联系和对之有着最直接、最重要的指导意义。社会主义初级阶段在政治、经济、文化等各个方面相对不发达的特点对屯垦事业的任务、作用、地位、发展战略等也同样有着质的规定性,研究屯垦事业的所有方面都不能脱离初级阶段这个基本前提。社会主义初级阶段的主要矛盾是人民日益增长的物质文化需求同相对落后的生产力之间的矛盾,这个矛盾表现在屯垦事业中就是屯垦事业的综合实力同完成屯垦戍边任务之间的矛盾,这就决定了屯垦事业要服从和服务于党的基本路线,要把以经济建设为中心作为基本的发展战略。决定屯垦事业能否成功的因素是多方面的,但屯垦事业最终成功的基础也是决定性的因素在于经济发展的质量和水平,因此,检验屯垦事业的标准也许不止一个,但检验屯垦事业成败的根本标准在于这个事业能否有效地促进经济的健康、全面、持久的发展。

第四个前提,社会主义时期的屯垦事业始终是作为社会主义事业重要组成部分而存在和发展的。以公有制为主体的社会制度、人民民主专政的国家制度、无产阶级的意识形态等社会主义的特征,都对屯垦事业具有质的规定性。或者说,我们从事的屯垦事业是从属于社会主义事业的,它的一切方面都不能与社会主义事业相矛盾,更不能相背离,离开社会主义事业的总体性质、目标和任务,无法正确理解屯垦戍边理论的科学体系。正确理解社会主义事业的性质、目标、任务,是准确理解屯垦戍边理论的基础。

第五个前提,我们研究的屯垦事业是在马克思主义理论指导下进行的一项特殊的事业。正确理解马克思主义关于唯物论和辩证法、关于实践、认识和真理标准的观点、关于社会发展必然规律的观点,对研究屯垦戍边理论的科学体系有着重大意义。马克思主义的基本理论和基本原理始终是党制定屯垦事业各项政策的科学依据,新时期的屯垦事业是在当代中国的马克思主义——邓小平理论指导下进行的,研究屯垦戍边理论在新时期的发展,还必须研究邓小平理论对屯垦事业的指导作用。屯垦戍边理论与马克思主义理论是一脉相承的,不掌握马克思主义,就不懂得屯垦戍边理论在新的历史时期的新发展。

第六个前提,现代屯垦一般是在经济相对落后和条件比较艰苦的边疆、在各种矛盾特别是民族矛盾比较集中以及受各种国内外环境影响较大的敏感地区进行的。这个特殊的环境是屯垦事业存在和发展的基本舞台,理解现代屯垦的特殊环境以及这种特殊环境对屯垦事业提出的特殊要求,对于正确理解屯垦事业的实践主体、组织形式、发展战略、屯垦者的精神特征以及实现屯垦目标所采取的方法都是必不可少的。研究这个特殊的环境包括边疆地区的历史、现状、政治、经济、文化等方面的特点以及这些因素与边疆屯垦的相互关系。

以上六个方面是研究屯垦戍边理论体系的具有决定意义的基本前提,它规定了屯垦戍边的理论体系的基本面貌和主要特点。把握了以上几个前提后,我们就可以进入屯垦戍边的理论体系的具体内容,具体研究**屯垦戍边理论体系的构成要素**。

屯垦戍边的理论基础。党的屯垦戍边思想,是中国共产党运用马克思主义的立场、观点、方法,科学认识、研究和总结屯垦戍边实践规律而形成的理论体系,是中国化的马克思主义运用于屯垦戍边具体实践的产物。党的屯垦戍边思想包括紧密联系、相互支持、完整系统的三个层面:中国化的马克思主义的基本理论观点;党中央关于发展和安全、社会主义大农业、现代国防、人民战争、建设大军、三个队等重要思想和政策举措;党中央关于屯垦戍边事业发展的指示决定精神。党的屯垦戍边思想,是毛泽东思想、邓小平理论、"三个代表"重要思想和以胡锦涛同志为总书记的党中央的重大战略思想的组成部分,随着中国化的马克思主义的发展完善而不断发展完善,体现出与时俱进的马克思主义品质。党的屯垦戍边思想是屯垦戍边事业发展的根本指导思想和理论基础。中国化的马克思主义的基本理论观点,对屯垦戍边事业提供了世界观、认识论和方法论的指导;与屯垦戍边事业发展相关的党的各方面理论政策,为屯垦戍边事业提供了规律性认识的指导;党中央关于兵团工作的指示决定,为屯垦戍边事业发展提供了工作认识上的指导。这三个层面的指导,形成了对屯垦戍边实践的系统完整的指导思想和理论基础。党的屯垦戍边思想是不断发展的,既一脉相承又与时俱进,体现了我们党对屯垦戍边实践的科学总结,体现了党关于社会主义屯垦戍边事业发展规律认识的不断深化,体现了屯垦戍边事业同时代、形势、实践发展的深刻的内在联系。运用党的屯垦戍边思想指导屯垦戍边实践,需要不断提高运用中国化的马克思主义基本理论认识屯垦戍边事业的能力,提高运用党中央的各有关理论政策认识把握屯垦戍边事业发展规律的能力,提高运用党中央关于兵团工作的指示决定精神解决屯垦戍边实践中的各种问题的能力。要在实践中不断丰富和发展党的屯垦戍边思想,必须坚持用马克思主义中国化的最新理论成果指导屯垦戍边实践,及时将党的最新理论成果运用于工作中,科学总结屯垦戍边实践的最新经验。

关于屯垦事业的目标。中国共产党领导的现代屯垦特别是社会主义建设时期的屯垦要达到怎样的目标?根据中央文件和领导人的指示,主要有以下几点：一是经济目标，要开发和建设边疆；二是军事目标，要保卫边防、维护国家统一；三是政治目标，要促进民族团结，反对民族分裂，保持边疆稳定，实现各民族共同繁荣。需要指出的是，这三项目标只是作为屯垦综合目标的三个不可分割的有机组成方面，或者说它们共同构成屯垦的综合性目标。我们之所以分为三个方面，只是为了表述的方便，并不是说三个方面的目标可以独立存在；它们分属于屯垦目标的某一个方面，共同组成当代屯垦这个综合性的目标，这个目标通过屯垦这种形式来实现，这一目标能否实现以及实现的程度关系到屯垦事业的成败。

在屯垦戍边理论体系中，屯垦目标是核心，是屯垦事业一切工作的出发点和归宿，理解这个屯垦目标是理解屯垦戍边理论的枢纽。因为，其一，屯垦目标反映着屯垦事业的本质，是中国共产党人领导的屯垦事业区别于任何时代屯垦的根源所在。它决定着屯垦组织的前途，是屯垦事业的生命力和希望之所在。它规定着屯垦的未来发展方向，鼓舞着屯垦事业的实践者为之奋斗。其二，屯垦目标具有强大的凝聚力，它把人们的注意力集中到为实现目标而奋斗的组织活动中，从而加强了屯垦组织的统一性和协调性。其三，实现屯垦目标又是屯垦组织发展的动力，屯垦组织要根据有利于屯垦目标的原则调整内部结构，确定组织形式、战略方针和实现途径。其四，屯垦目标又是衡量屯垦效果和效率的尺度，衡量屯垦成效的标准也许有许多，但最根本的，就是看屯垦目标实现的程度，离开了这个目标，衡量屯垦事业就失去了根本的标准。其五，屯垦目标还影响屯垦组织与外部环境的关系，外部组织和个人通过屯垦目标了解屯垦组织的宗旨、性质，然后同屯垦组织发生各种联系。正确的目标有利于屯垦组织与外部的协调，为屯垦事业发展营造良好的外部环境。其六，屯垦目标还是衡量屯垦组织在社会中的存在价值的重要尺度，在一个社会中屯垦组织是否有必要存在，是否有分量，主要是看屯垦的目标是否顺应了时代发展的潮流，是否促进了社会的向前发展。

在研究屯垦目标体系时，有必要研究总体战略目标与分支目标的关系。屯垦目标是一个综合目标，它是相对单项目标而言的，是总目标的基本形式。其中的任何一个单项目标都是总目标的组成部分,仅就任何一个具体的目标而言,都有其存在的合理性,同时又有一定的局限性,其中任何一个分支目标都不能说明屯垦总体发展方向,都不能在定性和定量上说明屯垦目标的总体特征。只有由各个分支目标构成的综合目标的总和才能够反映屯垦事业的发展特征,综合目标是一个体系,包括构成屯垦总目标并反映屯垦总目标特点的经济目标、政治目标、军事目标、社会发展目标、文化建设目标等等,但所有的分支目标都是由总目标或战略目标而派生出来的,都受到总目标的制约。

从不同的视角进行分析,屯垦目标处于不同的地位。就屯垦目标自身来讲,它制约着、规定着屯垦戍边理论体系中的其他因素,处于最高层次和中心环节;相对国家而言,它是国家总体发展目标的组成部分,是国家发展总目标下的分支目标。屯垦事业的总目标是依照国家的总目标而设立的,受到国家的总目标的制约,也会因国家战略目标的发展变化而发展变化,它服从和服务于国家建设的总目标。反过来,屯垦目标的实现程度在一个侧面和一定程度上影响着国家战略目标的实现程度。

关于屯垦事业的宗旨。共产党人是为什么人的利益进行屯垦的,对于理解中国共产党人领导的屯垦事业来说,这是一个根本的问题,也是现代屯垦区别于历史上的屯垦的一个关键。中国共产党的根本宗旨是全心全意为人民服务,党的信念、追求、智慧和政治优势在很大程度上就体现在为人民服务上,共产党领导下中国的国家性质是工人阶级领导的、以工农联盟为基础的人民民主专政的社会主义国家,各族人民是国家的主人。这些根本原则反映到屯垦事业中,决定了屯垦事业的宗旨是屯垦地区在政治、经济、文化等各个方面直接为那里的各族人民服务,同时为全国各族人民的利益服务。毛泽东同志多次谈到这个问题,50 年代初在给王震同志的指示中就明确指出:"你们到新疆去的任务,是为新疆各族人民多办好事"。这个指示具有丰富的内容,它是屯垦事业的宗旨在边疆地区具体而又特殊的体现。

这个宗旨体现了与历代屯垦的本质区别。中国的屯垦事业早在秦汉

时期就开始了,并且一直延续至今。历史上的屯垦,从进步意义上讲,一般具有爱国主义的特点,都为国家的长治久安服务,但其局限性也是不可否认的。几千年的封建时代的统治者都是把屯垦作为维护其封建统治的措施,人民群众只不过是他们统治的对象和奴役的对象,而不是服务的对象。中国共产党却恰恰相反,它是把自己作为人民群众在特定历史时期完成特定历史任务的工具,把屯垦作为为各族人民服务的重要手段,把屯垦作为为全体人民谋利益的事业,作为巩固人民民主专政的战略部署而实施的。毛泽东同志指出,那种"不顾人民困难,只顾政府和军队的需要,竭泽而渔,诛求无已"的办法,"是国民党的思想,我们决不能承袭"(《毛泽东选集》第三卷,第894页,人民出版社,1991年6月第二版)。可见,我们共产党人领导的屯垦事业,其革命性和进步性是以往任何时代的屯垦都无法比拟的。

这个宗旨也正是现代屯垦事业的生命力所在,它是屯垦事业能够长期发展的强大推动力。在屯垦实践中,中国共产党人从屯垦地区的实际出发,通过制定符合边疆各族人民利益的方针政策,通过为各族人民办实事、办好事,让当地各族人民群众得到看得见摸得着的实际利益,使党的屯垦政策得到各族人民真心实意的拥护、支持、赞成,并且变成为人民群众的自觉行动。历史已经反复证明,得到绝大多数人支持的事业是必定要成功的事业,可以说,得到各族人民最有力的支持是屯垦事业成功的不可缺少的前提。贺龙同志在1965年10月视察新疆生产建设兵团时生动地指出:"生产兵团是一条大鱼,鱼虽大,没有水就活不成;鱼大,水就要多,水多,鱼才能大。"(《新疆生产建设兵团发展史》第216页,新疆人民出版社,1998年9月第一版)。我们的屯垦事业之所以具有强大的生命力,就在于我们的屯垦事业与人民群众是鱼与水的关系,就在于我们紧紧地团结和依靠各族人民群众,就在于我们以全心全意为各族人民服务为宗旨的屯垦事业得到了各族人民的支持和拥护。不难想见,也只有始终不渝地坚持这个屯垦宗旨,屯垦戍边理论提出的屯垦目标才有可能得到全面的实现。

关于屯垦事业的任务。共产党人进行屯垦的任务用一句话概括,就是屯垦戍边。具体讲,就是执行"生产队""工作队""战斗队"的任务。"三个队"的任务既是实现屯垦事业战略目标的客观要求,也是履行全心全意为各族人民服务这一屯垦宗旨的应有之义。生产队工作队战斗队"三个队",来自于毛泽东的人民军队建军思想。这一思想发端于井冈山红军时期,在抗日战争和解放战争时期得到进一步完善;为中国革命的成功发挥了极其重要的作用。新中国屯垦戍边实践中的"三个队",就是人民军队"三个队"思想这一宝贵财富在新的历史条件下的继承和进一步发展。把"三个队"作为屯垦戍边的根本任务,体现了对屯垦戍边内在关系的深刻把握。在屯垦戍边理论体系中,屯垦事业的战略目标是核心内容,这个内容规定着屯垦事业的具体任务。在革命战争年代,屯垦事业为了服务于革命战争、夺取全国政权的需要,规定了屯垦的任务是"战斗队'"工作队""生产队","战斗队"是放在第一位的;在社会主义建设时期、特别是在改革开放的新的历史时期,为了最大限度地发展社会主义国家的生产力,增强社会主义国家的综合实力,屯垦的任务变为了"生产队""工作队""战斗队",将"生产队"放在基础性的地位,这是屯垦目标对屯垦任务质的规定性的具体表现。"三个队"是为着实现屯垦目标所必需的,但这三个方面不是可以分开存在的,它是作为一个整体存在于屯垦事业之中,为了实现屯垦事业开发和建设边疆的经济目标,客观上要求必须以尽可能少的投入得到最大的收益,要求最大限度地发展生产力。实现这个目标要求我们有一支精通经济建设的生产建设队伍,必须完成"生产队"的任务;实现屯垦事业促进民族团结、反对民族分裂、保持边疆稳定、实现各民族共同繁荣的政治目标,要求我们除了发展经济以外,还要抽出大量的时间和精力去做群众工作,完成"工作队"的任务,让群众理解和支持我们的屯垦事业;实现屯垦事业保卫边疆、维护祖国统一的军事目标,要求我们保持一支具有一定实力的军事力量以完成"战斗队"的任务。这三个方面的任务的集合体,才是屯垦事业的根本任务。如果将它们分割开来,我们就无法区分屯垦组织的"生产队"任务与单纯的经济组织的生产任务、屯垦组织的"战斗队"任务与单纯的军事组织的战斗任务以及屯垦组织的"工作队"任务与其他行政组织的工作任务的区别。而正是这三个方面任务的有机结合,才使得我们将屯垦组织的任务与作为纯粹经济组织的农垦组织以及其他组织的任务区别开来。可见,"三个队"的任务既是特殊条件和特殊环境下的产物,也是屯垦事业发展的根本性和长期性的战略需要。无论是战争年代红色政权建立初期,还是在新中国建立以后边疆地区的艰苦创业时期,客观环境要求我们的屯垦要完成做经济工作、群众工作和军事工作三项任务,"三个队"的任务即是在特殊政治和自然环境中提出的。然而从整个国家的长治久安来讲,完成"三个队"的任务直至今天一点也没有过时,当然也不会过时,而且意义重大,缺一不可。完成"生产队"的任务为边疆稳定和国家长治久安奠定物质基础,完成"工作队"的任务为各项事业的发展奠定良好的社会和政治基础,完成"战斗队"的任务为屯垦事业提供稳定的社会环境。屯垦事业完成"三个队"任务对于整个国家发展战略来讲具有重大的战略意义。正如江泽民同志说的:它是中央治国安邦的重大战略决策,尤其是在当今国内还存在许多潜在的不安定因素、国际上政治风云变幻、国家安全在某种意义上来讲是遇到挑战的形势下,屯垦事业更好地执行"三个队"的任务,对于国家的长治久安和边疆的稳定更显出其重要性。要完成好"三个队"任务,必须紧紧围绕屯垦成边的整体要求,着眼于提高屯垦成边整体实力,确定主要任务和工作目标。屯垦成边实践中的"三个队",是兵团独特的组织体制所具有的内在功能。要完成好"三个队"任务,必须充分发挥出兵团的组织优势,使每项任务都得到有力的组织体制支持。

关于屯垦事业的发展战略。屯垦事业怎样发展?遵循什么思路发展?对此,屯垦成边理论在发展战略方面的内容强调:以经济建设为中心,同时发展其他各项社会和文化事业,在经济建设这个中心点上,坚持一业为主,多种经营。中国共产党领导下的屯垦早期是服从于军事任务而产生,但是在屯垦事业中以经济建设为中心任务却是一贯的,特别是十一届三中全会后更是如此。这是因为:第一,生产力是一切社会发展的最终的决定力量,把发展经济作为屯垦事业根本的目标,这是和平时期实现屯垦目标的本质要求。发展经济是更带有根本性的任务,这正如邓小平同志指出的:"中国能不能顶住霸权主义、强权政治的压力,坚持我们的社会主义制度,关键就看能不能争得较快的增长速度,实现我们的发展战略"。(《邓小平文选》,第三卷,第356页,人民出版社,1993年第一版)经济建设发展了,屯垦事业就有了强大的物质基础,屯垦事业的成功就有了根本的保证。如果经济不发展或者发展速度过慢,别说维护稳定,恐怕连自身的稳定与存在也将是非常困难的。第二,正确处理好戍边与实边的关系,是屯垦戍边理论发展战略中的一个重大的理论和实践问题。屯垦的目标在于戍边,但戍边的基础性工作在于实边,做好实边工作是戍边不可缺少的重要一环。随着政治经济环境的发展和变化,特别是在今天以高科技竞争为主要内容的综合性国力竞争成为国家安全的重要内容的时候,边疆屯垦除继续做好守卫边疆和防止外敌的入侵、渗透和骚扰外,更大量、更经常的工作是要大力发展屯垦事业的经济实力,在发展速度上起码要比周边国家快一点。与边疆各族人民一道共同建设一个繁荣富庶的边疆,其中增强屯垦组织自身的经济实力,则成为巩固和发展屯垦事业最重要的基础。不可否认,现有的屯垦组织,特别是如新疆生产建设兵团这样的屯垦组织,是执行屯垦戍边特殊任务的特殊组织,与普通的经济组织确有不同,但建立社会主义市场经济体制仍然是它的改革发展的目标之一,这与屯垦事业的最终目标是一致的。因此,改革内部体制,改善外部环境,大力发展生产力,繁荣经济,增强企业的活力,这些都是实边的重要内容。屯垦组织自身的强大与巩固,是实现戍边的重要前提之一。作为实现政治、经济、社会、文化等综合目标的特殊组织,如果没有坚实的经济基础,没有不断增强的、与完成其任务相适应的经济实力,屯垦事业就无法继续下去。第三,从屯垦的主要矛盾来讲,我们目前的屯垦经济实力与实现屯垦的目标之间确实还存在较大的距离,一旦发生重大问题,解决起来确实还存在许多困难。当前,发展屯垦事业的关键在于尽快发展屯垦经济,离开经济建设这个中心,我们的屯垦就有丧失物质基础的危险。因此,发展经济是屯垦事业的大局,在和平时期任何工作都要服从和服务于这个大局,而不能影响这个大局。以经济建设为中心,对屯垦事业发展具有决定性的意义,通过经济发展将会带动屯垦事业全面发展。第四,从国内战争结束后的环境来看,屯垦事业以经济建设为中心是可能的。无论是在冷战时期的美苏对峙,还是苏联解体后的多极世界,和平和发展始终是世界的两大主题。虽然战争爆发的可能性还存在,但和平力量的增长超过了战争因素的增长,世界性战争在可以预见到的未来可能还打不起来,以经济建设为中心,大力发展屯垦经济不仅是必要的,而且也是可能的。发展屯垦经济要把一业为主、多种经营作为经营战略,这是因为:其一,屯垦经济的基础主要是人民解放军开展大生产运动打下的,这种特殊的创业形式决定了屯垦经济是以农业为基础的。其二,屯垦经济是具有相对独立性的经济体系,屯垦地区一般来说在远离祖国中心地带的边远地区,特别是在远离都市的一线地区,在运输能力尚不十分发达的今天,屯垦战士和广大屯垦职工的生活需要在很大程度上是自己提供的,同时,经济生活的需求是多方面的,它决定了屯垦经济的发展不可能是单一的,必须一业为主,多种经营。也就是说,在确保农业发展的同时,要因地制宜地积极发展多种经营,全面发展农、林、牧、副、渔。其三,现代经济都是复合型的经济,屯垦经济是现代经济中一种较为特殊的经济,但它也不可避免地带有现代经济的特点,这是市场经济对屯垦经济发展提出的要求,否则在激烈的市场竞争中,屯垦经济的发展就会处于不利地位,因此,屯垦经济必然要以一业为主,实行多种经营。其四,所谓一业为主,一般情况下指的就是以农业为主,各行各业并举。具体到一个单位,可能有所不同,要一切从实际出发,不必一刀切。有的屯垦区以农业为主,农、林、牧、副业多种经营;有的以工业为主,建筑和交通运输多种经营;有的以商业为主,实行商业、外贸、物资、旅游全面发展;有的以文化事业为主,实行教、科、文、卫、体全面发展。虽然情况各不相同,但在一业为主、多种经营**这点上是一致的**。

　　关于屯垦事业的组织形式。屯垦事业的根本目标规定着屯垦事业的组织形式,构成了屯垦组织形式的逻辑根据。屯垦事业的核心和灵魂在于实现其既定的屯垦目标,为着最有效地实现屯垦目标必须建立起相应的最有利于达到这个目标的组织形式。屯垦需要的是能够较好地完成屯垦戍边的政治、经济、军事和社会等综合性目标的组织形式,历史上屯垦的组织形式是不断发展变化的,有军屯、民屯、犯屯、商屯等;现代则有军队形式、农垦形式、兵团形式等等。在所有各种屯垦戍边实现形式和载体中,生产建设兵团是集大成的形式,是典型和有代表性的实践载体。这种典型和代表性,体现在兵团实行"党政军企合一",具有与完成任务相应的组织体制保证。这个组织是一个完整的系统,以整体向国家负责,这样做便于理顺屯垦组织内部以及与方方面面的关系,便于屯垦组织在政治、经济和军事上的集中统一,发挥整体优势,使其充分发挥特殊作用的要求得到体现和落实。完成屯垦任务的组织形式有许多,但实践证明,最有效的组织形式之一,就是曾一度在全国发展到 10 多个并且现在新疆地区还存在和发挥着重要作用的生产建设兵团。兵团是一种特殊的组织形式,不能以某种固定的模式去套它,它既不是简单的经济实体,也不是纯粹的部队,它的兵团、师两级建制是具有一定行政职能的相当于国家机关的党政机关,它虽然行使一定的政府职能但又不是一级政府,赋予它行政职能的目的在于使其更好地"自行管理内部的行政司法事务",更有效地实现屯垦戍边的目标。它有企业的属性,兵团除了国营农场外,经营上包括了工、交、建、商企业,却又不是单纯的经济组织,这部分经济组织存在的目的是为了更好地发展经济以服务于屯垦戍边的目标。它有军队的特点和部分军队的职能,一旦出现不测事件,它要冲锋在前,为维护国家的统一和边疆的稳定发挥作用,但它又不是正规的军队,更不能替代正规部队的作用,而是像王震同志所说的那样:它是正规部队的预备队,它的这种准军事性能是为了在屯垦戍边这个意义上发挥其作用。总之,它是特殊条件下执行屯垦戍边使命、实行"党、政、军、企合一"的特殊组织,这种特殊性完全是由屯垦目标的特殊性决定的,也是由兵团"三个队"的综合任务决定的。其中的"党"、"政"、"军"、"企",既同其他社会组织有联系又有所区别;这是兵团区别于其他社会组织的根本性组织结构特征。党政军企合一中的"合一"有着丰富具体的内容;必须立足于"组织形式"层面加以理解,具体表现为在功能上、领导体制上、组织体制上和管理体制上的"四大合一"。党政军企合一既是兵团的整体特征和宏观要求,也是兵团各个独立组成部分的共同特征;既表现在兵团整体上,也表现在师、院校、团场、企业及事业单位上,其中,兵团、师和团场表现比较完全。党政军企合一最集中地体现在团场这一兵团事业的基础上。而团场也是兵团各种组织中党政军企合一的特殊管理体制同市场机制之间矛盾最为集中、突出和亟待解决的层面。党政军企合一使兵团具备了特殊的功能,形成了能够集中力量办大事、组织化程度高、集团化特征突出、劳动者素质较高等特殊优势,有效地适应了任务的需要、时代的需要、社会的需要和实践的需要。

这种组织形式的特点,一是具有集团性,它具有自成体系的国营农场群,既具有较大的规模和综合开发能力,又具有组织严密、纪律严明的特点。二是具有开发性,它在任何艰难险阻的情况下都具有一种无坚不摧的精神,表现出特有的突击性和战斗精神,特别是在边疆的开发和历次的抢险救灾斗争中都发挥了巨大的作用。三是具有适应性。由于这支屯垦部队是来自人民服务于人民的,因此为了边疆开发的需要,它能够在艰苦的条件下白手起家;为了边疆稳定和发展的需要,它能够战胜恶劣的环境,在一般的社会组织所无法生存的戈壁荒漠顽强地生存和发展,表现出强大的生存能力。祖国需要什么,它就能够干什么,而且能干得很好。四是具有战斗性。它是一个具有高度组织性、纪律性的准军事集团,它继承了人民解放军的光荣传统,它的战斗性既表现在军事行动中,也表现在经济建设中。它把革命军队的光荣传统和作风运用到经济建设上来,因而特别能吃苦,特别能战斗,特别讲奉献,特别顾大局。兵团这种组织形式在历史上发挥过并且仍在发挥着巨大的作用,然而在改革开放的新形势下,这种组织形式的某些方面在一定程度上不适应或不完全适应市场经济的新形势的要求。怎样解决这个问题，就摆在我们的面前，我们应当从市场经济的实际出发，不断完善现有的屯垦组织，使之具有更大的活力，能在市场经济的竞争中始终立于不败之地。

关于屯垦事业的实践主体。屯垦事业的实践主体是由屯垦的目标和任务决定的、又反过来为屯垦目标而奋斗的人。实现屯垦事业在特定时期的特定的目标和完成屯垦任务的特殊要求，构成了对屯垦事业特定时期的实践主体的特殊要求。这种特殊要求，一是在屯垦主体的数量上要有与屯垦目标相适应的队伍，特定屯垦地区特定的目标对屯垦实践主体的人员的数量有一定的要求，二者要相适应，人数过多或过少都不利于最有效地实现屯垦目标。二是屯垦实践主体要具备相应的集政治、文化和军事素质为一体的综合性素质，为了执行"生产队"任务，这支队伍要有较高的科学技术水平、较高的劳动技能，要代表较先进的生产方式；为了执行"战斗队"的任务，这支队伍要有一定的军事素质和一定的军事技能，要有与维护稳定和巩固国防相适应的战斗力；为了执行"工作队"的任务，这支队伍要懂得马克思主义民族理论和党的民族政策，要能够胜任促进民族团结、反对民族分裂的任务。为了适应在艰苦环境创业，要求这支队伍要有特别能吃苦、特别能开拓、特别讲奉献的精神，包含上述内涵的综合素质正是对屯垦实践主体的基本要求。

屯垦事业的实践主体是随着屯垦实践的发展变化而发展变化的，几十年的屯垦实践已经证实了这一点。在战争年代，屯垦最直接的目标是完成军事任务，这时要求屯垦主体的素质主要是军事上过硬，要能打仗会打仗。在转入经济建设以后，边疆地区的屯垦除了要具备一定的军事素质以外，对屯垦者的综合素质有了更高的要求，特别是对于他们的科技素质和文化素质有了更高的要求。这一点可以从屯垦的不同时期屯垦人员的变化看得十分清楚。当然，我们丝毫不能因此否认在当今条件下屯垦实践主体所担负的军事任务，丝毫不能降低对他们在军事素质方面的要求。江泽民同志多次强调：边疆屯垦的战士除了具备文化科技素质外，还**必须要有一定的军事素质。就新疆生产建设兵团的实际来看，这支屯垦**

队伍的实践主体大致由以下几部分人员组成:一是进军新疆早年开拓新疆屯垦事业的解放军将士和他们的后代,二是历年转业的解放军干部战士及其后代,三是历年由内地支边的青壮年及其后代,四是历年从城市来的知识青年及其后代,五是历年分配来的大中专毕业生及其后代,六是历年自动支边人员及其后代,七是由于屯垦事业本身的吸引力而自动参加到这个屯垦群体中来的其他人员及其后代。这样一支队伍相对来讲素质比较高,它使屯垦事业有了较高起点和能够迅速发展的特性。这种高起点和迅速发展的特性表现在:它不是一支单纯的生产部队或者战斗部队,而是一支寓兵于农、兵农结合的能够担负屯垦和戍边、建设和保卫边疆任务的特殊队伍;它保持着人民解放军的组织形式,具有严格的组织纪律和雷厉风行的战斗作风;它保持着人民解放军的政治工作制度和光荣传统作风,能够在最艰苦的环境中将革命的传统发扬光大;它最忠实、有效地执行中央赋予的"生产队"、"工作队"和"战斗队"的光荣任务;这支队伍在整体上有较高的文化科技素质,有较强的劳动技能,因而表现出较高的劳动生产力;特别值得一提的是,这支队伍在经济发展的集团化、集约化等方面具有其他任何组织无可替代的优势。所有这些,都使得屯垦事业的发展具有较高的起点和迅速发展的特征,40多年的实践(除去兵团解散的损失和恢复时将主要的支柱企业交给地方)已经在边疆初步建立起现代农业和现代工业体系,没有一支较高素质的队伍,要实现这些目标,显然是不可能的。根据兵团职工队伍的新变化,适应建设屯垦戍边新型团场的新要求,建设一支结构合理、数量足够、相对稳定、素质较高的新型职工队伍,是关系兵团屯垦戍边事业发展全局的重大而紧迫的课题。

关于屯垦事业的实现途径。屯垦事业的目标是屯垦戍边理论的灵魂,完成屯垦事业的"三个队"任务是实现屯垦目标的重要保证,采取什么方式、通过什么途径完成"三个队"任务则是关系到"三个队"的任务能否完成、完成程度的重要环节。屯垦戍边理论将劳武结合、屯垦戍边视为屯垦事业最有效的实现途径。

第一,这种实现途径是由屯垦目标和屯垦任务决定的。屯垦目标和屯垦任务的多重性决定着要实现屯垦戍边结合和劳武结合。劳武结合中的"劳"主要指从事经济建设,是屯垦的具体表现形式;劳武结合中的"武"主要指的是保卫国防、维护祖国领土完整。为了达到戍边的军事目标,就必须采取屯垦的经济形式;为了达到屯垦的经济目标,就必须有与之相适应的军事实力进行戍边。或者说,为了养"武",必须以"劳"作为支撑点,提供"武"所必需的物质基础;为了有一个好的"劳"的环境,就必须以"武"作为保证。毛泽东同志称之为"站在国防建设的最前线,经济建设的最前线"。有了劳武结合和屯垦戍边结合,屯垦目标的实现才是可能的。

第二,从屯垦的自然环境来看,屯垦一般是在地域广阔、环境恶劣、交通不便、经济相对落后的多民族地区进行的,由于情况相对复杂,这些地区又是事端多发之地,一旦有事,采取军事行动的时候,都存在路途遥远、运输不便、军需物资消耗过大的问题。为了扭转这种局面,需要屯垦戍边结合,劳武结合,做到出则为兵,入则为民,这样就能较好地解决远距离运输不便的问题,更重要的是它发展了多民族地区的社会生产力,增强了那里的经济实力,成为稳定边疆不可缺少的一支重要力量。

第三,从屯垦地区的社会环境来看,多是历史上民族、宗教问题比较复杂的地区,既有国外势力的插手,也有国内民族分裂主义分子的兴风作浪,随时都有可能出现各种不测事件。只有"劳"或者"武",其中的任何一手都不行,必须有屯垦和戍边两手,必须有"劳"与"武"两手,而且"两手都要硬"。如果没有屯垦经济的快速发展,边疆地区相对落后的局面不能迅速转变,甚至相反,与发达地区的差距越拉越大,就会给分裂主义势力进行捣乱破坏提供可乘之机,从而动摇屯垦事业的基础,如果出现情况,戍边的任务就难以完成。相反,如果离开戍边讲屯垦,离开"武"讲"劳",我们的屯垦组织也就成了单纯的经济组织,一旦发生不测事端,我们就难以用实力迅速有效地解决问题,屯垦组织也就失去了存在的价值。劳武结合、屯垦与戍边结合的方式不是一种权宜之计,它将会长期存在。这是因为:其一,国家是阶级矛盾不可调和的产物,只要国家存在,屯垦事

业就会存在;只要屯垦存在,就必然以屯垦与戍边结合、劳武结合的方式实现屯垦的目标。其二,国内外的环境以及分裂主义的本性决定了分裂主义的活动不可能自行消失,它们会长期存在并且猖狂地活动,这是危害祖国统一和社会稳定的主要因素。我们对付分裂主义的重要手段之一,就是在民族地区加强屯垦,而屯垦目标的实现就必然要将屯垦与戍边结合,将"劳"与"武"结合。其三,社会主义的根本任务是解放和发展生产力,在边疆地区和民族地区,发展经济的最有效手段就是以发展屯垦事业、屯垦与戍边结合、劳武结合,从而带动整个边疆地区经济的发展,这是实现屯垦目标的最有效的手段。

关于屯垦事业的精神特征。在继承中华民族勤劳勇敢优良传统的基础上,在长期艰苦卓绝的屯垦实践中,在新的历史条件下将我党我军的政治本色和光荣传统加以发扬,进而形成以屯垦戍边、自力更生、艰苦奋斗、开拓奋进为核心内容的屯垦精神。屯垦精神对推进屯垦戍边事业具有凝聚人心、展示风采、弘扬价值、动员激励、化解矛盾、满足精神、提升素质等重要推动作用。屯垦精神是就全国而言的,不同的垦区有各自的表述,其中最有代表性的是新疆生产建设兵团的兵团精神,以"热爱祖国、无私奉献、艰苦创业、开拓进取"为主要内容的兵团精神,是屯垦戍边先进文化建设的核心和根本,体现了屯垦戍边的核心价值观和兵团人的特质,代表了兵团文化的前进方向和旗帜。它的政治灵魂是社会主义的方向、为人民服务的宗旨和爱国主义的精神,它的神圣使命是实行屯垦戍边,它的精神特征是自力更生、艰苦奋斗、开拓奋进。

屯垦精神之所以具有这些突出的特征,是因为:(一)它与屯垦部队的主体来源和光荣传统有着密切的联系。新中国屯垦事业的基础是由人民解放军奠定的,现今的屯垦部队就是由中国人民解放军集体转业而组成的,它完全继承了人民解放军的优良传统和作风,保持了人民军队的基本建制和政治工作制度。(二)它与屯垦事业的发展、壮大相伴随。屯垦事业是在艰苦的环境中创立、发展、壮大的,克服困难、勇于拼搏、不怕牺牲都是在这种艰苦环境中磨炼出来的,在长期的生活奋斗中,这些品格则逐步成为屯垦人固有的品格和习性。(三)它的产生与我们的国情密切相关。中国正处在社会主义的初级阶段,我们国家的经济还比较落后,边疆垦区与内地相比就更加落后,在经济发展滞后的条件下,屯垦戍边遇到的困难就更多一些。为了解决经济上的相对落后带来的问题,更需要发挥精神的力量,弘扬以艰苦奋斗为主要内容的屯垦精神就成为历史的必然。研究屯垦精神对于屯垦事业意义重大。因此:1.要把屯垦精神作为一种社会风貌,即新型的社会形态的精神标志来研究。屯垦的价值固然在于它创造了多么巨大的物质财富,但更在于它创造了高水平的精神文明。屯垦精神作为屯垦这种崭新的社会形态的重要标志体现在屯垦人生活的方方面面,既体现在社会政治思想,也体现在屯垦的经济活动,还体现在屯垦人的心理素质方面。2.要把屯垦精神作为时代精神来研究。研究屯垦精神不能离开屯垦的实际,即要联系屯垦的社会生活、社会关系和政治、经济、文化来研究,另一方面要摆脱历史的局限性,抓住各个时代具有特殊的、稳定的、共同的东西进行研究。3.要把屯垦精神作为一种开放的体系进行研究。屯垦事业是在历史的长河中延续的,屯垦精神也会随着时代的发展而发展。如果兵团精神同变化中的历史实际、同现实的社会生活相脱离,就不会真正被人们所接受。4.要把屯垦精神同新的历史情况结合起来,使其在内容和形式上都得到发展。屯垦精神是随时代的发展而发展的,它的实质不会因时代的改变而改变,时代精神不断为屯垦精神补充新的内容,屯垦精神也因时代的变化而不断丰富、调整和更新。

关于屯垦戍边的必要前提。处理好兵团和地方的关系,是发展屯垦戍边事业的必然要求。兵团是新疆的重要组成部分,兵团的发展与新疆整体环境密不可分。兵团与地方毗邻而居、往来密切,形成区域经济共同体。市场经济要求兵地相互开放,才能实现资源最有效配置和更大发展。处理好兵团和地方的关系,是履行屯垦戍边使命的题中应有之义。履行屯垦戍边使命的目的,在于形成军、兵、警、民"四位一体"共同抵御防范分裂破坏势力的格局,在于团结新疆各民族形成边疆同守、资源共享、优势互补、共同繁荣的局面。没有和谐的兵地关系,兵团的发展就会受到限制,兵团履行屯垦戍边使命的能力就会受到影响。和谐的兵地关系加强了兵团在新疆经济发展、社会稳定和边防巩固中的作用,为兵团充分发挥"三大作用"提供了有效的途径。历史表明,兵团是新疆不可分割的重要组成部分;新疆的发展和稳定,既包括地方的发展和稳定,也包括兵团的发展和稳定。兵团的发展离不开自治区各级政府和各族人民的帮助与支持。新疆的发展,也需要兵团更好地发挥出建设大军、中流砥柱和铜墙铁壁的作用。融合发展是构建和谐兵地关系的主要途径。兵团的特殊性取决于新疆环境的特殊性,只有在服务新疆工作大局中、在与地方的融合发展中才能更充分地体现出兵团自身的特殊价值。融合不是一方吃掉另一方,而是优势互补、资源共享、充分发挥各自优势和特色,实现共同繁荣。加大对融合发展方式的探索和创新。探索和丰富融合的内容、形式、手段和途径,既要发展经济融合,更要发展政治、文化、社会融合,前提是思想感情融合,在融合发展中不断巩固"边疆同守、资源共享、优势互补、共同发展"的局面。构建和谐兵地关系,要求自治区党政进一步加强对兵团的领导和支持,兵团自觉接受领导,服从服务新疆大局和统一规划,妥善处理兵地间的各种具体问题,积极发展兵地融合型经济,多为地方各族人民做好事,在实现兵团自身发展的同时,帮助和带动所在地区的发展。

三、屯垦戍边理论的学科体系

屯垦戍边理论的理论体系和屯垦戍边理论的学科体系是两个不同层次的内容,如果说屯垦戍边理论是属于基本理论层次上的内容,那么屯垦戍边理论的学科体系则是属于这个基本理论层次之下应用层次上的内容,屯垦戍边理论的学科体系是屯垦戍边理论在不同领域的具体运用所形成的一系列的分支学科。就我们掌握的资料和初步的理解,屯垦戍边理论的学科体系主要应该包括屯垦政治学、屯垦经济学、屯垦社会学、屯垦组织学、屯垦军事学、屯垦历史学和屯垦文化学等分支学科。这种分类也许不一定完全合理,也不一定完善。因为其一,这些学科所涉及的内容虽然基本上是属于屯垦戍边理论研究的对象,但有些还很难说完全是屯垦戍边理论的内容;其二,这里所列举的分支学科可能没有穷尽屯垦戍边理论应该包括的所有学科。由于屯垦戍边理论的研究还处于起步阶段,对于博大精深的屯垦戍边理论恐怕不是我们在短时间内能够全面深刻领会的。因此,我们对屯垦戍边理论体系的这种分类还只是初步的,也很难说得上完全科学,有些问题还仅仅是提出了一个轮廓,并没有来得及深入探讨,我们相信随着研究的深入,对屯垦戍边理论体系的分类也会逐步趋于合理和完善。就本书的内容而言,是就屯垦戍边理论的理论体系进行研究,我们之所以在这里将一些初步的意见提出来,是希望对后来的研究者进一步深入研究有所帮助,对今后的研究工作起到积极的借鉴作用。

关于屯垦政治学。屯垦政治学是将屯垦戍边理论的基本理论运用到屯垦政治领域进行研究而形成的分支学科,属于屯垦戍边理论与政治学的交叉学科,它是研究屯垦领域政治关系和政治规律的科学。屯垦政治学研究的主要内容大致应该包括:一是研究屯垦作为一种政治现象,它的实质、过程和目的以及政治价值的观念体系。它要阐明屯垦作为一种政治现象,它的政治意义与价值;二是研究作为政治意义的屯垦组织的起源、本质、制度、职能、组成形式;三是研究屯垦怎样服从和服务于社会主义大局目标;四是研究屯垦事业中正确处理民族矛盾的问题;五是研究屯垦事业发展的政策和策略问题;六是研究影响屯垦地区政治形势的各种政治力量和因素,各个侧面和细节等;六是研究正确处理垦区的各种矛盾。

关于屯垦经济学。屯垦经济学是将屯垦戍边理论的基本理论运用到屯垦经济领域进行研究而形成的一门新学科,属于屯垦戍边理论与经济学的交叉学科。它是研究屯垦领域经济关系和经济规律的科学。屯垦经济学的研究对象:一是研究屯垦领域的基本经济特点及经济规律的具体表现形式;二是研究屯垦事业与国民经济的协调发展及相互作用;三是研究屯垦活动的经济管理秩序、方法、原则;四是研究屯垦经济的结构分析、结构变化规律、产业结构、就业结构、投资结构等；五是研究屯垦劳动力的管理、劳动报酬和各项福利事业的发展问题；六是研究屯垦劳动组织的形式；七是研究屯垦的消费能力、消费特点、消费关系、消费形式、消费内容及其变化规律，研究屯垦消费水平、消费结构、消费方式、消费市场、消费效果、消费模式等；八是研究屯垦经济与地方经济的协作；九是研究屯垦经济适应市场经济的问题；十是研究屯垦科技领域基本经济特点及经济规律的具体表现形式，科学技术与屯垦经济的协调发展及其相互作用，科学研究的经济评价，还要对屯垦经济发展的趋势、过程、规律等进行科学的预测；十一是研究教育在屯垦经济中的作用，研究教育投资的有效利用及其经济收益，研究教育与屯垦经济的关系的表现形式和规律性等等。

关于屯垦社会学。屯垦社会学是将屯垦戍边理论的基本理论运用到屯垦社会领域研究而形成的一门新学科，属于屯垦戍边理论与社会学的交叉学科。它是以屯垦的社会整体及其发展为研究对象，通过考察屯垦社会行为和社会关系，揭示存在于屯垦各历史阶段的各种社会形态的结构、功能及其发展变化过程和规律。屯垦社会学研究的对象：一是运用屯垦戍边理论的基本理论研究屯垦社会中的重大理论问题，如研究屯垦社会的发展动力、影响屯垦社会变化的各种社会因素、屯垦社会的演进过程、屯垦的社会组成、屯垦社会的制约因素等方面的问题，研究屯垦社会与整个社会的关系，揭示屯垦社会的特殊性；二是运用屯垦戍边理论的原理研究屯垦社会的实际问题，如社会福利、社会事业、社会政策等，从社会学的角度提出最佳设想，提供对策；三是研究在屯垦社会中家庭的形式、职能、发展演化以及家庭与屯垦的关系等；四是用社会学的理论对屯垦史料进行分析，探讨现存的历史因素与当代各种现象之间相互关系和规律，探讨现存历史因素沉淀的规律和形式，通过现存历史因素与社会进步的关系，寻求屯垦社会对现存历史因素的正确处理方法；五是研究屯垦社会的劳动关系，探讨劳动主体、劳动形式、劳动内容的变化，探讨屯垦社会组织与劳动者阶层各个领域的变化及规律，分析屯垦社会各类职业的领导人员和工作人员各种活动的特征。

关于屯垦组织学。屯垦组织学是将屯垦戍边理论的基本理论运用到屯垦组织领域研究而形成的一门新的学科，属于屯垦戍边理论与组织行为学的交叉学科。它是以屯垦组织为研究对象的一门科学。屯垦组织学研究的对象：一是屯垦组织的目标的确立和变化，屯垦组织的作用，屯垦组织设置的原则；二是屯垦组织的管理，包括正式组织和非正式组织的管理，即为了实现目标对组织活动进行计划、组织和控制的过程；三是屯垦组织的责、权、利关系，特别是研究屯垦组织权力与社会权力的协调问题；四是屯垦组织的环境与屯垦事业发展的关系；五是屯垦组织的结构，即屯垦组织内部各部分之间的关系及组合形式，是怎样构成一个完整的体系的；六是研究屯垦组织与地方组织、军队组织的关系，为协调好它们之间的关系提出对策。有人提出的"兵团学"，就属于屯垦组织学的范畴。

关于屯垦军事学。屯垦军事学是将屯垦戍边理论运用到屯垦军事领域研究而形成的一门新的学科，它属于屯垦戍边理论与军事学的交叉学科。它是研究屯垦组织的戍边功能及其规律，并用于指导备战防边和稳定社会的科学。屯垦军事学研究的对象：一是研究屯垦武装力量的组织、训练，战备物资的储备和应用；二是研究屯垦武装力量作为国防后备力量的动员、组织和建设，特别是研究如何提高军垦战士的军事素质；三是研究屯垦武装的合理布防和合理补充；四是研究屯垦武装与正规军的关系与协调，屯垦武装与武警、地方民兵关系的协调，屯垦武装与各种武装协同作战等；五是研究屯垦武装在国防建设中的地位作用；六是研究国防建设对屯垦武装的数量和质量需要的程度；七是研究和平时期对屯垦武装的管理；八是研究建立适应战时要求的快速动员体制与机制；九是研究屯垦武装对敌斗争的规律、特点和作战原则；十是研究屯垦事业中的劳武结合的问题，屯垦与戍边结合的问题；十一是根据现代社会中突发事件的特点，研究屯垦军事人才的培养目标和特殊要求，研究在和平时期培养屯垦戍边事业人才的途径。

关于屯垦历史学。屯垦历史学是将屯垦戍边理论的基本理论运用到对屯垦历史领域进行研究而形成的一门新的学科，它属于屯垦戍边理论与历史学的交叉学科。它的主要研究对象:一是研究屯垦事业的萌芽、成长、发展、演变的过程,研究屯垦史中的重大理论问题和实践问题,总结屯垦事业中的历史经验,揭示屯垦事业发展的普遍规律和特殊规律、发展方向;二是研究发挥屯垦历史学的社会功能、教育功能和科学认识功能;三是研究在历史唯物主义理论指导下,探讨屯垦历史学作为一门科学自身发展的理论和方法,探讨屯垦历史研究实践中提出的带有普遍意义的各种问题;四是研究在广泛搜集屯垦史料的基础上,对屯垦史料进行校勘、考订和编纂,在众多的史料中发现和鉴别有价值的、能反映屯垦本质的史料;五是对屯垦政治的发展史、屯垦经济的发展史、屯垦文化发展史以及屯垦中的家庭史、民俗史等进行分科研究。

关于屯垦文化学。屯垦文化学是将屯垦戍边理论的基本理论运用到屯垦文化领域研究而形成的一门新学科,它属于屯垦戍边理论与文化学的交叉学科。屯垦文化学是研究在屯垦事业中文化现象及其规律的一门科学。屯垦文化学研究的对象:一是研究屯垦实践者的精神文化,即他们的意识活动的所有形态及其产物;二是研究屯垦实践中产生的符号系统,包括语言和其他表意符号,包括来自各地的汉民族之间的语言的交融和汉族与少数民族之间的语言的交融所产生的新的现象,即文化融合和文化趋同现象,研究原来的文化体系由于新的因素的纳入而引起的变化过程;三是研究屯垦实践中的规则规范,包括成文的和不成文的政策法规以及垦区的风俗习惯;四是研究屯垦的各种社会关系及其社会组织;五是研究屯垦的物质产品和生产方式;六是研究屯垦实践中的家庭、婚姻和生活习俗等问题。

伟大的实践呼唤创新的理论;屯垦戍边新的伟大实践,对创新屯垦戍边理论提出了新的要求,迫切需要屯垦戍边理论创新成果的指导。屯垦戍边独特而丰富的实践,提供了屯垦戍边理论创新的丰富食粮,提供了广大理论工作者施展才华的广阔舞台。面对屯垦戍边实践过程中的新情况、新问题,迫切需要从理论高度给予解决,迫切需要新的理论的指导和支撑。总结屯垦戍边实践的丰富而宝贵的经验,不断创新屯垦戍边理论,是兵团内外广大理论工作者,特别是有志于发展屯垦戍边理论的理论工作者义不容辞的职责。屯垦戍边实践没有止境,屯垦戍边理论的创新也同样没有止境。发展屯垦戍边事业,必须坚持理论创新,通过理论创新推动文化创新、制度创新等各种实践创新,不断开创屯垦戍边事业的新局面。

请照照这十面镜子

——写在毛泽东诞辰 120 周年之际

　　群众路线教育实践活动四句话总要求的第一句就是"照镜子"。今年适逢毛泽东诞辰 120 周年,我从毛泽东群众路线思想宝库取来十面镜子,这些镜子虽然存封多年,但每一面仍然那么锃亮,足以照出我们面部和思想的灰尘和瑕疵。我恭恭敬敬地把它们立在这里,请我们的党员干部在每一面镜子前多停一会,细照一照,反思一下,看看我们对党的群众路线理解多深,执行得怎样,看看我们与群众关系处于一种什么状况,给自己的思想"洗一次澡"。

　　第一面镜子:"人民,只有人民,才是创造世界历史的动力"①。请照一照这面历史唯物主义镜子,看看我们对人民群众的主体地位认识是否到位? 毛泽东认为杰出人物的意志不能决定历史进程,不能随心所欲地创造人类历史,强调"只有人民"才是创造世界历史的动力,并不否认杰出人物的作用,而在于回答谁是历史发展中的决定力量。抗日战争时期,毛泽东就提出一个著名论断:"战争的伟力之最深厚的根源,存在于民众之中。"②我们躬身自问一下:我们对群众、个人的历史作用的关系,对个

---

①　《论联合政府》(1945 年 4 月 24 日),《毛泽东选集》第三卷,人民出版社 1991 年版,第 1031 页。

②　《论持久战》(1938 年 5 月),《毛泽东选集》第二版,人民出版社 1991 年版,第 511 页。

人和集体、领袖和群众之间的相互关系认识是否清醒？在我们的心里，谁是推动中国改革开放和社会事业取得举世瞩目成就的最终决定力量？谁是社会的精神财富的真正创造者？我们是否真正把人民群众看作是对社会历史起着推动作用的动力？我们是否因为劳动知识分子在精神财富的创造过程中的重要作用而否认人民群众的社会实践活动是科学、文化、艺术的唯一源泉？当人民群众创造历史的活动要受到社会历史、经济、政治和精神条件制约的时候，我们是否会不恰当地夸大个别人物的作用，从而把个别人物的思想和意识看作是决定世界历史发展的根本动力？我们是否明白，群众在社会变革中这种作用的发挥和力量的显示，是需要通过无产阶级政党的凝聚来实现的道理？我们是否懂得，党之所以有力量，之所以能战胜各种困难，是因为有广大的群众支持，失去了群众就失去了力量源泉的道理呢？如果我们承认人民群众是历史的创造者，我们对人民群众就应当存有敬畏之心，做到心有所敬，行有所循，心有所畏，行有所止。

第二面镜子："我们的权力是谁给的？是工人阶级给的，是贫下中农给的，是占人口百分之九十以上的广大劳动群众给的。"①请照照这面共产党人权力观镜子。毛泽东这番话在今天仍然具有很强的针对性，对一些领导干部在权力观方面存在的突出问题真可谓一针见血。请反思一下，我们是否懂得人民委托给我们的权力，个人拥有的只是代表人民利益的使用权，但权力的主体依然是人民群众的道理呢？我们会不会说，我的权力是继承来的，我的权力是自己争的，我的权力是上级给的，我的权力是前任传的呢？请反思一下自己，我们是用手中的权力来为人民办好事呢，还是把它当作获得金钱、美色的工具，当作个人飞黄腾达、光宗耀祖的途径，视为个人"私恩"的产物，甚至把它作为效忠个别人的工具呢？请扪心自问，我们手中的权力是否完全在阳光下运行，是否接受了必要的监督，运行中是否有偏向、越轨和出格的情况？在对待权力问题上，我们是

---

① 《共产党基本的一条就是直接依靠广大人民群众》（1968 年），《建国以来毛泽东文稿》第 12 册，中央文献出版社 1998 年版，第 581 页。

否做到了"吾日三省吾身"？我们是否做到了毛泽东要求的那样，"这个政府的工作人员对于人民必须是恭恭敬敬地听话的"①，是否尊重了民意，是否能够把自己的主观意志和民意协调和统一起来，避免用主观意志代替民意了呢？我们是否把人民满意、拥护、赞成、高兴和答应作为检验我们工作成效的首要标准呢？我们是否真正做到了淡泊名利，守得住清贫，真正做到廉洁自律，不为利所惑，无愧共产党人的称号呢？我们是否懂得，人民赋予的权力意味着为人民服务的责任和义务，而且职位越高权力越大，所肩负的责任就越重，任何消极怠工、玩忽职守、互相推诿的工作作风，实际上是糟蹋权力、轻视人民的道理呢？如果我们承认权力是人民赋予的，就应当以如履薄冰的心态对待权力，做到权为民用，无私奉献，责为民守，殚精竭虑。

第三面镜子："我们一切工作干部，不论职位高低，都是人民的勤务员，我们所做的一切，都是为人民服务，我们有些什么不好的东西舍不得丢掉呢？"②做人民的勤务员是我们党一以贯之的优良传统和作风，也是我们党"执政为民"理念的生动体现。请照照这面干部定位的镜子，看看我们有没有高高在上、以管理者自居，拍脑袋决策、拍桌子办事的情况？我们是否真正把群众的冷暖挂心中，救危济困解民之难？我们是否能够正确对待群众诉求，能办的事情马上就办？我们是否凡事按制度办，有没有打着"勤务员"幌子，贪图索取，不求奉献的情况？有没有利用"勤务员"的特殊岗位，沉溺于物质享受，陶醉于纸醉金迷，收礼受贿，违法乱纪的情况？有没有官僚主义，不思进取，得过且过的情况？你也许会讲，共产党员也是人，做人民勤务员不是要完全取消个人利益。不错，干部也有个人利益，但做人民勤务员，并不是要谋取个人利益，而是为群众谋利益；全心全意为人民服务是你的职责，对干部作为公共人的公共品格，应当站在公共利益和公共人的角度对作为普通人的个人私欲进行约束和抵抗。

---

① 《为什么要讨论白皮书？》(1949 年 8 月 28 日)，《毛泽东选集》第四卷，人民出版社 1991 年版，第 1503 页。

② 毛泽东：《一九四五年的任务》，《解放日报》1944 年 12 月 16 日。

我们还应反思一下,我们是否掌握了为人民服务的真实本领,忠实执行党的路线方针政策,真正无愧于人民勤务员的光荣称号?是否存在交通便捷了,到基层去反而少了,通讯发达了,与群众的沟通反而难了的现象?我们是否对群众有感情用真情,考虑问题换位思考,真正把群众当成自家人,把急难烦的"百姓事"当作"自家事"来办?我们是否把"做人民勤务员"作为座右铭装在心里,把这一理念融入日常工作、学习和生活,把为人民服务作为自己的一种党性修养?

真正把自己作为人民群众的勤务员,就要做到毛泽东所要求的:"共产党员在政府工作中,应该是十分廉洁、不用私人、多做工作、少取报酬的模范"。①

第四面镜子:"在我党的一切实际工作中,凡属正确的领导,必须是从群众中来,到群众中去",要求"将群众的意见(分散的无系统的意见)集中起来(经过研究,化为集中的系统的意见),又到群众中去做宣传解释,化为群众的意见,使群众坚持下去,见之于行动,并在群众行动中考验这些意见是否正确。然后再从群众中集中起来,再到群众中坚持下去。如此无限循环,一次比一次地更正确、更生动、更丰富"。②。请照一照群众路线工作方法的镜子吧,在我们的工作中,我们是否深入基层、深入群众、到最困难偏远的群众中去、到群众最需要的地方去?是否真正扑下身安下心真正察民情、知民困、解民忧?我们是否善于倾听群众呼声、反映群众意愿、集中群众智慧、努力使我们制订和实施的各项政策和措施更好体现人民群众的愿望和利益?在工作中,我们是否善于虚心倾听各方面群众的意见,获取来自于群众的真实材料,并且将这些材料进行去粗取精、去伪存真的科学"加工",形成系统的领导意见,形成符合实际情况的工作指示、政策、计划和办法?是否善于把群众中的智慧、经验、要求和呼

---

① 《中国共产党在民族战争中的地位》(1938年10月14日),《毛泽东选集》第二卷,人民出版社1991年版,第522页。
② 《关于领导方法的若干问题》(1943年6月1日),《毛泽东选集》第三卷,人民出版社1991年版,第899页。

声集中、提炼、概括而成的领导意见和规律性的东西,通过深入细致的宣传教育工作和思想政治工作,使之化为群众的意见,付诸实践,并在群众的实践中加以检验、丰富和发展? 当我们下基层的时候,有没有在到来之前就布置好考察线路,安排好高档宾馆,设计好要见面的人员? 我们是否真正了解群众的思想、情绪、要求、呼声,代表和反映群众的利益,使相信群众、依靠群众的路线落到实处? 如果我们认同从群众中来、到群众中去的工作方法,就要尊重群众首创精神,多听听群众怎么说、多问问群众怎么看、多请教群众怎么干,带着问题下基层,装着答案回机关,确保寻得改革发展的真知灼见,找到为人民服务的锦囊妙计。

第五面镜子:"群众是从实践中来选择他们的领导工具、他们的领导者。被选的人,如果自以为了不得,不是自觉地做工作,而以为'我是何等人物'! 那就错了。我们党要使人民胜利,就要当工具,自觉地当工具"。① 请照一照干部与群众关系这面镜子吧,我们是否懂得领导作用是通过当好群众的工具来实现的道理? 我们有没有自以为是先进分子,是领导者,比群众懂得多,因而遇事不向群众学习,不同群众商量的情况呢? 我们是不是以人民群众的利益为利益,以人民群众的意志为意志,有没有把特殊的利益和意志凌驾于群众之上呢? 我们是否认为自己拥有向人民群众实行恩赐、包办、强迫命令的权力,拥有在人民群众头上称王称霸的权力呢? 当我们的主张只有少数人赞成时,我们在保留意见的同时,在行动上是否服从群众的多数? 我们在处理与人民群众的关系时,是否存在借所谓"加强党的领导"之名,不尊重人民群众当家做主的地位和权利,不尊重国家法律的权威和尊严,将自己的地位凌驾于人民群众之上,将自己掌握的权力凌驾于国家法律之上,严重地损害党的形象和党的领导的声誉的情况呢? 在我们党长期执政和发展市场经济的条件下,是否有"工具"发生变异甚至异化的情况呢? 如何才能保证党始终是人民群众

---

① 《第七届中央委员会的选举方针》(1945 年 5 月 24 日),《毛泽东文集》第三卷,人民出版社 1996 年版,第 373—374 页。

的工具？如果我们真正把自己作为群众的工具，那就要甘当改革发展的"铺路石"、乐做服务群众的"开路人"，不急功近利，不劳民伤财，创一流的惠民业绩，让群众得到真正的实惠。

第六面镜子："为群众服务，这就是处处要想到群众，为群众打算，把群众的利益放在第一位"。① 在苏维埃时期，毛泽东就指出："我们应该深刻地注意群众生活的问题，从土地、劳动问题，到柴米油盐问题。……这些群众生活上的问题，都应该把它提到自己的议事日程上。"②请照一照这面群众利益的镜子吧，在我们的心中人民的利益是不是高于一切？我们是否真正把群众利益放在心上，牢固树立群众利益无小事的理念，是否懂得群众利益的"小事"往往是直接关系社会主义现代化建设的大事，众多小事积累起来不解决就会变成大事，就会影响群众的积极性、影响中华民族伟大复兴的道理呢？我们是不是把一切为了人民群众的利益作为我们活动的根本出发点，是否做到了一切工作都是要为了群众，服务群众，依靠群众的智慧和力量呢？我们是否坚持问政于民、问需于民、问计于民，想问题、做决策、做工作真正从群众利益出发？我们是否真正树立了"人往群众走，人往困难走，人往矛盾走"的务实之风，真正了解和掌握群众根本利益没有得到有效保障的深层次原因，尽力解决群众最关心最紧迫的事情？在当前社会贫富悬殊加剧的情况下，我们是否正确处理了这些彼此对立的利益诉求？是否存在对群众生活疾苦漠不关心，对群众上访麻木不仁，能推则推、能拖则拖、能躲则躲的现象？是否存在决策偏差和失误损害群众利益的情况？如果我们把群众的利益切实放在第一位，就应当把群众呼声作为第一信号，把群众需求作为第一选择，把群众满意作为第一标准，确保民有所呼、必有所应，民有所需、必有所为。

---

① 《论合作社》(1943 年 10 月)，《毛泽东著作专题摘编》(下)，中央文献出版社 2003 年版，第 1883 页。

② 《关心群众生活，注意工作方法》(1934 年 1 月 27 日)，《毛泽东选集》第一卷，人民出版社 1991 年版，第 133 页。

第七面镜子:"向人民负责和向党的领导机关负责的一致性"①。多少次在有群众的场合,他动情地振臂高呼"人民万岁"！照一照这面正确处理对上和对下负责关系的镜子,看看我们是否坚持向人民负责和向党的领导机关负责的一致性,并坚持把这些原则作为一切工作的出发点？我们是否经常问自己,人民群众在我心头到底有多重？我们的决策对群众负责了吗？在我们的工作中,是否存在唯领导是从,对下级敷衍,领导指示奉若神明,下级意见充耳不闻的情况？工作中是否存在只对上负责而不对下负责,或者更多地对上负责,当两者出现矛盾时更多地考虑向上负责的情况？在现实生活中,是否存在把两者对立起来,把党的优良传统和政治优势变成了"密切联系领导"从而同群众关系疏远的情况？是否存在往上面跑得多,往下面跑得少,往发达地区跑得多,往贫困地区跑得少的现象？在涉及群众重大利益的问题上,我们是从维护群众根本利益的角度出发研究和制定政策,还是一味地要老百姓"牺牲小家顾大家",甚至明目张胆地与民争利,屁股坐在老板的位置上呢？是否存在把群众的正当要求当作耳边风,能压就压,能拖就拖,群众一旦有维权行动就斥之为刁民,动辄上纲上线、危言耸听,直至把百姓推向对立面的情况呢？如果我们承认对党负责和对人民负责的一致性,承认对上级领导负责和对下级负责的一致性,那么我们就不要在对党负责和对人民负责之间左右为难,而是真正将群众的利益作为自己行动的出发点,落实到日常工作中,做到对党负责也对人民负责。

第八面镜子:"依靠民众则一切困难能够克服,任何强敌能够战胜,离开民众则将一事无成"。②"如果我们紧紧依靠群众,我们就将战胜一切困难,一步一步地达到自己的目的"。③ 新中国成立后,他又指出:"必

---

① 《论联合政府》(1945年4月24日),《毛泽东选集》第三卷,人民出版社1991年版,第1095—1096页。

② 《抗战十五个月的总结》(1938年10月12日),《毛泽东军事文集》第2卷,军事科学出版社、中央文献出版社1993年版,第381页。

③ 《建立巩固的东北根据地》(1945年12月25日),《毛泽东选集》第四卷,人民出版社1991年版,第1180页。

须坚定地信任群众的多数，首先是工农基本群众的多数，这是我们的基本出发点。"在"依靠谁"的问题上，请照一照这面镜子吧。在当前的社会阶层分化情况下，我们是否还把工人阶级作为领导阶级，是否仍把群众看成真正的英雄？是否存在代替人民群众去"包打天下"，甚至以高高在上的救世主姿态将幸福"赐予"人民群众的情况？在现实生活中是否存在不攀穷亲，热衷于傍大款的情况？在发展问题上，是否存在不注重调动群众积极性，而是一味地找老板、依靠老板搞开发、搞项目的现象？在谋划发展思路的时候，我们是否更多听取群众的意见？当群众意见与领导意见相左的时候，我们是优先考虑群众意见还是领导意见？在查找发展中问题的时候，我们是更多地听取了个别领导、精英专家、少数利益集团的意见，还是更多听取广大民众的意见？比如楼市问题，我们想得更多的是救房产商的市，还是考虑让老百姓买得起房？再比如城管执法问题，我们想得更多的是城市整洁、领导政绩、城市创建，还是弱势群体的基本生存？遇到重要事件、重大决策时，我们是否尊重群众的知情权，请群众把脉？列宁讲，"一个国家的力量在于群众的觉悟。只有当群众知道一切，能判断一切，并自觉地从事一切的时候，国家才有力量"。我们应当使依靠群众成为一种信念、一种自觉、一种价值追求，有事就去找群众商量，有了困难就去找群众讨教，看看群众有没有更好的方法，主动争取群众的理解、支持和帮助。

第九面镜子："和全党同志共同一起向群众学习，继续当一个小学生，这就是我的志愿"。① 谈到学生和先生的关系，毛泽东以自己在赣南闽西时期做调查研究的亲身经历讲述要拜人民为师，他说"兴国调查和长冈、才溪两乡调查，找的是乡级工作的同志和普通农民。这些干部、农民、秀才、狱吏、商人、钱粮师爷，就是我可爱的先生"。② 请照一照这面镜

① 《农村调查的序言和跋》（1941 年 3 月、4 月），《毛泽东选集》第三卷，人民出版社1991 年版，第 791—792 页。

② 《农村调查的序言和跋》（1941 年 3 月、4 月），《毛泽东选集》第三卷，人民出版社1991 年版，第 790 页。

子,看看我们是否摆正了学生与先生的位置,是否有尊重群众、甘当学生的情怀? 我们是否保持谦虚谨慎的态度,诚恳地与人民群众进行交流,从人民群众的鲜活思想中汲取营养,从人民群众生动的实践创造中提炼经验,不断完善工作思路、改进工作方法? 我们是否有意无意地把领导群众、教育群众同相信群众、向群众学习对立起来了呢? 我们是否只看到群众落后的一面,只强调教育群众、引导群众而忽视了向群众学习呢? 我们是否错误地认为,现在是干部领导群众,干部比群众高明,所以要由干部引导群众,因此没有向群众学习的必要呢? 我们是否把调查研究作为进行决策、部署工作的重要环节,广泛听取人民群众的意见和建议? 我们是否经常深入实际、深入基层、深入群众中接"地气",到工作第一线察民情,去条件艰苦地区访民意,而不是蜻蜓点水、走马观花? 我们是否不断改进调查研究的手段和方法,深入客观公正地分析问题研究问题,使调查研究成为对事实进行分析研究的过程? 对于群众提出来的好想法和好建议,我们是不是能够科学采纳? 既然我们把自己当作群众的学生,就要切实增强群众观念,加强与群众的沟通交流,倾听群众的愿望呼声,增进同群众的思想感情,就要善于问计于民、求智于民,向能者求教,向智者问策,以群众的生动实践拓宽自己的工作思路,在人民群众的创造性实践中寻求智慧的不竭源泉。

第十面镜子:"这里是两条原则:一条是群众的实际上的需要,而不是我们脑子里头幻想出来的需要;一条是群众的自愿,由群众自己下决心,而不是由我们代替群众下决心"。① 照一照这面群众需求的镜子吧,在做群众工作的时候,我们是从群众的需要出发呢,还是从良好的个人愿望出发? 是否存在超过群众觉悟、违反群众自愿原则的命令主义错误? 是否存在迁就群众中少数人的不正确意见,落后于群众、违反领导群众前进原则的尾巴主义错误? 我们对群众的领导是根据绝大多数群众的意志

---

① 《文化工作中的统一战线》(1944年10月30日),《毛泽东选集》第三卷,人民出版社1991年版,第1010—1011页。

去领导的,还是根据自己的主观意愿去领导? 我们做决定是根据群众的觉悟程度来进行,还是不顾群众的实际情况闭门造车? 在实际工作中,我们是否善于应用综合手段疏导民心、对群众的情绪进行因势利导? 对一些因为不了解全局情况而反映出来的片面要求,我们是否实事求是地向群众讲清存在的困难和问题,争取群众的理解和支持? 我们在工作中,是否根据群众接受程度,在充分征求和尊重群众意愿基础上制订工作方案,确保群众的合法权益得以维护,合理要求得到满足? 为了尊重民意,我们是否拓宽了群众反映情况、发表意见的途径,并且确实保障群众的正常权利?《老子》讲,"圣人无常心,以百姓之心为心",说的就是这个意思,我们共产党人绝不能按自己的主观意志办事,而是要完全按人民的意志办事。

我们要把群众的利益看得重些,重些,再重些,把个人的得失看得轻些,轻些,再轻些。对于每一位党干部而言,群众路线既是责任田,也是必修课,能不能一言一行尊重群众、一心一意为了群众、一举一动造福群众,考验着我们是不是真正做到了"权为民所用、情为民所系、利为民所谋"。

屯垦戍边唱大风

——新疆生产建设兵团组歌

一、历史篇

君不见屯垦戍边治国安邦千古策,各族兄弟携手同心建家国。君不见西出阳关烽烟漫卷瀚海月,共御外侮屯兵百战立功业。瑶池痛饮日色佳,白云一曲绽奇葩①。一从晁错上书后②,两度张骞伴胡笳。眩雷策犁惊天地③,匈奴野心随落花④。天马万里来西极⑤,流沙东西始一家。司马屯田伊循镇⑥,楼兰烽烟带晚霞⑦。剿灭单于平内乱⑧,丝路西出到天涯⑨。国策新变起沉疴,东汉屯田多困厄。匈奴铁骑践疏勒,屯军数月护

---

① 《穆天子传》:"乙丑天子觞西王母于瑶池之上,西王母为天子谣"。又传,西王母作天子谣,因首句为"白云在天,山陵自出",故名白云谣。

② 公元前169年,西汉晁错给汉文帝上募民实边书,在中国最早提出屯垦戍边理论。

③ 公元前105年,汉武帝派官兵到玄雷(今伊犁河谷中)屯田,这是我国最早在新疆创办的屯田。

④ 《史记·匈奴列传》载,"又北益广田玄雷为塞,而匈奴终不敢以为言"。

⑤ 《史记·大宛传》载,"初……得乌孙马,好,名曰天马。及得大宛血汗马,益壮,更名乌孙马曰西极,名大宛马曰天马云"。

⑥ 公元前77年,汉政府答应鄯善王请求,派司马率部到伊循屯田。

⑦ 公元前108年,汉武帝发动统一西域的战争,汉军攻占楼兰。

⑧ 汉军在西域屯田后,屯军攻灭严重危害西域人民的匈奴郅支单于军,保护了西域属国的安全。

⑨ 汉军屯垦促进了丝绸之路的繁荣。

城郭。弹尽粮绝气不衰,绝域丹心照秋色。威逼利诱尘与土,廿六英雄传千古①。"三通三绝"事蹉跎②,楼兰风采何处睹?虽有班超定远略③,屯风沦落难伏虎。隋将薛世雄,星夜出神兵④。新建伊吾镇⑤,再启屯田风。大唐雄起天下归心西域成一统⑥,安西北庭屯田千里五谷丰⑦。交通馆驿通南北⑧,平乱定边百业兴⑨。丝路飞度越葱岭,乐舞历法传京城⑩。屯风绵延冬尤暖,桃花石汗中华心⑪。胡汉一家相濡沫,共存共进共荣欣。漠北草原举大纛,元祖⑫西征驱虎罴。别失八里设站赤⑬,横扫叛军如卷席⑭。哈密卫,风云会,几度重建几度废⑮。彩缎未如屯田固,

---

① 公元75年,耿恭率数百屯军守疏勒遭受匈奴数万骑围攻,城下涧水断绝。屯军日夜苦战,渴乏难忍,只好榨马粪汁解渴。匈奴单于派使招降,并赐予美女,遭到痛斥。耿恭数十人孤军奋战,后汉援军救出26位屯垦英雄。

② 东汉政府对新疆屯田态度冷淡,致使东汉与西域三通三绝,造成西域屯垦三办三停。

③ 班超在西域31年,官至西域都护,封定远侯。

④ 公元609年,隋将薛世雄率军打败吐谷浑,吐谷浑所属的鄯善、且末纳入隋朝版图。

⑤ 公元608年,薛世雄率军进占伊吾地区,并在伊吾城边重建伊吾镇,隋朝从此开始在西域屯田。

⑥ 公元630年,唐军攻灭东突厥汗国,从642年到658年,又打败西突厥汗国,统一了西域。

⑦ 唐统一西域后,在新疆设立了北庭和安西两个都护府,在葱岭以西实行朝贡制。

⑧ 唐在西域主要交通要道设立大量驿站、驿馆等设施,维护了西域与内地的联系。

⑨ 公元659、665年西突厥贵族勾结疏勒王两次叛乱,唐朝每次平定叛乱后都重开屯田,特别是第二次平定叛乱后,疏勒出现了一个较长时间的稳定局面。

⑩ 唐朝在西域的屯田,保证了丝绸之路的畅通,对东西文化交流发挥了重要作用。

⑪ 漠北回鹘的一支其首领往往在自己的头衔前冠以"桃花石汗",意为中国的汗王。

⑫ 指元太祖成吉思汗。

⑬ 元朝政府曾在别失八里设地方官员负责管理的"站赤"(蒙古语,驿站的意思),密切了西北与中原的军政联系。

⑭ 1282年,元朝在阿里麻里组建元帅府,统领天山北路元军,发展屯田,屡次平定叛乱。

⑮ 1406年,明朝设立哈密卫,东察合台汗国数次攻打哈密,明军多次派兵激战,哈密卫因此而数建数废。

徒洒尸骨空落泪①。三度亲征噶尔丹,康熙雄才定天山②。绿营旗屯绿千顷③,锡伯西迁护国安④。左公杨柳三千里,引得春风度玉关⑤。

俱往矣! 天山犹峙千秋雪,关河鼓角悲声咽。一夜春风吹面来,千树新芽换旧叶。

二、战略篇

解放大军过西凉⑥,将军请缨赴大荒⑦。塞北草原秋风劲,铁流千里进新疆。建业立家天山下,万古屯田谱新章。休道北京天山远千里,丝丝牵动怀仁堂。转业命令定方向,生产战线创辉煌。屯垦戍边立大业,有事重新上战场⑧。"稳定核心"成砥柱,"生命界碑"固金汤⑨。"三个放到"授法宝,登高一览众山小。"四个模范"寄期望,边陲处处春来早。"战略棋子"千钧重,治国安邦花常好⑩。"三大关系"寓意深,拨开重云点迷

---

① 1513年,明朝在战争不利的情况下,以彩缎1500匹同东察合台汗满速儿交换哈密城的主权,对方以彩缎不足为由再度出兵占领哈密,明朝派芮宁率兵征伐,结果战败,哈密被东察合台汗国吞并。

② 噶尔丹于1671年勾结沙俄进军天山南麓,康熙先后于1690年、1696年、1697年三次亲征。

③ 1716年,清朝派500名绿营兵在巴里坤屯垦,大获丰收,康熙派官员前去视察检阅。

④ 乾隆二十九年(公元1764年),清朝政府自东北调遣锡伯军民共约3000余人西迁伊犁,进驻察布查尔屯垦戍边。

⑤ 1875年,左宗棠率军西征,沿途遍植杨柳。杨昌浚有诗"新载杨柳三千里,引得春风渡玉关"。

⑥ 西凉指甘肃一带。

⑦ 全国解放前夕,王震向中央请缨率中国人民解放军二、六两军挺进新疆。

⑧ 此处用毛泽东颁布的中国人民解放军转业令的大意。

⑨ "稳定核心":邓小平指出,兵团是稳定新疆的核心。

⑩ "三个放到":江泽民提出把兵团放到国际国内大背景中,放到历史发展的长河中,放到新疆稳定的大局中去观察。"四个模范":江泽民希望兵团成为生产建设的模范,保卫祖国边防的模范,维护新疆社会安定的模范,促进民族团结的模范。"战略棋子":江泽民指出兵团是中央治国安邦的战略棋子。

津。"三大作用"立根本,扬帆远航作指针①。一任前途千层雾,明灯照亮征程路。青山万重遮不住,屯垦大河万里奔流去。

投身革命七十年,骨灰洒落护边关。一生功业系屯垦,丰碑耸立天地间。"一把镢头一支枪",开创陕北好江南。玉关飞度西风烈,笑谈远景指顾间。伊犁河谷清匪霸,戈壁荒滩引飞泉。修路架桥建作坊,盆地变成大花园。招得女兵西出塞,千秋伟业薪火传。知青十万来南北,西域屯田写新篇。"三不"精神树风范②,新插杨柳又一川。身处京城千里远,丹心一片系天山。风云变幻收眼底,两度上书复兵团。七三不老心犹健,一年四次赴雄边。屯垦大业如山重,梦里神游几回还。全面发展农林牧,南疆万顷亦桑蚕③。火鸡④扎根塔里木,多种经营敢为先。也曾签订"军令状"⑤,率先推广地膜棉。也做"月老"牵红线⑥,兵团珠海一线连。计划单列尽职守,兵团发展天地宽。我辈凭吊三百里,思君久伫铜像前。戎衣犹掣瀚海绿,骠骑恍若奏凯回。百万军垦将士至今常忆"王胡子",春风化雨时时暖心田。

燕赵男儿多忠良,镇边将军本姓张。半生沙场征战苦,功垂西域日月光。张陶勘踏玛河畔,比肩中流作栋梁。"一同携手过玛河",两心肝胆净如窗⑦。五业农林牧副渔,五坊油酒粉豆糖。经营战略作先导,渔米江南到北方。万丈高楼地窝始,新城远景放眼量。气度恢宏目光远,绿色基调胜群芳。有感楼兰埋沙底,五十万亩绿荫长。杨柳三千不足道,要留春

---

① "三大关系":胡锦涛要求兵团处理好屯垦与戍边的关系,兵团与地方的关系,兵团的特殊体制与市场经济的关系。"三大作用":胡锦涛同时要求兵团发挥好建设大军、中流砥柱和铜墙铁壁三大作用。

② 王震常对老军垦说:"组织上把我们安排到新疆工作,我们应该做到'三不'——不怕艰难困苦,不要求调动工作,不主动离开新疆"。

③ 王震在北京制定了在南疆发展3.3万公顷桑叶蚕的计划,并请来外省专家培训骨干。

④ 王震曾把北京的火鸡空运到新疆,使火鸡在塔里木从无到有得到繁殖。

⑤ 王震与史骥、王寿臣等签订种植棉花的"军令状"。

⑥ 王震介绍兵团与珠海经济特区进行经济合作。

⑦ 张仲瀚一向重视做起义部队的团结工作,一次到玛河勘探,正遇大桥施工,张仲瀚与陶峙岳徒步横穿玛河,他一语双关地对陶峙岳说:"我们这是一同携手过玛河啊"。

色满边疆。江山不忍空半壁,明日再无国土荒。伊塔"三代"建农场,前门戒虎后防狼。有边无防成古迹,边防千里尽铜墙。一曲老兵明心志①,心血凝作春秋史。塞上咏尽千古怀,争入玉关君不齿②。身残赤心萦塞外,报国何惧有万死。一生磊落明日光,感君蒙冤痛断肠。魂归天山增秀色,明月为之久彷徨。我来凭吊开都水③,景仰与之共短长。

风雷激荡古城秋,大义灭亲泯恩仇。保境安民举义帜,干戈化作绕指柔④。铠甲未解但"归田",十万大军战荒原。垦荒二十三万亩⑤,戈壁滩上盖花园。不信高纬高寒禁区棉难植⑥,将军敢作天下先。面对沃畴发奇想,他日彩棉白云间。踏遍边疆万顷土,情系基层下棉田。忽如疾风天外至,将军凌风已飘然。众里搜寻千百度,司令却卧沙海边。克己爱人垂典范,澹泊一生似水廉。仲夏邻里送瓜果,三谢掏包急付钱。转战南北豪气壮,投身光明心向党。心许斧镰昭日月,九十三岁遂理想⑦。

三、戍边篇

叛匪和田恶浪掀,声声边报举烽烟。徒步行军八百里,"死亡之海"枕戈眠。飞沙走石狂涛卷,一步迈出半蹒跚。四季无雨日色惨,马尿救得几人还。沙暴袭来天地暗,驼队惊乱难着鞭。英雄捐躯埋沙海,洒泪挥师入和田⑧。荡平叛匪鞍未卸,土改建政又戍边。埋骨无须桑梓地,人生处

---

① 张仲瀚曾作长诗《老兵歌》。
② 张仲瀚曾作《塞上咏怀》,其中有"塞上江南一样好,何须争入玉门关"的诗句。
③ 开都河,张仲瀚曾在这里指挥屯垦。
④ 1949 年 9 月 25 日,陶峙岳将军通电起义,宣布新疆和平解放。
⑤ 1950 年,陶峙岳将军率领第二十二兵团官兵垦荒 23 万亩,当年实现自给或大部自给。
⑥ 新疆是高纬度、高寒地区,尤其是北疆玛纳斯河流域,一些外国专家把这里判为植棉禁区。
⑦ 陶峙岳 93 岁入党,申请书上第一句话这样写道:"我觉得人生最大的幸福,莫过于对崇高理想的追求和有益于人类社会事业的实践。"
⑧ 1949 年,国民党特务在种田策动武装叛乱,扬言要血洗和田。我 2 军 5 师 15 团徒步横穿塔克拉玛干大沙漠,粉碎敌人叛乱阴谋。

处有青山。生前征战千万里,死去还入"十三连"①。胡杨军魂今犹在,生前死后三千年②。

巴山③隐隐闻惊雷,白杨哨旁英烈碑。而今鸟鸣山愈静,日日国旗映朝晖。此地当年警笛急,敌军轻骑铁蹄催。绑我职工驱我畜,边民挥锹怒扬眉。军垦女儿孙龙珍,卫国护边献双身。呐喊冲向"三角地"④,血沃边地人未归。六月胎儿⑤迎弹雨,忠魂伴着彩云飞。腹中婴儿热犹在,山前山后啼子规。夜来忽降倾盆雨,感动天公也伤悲。英雄长眠"三角地",遍地黄花含泪陪。人生自古谁无死? 遗憾为国捐躯此生仅一回。喜看今日龙珍班,生生世世长戍边。老兵离队新兵入,赤心不变护营盘。

哈拉公园界碑竖⑥,本是一八五团老团部。如今已成大公园,更有百花映水绿。人来人往歌声喧,似诉当代英雄谱。飞流倾泻天地翻,阿河⑦改道蛟龙怒。忍看国土漂流去⑧,农工恰似出山虎。跳入惊涛成砥柱,浪起浪落芭蕾舞。脚踏边境三尺地,心系祖国万顷土。英雄团队育精英,领队政委聂玉成。老父病危令速归⑨,忠孝难全心如煮。月下面乡暗垂泪,纸钱灰飞何凄楚。骨肉亲情岂无念,国土深情胜慈母。半月抗争封决口,肆虐洪水退汀渚。守土有功英雄业绩垂青史,血肉长城感天动地前无古!

桂寿家住阿拉克,一生常怀守土责。对岸日日国旗升,思绪难平千千结。踏遍方圆数十里,购旗未得心忐忑。归来寻得红绸布,制成国旗心头

---

① 兵团团场职工死后埋在一起,继续守望祖国边疆,因此人称"十三连"。
② 传说胡杨站着不死一千年,死后不倒一千年,倒地不朽一千年。
③ 指巴尔鲁克山,地处我国与苏联的分界处。
④ 三角地是孙龙珍烈士牺牲地,苏联称之为有争议地区,勘界后划入我国领土。
⑤ 孙龙珍烈士当时迎着弹雨冲向敌人的时候,已经有六个月的身孕。
⑥ 原中苏现中哈边境一八五团团部,有一座叫"哈拉苏"的公园,为纪念1988年抗洪胜利而立。
⑦ 指阿拉克别克河,汇入额尔齐斯河流后出国境。
⑧ 按国际惯例,两国的国界在界流中心,如果凭借河水改道,哈拉苏自然沟以西、界河以东55.5平方公里的国土就非我所有。
⑨ 时任一八五团政治委员的聂玉成收到家乡"父亲病危,盼望速归"的加急电,仍坚守抗洪现场,直到事后才知老父已经去世。

热。碎石筑成旗台基,桦木旗杆好气魄。国旗猎猎映庐舍,灿如朝阳光晔晔。年年岁岁红旗飘,心怀祖国苦亦乐。界河牧羊数十载,创业巡边北风朔。落叶归根情难舍,临行河畔细嘱托:"太阳起时国旗升,守好界河事稼穑"。噫吁嘻!谁人不知边境苦,军垦战士人人个个唯愿此生长报国。君不见屯垦戍边"西北边疆第一连"①,五星红旗映蓝天。红旗高悬数十载,忠诚写满天地间。冰封千里心无悔,护我神圣国土风雨如磐安如山。

四、创业篇

"大漠行宫"②地窝子,缕缕地下炊烟起。夜来风雪手脚皴,面目全非青复紫。四野无人莽苍苍,屯田故地添新址。野猪狐狼掩不住,时隐时现无定止。麦草铺地作大户,十人同住搭通铺。屋内闷热似蒸笼,屋外忽卷沙尘柱。飞沙夹石暗天光,屋顶飞卷无寻处。被单枕巾蒙头盖,醒来被面尽沙岗。风急晚饭做不得,长夜不眠待天曙。蚊虫结队空中旋,叮肿犹踏上班路。进餐不敢安稳坐,避蚊踮踞度方步。刘妻千里来省亲,晨起四处观风景。荆棘红柳收眼底,官兵皆住"行宫"里。被成棱角枪成线,"大漠行宫"多旖旎。次年喜得第二代,索性取名"地窝子"。呜呼!此生长愿守艰边,只唯道义担铁肩。也知地窝蛰居苦,但愿天下饱暖俱欢颜。

千古荒原飘军旗,十万大军踏春泥。作战图上绘蓝图,瞄准仪当水平仪。路断粮绝月有余,芦根沙枣聊充饥。衣上硝烟犹未散,拉动军垦第一犁。戈壁开荒犁掘沙,但觉利剑寒光映晨曦。战士拉犁赛华骝,耕牛气喘丢后头。八人拉犁气死牛,耕畜不足不发愁。一寸耕地一滴汗,一步一呵写风流。屯边将士不畏苦,为国甘作孺子牛。河畔芦苇经年久,蚊"雨"倾泻蚊"雷"吼。将士御蚊有奇招,身着"铠甲"似泥偶。满面四肢泥巴糊,如此"铠甲"君见否?自古男儿尚功伟,若个女儿不爱美?心中唯有

---

① 沈桂寿以前所在的连队,后被称为西北边疆第一连。
② 战士们当年乐观地把地窝子称为"大漠行宫"。

江山在,流血流汗谁曾悔?

飞沙走石如弹雨,狂风席卷腾格里①。五十小时无白昼,昏天黑地尽披靡。菜苗瓜秧风吹死,小树才绿拔根系。砖坯散作满地土,吉普吹落林带里。黄羊卧渠避风暴,羊毛撕尽如平砥。沙砾停息两日余,血肉模糊卧不起。风过大渠黄沙平,树皮稀疏未余几。钢铁意志不可欺,风暴未息治疮痍。一颗红心两只手,一身汗水一身泥。携粮带锨固沙去,云树荒原分外奇。往昔千里黄龙舞,而今唯见花影迷。

将军纵马荒原行,马鞭一指千秋名②。双手开出新天地,玛河岸边建新城。就地取材烧砖瓦,麻油炼漆色泽明。南山伐木最辛苦,低吟"我是一个兵"。杉木一根八九米,爬犁翻山路几层。麻绳挂在肩膀上,拖木过岭如飞鹏。军衣擦破肩出血,鞋底磨穿成"泡兵"。白须白眉白头发,小伙变成"老寿星"。棉衣僵硬成盔甲,衬衫湿透气腾腾。馍馍冻成冰坨坨,敲碎啃下尽"咯嘣"。路遥无水朝天笑,饮把冰雪又出征。筑路运石趁月光,石上冰凌夜带霜。正午吴牛喘月时,热浪袭人手烫伤③。轮胎制成皮手垫,防滑防热又防凉。负石日返八十里,红颜娇女何刚强。麻绳磨断无补续,剪发拧绳变儿郎。自制水泥机声响,粉尘入鼻无遮挡。工房低矮闷难当,脱去军装裸臂膀。女兵衣裤泥水透,黑发团泥更飒爽。

君不见昔日豺豹出没荆棘丛,三年苦战柳荫浓。君不见而今学校工厂白杨里,千顷绿茵见证当年筚路功。

五、女兵篇

沉寂荒野绽群芳,湘鲁女兵进新疆。绿洲母亲传薪火,屯垦基业万年长。小女十四思报国,闻道招兵喜若狂。年幼个矮难录取,归来镜前巧梳

---

① 维吾尔语,天山的意思。

② 王震将军当年在玛纳斯河流域勘探,挥着马鞭向前方一指说:"我们要在这里建一座新城,留给后人。"

③ 据老战士回忆,当年山中温差极大,早晚石头冰手,中午太阳一晒又可以把人烫伤。

妆。脚着高跟发蓬散,虚报两岁如愿偿。西出阳关三千里,选矿敲石作沙场。竞赛不肯让须眉,急难险重作栋梁。悲歌一曲天欲坠,瘫痪失聪犹自强。胡杨精神摧不垮,誓把正气寄玄黄。巾帼未可轻年少,纵死犹闻侠骨香!苇笛吹遍青春曲,蛋壳绘出万里疆①。和平农场遇知己,从师学医蜂箱旁。蜜蜂蜇得遍体肿,周身残疾一扫光。"天地诊所"②传福祉,花山林海养蜂忙。人生自此从头越,生命火花照四方。

乌库公路入蓝天,鹰绕冰峰九千旋。帐篷百顶缀山坳,白云深处袅炊烟。云间作业千重险,一色须眉上冰川。五朵金花呈战表,筑路好女不让男。风卷雪涛虎狼啸,云峰隐没不可攀。雪拥胸前空气薄,前拉后扶踏峰巅。滑雪下山返营地,乘"机"穿雾奏凯还。"金花"变作"白毛女",装点江山更好看。双目似缝无光亮,刺痛钻心睡无眠。帐外取雪眼中浸,雪盲犹闻笑声喧。石壁凿眼火星溅,北风刺骨不胜寒。虎口震裂胶布粘,血肉竟与胶布连。同是花季美少女,也愿月下花影前。赴远别亲何为耳?要教边陲换新颜。屯垦开创新纪元,巾帼撑起半边天。

城建总工王效英,不喜红装结绿缘。"铁面""铁骨"为爱树,情洒荒原三十年。告别湄河归大陆,一身报国伴畜牧。脚踏流光四十载,情满天山为公仆③。种粮状元非常人,"四项第一"泣鬼神。盐碱荒滩创奇迹,十年产粮百万斤④。白手起家建农场,难忘塔河五姑娘。挑战极限两昼夜,一人挑土七二方⑤。君不见初入边陲姐妹花,瀚海荒原即为家。老友相逢不相识,青春无悔黑发华。华发虽改心无改,依旧爱听塞上筚。

六、英模篇

北塔医院李梦桃,告别黄浦意气豪。梦中塔山花烂漫,草长莺飞遍地

---

① 王孟筠病后为大家吹奏苇笛,用画笔在蛋壳上描画各种图案,鼓舞士气。
② 王孟筠发明蜂针疗法之后,为使更多人摆脱痛苦而开设了"天地诊所"。
③ 此四句写全国归侨先进个人马静芳。
④ 此四句写全国劳动模范刘焕奎。
⑤ 此四句写开发塔里木南岸的塔河五姑娘。

饶。岂料满眼矿石色,不生树木绝草茅。小山纵横杂无序,石块木棍作路标。转眼飞沙石乱走,毡房卷起空中飘。暴雨倾盆沟壑满,牛羊成群卷怒潮。大雪封山一米厚,毡房巡医路途遥。水壶干馕肩上挎,骑马背箱不辞劳。内科外科样样好,情满塔山医德高。雪夜胎横妇产难,昏迷昼夜哀且号。猎枪齐放皮鼓响,欲惊产妇烛高烧。策马扬鞭四十里,外倒转术见奇招。日上三竿婴啼脆,取名"向阳"谢梦桃。富蕴小女肺心败,驱驼赴远踏雪涛。手拉缰绳倦驼背,人驼相依待明朝。翌日天晴开雪路,妙手回春细诊疗。小女感恩成人后,嫁入塔山桃夭夭。冰滩落马伤尾骨,山坡滚下曾断腰。医途病发汗如雨,马背松缰任逍遥。识途老马涉雪海,毡房停伫长咆哮。牧民含泪抱下马,心潮难平逐浪高。巴郎正啃玉米饼,"切谢"①端上热面条。献身热土三十载,忠诚未改功业昭。

二十一岁别故园,扎根边疆五十年。遗传育种奠基业,美利奴羊发新端。当年初到紫泥泉,拜师踏遍大草原。陋室门前挂牌匾,首建种站着先鞭。白手起家穷山坳,瞄准科学最前沿。白日育种好羊倌,地窝灯火几回看。羊粪草屑三冬冷,泥浆血水冲鼻膻。春雪宰羊死无数,闻道深山有洞天。染菌高烧周身热,赶赴牧点不肯闲。神仙曾住牧草茂,牛羊更可无饥寒。路途险远无人至,只身踏雪彩云间。雪海零下四十度,七日跋涉曲肱眠。众山环抱牛沟暖,仙境深处笑开颜。吐青时节羔落地,抖尽羊水细盘旋。春风劲吹传喜讯,杂交告竣谱新篇。十年深山出壮举,军垦新羊美名传。掌声鲜花未陶醉,"北羊南移"②大江南。科学险阻浑不怕,要留精神在人间。白首稀疏何所欲?爱国爱民爱天山。

屯垦戍边百万兵,群英恰似满天星。雀河③常诉"一千三",守土牺牲只等闲。为暖天下不顾身,塔河植棉播火人④。青枝绿叶吐白絮,"银色

---

① 哈萨克语,妈妈之意。
② 利用全国气候多样化的特点,使美利奴羊走向全国的一项计划。
③ 指阿克雀河。"一千三"是一六三团的一块耕地,因面积1300亩而得名。军垦战士们在这里为守护国土付出过巨大牺牲。
④ 全国植棉能手刘学佛为了让全国人民穿得更暖更好,把争取棉花高产作为毕生追求,病逝时年仅59岁。

卫星"瀚海魂①。梅莲送药感天地，白衣天使亚克西②。奎屯河畔"勿忘我"，每念英烈泪沾衣③。

七、成就篇

弹指创业兮六十年，屯垦戍边兮一肩担。羌笛无须兮怨杨柳，边疆处处兮赛江南。君不见五家渠旁军垦大厦拔地起，石河新城五彩霓虹谈笑欢。图木舒克阿拉尔，北屯奎屯金银川。"金边工程"④固金边，小康连队换新颜。塔河奔流绿四野，"死亡之海"成乐园。君不见"兵团航母"市场弄潮腾巨浪，农用飞机白云边。天北新区⑤正崛起，皮墨开发⑥何壮观！天业天宏及天富，敢叫日月换新天⑦。青松冠农伊力特，中基番茄出状元⑧。北湖西海银沙滩⑨，中华保险⑩竞芳妍。君不见蔬菜大棚棚外三九棚内春意暖，工业园区棉纺油脂企业灯火繁。"三足鼎立"优结构，"红白绿"⑪艳更好看！微机测控新技术，精准农业机采棉。蟠桃香梨与枸杞，

---

① 张斗兰创棉花单产全国最高纪录后，《人民日报》向世界宣布：塔克拉玛干大沙漠西缘的"银"色卫星上天了。

② 梅莲是巴尔鲁克山一名普通医护人员，为少数民族职工送医治病 20 年如一日，做出了不平凡的贡献。亚克西，维语，好的意思。

③ 为奎屯河的河道破冰引水工程，有 19 名职工牺牲。

④ 兵团党委实施的以改善生存环境、改善生产条件、加快脱贫进程、提高生活水平为目标的建设工程。

⑤ 一种新型兵地整合经济发展模式。

⑥ 目前国内、国际农田水利行业面积最大的节水灌溉系统。

⑦ 以上为兵团的几家上市企业，即新疆天业股份有限公司、新疆天宏纸业股份有限公司、新疆天富热电股份有限公司和新天国际经贸股份有限公司。

⑧ 以上也是兵团的几家上市公司，即新疆青松建材化工股份有限公司、新疆冠农股份有限公司、新疆伊力特实业股份有限公司和新疆中基实业股份有限公司。

⑨ 兵团的几个旅游景点，即石河子北湖风景旅游区、西海湾休闲度假风景区、巴音郭楞银沙滩。

⑩ 中华保险，即兵团所属的中华联合财产保险公司。

⑪ 兵团为调整经济结构、加快经济发展而采取的措施。"红"是建设以番茄、胡萝卜、红花、枸杞、线椒、红枣为主的红色工程；"白"指做大做强棉花这一白色产业；"绿"指抓好以香梨、葡萄为主的绿色产业。

无核葡萄胜蜜甜。君不见小海水库游鱼戏碧水,乌鲁瓦提①白浪翻。夹河蘑菇与跃进②,浇绿下野莫索湾。喷灌微灌和滴灌,全国农业摘桂冠。饮水改造入万户,幸福生活赖清泉。君不见昔日千重黄沙舞,今朝处处粮棉压枝弯。苹果低垂青覆地,白杨高耸碧云端。农田林网走南北,"三北"③绿道布棋盘。"三边"④地带大发展,综合治理阡陌连。君不见写兵演兵唱兵画兵舞兵尽是屯戍者,豫剧秦剧话剧杂技歌舞剧顿顿皆大餐。"北屯之夏"晴方好,威风锣鼓舞翩跹。一支将军塞上曲,奏响最后的荒原。送你一束沙枣花,香飘将军铜像前。月上昆仑军垦情,沙漠恋歌更缠绵⑤。井冈长征南泥湾,兵团精神代代传。

八、号角篇

讲话精神⑥定乾坤,边陲沸腾长精神。全会⑦吹响进军号,"两圈一线"⑧万象春。减负增收民为本,和谐兵团花似锦。"双还"⑨决策暖人心,立党为公见水准。核心价值⑩育新人,增强使命共维稳。新型团场⑪新气象,政通人和心舒畅。经营制度⑫具雏形,指明改革大方向。廿四红

---

① 国家重点工程——新疆和田乌鲁瓦提水利枢纽工程。
② 指玛纳斯河流域和农八师的夹河子水库、跃进水库和蘑菇湖水库。
③ 即在西北、华北、东北修造绿色万里长城活动。
④ 指沙漠、戈壁和盐碱地边沿地带。
⑤ 上述指安静短篇小说集《将军塞上曲》、丰收的电视专题片《最后的荒原》、李幼容作词的歌曲《送你一束沙枣花》、王光仑作词的歌曲《在将军铜像前》、20集电视连续剧《月上昆仑》、由方可编剧的八场话剧《军垦情》、电影文学剧本《沙荒恋歌》(原名《公共洞房》)。
⑥ 指胡锦涛总书记在新疆考察工作时的重要讲话精神。
⑦ 指兵团党委五届九次全委(扩大)会议。
⑧ 指兵团所在的环塔里木盆地、准噶尔盆地这两个圈和环边境一线,这里指代整个兵团所在地区。
⑨ 指兵团党委作出的"还田于民""还利于民"的决策。
⑩ 兵团党委提出要把更好地发挥"三大作用"融入兵团人的核心价值追求之中。
⑪ 兵团党委作出的建设屯垦戍边新型团场的决策。
⑫ 兵团党委制定的团场基本经营制度,即"土地承包经营,产权明晰到户,农资集中采供,产品订单收购"四句话。

旗耀九州①,壮心虽酬志不休。军警兵民融一体,戍边豪气贯斗牛。服务边疆明宗旨,兵地共建争上游。各族团结似鱼水,荣辱与共固金瓯②。三大重任担肩上,脊梁如铁唱神州。百业兴盛东风劲,一年更上一层楼。

九、援疆篇

潮起天山听大吕,举国齐奏兴边曲。十九省市共担当,手足深情寄寰宇。君不见长治久安一盘棋,跨越发展写传奇。弹指一挥创双百③,深喀神速古来稀④。民生优先急推进,产业援疆打头阵。用心用智用真情⑤,授疆以渔作己任⑥。北京直航到和田,天津展馆美名传⑦。牧区数字全覆盖,千里牵手暖天山。吉林村里风光好,牧家动漫春来早。神州方寸收眼中,家内一览众山小。有线无线进工程,高清电视太阳能。绿色和田风光展,农家书屋润心灵。大连新村连霄汉,边陲又见江南苑。江苏大道通南北,皮山大棚开生面。

君不见山区牧民保护神,人称当代白求恩。医者厚德感天地,忠诚铸就仁爱心。赶点上班急似火,脚崴踝肿行路跛。骨医屡劝打石膏,心系患者唯忘我。低烧咳嗽久缠身,不误手术自挂针。拄拐斜倚锥心痛,跪凳湿衣几度晕。悲君绝症断肠柳,街头巷尾泣白首。笑谈骨灰留边陲,瀚海弄潮百年后⑧。

人道是古来孔雀东南飞,君何辞家赴西陲?只为一事做一生,吐尽春

---

① 兵团于1960年和1965年分别树立12面红旗标兵,即"二十四面红旗标兵"。

② 喻国家疆土完整。《梁书·侯景传》"(武帝)曾夜出视事,至武德阁,独言:'我国家犹若金瓯,无一伤缺。'"

③ 援疆资金百分百到位,援疆项目百分百开工。

④ 深圳以当年建设特区的速度,对口支援喀什。

⑤ 黑龙江坚持用心援疆,用情援疆,用智组疆,用党的好政策援疆理论。

⑥ 山东人才援疆授人以渔。

⑦ 天津在三个对口援建县建天津图书分馆等一批援建项目。

⑧ 本段写辽宁省援疆医生李兆至的事迹。

丝情不违。三十功名田与野，数千里路云和月。当年入疆雪如花，而今还乡花似雪。节假情系千万家，家访双轮逐晚霞。零下三十浑不晓，两鬓双眉挂霜花。学生好动勤疏导，同歌同乐撒欢跑。假日师生沙漠行，演讲踢球办墙报。九载情深莫索湾，忧国举家迁和田。寄情娇女名戴岳，一片赤诚系天山。骑车下乡数百里，深怀爱心能舍己。干馕充饥访校园，取暖补员添桌椅。当年壮岁别至亲，杨柳依依泪沾襟。寸草春晖未得报，慈母定格梦中人①。

驻港十年才归户，又踏三年援疆路。妻女长亭送别时，无言执手霏霏雨。深情无悔系艰边，基层采访走千山。笔海飞涛满腔血，一片冰心映蓝天。漏窗一缕晨曦美，方晓疾书夜不寐。撕心咳嗽总关情，干馕就水亦奇伟。小女自幼掌上珠，望女成凤梦难除。援疆高考难顾眷，雁遥极目泪模糊。踏雪爬冰走转改，一日行程路八百。夫妻哨所曾攀登，雪域边关添异彩。探寻沙海老兵村，欲效胡杨铸英魂。至诚百春怀西碛，割肺尚思奉爱心。衰颜咳血沾满纸，轰然倒地竟不起。拒住高干特护房，自称我是农家子。明知绝症入膏肓，羁魂入梦向边疆。望断天涯君未返，天下何人不神伤。②

君不见边疆万里惊雷吼，西部崛起贯牛斗。君不见满眼春风来京城，染绿西陲万顷柳。

十、展望篇

莫道百年英烈俱往矣，自有屯垦忠魂驻人间。年年岁岁我与天山祭忠烈，岁岁年年忠烈伴我守天山。吁嗟乎！屯田千古兴亡事，汉唐皆有凌云志。连绵相袭不绝缕，一朝繁盛一朝又停滞。两千年瀚海兮月依旧，两千年西域兮黄花瘦。两千年烟雨兮锁昆仑，两千年悲壮兮朝天奏。君不

---

① 本段写江西省支教援疆30年戴子清的事迹。
② 本段写《求是》杂志社援疆干部田百春的事迹。

见历代屯田岁月稠,各领风骚志难酬。兵团戍边半世纪,屯垦伟绩后来居上柱中流。君不见杀敌流血生产流汗唯愿祖国边疆无限好,奉献青春奉献子孙不为勒石①千里稻粱谋②。而今无数优秀儿女报国戍边不辞远,富民固边科技兴边甘洒热血写春秋!

---

① 刻文于石记载功绩。《隋书·史万岁传》:"于是刻石颂美隋德"。
② 指鸟觅食,杜甫《同诸公登慈恩寺塔》:"君看随阳雁,各有稻粱谋。"后喻谋求衣食。

责任编辑:郭星儿
装帧设计:肖　辉

图书在版编目(CIP)数据

马克思主义与当代屯垦/王瀚林 著. -北京:人民出版社,2016.4(2021.4重印)
ISBN 978-7-01-015998-0

Ⅰ.①马…　Ⅱ.①王…　Ⅲ.①生产建设兵团-屯垦-新疆-文集
Ⅳ.①F324.1-53②F327.45-53

中国版本图书馆 CIP 数据核字(2016)第 052901 号

马克思主义与当代屯垦

MAKESI ZHUYI YU DANGDAI TUNKEN

王瀚林　著

人民出版社 出版发行
(100706　北京市东城区隆福寺街 99 号)

北京一鑫印务有限责任公司印刷　新华书店经销
2016年4月第1版　2021年4月第3次印刷
开本:710毫米×1000毫米 1/16　印张:23.5
字数:333千字

ISBN 978-7-01-015998-0　定价:58.00 元

邮购地址 100706　北京市东城区隆福寺街 99 号
人民东方图书销售中心　电话 (010)65250042　65289539